U0902489

《哲学与文化》丛书 江怡 主编

唐五代曹洞宗研究

徐文明 著

中国社会科学出版社

图书在版编目(CIP)数据

唐五代曹洞宗研究/徐文明著.—北京:中国社会科学出版社,2012.12

ISBN 978-7-5161-1387-5

Ⅰ.①唐… Ⅱ.①徐… Ⅲ.①曹洞宗—研究—中国—唐代 ②曹洞宗—研究—中国—五代(907~960) Ⅳ.①B946.5

中国版本图书馆 CIP 数据核字(2012)第 216555 号

出 版 人 赵剑英
责任编辑 储诚喜 冯春凤
责任校对 孙洪波
责任印制 王炳图

出 版 中国社会科学出版社
社 址 北京鼓楼西大街甲 158 号 (邮编 100720)
网 址 http://www.csspw.cn
中文域名:中国社科网 010-64070619
发 行 部 010-84083685
门 市 部 010-84029450
经 销 新华书店及其他书店

印 刷 北京君升印刷有限公司
装 订 廊坊市广阳区广增装订厂
版 次 2012 年 12 月第 1 版
印 次 2012 年 12 月第 1 次印刷

开 本 710×1000 1/16
印 张 30.75
插 页 8
字 数 520 千字
定 价 78.00 元

凡购买中国社会科学出版社图书,如有质量问题请与本社联系调换
电话:010-64009791

总序：从文化自觉到哲学自觉

江　怡

中华民族正处于一个重要的历史转折时期，中华文化的复兴被看做是时代赋予我们的历史使命。在这个重要历史时刻，我们能否抓住机遇，在历史文化的厚重积淀中寻找自己的定位，在传承文化的历史使命中创新自己的观念，在时代文化的多样变化中构建自己的特色，这些都是我们面临的重大历史挑战。把握好这个历史机遇，回应重要的时代挑战，不仅需要我们充分的知识准备，更需要我们的思想智慧。

当今中国的文化发展已经向我们表明，文化自觉的树立正在极大推进着我们的社会发展，文化自觉的结果将改变当今中国的文化形象。我们知道，这里的文化自觉首先是指对自身文化的强烈认同，是自身文化意识的提升，也是社会大众对文化发展的迫切要求。思想上的认同并不等同于行动上的一致。只有当我们充分认识到文化认同的重要性，并努力从行动上体现我们的文化认同，我们才能达到真正的文化自觉。文化自觉更是指思想上的自觉，是我们在思想上真正形成对自身文化性质的理解，特别是对当今世界文化发展转型过程中的不同文化形态的认识，最后构建我们自身文化的特殊性和普遍性。这里的特殊性是指，中国传统文化的深刻影响已经体现为当今中国人的生活方式和思维方式，因此，如何在当今世界文化格局中体现中国文化的特殊性，决定了中国文化的时代效应。这里的普遍性是指，中国文化的特殊性必须得到世界各国不同文化的理解，因此，这样的特殊性就必须以具有普遍意义的表达形式加以体现。只有在能够为世界各国文化理解和交流的基础上，我们的文化才能真正进入“自在自为”的阶段。然而，要做到文化的这种自觉，我们必须抓住文化的核心和精髓，这就是时代的哲学思想。确立文化自觉的关键，应当是做到整个民族在哲学上的自觉。

中华民族富有哲学思维的传统，中华文化蕴含深邃的哲学思想。无论是《论语》、《道德经》，还是《中庸》、《大学》，这些代表着中华民族智慧的论著都充分展现了中华文化的哲学思维特征，这种特征表现为思想行动以个人认识为前提，观念形成以经验活动为前提。虽然中国哲学学科的自觉意识产生于西方哲学传入之后，但中国人的思维方式却始终是哲学式的。中国人的智慧具有这样两个特点：第一，中国人善于从身边的具体事项中发现具有普遍意义的道理，并总是试图用这些道理去理解其他相关或相近的事项，由此完成对事项的理解。在这种意义上，中国人的思维方式更关注的是事情的过程，而不是在这个过程中呈现出的事物本身。第二，中国人对事物的理解更多地是从关系出发，更多地关注自己周遭生活环境中的人和事，更多地考虑如何从各种关系中确立自己的位置。在这种意义上，中国人的思维方式就更重视整体和全局，而不是个体和局部。由此可见，中国人的思维特征和智慧特点之间存在着一种相互对应：个人认识活动是以在身边所发生的事情为根据和出发点的，因此，中国人的思维具有经验归纳的特征；而经验活动本身又是为了更好地认识整体和全局，所以，中国人的思维又具有抽象普遍的意义。

然而，令人遗憾的是，中国人的这种思维方式并非出自我们的自觉意识，而是对前人长期生活实践的经验总结，是对中国传统思想表达的提炼升华。虽然我们一再强调中国人思维方式的特殊性和普遍性，但是这种强调却是建立在我们理解了不同于我们思维方式的西方哲学的基础之上，是我们通过不同哲学之间比较的结果。哲学思维方式的差异给我们带来了对我们自身哲学的重新认识，甚至是对自身哲学思维方式的重新定位，激发了我们全面理解自身哲学的浓厚兴趣。正是在这种思想背景中，我们开始形成对自身思维方式的自觉。

首先，哲学的自觉意味着我们对思想的主动认识。黑格尔说："人之所以比禽兽高尚的地方，在于他有思想。由此看来，人的一切文化之所以是人的文化，乃是由于思想在里面活动并曾经活动。……唯有当思想不去追寻别的东西而只是以它自己——也就是最高尚的东西——为思考的对象时，即当它寻求并发现它自身时，那才是它的最优秀的活动。"[①] 思想正

① 黑格尔：《哲学史讲演录》第1卷，贺麟、王太庆译，商务印书馆1983年版，第10页。

是在成为自己的对象的时候，哲学由此产生。因此，哲学的自觉本身就意味着思想。这里的思想并非完全是对具体事物的认识活动，或者是对事物发展演变的规律性理解，而是以概念的方式对我们认识活动内容的抽象概括，是对事物发展规律的概念化表达。这种思维方式就要求思想以概念的方式形成对我们所认识的思想内容的表达和构造，也是对我们思想本身的概念规定。纵观我们目前的哲学思维，我们似乎缺少的正是这种对思想的主动认识。我们比较容易满足于对事物表象的理解，比较容易接受从经验中得到的知性认识，而不太愿意从概念的层面把握事物的根本性质。真正的思想应当在于能够在事物之上确立把握事物的基本原则，能够在经验之先具备理解经验的基本能力。正如黑格尔所说："真正的思想和科学的洞见，只有通过概念所作的劳动才能获得。只有概念才能产生知识的普遍性，而所产生出来的这种知识的普遍性，一方面，既不带有普通常识所有的那种常见的不确定性和贫乏性，而是形成了的和完满的知识，另一方面，又不是因天才的懒惰和自负而趋于败坏的理性天赋所具有的那种不常见的普遍性，而是已经发展到本来形式的真理，这种真理能够成为一切自觉的理性的财产。"①

其次，哲学的自觉在于我们能够形成对事物的整体理解，能够从较高层面把握事物发展的基本态势。马克思说："理论只要说服人，就能掌握群众。而理论只要彻底，就能说服人。所谓彻底，就是抓住事物的根本。"② 这种彻底不仅表现在理论本身能够自圆其说，更重要的是理论能够把握整体，能够从宏观上对事物有完整的理解。而且，这样的理论还要在实践中得到检验，由此表明理论在实践中的彻底性。显然，这种哲学的自觉就要求我们必须认清历史的发展脉络，使理论具有前瞻性和预见性，而这种前瞻和预见正是彻底的理论自身具备的本质特征。经验主义的方法只会使我们裹足不前，完全从经验出发就会使我们"只见树木不见森林"。只有当我们真正形成了对事物的整体理解，只有当我们可以从宏观上把握事物的发展规律，我们才能从哲学的高度解释我们在经验中面对的各种现象，才能在事物的各种变化中把握事物的发展脉络。

---

① 黑格尔：《精神现象学》上卷，贺麟、王玖兴译，商务印书馆1983年版，第48页。

② 马克思：《黑格尔法哲学批判导言》，载《马克思恩格斯选集》第1卷，人民出版社1995年版，第9页。

再次，哲学的自觉还表现在对理论思维的自觉培养，表现为对以往哲学史的学习和理解。恩格斯说："理论思维无非是才能方面的一种生来就有的素质。这种才能需要发展和培养，而为了进行这种培养，除了学习以往的哲学，直到现在还没有别的办法。"① 他指出，每个时代的理论思维都是那个时代的历史产物，它在不同的时代具有不同的内容和不同的形式。因此，只有通过对不同时代的理论思维的学习理解，我们才能提升自己的理论思维能力。这里的理论思维能力主要包括两个部分，一个是科学思维能力，一个是哲学思维能力。科学思维能力帮助我们对以往历史中出现的各种科学假说和科学思想形成恰当的判断，有助于我们认清我们这个时代的科学理论和思想的创新程度。但科学思维能力仅仅停留在或者说只能在对经验现象的表层理解，即使是对经验现象的科学解释也不过是采用了逻辑的方法，对这些现象重新分类而已。而哲学思维能力则对我们的思维提出了更高的要求。它要求我们必须能够超越经验现象，通过对各种现象表面的理解达到对现象背后本质的把握。这就需要我们首先了解以往哲学史上所出现的各种理论观念，在历史的脉络中寻找我们这个时代出现的各种所谓新观念的历史踪迹。同时，这还需要我们具备超越历史和经验本身的抽象能力，能够从历史和经验中剥茧抽丝，形成我们自己的理论观念，用于解释我们当代的现实问题，并提出对这些问题的解决方案。

最后，哲学的自觉更表现为对辩证法的自觉运用，表现为对"绝对真理"的放弃和对现实实践活动的最终关注。按照黑格尔的概念辩证法，思想的运动不过是绝对精神在人类思维中的变化过程。虽然这样的辩证法是以概念和现实存在的颠倒关系为前提的，但其中有一个重要思想却是我们必须牢记的，这就是说，只有当我们能够按照思维自身运动的方式理解事物的发展，也就是当我们能够自觉地运用思维的辩证法的时候，我们才能真正理解思维活动如何与现实存在之间产生矛盾和冲突，也才能真正理解为什么我们必须把思维活动的最后结果放到现实的实践活动中加以检验。这就意味着，辩证法不仅运用于思维活动本身，更是运用于我们在现实的实践活动。用辩证的方式观察事物，解释现象，提出观念，形成理论，这些就是哲学的自觉表现。

---

① 恩格斯：《自然辩证法》，载《马克思恩格斯选集》第4卷，人民出版社1995年版，第284页。

从文化的自觉到哲学的自觉，这体现了我们对自身文化的更深层理解，是我们对自身文化的负责态度。仅仅停留在文化自觉的层面，我们还只能从自身文化的特殊性上把握思想的力量，只能依靠我们对自身文化的理解体会不同文化之间的差别。而哲学的自觉则帮助我们从概念的层次上理解思想的构成和变化，从思想自身的发展中把握观念的历史作用。从更广泛的当今世界文化的视野看，能够做到哲学自觉，才会使我们的文化自觉变成具有普遍意义的行动，才会使我们自身的文化特征得到广泛的认同和理解。

本套丛书冠名《哲学与文化》，正是基于以上的考虑，因为文化是哲学的外在体现，而哲学则是文化的内在精神。我们将在本丛书中陆续出版国内具有影响的哲学学者以及其他学科学者的最新著作，充分反映国内学者们在哲学与文化领域中的独特思考。

本丛书得到国家“985 工程”人文社会科学创新基地“价值观与民族精神”的大力资助，特此感谢！

目　　录

前　言

禅宗是中国佛教史上历史最久、影响最大、支派最多、创造性最强的佛教宗派。禅宗肇始于印度、植根于南北朝、兴盛于唐代，经过中土历代祖师的不懈努力，至六祖惠能时达到顶峰。六祖之后，法衣止而不传，诸大弟子分化一方，菏泽神会、南阳慧忠等自南而北，南岳怀让、青原行思等传法于江西湖南，逐渐形成了南有洪州、北有菏泽的局面。元和长庆间，天下禅宗形成了南有洪州、牛头，北有菏泽、北宗四家并盛的局势，而唯有洪州宗呈蓬勃上升之势，其他三家则走向衰退。

马祖门下人才极盛，或化京国，或之荆吴，或在九重，或隐深山，南北东西，无处不有。其中百丈怀海、药山惟俨、南泉普愿、归宗智常等相互呼应，门下交参，渐次成为洪州系的主流。百丈下出沩山灵祐和黄蘗希运，各具风骨。沩山灵祐为马祖法孙中最为杰出、影响最大的一代宗匠，其下出仰山慧寂、西院大安、香严智闲三大家，形成沩仰宗，是禅宗五家中最早成立的一派。黄蘗下出临济义玄，行化北方，创立临济宗。药山惟俨下出药山冲虚（第二世）、云岩昙晟、道吾圆智、船子德诚等，至洞山、石霜时形成洞上宗。归宗智常下出高安大愚，大愚启发义玄，对于临济宗的创立有很大的贡献；又出芙蓉灵训，灵训出雪峰义存和玄沙师备，雪峰又师从出于天皇道悟系的德山宣鉴，后来下出云门文偃，创立云门宗。玄沙未曾遍参，唯以灵训为师，而又与师兄雪峰义兼师友，其下出地藏桂琛，桂琛出清凉文益，创立法眼宗，成为归宗嫡传、玄沙正宗。南泉一派独超物外，虽人才众多，却不自立宗，不过其他各宗都受南泉一系影响，黄蘗、洞山皆登门受教，岑大虫教化仰山，赵州天下门风，对于南北各家都有影响。

药山惟俨为马祖门人，这是不争的事实。杜继文先生首先提出这一观点，徐文明、贾晋华等又进行了细致的论证。这也是本书最为重要的核心观点，很多方面都是围绕这一中心展开。药山派改宗青原系，最早是从云居道膺的新罗门人丽严、利严等开始，时间也已到了五代时期，这与《祖堂集》为青原系大造舆论遥相呼应。

围绕天皇道悟、药山惟俨、丹霞天然三家归属问题的聚讼由来已久。药山惟俨毫无疑问属于马祖门人，天皇道悟的问题比较复杂，他本人或许未定所归，马祖、石头二师造塔之事他可能都参与了，使得后世莫衷一是，诤讼纷纭，但在早期的史料中，天皇道悟都被归到马祖门下，特别是作为局外人的宗密的说法最有说服力。宋初达观昙颖等制造两个道悟的做法十分拙劣，反而授人以柄，等于把道悟系拱手交付青原。倒是作为天皇道悟系正传的云门宗不为所动，云门宗中传承最久、影响最大的为香林澄远、智门光祚、雪窦重显一系，吕夏卿作《雪窦塔铭》，明确讲重显为“大寂九世之孙”，而且述其传承，“若天皇、龙潭、德山、雪峰、云门、香林、智门”，世系历然，且直言“天皇”，显然并非受到伪碑《天王道悟碑》的影响，这足以表明云门宗自认为属于马祖一系。

如此五宗皆出南岳马祖，青原一系影响甚微，根本不能与南岳并肩。青原一系的兴起，实是由于后世的误传，或者出于符合“两株嫩桂久昌昌”之谶语的需要，特别是与《祖堂集》为抬高青原系大造舆论，甚至不惜捏造事实、歪曲历史有关。

由于五宗在后世只有临济和曹洞两宗流传，因此曹洞宗的归属就尤其重要了。有趣的是，宋代临济宗人主要争取天皇一系，对于曹洞宗的归属反而不重视，或许与当时云门、法眼两宗势力很大、曹洞宗势力不振有关。宋代之后，特别是由于《景德传灯录》的流布，曹洞宗作为青原一系的一支似乎成了定论，不再讨论了。

曹洞宗的正式名称，应该从清凉文益《宗门十规论》开始。洞山一派，最初名为洞上宗，因为洞山门下人才很多，难分高下，洞上宗是当时共许的名称，而且一直沿用到后世。曹山本寂对曹洞宗的理论构建贡献很大，其门人在唐末五代时影响也最大，但其法系传承不久，宋中期以后都是云居道膺的法系，因此曹洞宗的名称虽然也得到认同，但更愿意将“曹”理解为“曹溪”（这一理解倒符合曹山立名的本意）。文益之所以如此立名，一则是曹山确实光大了洞山宗，二则是当时曹山系在洞山一派影响最大，三则是他本人长期住持曹山崇寿院，与曹山有关联。无论如何，曹洞宗的名称得到了后世的公认，成为洞山系的正式名称。

本书所讲的曹洞宗，实指整个药山系。一则渊源有自，二则夹山、洞山、石霜三系相互往来，密不可分，对于曹洞宗的理论建设和宗派形成都有贡献。为了完整再现曹洞宗发展的全貌，从药山惟俨到石门慧徹，对于两百多年间此宗的所有重要人物基本上是一网打尽，一个也不放过，为此一再增加章节，内容显得颇为繁复。

曹洞宗在禅宗五家之中，理论最为细密，因此把握起来相当困难。对于与其理论有关的重要文献，首先需要进行辨伪，如洞山的几部著作，后世多有疑问，现在可以肯定的是，影响很大的《宝镜三昧》实是出于惠洪的编撰。《祖堂集》作为现存最早的禅宗史书，不得不重视，但由于其立场有偏，涉嫌编造的内容很多，必须先加考辨，再慎重使用。《景德传灯录》受《祖堂集》影响，也有错误和不可靠之处，不可全信。相对来说，《宋高僧传》、《宗镜录》、《天圣广灯录》比较可靠，但相关内容较少。惠洪著述很多，特别是有关曹洞宗的内容相当丰富，但其文风有问题，甚至喜欢编造历史，以致“多失事实”，前人对此早已指出。由于其著作问题较多，对于首先出现于其著述、而未有足够的旁证的说法，都必须特别小心，不可轻信。由曹山门人慧霞、匡辉所编辑、注释的《曹洞五位显诀》是有关曹洞宗理论的最重要的文献，当然其中也夹杂了后世的著作。此书不为后世所重，然其中确实包括曹洞宗早期可靠的文献资料。宋代子昇等编撰的《禅门诸祖师偈颂》也相当重要，其中有洞山、龙牙、同安常察等人的著作。《天圣广灯录》记载了五代末至宋初曹洞宗人特别是石门献蕴、慧徹的机缘语句，是研究这一时期曹洞宗理论的重要文献。《联灯会要》虽然晚出，但其中辑录了早期灯录中遗漏的一些史料，也值得重视，《五灯会元》亦然。此外，有关曹洞宗理论的资料亦散见于诸家语录之中，但这些语录出现有早有晚，内容或真或伪，不能全信。

禅宗有一套独特的话语体系，曹洞宗尤然，只有熟悉其话语体系者，才能窥其门墙，达其堂奥。后代往往引用前代机缘语句，很多时候是意引或者化用，只有了解整个禅宗史，尤其是前代宗承，才能读懂。其机锋公案，属于曹洞宗最有创造力的成分，对此不能轻易放过，即便理解上困难极大，也要极意参究。由于未曾觉悟，本书的解释或为古人所笑，但亦是一隅之得。

自从写作硕士论文之后，我便逐渐形成了历史、文献、思想三者并重的习惯，这正是杨曾文等前辈学者极力倡导的学风。因此，对于本书涉及的重要人物，都要先考证其生卒年及得法传禅之时，将之放在时空坐标中加以研究，虽然由于资料不备，能力不足，很多结论属于杜撰臆测，但也聊胜于无。

作为一个佛教学者，我知道自己的本分事是什么，虽然考证宗派归属，却无意是非于其间，对于各家各派一视同仁、平等相待。学者意在存真求是，即使是探究的过程中无意中伤害了哪一家，也是无心之失。在求真的基础之上，如果能够上窥祖师门庭，略识第一义谛，就属于额外的收获了。

曹洞宗只是经过了洞山时期一段短暂的黄金时代，便经历唐末五代之纷乱，生存发展本来不易。其势力范围，最早是在江西湖南，后来又收缩到湖北。在其发展过程中，也得到了地方豪强特别是钟传、马殷等人的支持，又与李翱等文人儒士关系密切，对于这些内容，本书只是点到为止，并未深论。曹洞宗中多诗僧，船子以下，诗人作家辈出，对此限于能力和篇幅，也未细述。

总之，虽然已经尽力了，本书还有许多不足之处甚至错误，需要有识者批评指正。

第一章　药山惟俨与曹洞宗的起源

第一节　药山惟俨的宗系和禅风

药山惟俨为唐代禅宗大师，过去一向被认为是石头门下的名德，其下出曹洞宗，法脉绵延，影响深远，然自南宋以来，临济宗人复出新说，以为惟俨实得法于马祖道一，应划归洪州宗门，这一观点被认为是南岳、青原两系门派之争的产物，未受到重视。杜继文先生重举是说，认为惟俨确实应属洪州，将其划归石头乃其后辈之意，但仍觉证据不足，有待补述。

惟俨的归属，关键在于《澧州药山故惟俨大师碑铭》的真伪，若此碑不谬，则药山应归马祖；若其为伪作，则惟俨当属石头。

唐伸《澧州药山故惟俨大师碑铭》主要有两个版本，一则始载于《唐文萃》，后收入《全唐文》；二则始载于宋祖琇《隆兴编年通论》，后见于元念常《佛祖历代通载》，南宋末年的《释氏通鉴》亦曾提及，二者文字略有不同，校之以义，多以后者为正，然前本亦有可取者，如云惟俨示化“后二十日”，入室弟子冲虚等始为之建塔，较后本更悉。据《碑铭》，惟俨生于南康信丰，年十七从西山慧照出家，大历中受具于衡岳希琛律师，继而从学于大寂，近二十年，大寂以为其已成熟，令之住山授徒。贞元初，住锡药山，化众无数，大和二年（828）十二月六日灭度，寿八十四，僧腊六十。据此，惟俨当属马祖高足，与石头无关。

杜继文指出:“现在没有证据可以证明《碑铭》是后人的伪造。”[①] 但自此碑出现之日始，就有人对之怀疑，不加深信，否则曹洞宗早就应该改换宗门了。近人印顺法师则明确表示“这又是一篇托名的伪作”，其证据是“碑中说到的‘崇敬大德’，‘兴善宽敬’，‘嵩山洪’，都是无可稽考的；唐

---

① 杜继文、魏道儒:《中国禅宗通史》，江苏古籍出版社 1993 年版，第 277 页。

伸也名不见史传。所说亲近道一二十年，也与事实不合”①。因此，仔细研究此碑，辨明其真伪得失，是解决曹洞宗及整个药山派归属的关键。

对此碑的真伪，日本僧人谠阳沙门德岩养存于元禄三年（1690）著《五家辨正》，提出十条质疑：

《法门锄宄》卷一附《五家辨正》：

唐伸《碑记》出之《通载》，常称“大儒”，鍊号“闻人”，若然，漏《唐书》儒学、才艺等而无传者，何哉？又普考史籍，望出太原，氏唐者若干，未阅伸之有名，况于令闻乎！即知无名位可称，唯是操眊臊汉也。今考其记，疑兕不泰。其言曰“门人状先师之行，求师之耿光垂于不朽”，余议道吾、云严、船子、椑树、百严、高沙弥等，皆药山之子也，盍称门人某？和欺之妄，尾巴已露。其非一也。

师《本传》曰“师侍奉马祖三年，辞祖返石头”，伸言曰“居寂之室垂二十年矣”。因按师大历八年纳戒于衡岳希操律师，博通经论，严持戒律，而后游方参请事了，至贞元初，憩住药山。其间年数，仅十霜也。伸之謽如之，谁不绝倒？其非二也。

俨之于迁，盖后于寂，令终有俶，然伸也片言不及。兹知彼是舜犬也，讵怪吠尧。常、鍊从而不纠，是妄妇之事也吁？其非三也。

《传灯》及《稽古略》等曰：药山首至石头，头指之见马祖，复还石头，领悟心要。一日师坐次，头问：“汝在这里作什么？”曰：“圣谛亦不为。”头曰：“恁么即闲坐也。”曰：“若闲坐即为也。”头曰：“汝道不为，且不为个什么？”曰：“千圣亦不识。”头以偈赞曰：“从来共住不知名，任运相将只么行。自古上贤犹不识，造次凡流岂敢明！”据此则明药山机缘终归石头，伸言无之。其非四也。

《大光明藏》曰：青原仁父祖也，子石头外，而气分感而为诸孙，药山、云严殆圣谛不为处发生矣。伸谩系之寂，是为謽说，言不中道。其非五也。

朗州刺史李翱向师玄化，入山谒之。欣惬而呈偈曰：鍊得身形似鹤影，千株松下两函经。我来问道无余事，云在青天水在瓶。翱时年

① 印顺：《中国禅宗史》，上海书店1992年版，第420页。

三十九，参药山而退，著《复性书》三篇。韩愈、柳宗元览之叹曰：吾道萎迟，翱且逃矣。相国崔群（与韩愈同榜）、常侍温造（大雅五世孙刺朗州）相继问道，师能开发道意矣。我道及儒也，陶练难化，护法之力，拔山扛鼎，故宋僧传系之护法，此可纪之一节也。伸何踈脱！其非六也。

师一夜登山顶，月下大啸，应澧阳九十许里。因名之为“啸峰”，称其异也。僧传赞曰：俨公一笑，声彻遐乡。虽未劳目连远寻，道感如然。此师不测神用，伸何漏之？其非七也。

太和年中，文宗敕谥“弘道大师”，所谓天子休命、嘉师德美者也。《大戴礼》曰：武王践阼，曰谥者行之迹。是以大行受大名，小行受小名。行出乎己，名出乎人。详唐类函九十四，凡指事称德，益纪行实之法也，何况谥号之勅最其大节也。伸又漏焉。其非八也。

李翱《百官行状奏》曰：纪其行状，宜出门生。赖此翱与群、造德位兼备，颉颃唐朝，冠冕儒林，且沐其化也久。如撰师碑，除此三学士而更为谁？如伸无闻可齿，又非知师者，谁媚于尔，自衒自媒，固钻穴隙之类乎！其非九也。

抑伸所铭之碑不知立何处，将药峤之坞乎，将华亭之步乎，将无何有之乡乎？吾知是好事者所以建之何楼备欺妄，岂为纪德碑！其非十也。①

应当说，这是迄今为止对药山碑的最全面、最有力的质疑，值得重视和回应。诚然，唐伸在新旧《唐书》中无传，能不能称得上“大儒”、“闻人”，可以讨论。然而说唐伸是无名之辈，恐怕也未必。作者唐伸虽然名不见正史，但也并非等闲之辈。据《唐会要》、《册府元龟》及徐松《登科记考》，唐伸于宝历元年（825）应贤良方正，能直言极谏科，对答如流，合乎圣意，策入第三等，为制科之首，敬宗敕中书门下优与处分。今其对策已经不存，但能冠诸贤能，登制科之首，绝非易事。只是赏识他的敬宗皇帝在位只有一年多，或许因此未得展其大才，建功立业。但其人其才还是不容怀疑的。他后来又于武宗朝担任朗州刺史，虽然名位不高，但其才华出众，绝非欺世盗名之辈可比。所谓“门人状先师之行”，只能

① 《卍新纂续藏经》第86册，第491页中、492页上。

说明此门人相当低调，不愿具名，责任不在作者，不愿具名未必就是假托，难道借为先师立碑大肆宣传自己，才算是合格的门人吗？

药山在马祖门下不足二十年，这是众多质疑者提出的共同问题。其实只是算法不一而已。根据碑文本身的记载，惟俨在道一门下“垂二十年”是完全可能的。惟俨卒于大和二年（828），寿八十四，腊六十，则其应受具于大历四年（769），其年从学马祖，而马祖贞元四年（788）示灭，正好间隔二十年。他于马祖灭化前受命离山授徒，贞元初住锡药山，不是正好近二十年么？又如何与事实不合呢？需要说明的是，贞元初，不一定是指元年，贞元共二十一年，前几年都算是初年，而且碑文明明说“垂二十年”，即近二十年，即便是元年（785），也已经十七年，谓之“垂二十年”有何不可？

需要补充说明的是，认为二十年说与事实不合，可能是由于根据的是《唐文萃》本，其云惟俨大历八年（773）受具，与《祖堂集》、《宋高僧传》同，这一说法与其卒年和法腊自相矛盾，不如《隆兴编年通论》的“大历中受具”说适当，可能是版本有误。

值得注意的是，《祖堂集》、《宋高僧传》、《景德传灯录》等皆云惟俨大历八年（773）从衡岳希操律师受具，而此说又与其生卒夏腊不合，如《祖堂集》云其大和八年（834）卒，寿八十四，腊六十五，以此相推，则其应于大历五年（770）受具，又为什么非要坚持这一自相矛盾的说法呢？

据白居易《唐兴果寺律大德凑公塔碣铭》，兴果禅师神凑受具于南岳希操大师，参禅于钟陵大寂禅师，这与惟俨的经历一样，他于元和十二年（817）反真，春秋七十四，夏腊五十一，以此相推，则其受具之年在大历二年（767），与惟俨相去不远。他虽然受具于大历二年，但大历八年（773）才成为正式的僧人，因为其年国家对天下僧尼举行了一次大规模的考试，合格者方可得度，神凑以中等的成绩得度，诏配江州兴果寺。也许惟俨也参加了这次测试，取得正式僧人的资格，故后人误将大历八年当成他受具的时间。如果此碑无误，则惟俨从之受具的应是如《祖堂集》、《宋高僧传》所说的希操律师，不是唐伸《碑铭》所说的希琛，二字形近，易有差误。

第三、第四个质疑其实是一个问题，即药山与马祖、石头的关系到底为何，是碑文所述的只跟马祖还是《祖堂集》、《宋高僧传》、《景德传灯录》的只跟石头，抑或折中派的两个都跟过但偏重有异？碑中只承认“南岳迁”与“中岳洪”和马祖一样“悟心契”，但没说药山参过石头。其实承认南岳迁与马祖并肩已经是很大的进步了，这可能是马祖弟子碑记中第一个承认石头系地位的。

折中的说法始自黄龙慧南（1002—1069），后来圆悟克勤和大慧宗杲也多次强调，但已经相当晚了，似乎这是马祖后辈在药山系转归石头早就成为定局的情况下提出的一个方案，此说晚出，且并未得到对方的认可，在此不多讨论。

由于最原始的资料中并无折中的解释，因此只能认定药山跟了某一个大师。从碑文本身找不到药山参过石头的证据，即使是有问题，责任也不在唐伸。

其五，《大光明藏》卷一确有此说，这只是南宋宝昙的一家之言，且时间很晚，不足为证。

《宋高僧传》特别强调对大臣儒士的化导，故把药山化李翱（772—841）、崔群（772—832）、温造（766—835）相继问道等非常重视，唐碑却以为这些微不足道，“其他硕臣重官归依修礼于师之道，未有及其门阃者，故不列之于篇”。这就是双方立场不同，应该说，后者的看法代表了禅宗的本色，这些达官贵人真正好佛者不多，能够入门者更是屈指可数。宣扬折服了多少大臣高官不足以为药山之荣，适以为禅者之病。这可能是由于《行状》中本来没有这方面的内容，故唐伸不书，也有可能他对李翱等人有些看法。

药山大笑一声，声振九十里，此事是实有其事，还是后人所编，难下定论。即使有之，涉及神通，碑文避嫌不言，也不为过。以此罪唐伸，实是莫须有。

药山谥为“弘道大师”究竟何时不明，但肯定不在唐伸写碑之前，当时本无谥号，让唐伸怎么写呢？难道是怪罪唐伸不能先知先觉，未能预测到药山后有此谥吗？

谁最有资格为药山写碑，难下结论。似乎李翱、崔群、温造三人都比唐伸更有资格，官更大，知名度更高，为什么药山入室弟子冲虚没有选择三人，而是让人跑到京师找崇敬大德，再找似乎和药山不相干的唐伸呢？这真是一个历史疑案。李翱本应是首选，他于大和七年（833）至八年十二月担任潭州刺史、湖南观察使，大和九年（835）八月至开成元年

(836)七月间任襄州刺史、山南东道节度使，位高望重，这两个时间段内都距药山不远，且节制澧阳，请他作碑最为合适。按说前一个时间段更好，但或许《行状》未备，故在后时，冲虚派人到襄州找李翱，请其撰碑，但李翱出于种种考虑没有答应，故不得不再到京城。等到药山门人到京城时，崔群早已作古，温造也不在世，故只能由章敬大德出面请唐伸为碑了。碑称“其他硕臣重官”“未有及其门阃者，故不列之于篇”，这句话显然带有情绪，表达了对这些人的强烈不满，可见他们阳奉阴违、临事推诿。在这一事上药山门下意见或许也不能统一，但唐伸的碑流传下来了，而且写得确实精彩。

迄今为止，对此碑的质疑都是无力的，缺乏足够的证据和说服力。现在相信此碑的学者越来越多，贾晋华近期做了最新的很有说服力的论证。

此碑为真应当是事实，但这并不意味着其中没有问题。由于年代久远，传抄刻印过程中出现鲁鱼之误在所难免，现存的两个版本都有文字问题，甚至有尚未引起关注的重大错误。

首先，药山生卒年究竟为何。所谓“上嗣位明年”，即当大和元年(827)，因为文宗于宝历二年（826）十二月即位，明年二月改元大和，故贾晋华提出其卒年为大和元年（827），并认为《宋高僧传》谓其卒于大和二年，可能误以为大和元年为文宗嗣位初年，非别有所据。如果“上嗣位明年”无误，只能解释为大和元年（827），但说赞宁不知道文宗嗣位之年，恐怕有问题。赞宁生年上去惟俨去世不足百年，他又是著名的佛教史家，著作众多，学问极大，说他不了解文宗即位之年恐怕证据不足。另外祖琇和念常都是佛教史家，他们不可能误读碑文。念常确实误载宝历二年（826）丙午四月敬宗遇害，众立江王，即文宗，那么“明年”更应当是大和元年（827）丁未，为什么偏要说成二年呢？

虽然现存所有版本都无异说，但也有可能都错了。赞宁或许看到了另外一种版本，即作“上改元明年”，故称大和二年（828）药山去世。由于赞同与否定此碑者同作大和二年（828），故仍然依之，但不排除大和元年（827）的可能。

《祖堂集》之所以改为大和八年（834），并不一定是由于误将立碑之年当成去世之年。药山去世已在岁末，“后八年”即此后八年，可能是在开成元年（836）。另外，门人携《行状》到京城找崇敬大德，崇敬大德再找到唐伸，唐伸撰碑之时与最后立碑之年，都有时间差，不能一概视之。《祖堂集》的真实意图，就在于否定唐碑的可靠性，如果全依唐碑，就等于承认其真实性，与其抬石头、贬马祖的目的相悖。另外一个原因，可能是误将药山二世存在的时间当成了惟俨还存在的证据（详后）。

碑中提到，惟俨卒后八年，门人欲使先师名垂千古，西来京都，告于崇敬大德，这位崇敬大德是作者唐伸的从母兄，曾经问道于径山法钦，得其心要，自从“兴善宽敬示寂之后”，四方来京学禅者无不从学，也是一位名振当时的大德高僧。此段碑文有重大错误，多种资料证明，崇敬寺在唐朝为尼寺，唐伸却道是“从母兄”，即姨表兄，即使勉强以“兄”代“姊”，但这位比丘尼也不可能有碑文所强调的地位。

所谓“兴善宽敬”，实指兴善惟宽（754—817），“敬”或为衍文，其句应为“自兴善宽（敬）示寂之后”；或者文有脱字，“敬”指章敬晖（756—815），其句则应为“自兴善宽、章敬晖示寂之后”，但怀晖多作“百岩晖”，且其卒于元和十年（815），较惟宽早了两年，故不如前释。兴善惟宽是当时京师很有影响的禅师，故碑文称在他示寂之后，四方学道者才求学于他人。

这位大德成了惟宽之后京城禅师第一人，“四方从道之人质疑传妙，罔不诣崇敬者”，崇敬寺当时并无哪位精通禅法的比丘尼能到这种地位。因此“崇敬”有可能是“章敬”之误，章敬大德有可能为弘辩（辨）。

据《云严寺和尚请来法门道具等目录》卷一：

> 右街僧录、三教讲论大德沙门体虚，奉本使仇骠骑帖，差三觉供奉大德六人，就青龙寺与日本国传灯大法师位圆行语论本教玄理，具名如后。
>
> 保寿寺内供奉临坛大德沙门常辨，
> 章敬寺内供奉禅宗大德沙门弘辨，
> 招福寺内供奉讲论大德沙门齐亮，
> 兴唐寺内供奉讲论大德沙门光颢，
> 云花寺内供奉讲论大德沙门海岸，
> 青龙寺内供奉讲论大德沙门圆镜。
> 右件大德等所与圆行大德语论教门策目并录申问。

开成四年正月十五日。①

如此章敬寺弘辨是唯一参与青龙寺内与日本僧人圆行讨论教理的内供奉禅宗大德，由此可见其地位。据《景德传灯录》卷九，章敬寺怀晖门人大荐福寺弘辩应诏回答宣宗提出的一系列有关禅宗的问题，赐紫方袍，号圆智禅师。此弘辩与前弘辨为一人，从意思上作“弘辩”更恰当，只是后来迁居大荐福寺。

此二事足以表明弘辨在当时京城禅门的地位，确实是当时禅宗第一人。从弘辩在京城的地位和影响来说，药山门人前来找他是有道理的，然而从情理上讲，他和药山不应当毫无关系。灯录以之为怀晖门人，唐碑却说崇（章）敬大德参径山得心要，其实并不矛盾。径山道钦（714—792）为牛头宗最有影响的大师，与马祖门下关系密切，相互往来。代宗于大历三年（768）下诏迎请径山入京，便安置于章敬寺，后来门人崇惠曾于此寺登刀梯，与道士较法得胜，故径山系亦与此寺有缘。弘辩可能先从径山参请得法，后住章敬寺时又参怀晖。他应当是径山晚期门人，生年大概在大历初年（766—770），活到了大中年间（847—859），寿命在八十岁以上。

如果弘辩就是章敬大德，他就是唐伸的表兄，有说唐伸可能是湖南永州人，这里唐姓很多，名人辈出，那么弘辩也可能为湖南人。或许弘辩早年曾于贞元初参过药山，后到径山，与药山有过师徒之缘，故药山门人特意进京找他。其称药山在禅宗的地位很高，有如儒门之洙泗，似乎有溢美之嫌，其中肯定有一定的感情成分。

碑文称大历年间，“是时南岳有迁，江西有寂，中岳有洪，皆悟心契”。其中谈到了石头希迁、马祖道一和“嵩山洪”三大家，而“嵩山洪”确实不知何指。可以肯定的是，中岳嵩山一向是北宗的大本营，此中岳洪一定是指北宗的某人，白居易《西京兴善寺传法堂碑并序》以“嵩山秀”为惟宽之曾伯叔祖，可见当时仍将嵩山视为北宗的根据地。此嵩山实指“嵩洛”，故神秀未住嵩山，亦称“嵩山秀”。如此大历年间北宗最有声望的大师当属弘正，另外参与立三祖碑的嵩岳大比丘惠融等亦有可能。从地位和影响来讲，弘正可能性最大，如果不是弘正，则有可能为

① 《大正藏》第55册，第1073页下、1074页上。

澄沼。大历初，河南尹张延赏请嵩山沙门澄沼修建大圣善寺，澄沼“行为禅宗，德为帝师”，为东山第十祖，他入灭后诏谥“大辩”①，也是大历年间最有声望的北宗代表之一。由于唐碑现存本错字很多，因此“洪”有可能为“沼”之误。

此碑肯定立在药山寺，但后来遇到会昌法难，免不了被毁的命运，大中之时应当重建，但后来年深日久，沧海桑田，早已下落不明。由于五代至宋初曹洞宗已经承认自己属于石头系了，此碑当然不愿提起。幸好唐伸的文章确实写得极好，北宋大中祥符四年（1011）被姚铉选入《唐文萃》，因此流传了下来。

综上所述，印顺法师等所谓此碑“又是一篇托名的伪作”的说法证据不足，难以成立。《唐文萃》的编者姚铉并非宗门中人，不会介入禅宗的宗派之争，如果其为伪作，当作于晚唐或五代时期。

如果其为伪作，临济宗人的嫌疑最大。印顺法师指出，临济门下的大慧宗杲（1085—1163）曾在《示中证居士》及《示永宁郡夫人书》中举惟俨初参石头不悟，后参马祖而悟的因缘，认为这与唐伸碑的意趣相合，暗示这是一场有计划的图谋，意在抬高马祖而贬低石头，是一场宗派之争。其实这一运动早在北宋时期就开始了，达观昙颖（989—1060）集《五家宗派》，惠洪（1071—1128）作《林间录》，制造两个道悟说，张商英、吕夏卿加以响应，此后宗杲举药山实悟自马祖因缘，祖琇收录二碑，普济编《五灯会元》，将宗杲所举因缘编入惟俨语话，等等，这些事实上是一场主要由临济宗搞起来的大规模的运动，其目的在于抬高己宗，排斥青原系。

这场宗派之争其实并非由临济宗人挑起，事实上它是一场反击，对“晚唐、五代间刮起的一股贬道一、抬石头的风潮”② 的反击，这一风潮一直延续到后世，在雪峰系静、筠的《祖堂集》和法眼宗道原的《景德传灯录》中得到了集中体现。临济宗人当然不甘心受到贬损，这场反击是必然的，其收效却不那么明显，或许是由于青原一系先入为主之故。

假如此碑由临济宗人伪作，目的是为了抬高马祖系，他们将此碑作为

---

① 《全唐文》卷七九〇，张彦远《三祖大师碑阴记》，上海古籍出版社 1990 年版，第 3669 页。

② 《中国禅宗通史》，第 280 页。

攻击青原系的重型炸弹，从情理上可以假设。然而，从事实上讲，临济宗直到南宋隆兴年间（1163—1164）才正式提到此碑。此前极力为南岳系张目的达观昙颖、吕夏卿、张无尽等都未提此碑，黄龙慧南、圆悟克勤、大慧宗杲也不提。制造了武器却根本不用，这肯定不符合作伪者的意图。

如果认定此碑为伪作，应当说明何时何地何人所作，拿出有力的证据来，但现在持此观点者根本没有证据。无论是形式还是内容，都看不出此碑有任何重大疑点，只是个别文字有错误而已。

此碑的真实性不必怀疑，其流传过程及情况则值得深入探讨。

先述各种早期史料所载惟俨生卒及出家受具之年，依《碑铭》，惟俨生于天宝四年（745），卒于大和二年（828）十二月六日，寿八十四，年十七从西山惠照出家，大历四年（769）从南岳希琛受具，腊六十。依《祖堂集》，惟俨生于天宝十年（751），卒于大和八年（834）十一月六日，寿八十四，腊六十五，年十七从惠照出家，大历八年（773）受具于南岳希操律师。依《宋高僧传》，惟俨生于乾元二年（759），卒于大和二年（828），春秋七十，年十七从惠照出家，大历八年（773）受具于希澡律师。依《景德传灯录》，惟俨生于天宝十年（751），卒于大和八年（834）二月，寿八十四，腊六十，年十七从惠照出家，大历八年（773）受具于希操律师。依《五灯会元》，惟俨大和八年（834）十一月六日卒，年十七从惠照出家，纳戒于希操律师。

《祖堂集》大历八年受具说与六十五夏无法并立，其说法自相矛盾，未足凭信。《宋高僧传》则包含着几种不同的传说，一是药山碑《唐文萃》本、《祖堂集》的大历八年受具说，一是《碑铭》的大和二年顺世说，一是不知何出的春秋七十说，而这几种说法是相互矛盾的，大历八年（773）惟俨才十五岁，如何受具？且其焉能先受具，后出家！《五灯会元》之说全依《祖堂集》，只是不言纳戒之年，免除了自相矛盾。

最值得注意的是《景德传灯录》，其言惟俨生卒受具之年一依《祖堂集》，而言年寿及夏腊则依《碑铭》，明显由二说和合而成，而这两种说法同样是不可调和的，若依前说，则其夏腊应为六十二，若依后说，则其受具应在大历十年（775）。其云惟俨大和八年（834）二月顺世，亦是新说，二月或为十二月之误漏，也是大和八年十一月六日说与大和二年十二月六日说的一种调和。

由此可以得出一个推论，即道原在编撰《景德传灯录》时就已经看到了唐伸《碑铭》，但出于对《祖堂集》的迷信和宗派的偏见，又不肯全取其说，干脆来了一个调和，只是没认真推敲，想不到由此导致了自相矛盾。

这一推论还可以从其他内容上找到证据，据《传灯录》，惟俨卒后“入室弟子冲虚建塔于院东隅”，而其又载惟俨法嗣十人，其中根本没有冲虚的影子，可见这是出自另一材料来源。恰恰在唐伸《碑铭》里面发现了这一记载，其云“入室弟子冲虚等迁座建塔于禅居之东，遵本教也”。

既然成书于景德元年（1004）的《传灯录》就已经参照了唐伸《碑铭》，那么较此早十几年成书的《宋高僧传》很可能也参考了此碑，其所谓惟俨大和二年示化说当出自碑传，但是由于赞宁并非宗门中人，对禅宗史实知之不深，故其述惟俨之传主要取自此前成书的《祖堂集》，不敢肯定此碑是否可靠，但又不愿完全予以埋没，故取其一端，结果使自己陷入自相矛盾之中。

《祖堂集》成书于南唐保大十年（952），其作者也应当见到了唐伸《碑铭》。其云惟俨僧腊六十五，以此相推，则其应受具于大历五年（770），与《碑铭》大历四年说相近。

有关惟俨早期生平的关键资料，《祖堂集》等与药山碑完全一致。

《碑铭》：

> 惟大师生南康信丰县，自为儿童时，未尝处群子戏弄之中，往往独坐，如思如念。年十七，即南度大庾，抵潮之西山，得惠照禅师，乃落发服缁，执礼以事。大历八年受具于衡岳希琛律师，释礼矩仪，动如宿习。一朝乃言曰：“大丈夫当离法自净，焉能屑屑事细行于衣巾邪！”

《祖堂集》：

> 药山和尚，嗣石头，在朗州。师讳惟俨，姓韩，绛州人也，后徙南康。年十七，事潮州西山慧照禅师。大历八年，受戒于衡岳寺希澡律师。师一朝言曰：“大丈夫当离法自静，焉能屑屑事细行于布巾耶！”

《宋高僧传》卷十七：

释唯俨，俗姓寒，绛县人也。童龀慷恺，敏俊逸群。年十七，从南康事湖阳西山惠照禅师。大历八年，纳戒于衡岳寺希操律师所。乃曰："大丈夫当离法自净，焉能屑屑事细行于布巾邪！"

《景德传灯录》卷十四：

澧州药山惟俨禅师，绛州人，姓韩氏。年十七，依潮阳西山慧照禅师出家。唐大历八年，纳戒于衡岳希操律师。乃曰："大丈夫当离法自净，岂能屑屑事细行于布巾耶！"

简单对照一下，可知雷同之迹甚明，特别是最后一句，足以证明都是抄自《碑铭》。另外《马祖道一禅师广录》（圆悟克勤、大慧宗杲、虚堂智愚等踵之）所载药山机缘中有马祖曰"子之所得，可谓协于心体，布于四肢"，可能是抄自《碑铭》"汝之所得，可谓浃于心术，布于四体"，假如另有来源，更说明《碑铭》可靠。

大历八年（773）受具说对于《祖堂集》、《宋高僧传》等是一个导致自相矛盾的关键，可他们还是坚持不改，估计他们看到的《碑铭》版本确实如此，以为不可改动。然而此说与《碑铭》本身也不相容，肯定有误。八与六最相近，但六年还是不能成立，因此有可能是"四"之误。如果外边之"口"趋于模糊，就有可能被误认为是"八"。八和三字形相差较大，很难混淆。另外，药山称百丈怀海为"海师兄"，怀海比药山小了好几岁，只是他大历三年（768）受具，可能早于药山，故药山尊为师兄。如此大历八年很有可能为四年之误。

鉴于此碑关系重大，综合以上研究及各种版本，对之提出一个新的解释：

上改元（原作"嗣位"）明年，澧阳郡药山释氏大师以十二月六日终于修心之所。后八年（《唐文萃》作"岁"），门人状（《唐文萃》作"持"）先师之行，西来京师，告于章（原作"崇"，下同）敬寺大德，求所以发挥先师之耿（《通论》误作"耽"）光，垂于不朽。章（崇）敬大德于余为从母兄也，尝参径山得其心要，自兴善宽（原有“敬”，为衍文）示寂之后，四方从道之人，质疑传妙，罔不诣章（崇）敬者。尝谓伸曰：“吾道之明于药山，犹尔教之阐于洙泗。智炬虽灭，法雷犹响。岂可使明德不照、至行堙没哉！”

惟大师生南康信丰，自（《通论》误作“百”）为童时，未尝处群儿戏弄之（《通论》无“之”）中，往往独坐，如思如念。年十七，即南度大庾，抵潮之西山，得慧（《文萃》作“惠”）照禅师，乃落发服缁，执礼以事。大历四年（《文萃》作“八年”，《通论》作“中”），受具于衡岳希操（诸本皆误作“琛”）律师，释礼矩仪，动如夙习。一朝乃言曰：“大丈夫当离法自净（原作‘静’，依《祖堂集》等改），焉能屑屑事细行于衣巾（《通论》误作‘中’）耶！”是时南岳有迁，江西有寂，中岳有洺（原作“洪”），皆悟心契。乃知大圭之质，岂俟磨砻，照乘之珍，难晦符彩。自是寂以大乘法闻四方学徒，至于指心传要、众所不能达者，师必默识悬解，不违如愚。居寂之室，垂二十年，寂曰：“汝之所得，可谓浃于心术，布于四体。欲益而无所益，欲知而无所知。浑然天和，合于本无。吾无有以教矣。佛以开示群盲为大功，度灭众恶为大德。尔当以功德普济群迷，宜作梯航，无久滞此。”由是陟罗浮，涉清凉，历三峡，游九江。

贞元初，因憩药山，喟然叹曰：“吾生寄世，若萍蓬耳，又何效其飘转耶！”既披蓁结庵，才庇趺座。乡人知者，因赍携饮馔，奔走而往。师曰：“吾无德于人，何以劳人乎哉！”并谢而不受。乡人跪曰：“愿闻日费之具。”曰：“米一升足矣。”自是常以山蔬数本佐食，一食讫，就座转《法华》、《华严》、《涅槃》。昼夜若一，终始如是，殆三十年矣。游方求益之徒，知教之在此。后数岁而僧徒葺居，禅室接栋鳞差，其众不可胜数。至于沃烦正覆，道源成流，有以见寂公先知之明矣。忽一旦谓其徒曰：“乘邮而行，及暮（《通论》作‘莫’，可通用）而息，未有久行而不息者。吾至所诣矣，吾将有息矣。灵源自清，混之者相，能灭诸相，是无有（《文萃》作‘二’）色。穷本绝外，汝（《文萃》作‘尔’）其悉之。”语毕，隐几而化。春秋八十四，僧腊六十夏。后二十日（《通论》无此四字），入室弟子冲虚等迁座建塔于禅居之东，遵本教也。

始师尝以大练布为衣，以竹器为跻，自薙其发，自具其食。虽门人数百，童侍甚广，未尝易其力；珍羞百品，鲜果骈罗，未尝易其食；冬裘重燠，夏服轻疏，未尝易其衣；华室靖深，香榻严洁，未尝易其处；麋鹿环绕，猛兽伏前，未尝易其观；贵贱迭来，顶谒床下，未尝易其礼。非夫罄（《文萃》误作“声”）万有，契真空，离攀缘之（《文萃》作“于”）病，本性清（《文萃》误作“情”）净乎物表，焉能遗形骸，忘嗜欲，久而如一者耶！其他硕臣重官，归依修礼，于师之道，未有及其门阃者，故不列之于篇。

铭曰：一物在中，触境而摇；我示其源（《文萃》作“元”），不境不跳。西方圣人，实言其（《文萃》作“道”）要；其（《文萃》作“道”）要既得，可言其妙（《文萃》作“何言惟妙”）。我源自济，我真自灵；大包万有，细出无形。曹溪所传，徒藏于密；身世俱空，曾何有物。自见曰明，是为至精；出没在我，谁曰死生。刻之琬琰，立之岩岫；作碑者伸，期于不朽。

依照经过校正的碑文，对其生平事迹述之如下。惟俨于天宝四年（745）生于南康，俗姓韩，原籍降州。上元二年（761）十七岁，南度大庾岭，到潮州师从西山慧照禅师。西山慧照禅师，事迹不详，《景德传灯录》卷五载怀让（677—744）门人有潮州神照，怀让称其“得吾鼻，善知气”，此神照有可能与慧照为一人。慧照在当时知名度也很高，故百丈怀海、药山惟俨皆自远而至。

怀海到来的时间不详，上元二年（761）时他只有十二岁，比惟俨更早的可能性不很大。二人在此同学数年则是肯定的，这也造就了其一生的友谊。惟俨在此长达八年，尽得其心要，直到大历四年（769）才到衡山受具。怀海在此的时间应当少于惟俨，且在其前离开。怀海于大历三年（768）受具于衡山法朝律师，可见二人并非同行。假如二人同行，同到南岳受具，就完全没有必要师从不同的律师受具，由此也可证明惟俨并非在大历三年（768）受具。

慧照对惟俨的影响应当很大，他是惟俨的剃度师，也是禅法的启蒙者。惟俨从之八年，可见对这位老师还是十分敬佩的。在这里，他了解了南岳系禅法的精髓，对他一生的选择有重大影响。大历四年（769）他来到南岳，从衡岳寺希操律师受具。受具之后，他大概又学了一段时间戒律，然而习惯了禅学心法的他对此并不适应，因此他决心离法自净，不愿再学这些小事小道。

受具之后，参马祖之前，惟俨是否参过石头是一个疑案。杨曾文认为，从提到当时皆悟心契的三人之口气看，他曾参谒三人，可以认为也曾从希迁受法。由于衡岳寺距希迁所在的南台寺不远，可以想象，惟俨受戒后是先到希迁处受法的，因此《祖堂集》等史书说惟俨是希迁的法嗣是有根据的。①

称三人皆悟心契，是说当时天下禅宗大势格局，并不意味着三人都参过，至少当时他未到北方参礼洪（洺）禅师。而且这句话出自药山当时的感觉，还是后人甚至唐伸本人的意见，难下定论。从碑文本身来看，没有任何参过石头的证据和迹象。

据《马祖道一禅师广录（四家语录卷一）》卷一：

> 药山惟俨禅师，初参石头，便问："三乘十二分教，某甲粗知。常闻南方直指人心，见性成佛，实未明了。伏望和尚慈悲指示。"头曰："恁么也不得，不恁么也不得，恁么不恁么总不得。子作么生？"山罔措。头曰："子因缘不在此，且往马大师处去。"山禀命，恭礼祖，仍伸前问。祖曰："我有时教伊扬眉瞬目，有时不教伊扬眉瞬目，有时扬眉瞬目者是，有时扬眉瞬目者不是。子作么生？"山于言下契悟，便礼拜。祖曰："你见甚么道理便礼拜？"山曰："某甲在石头处，如蚊子上铁牛。"祖曰："汝既如是，善自护持。"侍奉三年。一日祖问之曰："子近日见处作么生？"山曰："皮肤脱落尽，唯有一真实。"祖曰："子之所得，可谓协于心体，布于四肢。既然如是，将三条篾来，束取肚皮，随处住山去。"山曰："某甲又是何人，敢言住山？"祖曰："不然，未有常行而不住，未有常住而不行。欲益无所益，欲为无所为。宜作舟航，无久住此。"山乃辞祖。②

这是马祖门下最早承认药山参过石头的资料，表面看来，似乎很有道理，其实是仿照《碑铭》而创作的赝品。碑文明明说在马祖门下垂二十年，这里却说成三年，在石头那里时间更短，那么只能发生在马祖晚年，试问

---

① 杨曾文：《唐五代禅宗史》，中国社会科学出版社1999年版，第369页。

② 《卍新纂续藏经》第69册，第5页上中。

前十几年药山参谁去了？这一说法其实是一个“不平等”条约，是一种缺少智慧的妥协，试图想让青原系在承认药山归马祖的前提下做一种也参过石头的让步，这只能是一厢情愿。此处明明引了《碑铭》，却又不公开承认，难道临济宗也对《碑铭》没有信心。《语录》这一段以下都是有关和石头有争议的药山、丹霞、慧朗三人机缘，一看就是增补的，不足为据。

惟俨早在西山慧照之处，就知道了马祖道一之名。此时马祖正好又在他的家乡南康传法，因此去参马祖并非一时的冲动，而是预定的计划。

惟俨在马祖门下垂二十年，因此至少在大历四年（769）末，他便来到南康。《碑铭》称惟俨为“大圭之质，照乘之珍”，强调其资质过人，故有如孔门之颜子，不违如愚，明了众所不能达者。贞元之初，马祖以为他已经足够成熟、可以出师了，劝其广作功德，开法度众。于是他才离开洪州，开始游历，先后到广东罗浮山、江西青原山、九江，及长江三峡等地，贞元三年（787）左右，他来到湖南澧阳药山，准备在此结庵居止。

惟俨初住山时，乡人闻讯前来供养，他皆辞而不受，道是“吾无德于人，吾何以劳人乎”。《天圣广灯录》卷八载百丈怀海曰“吾无德矣，争合劳人”①，看来二人真是默契，做法、语言完全一样，不愧是二十多年的同学。

据《祖堂集》卷四：

> 师初住时，就村公乞牛栏为僧堂。住未得多时，近有二十来人，忽然有一僧来，请他为院主，渐渐近有四五十人。所在迮侠，就后山上起小屋，请和尚去上头安下。和尚上头又转转。②

如此《祖堂集》便有了其最初住牛栏的传说，后人又对此大加敷演，使其更加戏剧化。

据《虚堂和尚语录》卷四：

> 又如药山和尚，游山到澧阳，见人家有一座山好，便要化他建道场。百姓不从，便入他牛阑里坐禅。人家被恼之不已，乃牵牛归屋

---

① 《卍新纂续藏经》第78册，第751页下。

② 张美兰：《祖堂集校注》，商务印书馆2009年版，第129页。

里，纵火烧却牛阑。他只在牛阑基坐禅。太守闻得，与之买山，建一所庵，扁之曰“牛阑”。后来成丛林，安广众，以致云嵓、道吾、船子、高沙弥、李翱相公辈，得以为授道之地。每云老僧无福，不敢与众同食，每日只吃两粥。首座见他眼脑精明，必谓别置饮食。一日不赴堂，藏在方丈僻处，待药山赴堂上，入门见铫子里气出，揭开，乃是黄菜叶，煮麦麸少许。药山云：“老僧年来无力陪众，如是者十年矣。今被首座觑破，勿与外知。”乃有麦麸而饭、牛阑而禅，古人刻苦至此极矣，所以光明后世，子孙至今不绝。①

虚堂智愚（1185—1269）将药山当成艰苦奋斗、勤俭节约的榜样，这是对的，不过以药山之大，何必强占乡人牛栏。从乞求布施到强占牛栏，可以看出历史人物不断被塑造的过程，不过如此实则有损祖师形象，也与最初记载不符。

在住山的最初近三十年间，惟俨的生活非常简单且有规律。每日日中一食，吃的是米饭加山野菜，饭后便开始就座读经，主要有《法华经》、《华严经》、《涅槃经》等，始终如此。此碑所述的惟俨是一个转经坐禅、布衣蔬食的传统禅师，与后世的禅风迥异。

惟俨开法超过四十年，是马祖门下弘法最早、时间最长的门人之一。但他在前期的影响并不大，主要是药山比较偏僻，而且远离当时的禅宗中心，而且他本人意在住山自修，无心争名夺利。碑文称“殆三十年”后，游方请益之徒才知道“教之在此”，并且“后数岁”才修建禅居，房屋鳞次栉比，徒众不可胜数。这等于说直到他住山三十余年影响才大了起来，这个说法有些偏晚，或许表达了此门一向低调的风格。

在众多的同门中，药山与百丈、南泉关系最近，往来最多，特别是和百丈，关系莫逆，门下往还最多。元和九年（814）百丈去世之后，其门下有很多人转到药山，药山的影响顿时扩大了，此时距其开山也将近三十年了。

最后的十几年是药山最为辉煌的时期，在马祖去世三十年左右，其门下长老和很多有影响的人物渐次凋零，他和南泉普愿、盐官齐安成为南方丛林的三大代表，虽然未住通都大邑，但却保持着禅宗的本色，是山林禅宗的代表。

---

①《大正藏》第47册，第1018页中下。

碑文还提供了药山思想的最可靠的记录。他强调，“灵源自清，混之者相，能灭诸相，是无有色”，要求门人“穷本绝外”，这是临终的最后微言。灵源，即自性本心、智慧本源，即“一物在中”，此心本来清净，由于受到烦恼外相盖覆，故现为不净，只要能灭外相，远离众色，“罄万有，契真空，离攀缘”，便可返本还原。“罄万有”者除事，“契真空”者明理，“离攀缘之病”，即二俱不立，到此达本性清净，湛然物外，由此本体，故能忘身绝欲，久而如一，具足极高的修养和过人的耐力。穷本，即是返本，回归自性本心；绝外，即是远离外相，不受外境侵扰。穷本是目的，绝外是手段，穷本为体，绝外为用。本心具足一切，遍及三界，“大包万有，细出无形”，并且自灵自济，本觉本利，不假外求，无修为修。

穷本绝外，为药山禅法根本。大布为衣，山蔬为食，遗形骸，忘嗜欲，为其生活方式，也体现了“绝外”的功夫。自性具足，自力成佛，一切在己，不劳于人，体现了对本性的体认。热爱劳动，常读佛经，声色不动，贵贱平等，体现了其日常修为。总之，碑文描述的是一个朴实无华、平和自然的传统禅师形象，与后世的传说大相径庭。

《碑铭》亦有不足之处。如碑中只提到建塔的冲虚为入室弟子，不够全面和公平。在后来的禅宗史传中，根本未见惟俨还有一个名为冲虚的嗣法弟子。唐伸本人对药山并不了解，他只是根据冲虚所述及崇敬大德的介绍而作此碑。因此碑中的药山是冲虚版的药山，虽然创作最早，但并不是唯一正确且全面的记载，其对药山的其他大弟子未置一词，至少是有所疏漏。

依照《碑铭》，药山肯定属于马祖，与石头无关。《祖堂集》与此相反，只说惟俨受具之后“即谒石头，密领玄旨”，似乎与马祖毫无关系，《宋高僧传》、《传灯录》皆踵其说，似成定论。但是《祖堂集》的说法明显是出于宗派偏见，不足为凭，就算是《祖堂集》所塑造的惟俨，也时时显露出与马祖一派关系密切的痕迹来。

据《祖堂集》，云岩初参药山，“药山问：‘海师兄寻常说什么法?’对曰：‘三句外省去。亦曰六句外会取。’师曰：‘三千里外，且喜得勿交涉。’又问：‘更有什么言句?’对曰：‘有时说法了，大众下堂次，师召大众，大众回首，师曰：是什么?’师曰：‘何不早道！海兄犹在，因汝识得百丈矣。’”①

① 《祖堂集校注》第135页。

这段对话很有意思，惟俨尊百丈怀海为师兄，又称“海兄”，表明二人关系密切，非同寻常。所谓“三句”，并非通常所说的佛说初、中、后句，而是有实指的，即马祖所示“即心即佛”句、“非心非佛”句、“不是心，不是佛，不是物”句，“三句外省去”即透过三句外，是百丈常用的示人机关。所谓“六句”，西堂智藏的法嗣虔州处微禅师有过解释，有僧问：“三乘十二分教体理得妙，与祖意是同是别？”师曰：“须向六句外会鉴，不得随声色转。”曰：“如何是六句？”师曰：“语底默底，不语不默，总是总不是，汝合作么生？”[①] 可见百丈所述乃马祖门下共示的法门，说没有什么独特处，是故惟俨不肯，道其差之千里，并无交涉。

然而，惟俨对于百丈下堂句情有独钟，以为此机要得马祖之精髓，实开启迷途之要方。其实这一法门的始创者亦非百丈怀海，而是马祖本人。

据《祖堂集》卷十四，汾州无业为座主时，能讲四十二本经论，来问马祖：“三乘十二分教某甲粗知，未审宗门中意旨如何？”师乃顾示云：“左右人多，且去。”汾州出门，才跨门阃，师召：“座主！”汾州回头应诺。师云：“是什么？”汾州当时便省，遂礼拜。[②]

据说在惟俨赞叹百丈下堂句后，云岩也于言下有省，顿悟玄旨。云岩在百丈门下二十年，常闻提举而未尝有得，却在惟俨一语激问之下而大悟宗旨，是何道理？汾州来参，马祖何不当时便道，非要待其“回头”之时才突然发问？

禅门机关之设，看似容易，实则大难，其中关键，是造成勘问的突然性，在其毫无准备之时猛一下来一个当头棒喝，使其在根本没有时间寻思动念之时忽受刺激，这样就有可能使其灵机顿开。汾州讲得四十二本经论，满脑子都是葛藤，直示宗门意旨对他来说是对牛弹琴，根本就听不进去，所以马祖故意先让他放松，在其丧失警惕之时突发一问，此时满脑子经论都不及用，故顿开本心，大悟玄旨。云岩在百丈门下二十年，对于其下堂句早已司空见惯，充耳不闻，突闻惟俨大赞此句，甚是吃惊，惊疑之际，灵智顿现，因药山始识百丈。

惟俨对这一机关念念不忘。于頔问马祖弟子紫玉道通（731—813）：“佛法至理如何？”紫玉召其名，于頔应诺，紫玉曰：“更莫别求！”这一

---

① 普济：《五灯会元》，中华书局1984年版，第224页。

② 《祖堂集校注》，第361页。

公案传到药山，惟俨曰："搏杀这个汉。"僧问惟俨如何，惟俨代紫玉曰："是什么?"① 可见他所推重的是让人警省的激问，而不是使人自缚的肯定，因为直下承当，不是寻常根器所能为。后来《联灯会要》、《五灯会元》藉此演绎出一个故事，道是药山称于頔被埋在紫玉山中，于頔闻言，亲到药山请教，于頔问如何是佛，山召于頔，于应诺，山云是什么，于乃有省。还说招庆慧棱（854—932）曾与罗山道闲举此公案，罗山称于頔是煅了精金。此说或许是后人的附会，因为于頔贞元十四年（798）至元和三年（808）任襄州刺史、山南东道节度使时药山知名度还不很高，于頔是否前来请教还需要研究。

有僧从南泉来参，师曰："在彼中多少时?"对曰："经冬过夏。"师曰："与么则作一头水牯牛去也?"② 这表明惟俨对南泉的教法也相当熟悉，他的弟子道吾和云岩后来都曾到南泉处参学。

从对经教的态度来看，惟俨亦体现了马祖一门的风格。马祖重新唤起学人对《楞伽经》的重视，恢复被神会搞乱的禅宗的传统，他曾教大弟子西堂智藏看经，并称"经归藏，禅归海"，表明他是十分重视经教的。《祖堂集》亦云百丈教人"未得玄鉴者，且依了义教，犹有相亲分"。《祖堂集》中的惟俨同样是一个经常读经的和尚，尽管他寻常不许学徒读，怕他们不明经义，执于文字。这不仅和马祖宗风一致，也与《碑铭》所述相同。

游方参禅，一种是未悟玄旨，欲开心地；另一种是已明本心，欲再增益，惟俨重归石头，就是属于后者。《祖堂集》记录了两段石头与惟俨的对话，其一云惟俨坐禅（与《碑铭》之说一致），石头勘问，惟俨答云一物不为，千圣不识，石头以偈赞之，此惟俨显然是悟后之人。

其二则更能说明问题。据《祖堂集》，"石头垂语曰：'言语动用亦勿交涉。'师曰：'无言语动用亦勿交涉。'石头曰：'这里针劄不入。'师曰：'这里如石上栽花。'"③

这段对话可谓是针锋相对，毫不相让。石头对马祖一派"一切施用皆是菩提"之说不满，故提出批评，惟俨则当即反击，指出固守灵智、

① 《祖堂集校注》，第 131 页，另见第 368 页。

② 《祖堂集校注》，第 131 页。

③ 《祖堂集校注》，第 130 页。

沉空执寂亦不合道，石头自然不甘心轻易败在一个后辈手下，指出我已心如木石，浑然一体，水泼不进，针扎不入，烦恼外尘不得侵，诸佛菩萨不能识，看你如何下手，惟俨则道任你石头坚，莫敌金刚钻，我非要在太岁头上动土，顽石上面栽花，莫道无处植根，我自生意盎然。

这段对话妙趣横生，寓意深刻。石头主张心如石头，诸邪莫侵，唯守本体，纯一无杂，惟俨则强调寓静于动，由体显用，体用一如，死活自在，石上栽花，大好风景。石头闻其如此见地，只好然之。

因此，《祖堂集》记载的这两段对话，只能证明惟俨参过石头，不能证明他是石头的传法弟子。特别是后一段对话，表明惟俨此行的目的不止是验证自己所得的马祖心要，还有和石头较量功夫的意图。石头路滑，被跌得鼻青脸肿者大有人在，邓隐峰自恃竿木随身，结果两次落败，未趺倒者只有丹霞天然和药山惟俨等少数几人。由此可知惟俨应属于马祖之高足。

《祖堂集》还提供了更多药山与马祖门下往还的例证：

> 师有一日看经次，白颜问："和尚休得看经，不用摊人得也。"师卷却经，问白颜："日势何似？"对曰："正当午时。"师曰："犹有纹彩在。"对曰："无亦无。"师曰："你大煞聪明。"却问道："某甲如此，和尚如何？"师曰："孪㼈拳拳，羸羸垂垂，百丑千拙，且与么过时。"
>
> 茗溪和尚对师说话，去后，师向云岩曰："茗溪向上曾为节察来。"岩却问："和尚向上曾为什么？"师曰："孪㼈拳拳，羸羸垂垂，百丑千拙，且与么过时。"
>
> 岩礼拜出去，向道吾拈起因缘。吾曰："好话！只欠一问。"岩云："作么生问？"道吾曰："何故如此？"岩才得个问头，便去和尚处，续前问："何故如此？"师曰："书卷不曾展。"后有人举似石霜，石霜曰："不曾展他书卷。"①

白颜，即柏岩明哲，《景德传灯录》有两个说法，卷七称之为马祖门人，卷十四却以其为药山弟子。

据《万松老人评唱天童觉和尚拈古请益录》卷一：

---

① 《祖堂集校注》，第136页。

师云：鄂州北岩明哲禅师，或曰“栢岩”，传为“栢颜”，讹也。今中山府柏岩山，塔寺具存，在唐县界。师尝有颂曰：野寺绝依念，空山曾遍行。老来披衲重，病起读经生。乞食嫌村远，寻溪爱路平。多年栢岩住，不记栢岩名。阆仙贾岛哭师诗曰：苔覆石床新，吾师占几春。写留行道影，焚却坐禅身。塔院关松雪，僧堂锁隙尘。自惭双泪下，不是解空人。颂诗刻石俱在。《高僧诗》谓，前篇乃清塞赠栢岩所作。此方既号栢岩，鄂州宜号北岩。师居两处。故有二名。无尽辩误云：栢岩有二，一定州，出马祖；一鄂州，出药山。鄂又名栢颜，与马祖无由缘，故今除定从鄂。①

张无尽的辩误其实大误，明哲禅师只有一个，不过曾经两处住止而已。贾岛（779—843）曾写诗哭之，表明他卒于会昌三年（843）前，洞山与神山曾参之，表明他灭于会昌元年（841）后，因此很可能入灭于会昌二年左右。

明哲为马祖弟子，药山同门，故前来看他，当时药山正在看经，而明哲对此表示不解，药山问其到何时了，他说正当午时，药山说尚有云彩，他则说一切尽空，空亦空，无亦无，说什么云彩日头，药山道你太聪明了，他反问药山如何，药山则曰我只是百丑千拙、随缘度日而已。

后来茗溪道行（752—820）来看药山，走后，药山对云岩说，茗溪前世曾经当过节察大官，云岩便问您前世是什么，药山还是说我只是很平常地过日子而已。道吾让云岩再问何故如此，药山则曰书卷不曾展。

据《宋高僧传》卷二十《唐澧州开元寺道行传》：

释道行，姓杨，桂阳人也。自生已来，神府聪利，肌体冰雪如也。年甫十二，心誓慕道，于南岳般若道场受学，于钟陵求诀。自默证法，号自在三昧，由此布纳蒲鞵、用资残息而已。就澧阳西南伐木为室，方丈而居，虎豹多伏于床榻之间。后有斋材植为营堂宇，曾未浃旬，一皆周具。视之，寂无人焉，始知鬼神舍材输力也。太守苦召，居州

① 《卍新纂续藏经》第67册，第464页上中。

治开元寺，未久元和十五年终，年六十九。焚舍利建塔焉。[①]

茗溪道行也是由南岳参马祖，得自在三昧，有降伏虎豹之能，故隐居深山，布纳草鞋，和药山气味相投，同在澧州，故来往较多。据《祖堂集》卷十四及《景德传灯录》卷六，他经常说“吾有大病，非世所医”，以病夫自居，和药山称自己“孪孪拳拳，羸羸垂垂”有似，后来曹山对此有所发挥。

茗溪来药山不止一次，此次应当发生在元和九年（814）至十五年（820）间，因为云岩和道吾都已经到山。茗溪晚年受刺史李建（764—821）[②] 之力请，居州城开元寺，但不久就去世了。

药山还与当时著名居士有所来往。

据《佛果圆悟禅师碧岩录》卷五：

【四二】举，庞居士辞药山（这老汉作怪也），山命十人禅客，相送至门首（也不轻他，是什么境界，也须是识端倪底衲僧始得）居士指空中雪，云：“好雪，片片不落别处。”（无风起浪，指头有眼，这老汉言中有响）时有全禅客云：“落在什么处？”（中也，相随来也，果然上钩来）士打一掌，（著，果然勾贼破家）全云：“居士也不得草草。”（棺木里瞠眼）士云：“汝恁么称禅客，阎老子未放汝在。”（第二杓恶水泼了，何止阎老子，山僧这里也不放过）全云：“居士作么生？”（粗心不改，又是要吃棒，这僧从头到尾不著便）士又打一掌，（果然雪上加霜，吃棒了呈欵）云：“眼见如盲，口说如哑。”（更有断和句，又与他读判语）雪窦别云：“初问处，但握雪团便打。”（是则是，贼过后张弓，也漏逗不少。虽然如是，要见箭锋相拄，争奈落在鬼窟里了也。）[③]

这一故事又载《庞居士语录》，真净克文（1025—1102）住金陵报宁时曾举，当有出处。克勤又道庞居士到药山盘桓既久，遂辞，药山非常敬

① 《大正藏》第50册，第839页中。

② 《唐刺史考全编》，第2512页。

③ 《大正藏》第48册，第179页中。

重他，故派十位禅客相送，居士知恩报恩，随缘示化。

据《庞居士语录》，元和中，居士北游襄汉，随处而居，或许是北游途中，路过药山。

又据《庞居士语录》卷一：

> 居士到药山禅师，山问曰："一乘中还著得这个事么？"士曰："某甲只管日求升合，不知还著得么？"山曰："道居士不见石头（当作'马祖'），得么？"士曰："拈一放一，未为好手。"山曰："老僧住持事繁。"士珍重便出。山曰："拈一放一，的是好手。"士曰："好个一乘问宗，今日失却也。"山曰："是，是。"居士因辞药山。①

首先需要说明，此《语录》并非于頔（？—818）原编，而是经过后人改动，加进了大量有利于"石头"的内容，不可轻信。庞蕴虽然先参石头有省，但后参马祖大悟，故党同青原的《景德传灯录》和《传法正宗记》等也都不得不将其列入马祖法嗣，庞蕴属于马祖毫无疑问，古无异说。药山与庞居士来往，自是同门相亲。

据《景德传灯录》卷十四：

> 师令供养主钞化，甘行者问："什么处来？"僧曰："药山来。"甘曰："来怎么？"僧云："教化。"甘云："将得药来么？"曰："行者有什么病？"甘便舍银两铤，曰："有人即送来，无人即休。"师怪僧归太急，僧曰："问佛法相当，得两铤银。"师令举其语，举已，师令僧速送还行者家。行者见僧回，云："僧来。"（《五灯会元》作"由来有人。"）遂添银施之。（同安代云："早知行者恁么问，终不道药山来。"）②

此甘行者，即是池州甘贽，事迹见《景德传灯录》卷十等，为南泉普愿法嗣，机锋过人，不亚于庞蕴，虽南泉、黄蘗亦须避其锋芒。药山与南泉关系密切，与其门下亦有往来。

① 《卍新纂续藏经》第69册，第131页中。

② 《大正藏》第51册，第312页上。

如此药山交往的全是马祖一系，有记录的则是百丈怀海、南泉普愿、紫玉道通、柘岩明哲、茗溪道行等，而从《祖堂集》中却找不到他与石头门下往来的记载，这是否可说从侧面说明了他的归属了呢？

有关惟俨属于石头的证据主要出自《祖堂集》，而《祖堂集》药山部分表现出来的宗派偏见最多，如借惟俨高足道悟宗智之口，宣扬“石头是真金铺，江西是杂货铺”，更有意思的是还让百丈怀海对此表示认可，言道“灼然是生我者父母，成我者朋友”，这些都是不可能发生的事。其中将道悟宗智和云岩昙晟当做亲兄弟，与后世史传大异，还有意地抬高宗智，贬低昙晟，因为昙晟在百丈门下待了二十年，这些多是出于宗派偏见而有意作的编造，不足为凭。

惟俨虽属于马祖门下，但其宗风与百丈下传的临济一派大相径庭。百丈得马祖大机大用，壁立千仞，纤毫不容，故禅风痛快淋漓，峻烈刚猛，人天莫测，佛祖避行。药山则唯得一真实心体，故任心自在，时时守护，念念不失，无非菩提，佛也不必呵，祖也无须骂，不用举棒，不劳行喝，转经亦得，坐禅亦得，痿痿羸羸凭么过，云在青天水在瓶，山顶海底随处去，月下披云笑一声。

因而，同样是得乎本心，任运而行，百丈以下发展的是向下一路，注重践履，强调实修，开创出了许多崭新的教学和开示法门；惟俨以下的则注重向上一路，触类是道，事事明理，从理论上说明本心的隐显染净，禅风如和风细雨，表面上失之柔弱，事实上无所不化。

同样是任运自在，一则走向创新刚猛一路，一则走向回归柔和一途，令人深思。因此表面看来，惟俨和传统的禅师没什么差别，经也读，禅也坐，但这是任乎本心的自然之行，并非刻意为之，从根子上与传统的禅法已是大有不同。

综上所述，惟俨实应归入马祖门下，尽管他也曾参过石头，但从其经历和宗风来看，得马祖之力实多。这一千古疑案该到了结的时候了，应该将《祖堂集》歪曲的历史再纠正过来，还惟俨以本来面目，不谬前贤，不误后人。

第二节　药山惟俨的禅法思想

药山惟俨深得马祖真传，传法四十余年，在禅法方面造诣很高。有关药山的思想资料，除《碑铭》外，还有《曹洞五位显诀》、《祖堂集》、

《景德传灯录》等。

据《（重编）曹洞五位显诀》卷一：

> 或有正位中来者，是无语中有语。
>
> 拣云：正中来者，不兼缘。如药山云："我有一句子，未曾向人说。"道吾云："相随来也。"此是他妙会得。如湖南观察使语，此例甚多。事须合出，不得混尊卑，呼为无语中有语。又"我有一句子，未曾向人说"，此问答家须就出，不得乘（乖）角，乘（乖）角则不知有故。
>
> 释云：云岩问道吾："药山最后云：'我有一句子，未曾向人说'，如何？"吾云："相随来。"又有人问云居："相随来者，意如何？"答："说了也。"①

这是对《洞山五位显诀》中"正中来"的解释，其中引药山语为证，曹山为之《拣》，曹山门人广辉作《释》。正中来，即无语中有语。"未曾向人说"，即是无语，"我有一句子"，即是有语，未说而说，无中示有，故为无语中有语。道吾称"相随来也"，为"语中妙叶事来"②，云居道是"说了也"，也是未说已说，说而未说。

据《（重编）曹洞五位显诀》卷一：

> 又拣云：诸学士云：问祖师意，答拣（此字为衍文）"待特牛生儿，则向汝道"，云此是正位中来。此一例语，切不得呼为正位中来，可云玄学路中、问答俱然也。别是一路，又不得呼为相兼带，为显明故。纵宾主回互，只得呼为有病兼带。
>
> 释云：显明者，语中当明故也。药山云："我有一句子，待特牛生儿，则为你说。"有一僧黑处立云："特牛生儿了，只是和尚不说。"云岩举似洞山，山云："此僧却见道理，只是不肯和尚。"偈曰：无角特牛生得儿，才生头角被人欺。绝缝室内直须养，莫使常流造次窥。真和尚将却特牛语取入正位中来。③

---

① 《卍新纂续藏经》第63册，第199页上。

② 同上书，第209页中。

③ 同上书，第199页下、第200页上。

这一例子，又见于《祖堂集》卷四：

> 师夜不点火，僧立次，师乃曰："我有一句子，待特牛生儿即为汝说。"僧曰："特牛生儿了也，只是和尚不说。"师便索火，火来，僧便抽身入众。后云岩举似洞山，洞山曰："此僧却见道理，只是不肯礼拜。"僧拈问长庆："既是见，为什么不肯礼拜？"庆曰："只为无礼。"白莲拈问僧："既见道理，为什么不肯礼？"无对。白莲代曰："更不欲得出头。"①

这一例证，曹山认为不属于正中来，而是属于玄学路中，因为过于显明，虽有宾主回互，只可称为有病兼带，不是相兼带。不过并非所有人都赞同曹山的看法，如真和尚等即认为这就是正中来。

此一句子，与前引类似，待特牛（公牛）生儿即说，是设定不可能成立的前提，如同"一口吸尽西江水"、"洞水逆流"等，还是无语中有语。此僧在暗处立，道是特牛已经生儿了，只是和尚不道，药山索火把，欲照其僧，其僧却入众中，不愿出头。后云岩举似洞山，洞山道此僧见得道理，只是不肯礼拜。有僧拈问长庆慧棱，长庆道只为无礼，若是无礼，怎见得道理，此处不可放过。白莲拈问僧，其人无对，自代云不欲出头。

总之，药山一句子，若有若无，兼带回互，得之则终生得饱，失之则永劫沉沦。

据《（重编）曹洞五位显诀》卷一：

> 拣云：相兼带来者，不落有语无语，如药山带刀语。此是兼带语，临时看语来势，或当头正面而去，或异中虚此。若不妙会，则千里万里也。
>
> 释云：药山带刀行次，其刀鸣。道吾问："和尚背后底是什么物？"药山抽刀蓦口斫。有人问老宿："蓦口斫，意作么生？"云："不敢向这里出头。"②

① 《祖堂集校注》，第131页。

② 《卍新纂续藏经》第63册，第201页上中。

这一机缘又见于《祖堂集》。道吾问背后是什么物，药山抽刀蓦口便斫，似乎一言未发，却是其声如雷。道吾以言语发问，药山以行动回答，表面上无语，却是胜过万千言语，经此一斫，道吾恐怕就会永远记住此是何物了。因此此句无语中有语，有语中无语，不落有无，而又兼带回互，耐人寻味。

据《祖堂集》：

> 师行次，云岩避边侧立，待师到，云："后底，后底。"师便蓦口掴。①

这一故事与前引非常相近，药山蓦口便掴，也是无语中有语，要以霹雳手段，使弟子忘却前后。

据《（重编）曹洞五位显诀》卷一：

> 又道吾在乐（当作药）山时游山归来，药山问："什么处去来?"吾云："游山去来。"山云："不离此室，速道将来。"吾云："山上乌儿头似雪，涧下游鱼忙不彻。"②

又据《（重编）曹洞五位显诀》卷一：

> 有人问药山："某甲有疑。"山云："且去且去。"后令院主打钟，众僧上来立次，山云："适来有个阇梨道'某甲有疑'，唤来。"众僧推出。山便撮胸拽向两步，然后与一推向后，云："师僧散去。"③

看来药山喜欢以动作说法。某僧道是有疑，药山当时不为解说，非要当众示现，而且先将其拽向前，又推向后，这个动作到底表达了什么意思呢？此僧若由此知得进退，其疑自消，方不负药山一片苦心。

据《（重编）曹洞五位显诀》卷一：

---

① 《祖堂集校注》，第 132 页。

② 《卍新纂续藏经》第 63 册，第 201 页下。

③ 同上书，第 202 页中。

借位明功者，有问药山："请和尚吃药食。"山云："不吃。"云："为什么不吃？"山云："消他底不得。"云："还有能消得底也无？"山云："有。"云："是什么人？"山云："不抱优婆夷者。"云："和尚为什么消他底不得？"山拈起针线卷子，云："争奈者个何？"（补曰：学论优婆夷者，取处尘不染之意，言随染大悲大行。）①

出家人所用来自十方供养，不可不慎，若是得悟，万两黄金亦消得，若是未了，则滴水难消。药山称不抱优婆夷、不近女色者消得，人问他为何消不得，他拈起针线卷子，道是这个不奈何，颇有意趣。药山当然不近女色，不过还要自己缝纫衣服，做女人做的事，因此自以为未离女相，故是犯戒。日日抱佛眠，朝朝清早起，针线不离身，无德消药食，一时尽放下，虚空自无依。

据《（重编）曹洞五位显诀》卷二：

释云：有僧辞药山归乡去，药山问："有一人遍身烘烂，卧在荊棘之中。"僧云："恁么则学人不归去？"药山云："但知归去，与你休粮方。"问："如何是休粮方？"山云："每日上堂，不咬破一粒米也。"曹山云："只如古德有云：遍身烘烂底人只是丑陋底人，一切人近不得，无拈掇处。更道卧在荊棘之中，只道在如今日用也，亦无作拈掇处，护持保任边事。"遮里更有一问一答。问曹山："遍身烘烂时如何？"山云："荷负。"云："荷负什么人？"山云："勿烘烂到阇梨。"又问："丑陋人与满身烘烂底人，阿那个是重？"山云："大丑陋底人重。"颂曰：遍身烘烂是何人，荆棘为家谁敢亲？欲识但将休料药，直须护取本来身。②

在途不如在家，人人尽欲归乡，不知乡关何处，如何得归？遍身烘烂，荆棘独卧，也大丑陋，不可凑泊。何以至此，只要休粮，一粒不咬，自可归乡。此休粮方，颇为后世禅宗所重。

据《黄檗山断际禅师传心法要》卷一：

---

① 《卍新纂续藏经》第63册，第202页下。

② 同上书，第204页上中。

> 问："如何得不落阶级？"师云："终日吃饭，未曾咬着一粒米；终日行，未曾踏着一片地。与么时，无人我等相，终日不离一切事，不被诸境惑，方名自在人。更时时念念不见一切相，莫认前后三际，前际无去，今际无住，后际无来。安然端坐，任运不拘，方名解脱。"①

黄蘖之休粮省力方，显然得自药山。若欲不落阶级，远离四相三际，不被诸境惑乱，自在解脱无疑。

据《祖堂集》：

> 问："如何得不被诸境惑？"师曰："听他，何碍你？"僧曰："学人不会此意如何？"师曰："何境惑你？"问："如何是道中指宝？"师曰："莫謟［谄］曲。"进曰："不謟［谄］曲时如何？"师曰："倾国不换。"②

境无心惑人，人自受其惑，随缘顺世，听他去，于心何碍？己事一明，万境皆从，一心不生，万法无咎，何必为外境烦恼？道中至宝，即是"不谄曲"，即是直心，直心是道场，常行直心，即是一行三昧。

据《坛经》：

> 师示众云："善知识，一行三昧者，于一切处，行住坐卧，常行一直心是也。如《净名经》云：直心是道场，直心是净土。莫心行谄曲，口但说直，口说一行三昧，不行直心。但行直心，于一切法勿有执著。"③

因此药山此语明显是出自《坛经》。直心即至宝，倾国不能换。表面看来，直心很简单，但真正做到却非常不容易。世间口中说直、心行谄曲

① 《大正藏》第48册，第384页上。

② 《祖堂集校注》，第132页。

③ 《六祖坛经》，第45页。

者颇多，不为势利所动、不受欲望驱使、心平行直、表里如一者甚少。

据《景德传灯录》卷十四：

> 师坐次，有僧问："兀兀地思量什么？"师曰："思量个不思量底。"曰："不思量底如何思量？"师曰："非思量。"①

思量即分别，不思则无知，无知则愚痴，分别则二见。思量个非思量地，思量而非思量，非思量而思量，离此两边，方得其实。

又据《景德传灯录》卷十四：

> 僧问："身命急处如何？"师曰："莫种杂种。"曰："将何供养？"师曰："无物者。"②

身命在呼吸之间，不可等闲错过，急切之处，在于常植善因，莫种杂种。此生不能解脱，亦当结来生缘，为将来觉悟作准备，如果常行恶事，播下杂种，不仅今生受苦，来世更得恶报，甚至失去人身，永世不得解脱，此为最苦。

世间一切供养，以法供养为最上，法供养者，即无为法，无为法者，离一切相，无供养者，无受供养者，无供养物，三轮体空，是真供养。

据《景德传灯录》卷十四：

> 僧问："己事未明，乞和尚指示。"师良久曰："吾今为汝道一句亦不难，只宜汝于言下便见去，犹较些子。若更入思量，却成吾罪过。不如且各合口，免相累。"③

己事未明，待他人指示，恐怕是迷上加迷。若是言下便见，直入佛地，二俱有功，否则二俱有过，指示者亦有误导之罪。指点也是以指指月，假如迷者以指为月，思量计较，更添一重障碍，因此不如合取狗口，

① 《大正藏》第51册，第311页下。

② 同上。

③ 同上。

犹较些子。

据《景德传灯录》卷二十八：

澧州药山惟俨和尚，上堂曰："祖师只教保护，若贪嗔起来，切须防御，莫教振（直庚切）触。是尔欲知，枯木石头却须担荷，实无枝叶可得。虽然如此，更宜自看，不得绝却言语。我今为汝说遮个语，显无语底他那个本来无耳目等貌。"时有僧问云："何有六趣？"师曰："我此要轮，虽在其中，元来不染。"问："不了身中烦恼时如何？"师曰："烦恼作何相状？我且要尔考看。更有一般底，只向纸背上记持言语，多被经论惑。我不曾看经论策子。汝只为迷事走失，自家不定，所以便有生死心。未学得一言半句、一经一论，便说恁么菩提涅槃、世摄不摄。若如是解，即是生死；若不被此得失系缚，便无生死。汝见律师说什么尼萨耆、突吉罗，最是生死本。虽然恁么，穷生死且不可得。上至诸佛，下至蝼蚁，尽有此。长短好恶、大小不同，若也不从外来，何处有闲汉掘地狱待尔？尔欲识地狱道，只今镬汤煎煮者是；欲识饿鬼道，即今多虚少实、不令人信者是；欲识畜生道，见今不识仁义、不辨亲疏者是，岂须披毛戴角、斩割倒悬！欲识人天，即今清净威仪、持瓶挈钵者是。保任免堕诸趣，第一不得弃遮个。遮个不是易得，须向高高山顶立、深深海底行，此处行不易，方有少相应。如今出头来，尽是多事人，觅个痴钝人不可得。莫只记策子中言语，以为自己见知，见他不解者便生轻慢。此辈尽是阐提外道，此心直不中，切须审悉。恁么道，犹是三界边事。莫在衲衣下空过，到遮里更微细在，莫将等闲，须知珍重。"①

这是《景德传灯录》记载的药山大段法语，十分珍贵。药山强调，一定要保护"这个"，即是"元来不染"的要轮，即是"无耳目等貌"者，即是"上至诸佛，下至蝼蚁"尽有的"此物"，要想免堕六趣，出离轮回，第一不得离"这个"。"这个""污染则不得，修证即不无"，烦恼生起，切须防御。要想得到"这个"，并非易事，必须"高高山顶立、深深海底行"。

① 《大正藏》第51册，第440页中下。

据《祖堂集》：

师垂语曰："是你诸人，欲知保任，向高高山顶立，向深深海底行，此处行不异，方有小许些子相应之分。"有人拈问顺德："古人有言：'向高高山顶立，向深深海底行。'如何是高高山顶立？"德云："只处峭峭。""如何是深深海底行？"德云："深湛履践。"①

此处所引与前引一致，表明前引药山法语并非虚构。

又据《景德传灯录》卷十四：

翱又问："如何是戒定慧？"师曰："贫道遮里无此闲家具。"翱莫测玄旨。师曰："太守欲得保任此事，直须向高高山顶坐、深深海底行。闺阁中物舍不得，便为渗漏。"②

看来药山在教化李翱时也曾强调此句。高高山顶立，见地须高，只处峭峭；深深海底行，践履须深，脚踏实地。眼界不高，见地不明，则是无目；践履不深，脚不点地，则是无足。无目则无智慧，不能明理，无足则无愿行，不能践实。有目有足，有理有行，并且常行不改，则护念"这个"，保任不失。

山立海行一句，在后世禅门影响极大，自云居道膺以下，引用者不计其数，圆悟克勤对其特别喜欢，多次引用。

药山自道"说这个语，显无语底"，开后世曹洞宗"有语中无语"之先河，奠定了绵密回互的宗风。

药山反对在文字上打转转，有人略读一两本经论，便计较执著，说什么菩提涅槃，受言语惑，被经论转，此是颠倒妄想，造生死业，离道转远。更有甚者，记得策子上言语，便作自己知见，拿去考量他人，若与文字不合，便道他人未悟，心生轻慢，此人心中不直，实是阐提外道。药山虽然重视读经，但反对执著经论，更反对执著文字，而主张得经义理，能够转经而不被经转。

---

① 《祖堂集校注》，第137—138页。

② 《大正藏》第51册，第312页中。

药山指出，六趣不必来生，现世即是。汤锅煎煮者，即地狱道；虚多实少、说谎寡信者即是饿鬼道；不明仁义、不辨亲疏者，即是畜生道，不一定非得披毛戴角；出家行道、清净身心者，即是人天道。这一思想非常重要，说明人类在现世就生活在六道之中，未必非得等到来世才应验。生活最苦者，即是地狱，缺乏人性者，即是畜生，不守信义、没有朋友者，即是饿鬼，持戒行善者，即是人天。而且六趣恶道，并非外力所成，如果不是自己心生分别、造诸恶业，哪有人专门去挖地狱呢？

药山对当时禅门流弊也是痛下针砭，指出自作聪明者多，觅个痴钝人不可得。

据《景德传灯录》卷二十八《池州南泉普愿和尚语》：

> 兄弟，近日禅师太多，觅个痴钝人不可得。不道全无，于中还少。①

看来药山与南泉看法一样，都是觉得说禅者太多，想找一个老实修行人很难。

从这段法语来看，药山注重护念本心，不令染污，与南岳马祖一系的宗风一致。

第三节　药山惟俨与士大夫的交往及对李翱的思想影响

药山惟俨终身居山，未到通都大邑，不爱结交官员，然而后世却很看重他对文人士大夫的教化。《宋高僧传》将其列入“护法篇”，特别重视他这方面的贡献。

药山所在的澧州（澧阳郡）只是一个偏远小郡，来此任职的多非巨宦重臣，而药山又与朗州比邻，因此朗州刺史官员亦多有前来朝礼者。惟俨直接交往的官员不多，《宋高僧传》记载了三人，即崔群、温造、李翱。

崔群（772—832）少年高科，元和十二年（817）拜相，时号贤相，是当时地位显赫的人物，也是惟俨结识的官员中唯一的宰相。据《旧唐书·宪宗纪下》，崔群在潭州刺史、湖南观察史任上时间不长，归心于东

① 《大正藏》第51册，第445页上。

寺如会（744—823）。据《宋高僧传》卷十一，如会号称“折床会”，东寺亦为“禅窟”，法门鼎盛，衲子云集，为当时名声最大的禅师之一。崔群慕名来谒，问答如理，自此为师友之契。应当是由于如会的推荐，崔群得知澧阳药山还有惟俨大师，故又到药山拜见。

据《镡津文集》卷一《劝学》二：

> 裴晋公勋业于唐为高，丞相崔群德重当时，天下服其为人。而天下孰贤于二公！裴则执弟子礼于径山法钦，崔则师于道人如会、惟俨。①

看来明教契嵩也对崔群从学惟俨之事津津乐道，以强调佛教禅宗之魅力，劝人生起信心。

崔群从学药山之事非虚，但具体内容不详，僧传也只是说开发道意而已。

温造（766—835）官至礼部尚书，很有胆略和政治才能，但性情刚褊，因与李景俭史馆饮酒，由起居舍人贬为朗州刺史，于长庆元年（821）至三年（《旧唐书》本传称在任四年）在任②，修渠九十七里，溉田两千顷，百姓得利，号“右史渠”。据《景德传灯录》卷十三，温造曾问道于宗密（780—841），问“悟理息妄之人不结业，一期寿终之后，灵性何依者”③，宗密答称众生皆具灵明觉性，与佛无殊，不悟故妄执造业，身入轮回，若能了悟，则所向自由，天上人间，随意可往。

温造从惟俨问道的具体内容不详，然而他作为当时的名臣，对于提高药山的知名度和影响力还是有很大帮助的。

前文已述，茗溪道行晚年受到于元和十一年（816）至十四年任澧州刺史的李建的崇奉。李建，字杓直，官至工部尚书，白居易称之为“善人”，他事母至孝，因母亲信佛，他亦终身蔬食，八九岁便开始诵经，深得其义。在澧州时，不鞭人，不名吏，为政廉平，人人自化。李建作为一个信佛的善人，敬事茗溪，对药山亦应崇敬。

---

① 《大正藏》第52册，第653页上中。

② 《唐刺史考全编》第2498、2499页。

③ 《大正藏》51册，第307页下、第308页上。

据《宋高僧传》卷十七本传：

元和中李翱为考功员外郎，与李景俭相善，俭除谏议，荐翱自代。及俭获谴，翱乃坐此出为朗州刺史。翱闲来谒俨，遂成警悟。又初见，俨执经卷不顾，侍者白曰："太守在此。"翱性褊急，乃倡言曰："见面不似闻名。"俨乃呼，翱应"唯"，曰："太守何贵耳贱目？"翱拱手谢之。问曰："何谓道邪？"俨指天，指净瓶曰："云在青天水在瓶。"翱于时暗室已明，疑冰顿泮。寻有偈云：铼得身形似鹤形，千株松下两函经。我来相问无余说，云在青天水在瓶。又偈：选得幽居惬野情，终年无送亦无迎。有时直上孤峰顶，月下披云笑一声。

初翱与韩愈、柳宗元、刘禹锡为文会之交，自相与述古，言法六借，为文黜浮华，尚理致。言为文者，韩柳刘焉。吏部常论，仲尼既没，诸子异端，故荀孟复之，杨墨之流洗然遗落。殆周隋之世，王道弗兴，故文中子有作，应在乎诸子左右。唐兴，房魏既亡，失道尚华，至有武后之弊，安史之残。吾约二三子同致君复尧舜之道，不可放清言而废儒，纵梵书而猾夏。敢有邪心归释氏者，有渝此盟，无享人爵，无永天年。先圣明神，是纠是殛。

无何，翱邂逅于俨，顿了本心。末由户部尚书、襄州刺史充山南东道节度使，复遇紫玉禅翁，且增明道趣。著《复性书》上下二篇。大抵谓本性明白，为六情玷污，迷而不返。今牵复之，犹地雷之复见天地心矣。即内教之返本还源也。其书露而且隐，盖而又彰。其文则象系《中庸》，隐而不援释教；其理则从真舍妄，彰而乃显自心。弗事言陈，唯萌意许也。韩柳览之歎曰：吾道萎迟，翱且逃矣。俨陶铼难化，护法功多，回是子之心，拔山扛鼎，犹或云易。①

药山降服李翱是佛教界引以为荣的一段佳话，也是《宋高僧传》系之护法篇的主要原因。李翱的《复性书》是否因受到药山的启发而作，是一个关键问题。《复性书》共三篇，其第三篇有"吾之年二十有九矣，思十九年时如朝日也，思九年时亦如朝日也"，表明李翱二十九岁时便写了《复性书》。然此段又是说明人生无常，后之思前，皆如朝日，似是感

① 《大正藏》第50册，第816页上中下。

慨之言，未必是实指。

《复性书》写于李翱早年，不能说是受药山影响。虽然未受药山直接影响，但《复性书》受到佛教影响则是不争的事实，而且与药山“穷本绝外”之旨暗合，也不排除他在此后对原作进行修改的可能，这是二人契合的重要原因。“复性”即是“穷本”，就是恢复“寂然不动，广大清明”的本性。人之所以忘乎本性，是由于情，妄情发则嗜欲生，复性之关键是息灭妄情，息灭妄情之关键是“其心不动”，“无思无虑”，“不著于物”，也就是“绝外”，如此则绝嗜欲，灭妄情，返本还源。

药山称“灵源自清，混之者相，能灭诸相，是无有色”，李翱言：“水之混也，其流不清；火之烟也，其光不明，非水火清明之过。沙不混，流斯清矣；烟不郁，光斯明矣；情不作，性斯统矣”，“水之清净，混之者泥沙也”，二者确实在内容和表达方式上很相近。差异点在于药山强调外在的色相使人执著，产生妄念，遮蔽清净本心，李翱则强调由对外相的执著产生七情，破坏本善圣性。“穷本”追求的是超越和解脱，“复性”则为了建立道德秩序，实现修齐治平。这种区别正是佛教与儒家的根本差别，李翱无论怎样学习和吸收佛教思想，都不是一个佛教徒，而是为了发展儒家学说，创造新儒家。

药山虽然未曾达到“回是子之心”的目的，但他赢得了李翱的尊敬和理解则是确定无疑的，竟然使得他这位不善作诗的文人也壮起胆子为药山写了两首诗，并且流传了下来。

据《镡津文集》卷一：

> 吾视本朝所撰《高僧传》，谓李习之尝闻法于道人惟俨。及取李之书详之，其微旨诚若得于佛经，但其文字与援引为异耳。然佛亦稍资诸君之发明乎！①

契嵩最后一句尤其重要，李翱援佛入儒对佛教并非坏事，是扩大佛教的影响，也是对佛教思想的新发展，扩充了佛教的道德意义和社会作用。

李翱当过朗州刺史、潭州刺史兼湖南观察使、襄州刺史兼山南东道节

① 《大正藏》第52册，第652页下。

度使，多年在荆湘一带任职，他对佛教的态度也影响到当地禅宗的发展。如他在任潭州刺史时，“尽毁近城坟塔，唯留会所瘗浮图。以笔题曰：独留此塔，以别贤愚矣”①。他唯独留下东寺如会之塔庙，或许一方面是由于如会确实贤明有德，一方面是由于念及药山的情面。

药山虽然无意结交士大夫，但前来归依修礼的硕臣重官还是为数不少，这些人虽然未有及其门阃者，但作为禅宗的外护对其发展同样起到了很大的作用。

第四节　药山门下

药山开法四十余年，门下弟子众多，然而后世可考者屈指可数。

据《景德传灯录》卷十四：

药山惟俨和尚法嗣十人

潭州道吾山圆智禅师

潭州云岩昙晟禅师

华亭船子德诚禅师

宣州椑树慧省禅师

药山高沙弥

鄂州百颜明哲禅师（已上六人见录）

郢州泾源山光虙禅师

药山蘉禅师

宣州落霞和尚

朗州刺史李翱（已上四人无机缘语句，不录）②

又据《传法正宗记》卷七：

大鉴之四世，曰药山惟俨禅师，其所出法嗣九人。一曰道吾圆智者，一曰云岩昙晟者，一曰华亭船子德诚者，一曰宣州椑树慧省者，一曰药山高沙弥者，一曰鄂州百颜明哲者，一曰郢州泾源光宓者，一

① 《宋高僧传》卷十一如会传，大正藏50册，第773页中。

② 《大正藏》第51册，第309页上。

曰药山蘉禅师者，一曰宣州落霞和尚者。[①]

这是早期资料中所录的药山门人，后世未有添加。《景德传灯录》所收十人之中，鄂州百颜明哲为马祖门人，属于误收，李翱也不应收入，故契嵩《传法正宗记》去之。

此外，《碑铭》、《景德传灯录》所言“入室弟子冲虚”为药山二世，是惟俨最重要的门人之一。据《景德传灯录》卷十四：

有僧再来依附，师问：“阿谁？”曰：“常坦。”师呵曰：“前也是常坦，后也是常坦。”[②]

看来常坦先来依师，后到别处参学，又回到药山。惟俨故意设问，是想对之启发，使其忘却前后，始终“常坦”。

据《景德传灯录》卷十四：

师见遵布衲洗佛，乃问：“遮个从汝洗，还洗得那个么？”遵曰：“把将那个来！”师乃休。（长庆云：“邪法难扶。”玄觉云：“且道长庆恁么道，在宾在主？众中唤作洗佛语，亦云兼带语，且道尽善不尽善？”）[③]

此遵布衲，黄龙慧南称其在药山会里充殿主，并称“此二尊宿，一出一入，未见输赢”[④]。

遵布衲，慧霞等《重编曹洞五位显诀》上又作“淳布衲”，事迹不明，当为药山门人，时为殿主。后世有与韶山寰普对话之遵布衲，当为翠微无学门人清平令遵。药山之时的遵布衲不大可能活到韶山之时，更不会轻易让后辈折服。

这一公案常为后世提唱，长庆（招庆）慧稜（854—932）与玄觉导师清凉文益（885—958）亦曾评说。

① 《大正藏》第51册，第751页上中。
② 同上书，第311页下。
③ 同上书，第312页上。
④ 《黄龙慧南语录》卷一，《大正藏》第47册，第630页下。

据前引，药山门下还有全禅客，药山命其与同门十位禅客送庞居士下山，其他事迹不详。全禅客属于药山早期的门人，虽然与庞居士论禅未占上风，但其境界和成就不可低估。

据《古尊宿语录》卷十四《赵州语录》：

> 师有时示从云："老僧初到药山时，得一句子，直至如今齁齁地饱。"①

又据《古尊宿语录》卷十四《赵州真际禅师语录之余》：

> 师上堂，示众云："金佛不度炉，木佛不度火，泥佛不度水，真佛内里坐。菩提涅槃、真如佛性，尽是贴体衣服，亦名烦恼。不问，即无烦恼。实际理地什么处著？'一心不生，万法无咎'，但究理而坐二三十年，若不会，截取老僧头去。'梦幻空花，徒劳把捉。心若不异，万法亦如。'既不从外得，更拘什么？如羊相似，更乱拾物安口中作么？老僧见药山和尚道：'有人问著，但教合取狗口！'老僧亦道合取狗口。取我是垢，不取我是净。一似猎狗相似，专欲得物吃，佛法向什么处著？一千人万人尽是觅佛汉子，觅一个道人无。若与空王为弟子，莫教心病最难医。"②

赵州从谂（778—898）何时到药山不详，或许不止一次。他自称在药山得一句子，受益良多，也算是参过药山并得法的门人。这段开示强调真佛在内不在外，引三祖《信心铭》，反对起心动念，向外求取，像愚痴贪婪的羊和狗一样什么东西都想吃。药山让贪求者合上狗嘴，赵州亦然，自是一脉相承。

① 《卍新纂续藏经》第68册，第87页上中。

② 同上书，第83页中。

第二章　药山系的扩展与曹洞宗的孕育

第一节　药山二世冲虚

药山惟俨门人众多，然而为后世所知者甚少。冲虚是《药山碑铭》中唯一提到的入室弟子，也是当时地位最高的首席门人，后世却无人道及，这是不公平的。

据《碑铭》，“后二十日，入室弟子冲虚等迁座建塔于禅居之东，遵本教也”。又据《景德传灯录》卷十四，“入室弟子冲虚建塔于院东隅。”① 这表明药山去世后，由冲虚带领诸大弟子为其迁座建塔，冲虚尽到了上首弟子的职责。

《碑铭》又称，药山去世后八年，即开成元年（836），门人“状先师之行，西来京师，告于章敬寺大德，求所以发挥先师之耿光，垂于不朽”，此门人虽然未必是冲虚本人，但也肯定是冲虚派来的。如此为药山作《行状》，请人为其作碑，这是冲虚的第二大贡献。

据《祖堂集》卷四：

> 师初住时，就村公乞牛栏为僧堂。住未得多时，近有二十来人，忽然有一僧来，请他为院主，渐渐近有四五十人，所在迮狭，就后山上起小屋，请和尚去上头安下。和尚上头又转转。师僧王，其院主僧，再三请和尚为人说法，和尚一二度不许，第三度方始得许，院主便欢喜，先报大众，大众喜不自胜，打钟上来。僧众才集，和尚关却门，便归丈室。院主在外责曰：“和尚适来许某甲为人，如今因什么却不为人，赚某甲！”师曰：“经师自有经师在，论师自有论师在，律师自有律师在。院主怪贫道什么处？”从此后，从容得数日。后升

① 《大正藏》第51册，第312页下。

> 座，便有人问："未审和尚承嗣什么人?" 师曰："古佛殿里拾得一行字。"进曰："一行字道什么?" 师曰："渠不似我，我不似渠，所以肯这个字。"①

这是说药山最初住山的情形，从中可以发现，院主僧是其最早的门人之一，而且很有才干，一方面领众造屋，一方面又请药山说法，尽到了院主的职责。"师僧王"一句颇费猜疑，或许是说院主僧俗姓王，或是"主"字漏了一点，若是后者，当断为"师僧主其院，主僧再三请和尚为人说法"，但也不大通，因为前面已说请其为院主。如此，说院主僧俗姓王的可能性更大。

这位院主僧，应当就是冲虚。因为在药山去世时他号称入室弟子，在门人中地位最高，就是大师兄，又继任药山住持，因此药山在世时，他应当是院主，而且当了多年的院主，威望很高。

据《祖堂集》卷四《药山和尚》：

> 石室高沙弥往京城受戒，恰到朗州，经过次，近药山下，路上忽见一个老人。沙弥问："老人万福。" 老人曰："法公万福。" 沙弥问："前程如何?" 老人曰："法公何用忙，这里有肉身菩萨出世，兼是罗汉僧造院主，何妨上山礼拜?" 沙弥才得个消息，便到药山，换衣服直上法堂，礼拜和尚。②

由此可知，药山被尊为肉身菩萨，院主也公认为"罗汉僧"，可见药山在世时院主也已经享有很高的声望，这也是吸引高沙弥上山礼拜的原因之一。

如此冲虚在药山门下的时间可能将近四十年，他负责寺院与僧团的日常管理，使得药山可以专心修行弘法、诵经说禅。冲虚对于药山一系的迅速扩展也有很大贡献。

据《祖堂集》卷十七《通晓大师》：

---

① 《祖堂集校注》，第 129—130 页。

② 同上书，第 137 页。

> 殷勤六年后，师到药山，药山问："近离什么处？"师对曰："近离江西。"药山问："作什么来？"师对曰："寻和尚来。"药山问："此间无路，阇梨作么生寻？"师对曰："和尚更进一步即得，学人亦不见和尚。"药山曰："大奇大奇，外来青风冻杀人。"欲恣游方，远投帝里，值会昌四年沙汰僧流，毁坼佛宇。①

通晓大师梵日（810—889）大和三年（829）二十岁时受具，后于大和年中（829—835）发愿到中国，于是找到入朝王子金义琮请求帮助，义琮许其同行，于兴德王十一年即开成元年（836）同舟入唐，遍寻知识，来参盐官，殷勤六年，会昌二年（842）十二月二十一日盐官齐安去世。此后，他再经江西到湖南参药山，其时应当是会昌三年（843）初了。

梵日所参之药山，肯定是药山二世，即冲虚禅师。《祖堂集》坚持药山惟俨于大和八年（834）去世，也可能是受此误导。大概是由于梵日大和中发愿来华，《祖堂集》系于初年，又服勤盐官六年，因而想当然以为是在八年。其实从发愿到成行，中间长达数年之久，真正成行已到开成元年（836）了。

梵日参冲虚两年，会昌四年（844）到京城，恰遇武宗沙汰，后于六年（846）归国。

《祖堂集》最大的功劳，是保存了冲虚唯一的机缘语句，极其珍贵，虽然误认为是属于第一代药山。

据《古尊宿语录》卷三十五《大随开山神照禅师行状》：

> 师讳法真，貌古有威，眉垂覆睫。尝闻老宿辈，皆称为定光佛示迹。于剑南梓州盐亭县王氏家生，族本簪缨，妙龄夙悟，决志寻师于慧义寺，今护圣寺竹林院是也。师圆具后，遂游南方。初见药山、道吾、云岩、先洞，次至岭外大沩和尚会下。②

大随法真（834—919）为大沩大安（793—883）门人，大中八年（854）受具后游南方，首参药山，此药山亦当为冲虚。他早年参学，主

① 《祖堂集校注》，第431—432页。

② 《卍新纂续藏经》第68册，第232页下。

要是药山一系，有冲虚（药山二世）、道吾圆智（789—855）、云岩二世、洞山良价（808—869）等。

据《古尊宿语录》卷三十五：

> 只如老僧行脚时，不拣丛林有供养、无供养处，只要看他眼目稍似根性，有些些器量，方欲过一夏或一冬。若是根性鄙劣者，三朝两日便行。算来参六十余员大知识，有大眼目者那无一二。①

法真眼界很高，虽然参过六十多位大善知识，但并非盲目参请，只选根性好、器量大者，过冬度夏，遇到不满意者，三天两日便行，而且他所到的都是大丛林，“多是一千，少是七百、五百众”②。他对老师要求很高，认为有大眼目者很少，十无一二，但《行状》中提到名字的，应该是他比较满意且经冬过夏、参学时间较长者，因为所参六十多人，提到名字者只有五位，确实比例不高。

由此可知，冲虚住持之时，药山依然是南方大丛林之一，门下至少有五百众，也可能上千，而且他对同门及后辈非常护持，法真首参药山，接着又到道吾、云岩、洞山，应该与他的举荐有关，也表明当时药山一系非常团结，关系良好。

法真在药山的时间不是很长，可能只是一冬，即大中八年（854）冬，因为道吾圆智于次年九月去世，并且去世前到了石霜山，其参道吾必在大中九年（855）初。在药山时间不长，并非由于他对冲虚不满意，而是由于冲虚可能已经去世了。

如此冲虚在大中八年（854）末入灭的可能性最大。他为药山早期门人，药山住山不久便到山礼拜，并且被任命为院主，生年应当在大历初年（766—770）时，寿命当在八十五岁到八十九岁之间，也和其师一样，是享有高寿、福德深厚的大师。

在会昌法难中，药山寺应当受到一定程度的损坏。大中年间，冲虚抓住时机重建药山寺，使其规模大为扩展。

冲虚传法近三十年，门人亦应不少，但现有史料中仅有的两位参过他

① 《卍新纂续藏经》第68册，第231页上。

② 同上书，第232页上。

的门人后来都承嗣他人。冲虚对药山一系贡献很大，但由于《祖堂集》、《景德传灯录》等出于让曹洞宗改宗青原的需要，特别害怕提及他，因此对他进行了“封杀”，使其机缘语句、生平事迹几乎一无所存。

冲虚之后，应当是药山夔继任，为药山三世。药山夔当为惟俨晚期门人，但此时年龄也不会太小，住持时间不详。据《舆地碑记目》卷三，有慈云寺断碑，为光启二年（886）立。这表明此前药山寺已经正式赐额慈云寺了。药山夔应该活不到这么晚，此时住持当为药山四世，也可能是冲虚的门人。

据《景德传灯录》卷二十三，石霜庆诸门人大光居诲（837—903）的弟子潭州藤霞有法嗣为药山第七世，其时应当已经到了五代。药山八世为云居道膺的门人怀岳（云居四世）的弟子药山忠彦。八世之前，药山一直是由本宗相继住持，直到云门文偃（864—949）门人德山缘密弟子可琼住持药山，为第九世，其时已到宋初，药山才落入旁系①。

第二节　船子德诚

船子德诚为药山门下大弟子之一，宗风奇特，行事潇洒，其下出夹山善会，法脉流延，也是药山系重要的一支。

德诚事迹，见《祖堂集》卷五、《景德传灯录》卷十四等，然这些早期资料有关他的生平事迹都很简略，后世有些记载出处不明，但也并非全不可用。

其籍贯不见于早期史料，据居简《北硐集》四《西亭兰若记》：

> 诚禅师，号船子，蜀东武信人。在药山三十年，尽药山之道。逮其散席，浮一叶往来华亭、朱泾，上下百馀里，林塘佳处，意所适则维舟汀烟渚蒲间，咏歌道妙，其言与志公、玄觉诸老脱略笔墨畦畛处，若合符节。识者味其满船载月，未尝不叹其汲汲于得人，以为不负祖宗计。夹山去后，覆舟而归，乃知佛祖在人间世？无他事。西亭三咏，照耀天地，虽乳儿灶妇能歌之。即其言，观其行，廪廪所不死者，不与凡辈共尽。自是松泽山水益明秀，至今称水国名胜，一经品

① 参见贾晋华《古典禅研究》，第245页。

题，千古改观。

居简首次指出德诚为蜀东武信人，为后世所从，或许在德诚当年活动的地方保存有相关的传说或记载，当有所据。德诚生卒年不明，始到药山的时间也不详。一种说法是他在药山三十年，另一说二十年。

据《丹霞子淳禅师语录》卷二：

船子诚禅师嘱夹山云："直须藏身处没踪迹，没踪迹处莫藏身。吾三十年在药山，只明斯事。"①

丹霞子淳（1064—1117）《语录》中最早提及德诚自称"三十年在药山"，其门下真歇清了（1089—1151）、天童正觉（1091—1157）因之，《五灯会元》卷五亦从之。

据《正法眼藏》卷二：

船子曰："如是，如是。"遂嘱曰："汝向去直须藏身处没踪迹，没踪迹处莫藏身。吾二十年在药山，只明斯事。汝今既得，他后不得住城隍聚落，但向深山里、镬头边觅取一个半个接续，无令断绝。"②

大慧宗杲（1089—1163）是二十年说的首倡者，其后瞎堂慧远、佛照德光（1121—1203）等因之，《联灯会要》卷二十一亦从之。

二说出现的时间相近，而丹霞一系属于曹洞宗，时间也稍早，应当更加可靠。德诚在药山三十年，则在贞元十五年（799）时已到山，按照惯例，他自远而来，应当是二十岁或受具之后，《蜀中广记》卷八十三、《升庵集》七十三等皆称他为净众寺僧，或先居净众寺，因此他的生年当在大历年间（766—779）。

据《祖堂集》，他和云岩、道吾三人结伴交好，他居长，道吾最末，而道吾生于贞元五年（789），云岩生于建中元年（780），因此他的生年亦当在此前。他应当小于冲虚而长云岩数岁，故生年最有可能在大历十年

① 《卍新纂续藏经》第71册，第763页中。

② 同上书，第597页下。

（775）左右。

德诚卒年不详。《至元嘉禾志》卷三十载其《自题三绝》：

千尺丝纶直下垂，一波才动万波随。夜静水寒鱼不食，满船空载月明归。

二十余年江上游，水清鱼见不吞钩。钓竿斩尽重栽竹，不计工程得便休。

二十余年坐钓台，钓头往往得黄能。锦鳞不遇虚劳力，收取丝纶归去来。

此三绝，即是居简所说的“西亭三咏”，传诵千古。然而关键是“二十余年”，有的版本作“三十年前海上游”和“三十年来坐钓台”。从情理来讲，德诚自药山入灭后始到松江，若是三十年，则已经到了大中十二年（858），而道吾已经去世三年了，显得过晚，还是二十余年合理。

德诚江上泛舟二十年，为的是得遇锦鳞，故遇到夹山后不久可能就去世了。《祖堂集》本传对其下落未有交代，《景德传灯录》则称“师当下弃舟而逝，莫知其终”①，而后世资料自《正法眼藏》以下，几乎全作覆船入水而逝。《景德传灯录》的说法有歧义，可以理解成弃舟远逝，不知所终，也可以理解为弃舟入水而逝世。不过由于其时他正在船上，“当下弃舟”，自然入水而逝。无论如何，或者是当下而逝，或者不久即终，都是合理的，因为此时他已经七十多岁了。“西亭三咏”应当是他最后之作，他泛舟二十余年，应当在大中四年（850）前后入灭。

据《至元嘉禾志》卷十：

法忍院，在府西南三十六里朱泾，考证即船子和尚覆舟处。唐咸通十年建，本名建兴院，宋治平元年赐今额。寺有船子和尚、夹山会禅师遗像，至今祠焉。

《至元嘉禾志》保存了一些当地流传的有关德诚的史料，非常珍贵，值得重视。如此咸通十年（869），藏晖于其覆舟处建寺，名为建兴院，

① 《大正藏》第51册，第315页中。

宋治平元年（1064）改名法忍院。这表明最晚在咸通十年（869）前德诚已经去世了。藏晖可能为善会门人，德诚法孙，故建寺纪念。

德诚生平经历比较简单，他可能于净众寺出家，后来到药山参学，长达三十年，其间也参过其他宗匠，如南泉等。《弇州四部稿》卷一百三十七便称其“得南泉游戏三昧”，此说虽然晚出，但也并非无据，德诚与道吾、云岩交好，道吾、云岩都参过南泉，德诚得其三昧不足为奇。

德诚很有个性，平生以避世养道、自在逍遥为志，与普通禅僧有异。据《祖堂集》卷五《华亭和尚》：

> 师昔与云岩、道吾三人，并契药山秘旨。药山去世后，三人同议，持少多种粮家具，拟隐于澧源深邃绝人烟处，避世养道过生。三人议毕，即侯晨去。三人之中，花亭处长，道吾居末。[①]

药山于大和二年（828）十二月六日去世，后二十日，冲虚带领众师弟为其迁座建塔，这些活动三人肯定都会参加的。如此三人议定隐于深山，最早应当在次年（829）。虽是三人同议，然德诚居长，肯定是他的意见为主，后来道吾反悔，也表明非其本愿。当时德诚便道他将去苏州花亭县划船度日，有些奇怪，难道他早就预料到道吾会反悔，因而制订了第二套隐居方案？如果他早有此意，肯定在游方时到过花亭，早有在此隐身之志。三人分手之际，德诚嘱托道吾为其寻一个灵利的衲子传后，道吾对师兄心存愧疚，便爽快地答应了。

德诚到花亭，乘一叶扁舟，往来华亭、朱泾百里之间，于林塘烟水佳处，观景歌咏，时有妙句，可与宝志、玄觉之作比美，日子过得倒也自在舒适，无牵无挂。即便是耸动一时的会昌灭法，对他这个无庙无徒的闲和尚来说，也是毫无损失。

然而，他虽然纵情云水，任性逍遥，却也不敢使佛法断绝，只是每日江上垂钓，杂鱼虽多，锦鳞罕遇，不觉二十多年过去了，眼看自己垂垂已老，还是未遇传人，毕竟是一大憾事。

道吾受师兄之托，不敢忘却，只是灵利者难遇，虽然出世多年，一直未有合适之人，心中也是着急。经过不断寻觅，终于机会到了。

---

① 《祖堂集校注》，第151页。

对此现存最早的记载还是《祖堂集》卷五《华亭和尚》：

道吾出世数年，并不见灵利者。有一日新到参，道吾问："从什么处来？"对曰："天门山来。"吾云："什么人住持？"对曰："某与么和尚。"道吾云："有什么佛法因缘？"其僧举两三则因缘，道吾便欢喜，处分安排，夜间唤院主云："某甲欲得去天门山，辄不得出这个消息。"

当夜便发行，便到天门山，才三门前，和尚望见道吾，便走下来引接道吾，上法堂一切了后，便问："和尚有什么事到这里？"道吾曰："特为长老来。见说来日开堂，还是么？"对云："开什么堂，无与么事。"道吾曰："莫与么道，不用待来日，今夜速开堂！"主人推不得，便升座，破题两三则言语。有人问："如何是真佛？"师曰："真佛无相。"问："如何是法眼？"师曰："法眼无瑕。"道吾闻此对答，掩耳。京口下堂，遂屈道吾，吾来房，京口问："某甲对答，过在什么处，掩耳出去？"道吾曰："观师精彩，甚是其器。奈缘不遇其人。某甲师兄在苏州花亭县乘小舡子，江里游戏，长老才去那里，便有来由。这里若有灵利者，领二人，著座主衣服去。"

主人当夜便发，直到江边立。师才望见二个座主，便问："座主从那个寺里住？"对曰："寺即不住，住即不寺。"师云："为什么故不住？"对曰："目前无寺。"师曰："什么处学得来？"对曰："非耳目之所到。"师曰："一句合头意，万劫系驴橛。"便打数下。师虽打他，见根性灵利，又云："适来只对底阿师莫怪，下舡。"天门便下舡，便问："每日直钩钓鱼，此意如何？"云："垂丝千丈，意在深潭，浮定有无，离句三寸，子何不问？"天门拟欲问咨和尚，师以舡槁蓦撞，天门却出云："语带玄而无路，舌头谈而不谈。"师云："每日直钩钓鱼，今日钓得一个。"师曰："有语云：竿头丝线从君弄，不犯清波意自殊。"师问天门："座主还去得也无？"对曰："去。"师曰："去即一任去，还见其事也无？"对曰："见。"师曰："作么生见？"对曰："见草。"师再嘱曰："子以后藏身处没迹，没迹处藏身，不住两处，实是吾教。"①

之所以难遇其人，是因为必须是个未曾充分开发的好材料，若是顽石

① 《祖堂集校注》，第152—153页。

朽木，自然不堪雕琢；若是已悟之人，自然无须雕琢。道吾一听新到说起天门山（实是京口竹林寺）住持的情况，便喜出望外，觉得此人最符合要求，于是连夜便行。

经过道吾的劝说启发，善会便去拜访德诚。二人经过一番真刀真枪的交锋，善会终于彻悟。这一故事《祖堂集》记载虽早，但未必完整，文句也不佳，还是大慧宗杲所述更好。

据《正法眼藏》卷二：

> 船子和尚与同参道吾相别次，谓道吾曰："他后有灵利座主指一个来。"遂于华亭泛一小舟，故时号"船子和尚"。后道吾到京口，遇夹山上堂。僧问："如何是法身？"山曰："法身无相。"云："如何是法眼？"曰："法眼无瑕。"道吾不觉失笑。山乃下座请问道吾："某甲适来只对僧话必有不是，致令上座失笑。望上座不吝慈悲。"吾曰："和尚一等出世未有师在，华亭参船子和尚去。"曰："访得获否？"吾曰："此人上无片瓦遮头，下无卓锥之地。"山遂易服，直造华亭，船子才见便问："大德住甚么寺？"曰："似即不住，住即不似。"曰："不似，又不似个甚么？"曰："不是目前法。"曰："甚处学得来？"曰："非耳目之所到。"曰："一句合头语，万劫系驴橛。"又问："垂丝千尺，意在深潭。离钩三寸，子何不道？"山拟开口，船子便以篙打落水中。才上船，又曰："道，道！"拟开口，又打。夹山忽然大悟，乃点头三下。船子曰："竿头丝线从君弄，不犯清波意自殊。"山遂问："抛纶掷钓，师意如何？"曰："丝悬绿水，浮定有无之意。"山曰："语带玄而无路，舌头谈而不谈。"曰："钓尽江波，金鳞始遇。"山乃掩耳。船子曰："如是，如是。"遂嘱曰："汝向去直须藏身处没踪跡，没踪迹处莫藏身。吾二十年在药山，只明斯事。汝今既得，他后不得住城隍聚落，但向深山里、钁头边觅取一个半个接续，无令断绝。"夹山乃辞行，频频回顾。船子遂唤："阇梨阇梨。"夹山回首，船子竖起桡云："汝将谓别有？"乃覆船入水而逝。①

两相对照，可知宗杲所述更加完整准确，有可能是他得到了更加可靠

① 《卍新纂续藏经》第67册，第597页中下。

的资料。善会带艺投师，并非初学乍练，德诚问住什么寺，他则答若有法相似，则舍而不住，若住则孤迥独立，不似一切。德诚问既言不似，又与什么不相似，进一步启发他，他则答不是目前无常之法。德诚再问何处学得来，他则答此非耳目所能到、思虑所能及。德诚见他抱残守缺，以为至宝，便道他所宝惜的一句所谓“合头语”、得意语，实则不过是系驴的木头橛子，死抱不放，万劫不得自在。这一句给善会很大的震动，使其有所醒悟。德诚见其迟疑，便转守为攻，道是我垂丝千尺，意在钓取鱼龙，离钩只有三寸，你何不道来。德诚让其自述悟境，善会刚要开口，被一篙打落水中，刚爬到船上，德诚让其快道，他又准备开口，德诚挥篙再打，他忽然大悟，不再说话，而是点头三下。德诚言道，若是鱼龙，不会上钩，任尔弄竿扯线，我自不犯清波。善会此时已悟，便问若是鱼不上钩，难道只能抛纶掷钓、放弃钓鱼吗？德诚则答我以垂丝悬于绿水，以“浮定”① 知鱼之有无，鱼是跑不了的。善会赞叹德诚有句中无句，终日说法，未尝道一字，德诚也欣慰终于遇到金鳞，善会便掩耳，德诚予以印可，又嘱托他顺物之法，直得向万里无寸草处藏身，藏身处不得有踪迹，无踪迹处莫藏身，并称这是他在药山数十年所悟之道。他深知世间利害，让善会不要贪图通都大邑、城隍聚落，还是隐迹深山，自耕自种，有一个半个学人接续香火、佛法不断即可，也不求千百徒众。善会得法辞行，意有不舍，频频回首，德诚见他有所牵挂，便唤之回头，告其本来具足，无法别求，对一切都不可留恋，乃覆船入水而逝。

德诚平生，可谓生也自由，死也自由，其高妙处，无可攀援。他的一生既是一个禅者的一生，又是一个艺术家的一生。覆船而逝，是他行为艺术的最高峰，也是平生歌咏的绝唱。

除了“西亭三绝”之外，他还有《拨棹歌》三十六首，或总称《船子和尚拨棹歌》。有关他的艺术成就可参看研究古典文学的相关学者的成果，在此不予多言。《拨棹歌》所代表的禅风，高慎涛认为是石头一系的“泯绝无寄”的家风，这首先是由于他依照传统的说法，将整个药山系归于石头门下，有此先入为主之见，故认为船子家风亦然，这一观点值得探讨。

南岳与青原同出六祖，基本思想无二，强要分别，则南岳强调自性涅

① 浮定，是一种钓鱼的工具，上浮以木，下悬钓饵，以其浮沉可定知是否有鱼，故名；参见《卍新纂续藏经》第67册，第272页上。

槃，青原重视自性般若，或者简单来说，南岳以有为本，重视本有佛性，青原以空为宗，强调智慧观照。

高慎涛指出：《拨棹歌》中体现“泯绝无寄”宗风境界的如：

> 钓下俄逢赤水珠，光明圆澈等清虚。
> 静即出，觅还无，不在骊龙不在鱼。
> 不妨轮线不妨钩，只要钩轮得自由。
> 掷即掷，收即收，无踪无迹乐悠悠。

此光明圆澈的骊龙珠，人人本有，个个无失，然寻之不见，觅之还无，只要清静身心，自然出现。此中上偈是讲本有佛性，妙明真心，不假修持，不可外觅，未必是讲空而无寄。下偈虽说无踪无迹，但强调收放自由，说的是佛教常理，难说属于禅宗某个宗派。

高慎涛还认为，达到理想境界，应该做到“忘”与“闲”，并引“动静由来两本空，谁教日夜强施功”、“祖师元是个闲人”、“忙者自忙闲者闲”、“争把浮生作等闲”等诗偈说明此理。① 其实南岳一系更强调道不用修、任心即是、无修为修、触类是道，主张任运自在、潇洒自如，更符合“闲”的理念。高慎涛自己指出“石头希迁的思想可能受怀海影响，有洪州系‘触类是道’的特色”，以“任心”为解脱，这表明船子的诗偈与体现了南岳系的宗风。

船子德诚在后世文学中影响很大，黄庭坚等诗人画家对他甚为服膺，甚至以其入画，并有多人题咏，这是他对药山系最为独特的贡献。

第三节　云岩昙晟生平与禅法

云岩昙晟为药师惟俨门人，唐代著名禅师。

有关昙晟生平事迹的资料主要有《祖堂集》卷五、《宋高僧传》卷十一、《景德传灯录》等。这些资料相互矛盾，错误都很多，需要比较鉴别，去伪存真。

据《宋高僧传》卷十一《唐澧阳云岩寺昙晟传》：

---

① 高慎涛：《唐释德诚〈船子和尚拨棹歌〉考论》，载《江汉论坛》2010 年 11 月。

> 释昙晟，俗姓王氏，锺陵建昌人也。始生有自然胎衣右袒，犹缁服焉，遂请出家于石门。年满具法，参见百丈山海禅师。二十年为侍者，职同庆喜，法必我闻，身若中涓，心居散位。续受药山举发，全了无疑。化徒孔勤，受益者众。以太和三年己酉十月二十七日示灭，敕谥大师号“无相”，塔名“净胜”焉。[①]

《宋高僧传》强调其始生便有自然胎衣，如同商那和修尊者，十分难得，此说亦见于《祖堂集》，《景德传灯录》未言。其为钟陵建昌人，俗姓王氏，史无异说。《景德传灯录》称其“少出家于石门，初参百丈海禅师”[②]，这表明他出家很早，于石门参百丈怀海。《禅林僧宝传》卷五称“海亦庐塔十余年”[③]，表明怀海在石门住止十余年，有可能在贞元十四年（798）后才离开。他参学百丈的时间，僧传、灯录皆称二十年，《祖堂集》则道“入室十数年间”，不过《道吾传》中则有药山讥其“二十年在百丈，俗气也未除”之句，《（重编）曹洞五位显决》称“昙晟长老二十年在百丈为侍者”看来还是二十年比较可靠。如此他参百丈，当在贞元十一年（795）前。

关于昙晟的生卒年，诸说不一。《祖堂集》谓“师自会昌辛酉年忽示疾，至十月二十七日迁化”，未言生年。《宋高僧传》本传称其“以太和三年己酉十月二十七日示灭”，亦未言生年。《景德传灯录》道其卒年为会昌元年辛酉十月二十七日，“寿六十”。由于灯录所说最为全面，故后世多从之。如此他生于建中三年（782），卒于会昌元年（841）。

然而《祖堂集》卷八《曹山和尚》提出另外一种说法：

> 师自天复元年辛酉岁夏中忽有一言：“云岩师翁年六十二，洞山先师亦六十二，曹山今年亦是六十二，也好趁谴作一解子。”至闰六月十五日夜，问主事曰：“今日是何日月？”对云：“闰六月十五日。”师云：“曹山一生行脚，到处只管九十日为一夏。”至来日辰时，师

① 《大正藏》第50册，第775页中。

② 同上书，第314页下。

③ 《卍新纂续藏经》第79册，第503页上。

当化矣。春秋六十二，僧夏三十七。①

按照这一说法，昙晟当为六十二岁，生于建中元年（780）。那么究竟哪一种说法对呢？《宋高僧传》之说肯定是错的，因为如此他卒于大和三年（829），实在太早了，洞山良价都没有可能同他见面。

僧传等皆称昙晟在百丈“二十年为侍者”，如此则至少于贞元十一年（795）就跟从百丈了。如果生于建中三年（782），则只有十四岁，似乎显得太小，还是生于建中元年（780）更加合理。而且此说出于曹山，应当是有根据的。

然而，洞山良价一般认为是六十三岁，其年六十二之说难以成立，这就使整个传说的可靠性打了折扣。

如此昙晟“年满具法”，当在贞元十五年（799）受具，地点不详。

据《景德传灯录》卷十四：

一日药山问：“汝除在百丈，更到什么处来？”师曰：“曾到广南来。”曰：“见说广州城东门外有一团石，被州主移却，是否？”师曰：“非但州主，阖国人移亦不动。”②

如此昙晟二十年间，除了在百丈，只到过广南，那么他到广州受具的可能性很大，因为百丈山本身不具备授戒的条件，只能到外地受具，既然他只到过广州，肯定是去受具。

受具之后，又回百丈参学，继续做侍者。僧传称他受具之后始参百丈，这是错误的。元和九年（814）百丈去世之后，他到药山问道。

据《（重编）曹洞五位显诀》卷一：

又药山问众：“近来有海兄信否？”云：“有。”山云：“近前来。”有僧从百丈来者，皆近前来。山问：“海兄一日十二时中为说什么法？”云：“三句外省去，六句外会取。”亦云：“未得玄鉴者，但依了义教，有相亲分。”山云：“三千里外且喜勿交涉。”复有僧报

① 《祖堂集校注》，第229页。

② 《大正藏》第51册，第314页下、第315页上。

> 云："近有昙晟长老，二十年在百丈为侍者。"师遂唤近前来，问："海兄寻常说什么法？"晟云："三句外省去，六句外会取。"山又云："三千里外且喜勿交涉。"山又问："更有什么言句？"晟云："和尚说法了，大众下堂出门次，蓦唤众云：是什么？众无对。"山云："何不早道？"在此时，晟言下大悟。山又云："因汝识得百丈也。"①

据此，昙晟有可能在百丈去世前便来到药山，虽然他在百丈二十年，对于百丈的提举却司空见惯、浑然不觉，经过药山的提示，却真正明白了百丈下堂句，并由此悟道。

大和二年（828）药山入灭。船子德诚与昙晟、圆智三人商议，本欲隐于深山度日，后圆智又反悔了，三人自此分散。昙晟又到大沩追随灵祐（771—853），后入攸县云岩寺开法。

昙晟与沩山灵祐关系密切，据《祖堂集》药山传，早在百丈时，昙晟为侍者，灵祐为典座，共同辅佐百丈，昙晟便发愿在灵祐开法后前去辅助，后来因到药山参学，有违此愿，昙晟便欲辞别前往沩山，结果为道吾追回。在药山入灭后，昙晟又受师兄船子和尚影响，准备隐居度日，后因道吾反悔，三人分行，昙晟便到沩山。

灵祐与昙晟交情很深，他把石霜庆诸和洞山良价这两个非常优秀的人才都引向云岩，体现了无私的精神和对师弟的照顾，虽然后来石霜成了道吾的门人，但两个人成为药山系的大将和曹洞宗理论的创建者，对于整个曹洞宗创建与发展意义重大。

据《石霜庆诸大师略考》，石霜庆诸（807—888）二十九岁即大和九年（835）到云岩山参礼，最迟此时昙晟已经正式开法了。由于昙晟在当时有一定的影响，其开法时间也不应太短，因此可能昙晟在大和四年（830）左右开法，时约一纪。石霜庆诸当为其早期门人之一，但为时不久，便转到道吾门下。

洞山良价为昙晟最重要的门人，他到云岩寺的时间不详。《宗统编年》卷十三道是开成元年（836），不知何据，但也相去不远。

昙晟入灭之后，不知何朝始有谥号、塔号，自情理推测，他在当时还没有足够的影响，应当是在曹洞宗大兴之后，始受朝廷重视。《祖堂集》、

① 《卍新纂续藏经》第63册，第202页上中。

《传灯录》云其谥“无住大师”、“净胜之塔”，僧传则道师号“无相”，未明孰是。

有关昙晟的思想资料，《祖堂集》保存最多，灯录次之，其他较少。

据《（重编）曹洞五位显诀》卷三：

> 有人问百丈以何为贪，云：“无漏为贪。”云岩云：“莫将以味为供养。”道吾云：“知有保任处，尽是供养。”①

这是在解释曹洞宗三种堕之尊贵堕时所举例证。尊贵堕则是为法身法性等无漏尊贵之境所累，因此对无漏亦不可贪，是以百丈言“无漏为贪”，云岩、道吾都是发挥百丈的思想，以味来供养，则是触污之食，无味之味，知有保任，善护念，则是正供。

昙晟对不失人身颇为看重，认为这是第一重要的。

据《祖堂集》卷五：

> 师问众：“世间什么物最苦？”云：“地狱是最苦。”师云：“地狱未是苦，今时作这个相皃中，失却人身最苦，无苦过于此苦。”②

人身难得，佛法难闻，虽然众生平等，人道却是最容易成佛的一种。这是因为六道之中，人类处在一个中道的位置，天道虽高，却容易产生享乐之心，不思进取，常乐五欲，故死后直入地狱，由极乐反到极苦，而他道众生则由于诸缘不具，难以坐禅诵经，所受极苦，无法修行，因此也难以成佛，唯有人类，非苦非乐，诸缘具足，最易于修行成佛。因此，只要不失人身，就有了成佛的机会和可能，就有了摆脱轮回、脱离苦趣的希望。

“今时作这个相貌”，或许亦有特指，指作为出家人，身披如来衣。这个相貌，非同小可，为法王子，作人天师，是难得的福报，也是罕有的机遇，在这个相貌中，不能了生脱死、成佛作祖，已是辜负诸佛，如果非但不能成就，反而失去人身，那就必定造了极重恶业，百劫千生，不能解脱，其受有过于地狱之苦。地狱未是苦，失去了希望，才是最苦。

---

① 《卍新纂续藏经》第 63 册，第 213 页下。

② 《祖堂集校注》第 148 页。

对于如何修行，昙晟也有自己的见解。

据《祖堂集》卷五：

问："如何是正修行路？"师云："修是廧［墙］堑，不修是里头人。"①

又据上书：

师示众云："从门入者非宝，直饶说得石点头，亦不干自己事。"又云："拟心则差，况乃有言，恐有所示转远。"②

这表明他坚持"无修为修"，正修行路，即是无修，有修即是造作，即是起心动念，一生有修之心，即最多到达外墙，不是屋里人。从门入者，即是外来，外来者非宝。拟心即差，有念则乖，何况形之语言，寄之唇舌，即使说得天花乱坠、顽石点头，也不干己事，而且离道转远，有害无益。

据《祖堂集》卷五：

师与道吾、舡子三人，受山下人请斋。一人云："斋去！日晚。"一人云："近那！动步便到。"师云："有一人不动步便到，作么生？"寻后，洞山闻举，云："此语最着力，如入（张注：当作人）入镬汤垆炭，不被烧煮始得。这里得，永劫不失，余处得，暂时间。切嘱：第一莫向舌头上取办，记他了事言语，有什么用处？这个功课从无人边得，不由聪明强记，莫向闲处置功，一步不回，冥然累劫。所以云岩云：'向这个相皃［貌］中失却人身，最苦无苦于此苦'。"③

不动步便到，洞山称此语最为有力，得之则永劫不失，然而于此不可从言语上著力，不能向舌头上取办，莫用聪明记忆，勿向闲处用功，否则

① 《祖堂集校注》，第148页。

② 同上书，第149页。

③ 同上书，第147页。

会万劫不复，失去人身。

据《祖堂集》卷五：

> 师有时谓众曰：“有个人家儿子，问着无有道不得底。”洞山问：“他屋里有多小典借？”师曰：“一字也无。”进曰：“争得与么多知生？”师曰：“日夜不曾睡。”洞山云：“问着则无有道不得底，问一段事还道得不？”师曰：“道得却不道得。”①

正因为一字也无，所以问着无有道不得底，此了日夜不曾眠，从来常惺惺。虽然无有道不得，却是不道得，何故？道可道，非常道。

据《祖堂集》卷五：

> 药山问：“承汝解弄师子，弄得几出？”师曰：“弄得六出。”药山云：“我亦弄得。”师问：“和尚弄得几出？”药山云：“我弄得一出。”师曰：“一即六，六即一。”沩山问师：“承闻长老在药山解弄师子，是不？”师曰：“是也。”沩山云：“为复长弄？还有置时也无？”师曰：“要弄即弄，要置即置。”沩山曰：“置时，师子在什么处？”师云：“置也，置也。”②

一即六，六即一，平等无二；要弄即弄，要置即置，自由自在。识得此理，真师子儿。昙晟到沩山，兄弟二人一番法战，沩山问置时师子在什么处，昙晟言置也，是说一生此心，便弄不得师子，反被师子所弄。表明此时昙晟已然觉悟，故弄得师子。

据《祖堂集》卷五：

> 师问黄檗侍者：“汝和尚还说法不？”对曰：“也说。”师云：“汝还听也无？”对曰：“也听。”师云：“说时即听，不说时还听也无？”对曰：“听。”师曰：“说时即从汝听，不说时听什么？”对曰：“不可无这个人也。”师曰：“嘿底是？说底是？”对曰：“嘿底是。”师曰：

---

① 《祖堂集校注》，第146页。

② 同上书，第148页。

“洎错放过这个汉。”①

黄檗侍者，自然非同小可。有说有听，说时听，不说时亦听。如同《楞伽师资记》引神秀大师“又云：‘汝闻打钟声，打时有，未打时有？声是何声？’又云：‘打钟声，只在寺内有，十方世界亦有钟声不？’”②且道未说时听个什么？闻性不失，这个常在。黄檗侍者看似聪明，不料最后一句露出马脚，道是默的是，不知“说时默，默时说，大施门开无壅塞”，毕竟差了一层，故昙晟道几错放过。

这则故事表明昙晟与黄檗希运一门亦有交往，黄檗侍者，亲来问道，或其年纪尚幼，功夫似浅，故虽有所悟，未得成就。

云岩昙晟得到百丈怀海和药山惟俨两大名师指点，其境界之高、见闻之富自然难以企及，其说法之方便、度人之技巧亦难有伦辈，是故后世以其为药山正传。他对于药山系禅法的发展和宗派的建立均有很大贡献，值得重视。

第四节　道吾圆智生平

道吾圆智为药山惟俨门人，唐代著名禅师。

据《宋高僧传》卷十一《唐潭州道吾山圆智传》：

> 释圆智，俗姓张，豫章海昏人也。总丱之年，顿求出离，礼涅槃和尚，躬执钵屦。爰登戒地，誓叩禅门，见乎药山，示其心决。后居长沙道吾山，海众相从，犹蜂蚁之附王焉。以太和九年乙卯九月十一日长逝，享年六十七。阇维得不灰之骨数片，脑盖一节特异而清莹，其色如金，其响如铜。乃建塔于石霜山。敕谥“脩一大师”，“宝相之塔”。得其道者则普会焉。智公初领悟药山宗旨，俨师诲之曰：“吾无宝玉大弓以为分器，今赏汝犊鼻一腰，虽云微末而表亲亵软。”南岳僧玄泰著碑颂。③

① 《祖堂集校注》，第149页。

② 《大正藏》第85册，第1290页下。

③ 《大正藏》第50册，第775页下、第776页上。

首先是道吾的生卒年，《祖堂集》道是“师大和九年乙亥之岁九月十一日”未时入灭，春秋六十七。这就存在是“乙亥”还是“乙卯”的问题，若是前者，则应生于贞元五年（789），卒于大中九年（855）；若是后者，则应生于大历四年（769），卒于大和九年（835），相差达二十年，不可不究。

由于《宋高僧传》影响很大，以后的史料基本上全部采纳其说。假如此说成立，就会遇到很多问题。石霜庆诸（807—888）二十三岁即大和三年（829）于嵩山受具，又到大沩参灵祐（771—853），为米头，再到云岩寺参昙晟（780—841），在云岩寺遇到道吾，随其到道吾山，并得悟。僧传与灯录皆称庆诸遇道吾时只有两夏，即在大和四年（830），能够自圆其说。

然而据《景德传灯录》卷十一：

> 因避世混俗于长沙浏阳陶家坊，朝游夕处，人莫能识。后因洞山价和尚遣僧访寻，囊锥始露，乃举之住石霜山。他日道吾将舍众顺世，以师为嫡嗣，躬至石霜而就之。师日勤执侍，全于师礼。暨道吾归寂，学侣云集，盈五百众（广语出别卷）。①

庆诸得法之后，先是隐居于浏阳陶家坊，非但隐迹，甚至混俗，也就是外着俗装，故人莫能识。他这么做的原因不知是什么，因为当时的政治环境并未恶劣到会昌年间的程度，似乎没有必要如此。《祖庭事苑》卷七认为是值会昌沙汰，托身于此，这样解释可能更加合适。他后来出山弘法，住持石霜，是由于洞山（807—869）的举荐，这就很晚了，因为洞山本人直到大中年间才出世。道吾临终时离开本山，到石霜山，庆诸服勤毕至。如果灯录无误，则道吾肯定在大中年间入灭。

《祖堂集》之说较早，称庆诸三十五岁即会昌三年（843）居石霜山，由于其述年龄与僧传并不一致，因此僧传之三十五岁当为会昌元年（841），会昌之时居石霜山，颇有避难之意，因为武宗早就显露出不喜佛教之心。不论哪一种时间成立，道吾入灭都会在会昌之中或之后。

---

① 《大正藏》第51册，第320页下。

据《景德传灯录》卷十四：

云岩临迁化时，遣人送辞书到，师展书览之曰："云岩不知有，悔当时不向伊道。然虽如是，要且不违药山之子。"①

这一故事又见于《汾阳善昭语录》，当有出处。如此道吾迁化当在云岩之后。《宋高僧传》确有云岩入灭于"太和三年己酉"之说，但这一说法明显是错误的，因为大和三年（829）上去药山入灭只两年，云岩根本没有时间开法，而且此时洞山良价尚在南泉，不可能前来云岩参学。僧传显然是把会昌元年（841）"辛酉"当成了大和三年（829）"己酉"，或许赞宁看到的抄本有误。《祖堂集》、《景德传灯录》皆作会昌元年（841），此说得到后世公认。

据《祖堂集》卷五《华亭和尚》，船子德诚、云岩昙晟、道吾圆智三人于药山灭后共议隐于澧源深处，避世养道，"三人之中，花亭处长，道吾居末"，如此道吾是年龄最小的。如此云岩生年当在道吾之前，《景德传灯录》谓其寿六十，则生于建中三年（782），因此道吾生年只能在此年之后，不可能是大历四年（769）。

如果道吾卒于云岩之后，则肯定在会昌元年（841）之后，也没有可能在大和九年（835）。总之，道吾生于贞元五年（789）、卒于大中五年（855）才是正确的。僧传之所以出现错误，一是由于看到了《祖堂集》大和九年乙亥说之后，取其前者，二是误将云岩会昌元年（841）辛酉当成大和三年（829）己酉，最后形成了误将大中九年（855）乙亥当成大和九年（835）乙卯的大错，有趣的是，二者年号与干支各有一字之差，相差的两字在字形上又都有些相近，难怪赞宁会犯这种看上去低级的错误。

据僧传，道吾早岁出家，礼涅槃和尚法正即第二百丈为师，法正虽然是百丈门人，但因其本为善劝寺寺主，后来弃教从禅，年龄与怀海相差不多。道吾受具不详何年，既然他早年出家，又事兼为律师的涅槃和尚为师，应当依年受具，则在二十岁即元和三年（808）时。

道吾在百丈山出家成长，肯定也参礼过怀海，同时与沩山灵祐

---

① 《大正藏》第51册，第314页上。

(771—853)、黄檗希运及云岩昙晟等早就相识，其参药山并得法或当在百丈去世之后，且与云岩同行。僧传提到的道吾之师只有涅槃法正和药山惟俨二人，《祖堂集》、灯录提到的则增加了南泉、沩山、五峰常观。

道吾后辈不愿提及他在百丈门下的参学经历是正常的，因为按照辈分，他在百丈属于法孙，成了云岩昙晟的后辈。不过道吾参学范围不出马祖一系，除药山外，主要是百丈系，其剃度师法正、参访过的大沩、五峰都是百丈门人。

令人吃惊的是，道吾在《祖堂集》里被塑造成抬石头、贬马祖的急先锋。在药山传里，插入了一段故事，道吾与云岩为亲兄弟，都是钟陵建昌王氏，道吾四十六才出家，在家为报探官，一日恰好到了百丈庄头，遇到侍者云岩，二人相认，抱头痛哭，道吾称老娘因思念弟弟瞎了一只眼，且已下世，云岩便领哥哥见怀海，怀海不收，令其从涅槃和尚出家。道吾在百丈山只待了一年，便到药山，学禅得滋味，乃写书给云岩，称“石头是真金铺，江西是杂货铺”，劝云岩不要在那里“堕根”了，赶紧到药山。云岩得书愁闷，被百丈发现，索书一阅，非但不生气，还说“灼然是生我者父母，成我者朋友”，令云岩赶紧到药山。后来云岩又想辞别药山到沩山，药山已经答应了，道吾又找药山，假借药山之言把已经下山的云岩硬是叫了回来，而且“直到终，不离左右”。

在道吾看来，在百丈及其门下那里，除了“堕根”之外不会有长进，因为那里是杂货铺，只有石头一门才是真金铺。虽然《祖堂集》的故事讲得活灵活现，但肯定是戏说加胡说，毫无根据。

首先，二人是亲兄弟一说绝对不可能，因为以南岳玄泰碑为基础的《宋高僧传》说得很清楚，二人生缘、姓氏都不同。其次，道吾四十六岁时才出家，也不可能，因为此时至少已到元和九年（依大和九年去世说），当年正月十七日怀海已经去世，恐怕没有可能见到怀海，只能跟涅槃和尚了，更别说一年多后让怀海赞同他骂江西马祖的话了。若是依正说，四十六岁则是大和八年（834），怀海已经去世二十年，涅槃和尚也不在世了，投奔药山也不可能，因为药山也去世多年了。

《祖堂集》自相矛盾，此处说道吾是云岩的亲哥哥，《花亭和尚》中则说道吾最小、云岩次之，船子最长。从道吾嘴里最早说出“石头是真金铺，江西是杂货铺”之类的话，还让百丈怀海大表赞同，真是造谣造到家了。

由于《祖堂集》关于道吾的部分充满捏造，而《景德传灯录》亦多从之，《宋高僧传》所录又很简短，因此有关道吾的真实历史不易还原。依僧传，他在受具之后誓扣禅门，则应在元和三年（808）后。他和云岩虽然最初辈分有别，但年龄相近，志趣相投，有如兄弟，无论从哪方面讲，云岩都是前辈，故道吾尊之为师兄已经是自高身份了，有的资料言其称云岩为师弟，这是不可能的。

如此，他最初追随云岩的可能性最大，二人可能一起在百丈去世后来到药山。在药山期间，也可能去参过其他尊宿。《祖堂集》卷十六《南泉和尚》插入了一段道吾与云岩来参的故事：

> 道吾到南泉，师问曰："阇梨名什么？"道吾对云："圆智。"师云："智不到处，作么生？"道吾对云："切忌说著。"师问曰："灼然，说著则头角生也。"却后三五日间，道吾与云岩相共在僧堂前把针。师行游次，见道吾，依前问："智阇梨，前日道'智不到处，切忌说著，说著则头角生也'，如今合作么生行李？"道吾便抽身起，却入僧堂内，待师过后却出来。云岩问道吾："和尚适来问，何不只对？"道吾云："师兄得与么灵利！"云岩却上和尚处问："适来和尚问智师弟这个因缘，合作么生只对？"师云："他却是异类中行。"云岩云："作么生是异类中事？"师云："岂不见道：智不到处，切忌说著，说著则头角生。唤作如如，早是变，直须向异类中行。"云岩亦不先陁。道吾念言："他与药山有因缘矣。"便却共他去药山。药山问："阇梨到何处来？"岩云："此回去到南泉来。"药山云："南泉近日有什么方便示诲学徒？"云岩举似前话。药山云："汝还会他这个时节也无？"云岩云："某甲虽在他彼中，只为是不会他这个时节，便特归来。"药山大笑。云岩便问："作么生是异类中行？"药山云："我今日困，汝且去，别时来。"岩云："某甲特为此事归来，乞和尚慈悲。"药山云："阇梨且去，老僧今日身体痛，别时却来。"云岩礼拜了便出去。道吾在方丈外立，听闻他不领览，不觉知咬舌得血。却后去问："师兄去和尚处问因缘，和尚道个什么？"岩云："和尚并不为某甲说。"道吾当时低头不作声。在后各在别处住，至临迁化时，见洞山、密师伯来，道吾向师伯说："云岩不知有这一则事，我当初在药山时悔不向他说。虽然如此，不违于药山之子。"道吾却为师伯

子细说此事。①

这一故事表述得十分完整，至少可以说明二人确实参过南泉。不知是表示对道吾充当丑化马祖系的急先锋的奖赏，还是确实如此，道吾的形象总是被塑造得十分高大，而云岩则始终是被照顾的对象，而且总是扶不起来，大概是由于在百丈二十年、堕根太久的缘故。

道吾似乎特别害怕云岩和百丈系的人来往，而云岩虽然嗣法药山，却总是和百丈系藕断丝连，百丈之后，又和沩山灵祐纠缠不休。道吾的阻止最终还是失败了，连他自己也跟着到了沩山。

据《景德传灯录》卷十四：

因沩山问云岩："菩提以何为坐?"云岩曰："以无为为坐。"云岩却问沩山，沩山曰："以诸法空为坐。"沩山又问师怎么生，师曰："坐也听伊坐，卧也听伊卧。有一人不坐不卧，速道速道!"沩山问师："什么处去来?"师曰："看病来。"曰："有几人病?"师曰："有病底，有不病底。"曰："不病底莫是智头陀否?"师曰："病与不病总不干他事，急道急道!"②

又据《祖堂集》卷五：

师辞沩山，沩山唤云："智头陀。"师云："其中事作么生?"沩山云："智头陀，智头陀。"师云："也大丑拙。"③

在马祖法孙中，沩山灵祐是开法最早、影响最大的一位，因此在文宗之世，随着马祖门人的相继离世，沩山就逐渐成为禅宗的中心。由于灵祐属于大师兄，前来参学者不止后辈，也有很多他的师弟辈的禅人。

在药山去世之后，道吾随云岩来到沩山，在此过了一两年，便来到湘东弘法，各自住山，但也保持来往。由于大和四年（830）石霜来参，因

---

① 《祖堂集校注》，第410页。

② 《大正藏》第51册，第314页中。

③ 《祖堂集校注》，第156页。

此道吾住山可能在大和三年（829）。

据《联灯会要》卷二十三《福州罗山道闲禅师》：

> 师任禾山，与清贵上座说话次，贵云："天下无第一人，大小沩山，输他道吾。"师云："有甚么语输他？"贵云："石霜辞沩山，作礼起，沩山云：'有句无句，如藤倚树。子意如何？'霜无对。却到道吾，吾问：'甚处来？'霜云：'沩山来。'吾云：'有何言句？'霜举前话。吾云：'汝为我看庵，待我与汝报雠去。'吾往沩山，值山泥壁次，忽回首，见道吾在背后。山云：'智头陀，因何到此。'吾云：'某甲不为别事来，闻和尚问诸道者，有句无句，如藤倚树，还是也无？'沩云：'是。'吾云：'且如树倒藤枯时如何？'沩山掷下泥盘，呵呵大笑。被吾捺向泥中，山总不管。"
>
> 贵举了云："这个岂不是沩山输他道吾！"师云："三十年后，有把茆盖头，切忌举著此话。"贵不肯，却与道吾作主，被师擒下地，云："白大众，各请停喧。某甲今日与贵上座，直为大沩雪屈话，且须侧聆。"贵云："知也，知也。"便作礼。师云："何不早恁么道，你还识道吾么，只是馆驿里本色撮马粪汉。"①

罗山道闲先参石霜，后得法于岩头（828—887），道吾算是他的祖师，他却为沩山雪屈，称道吾为"撮马粪汉"。这一传说首见于成书于淳熙十年（1183）的《联灯会要》,《嘉泰普灯录》卷十七大沩善果（1079—1152）、卷二十一玉泉宗琏（1097—1160）师徒二人机缘都曾提及。这一故事后世才出现，是因为《祖堂集》、《景德传灯录》中不会出现任何对道吾不利的记载。然而《祖堂集》后所附净修禅师《赞》中有"长沙道吾，多不聚徒。出世不出，树倒藤枯"之句，看来他有可能到沩山抱不平，而罗山的评价也可能确有其事，只是后世不愿道及罢了。

这一故事若真，则道吾还曾到沩山为庆诸报仇，以道吾的个性，这样的事是可能发生的。树倒藤枯故事后来又在沩山大安（793—883）和疏山匡仁处再现了一次，看来确实是沩山门下惯用的手段。

在《祖堂集》、《景德传灯录》抬石头、贬马祖的风潮中，还有一股

---

①《卍新纂续藏经》第79册，第201页下。

抬道吾、贬云岩的暗流，在二者所载机缘中，凡是涉及到二人的，一般都是道吾胜出，因此在后世的心目中，道吾更加杰出几乎成为定论。

据《景德传灯录》卷三十杨亿《书》：

> 重念先德率多参寻，如雪峰九度上洞山、三度上投子，遂嗣德山；临际得法于大愚，终承黄檗；云岩多蒙道吾训诱，乃为药山之子；丹霞亲承马祖印可，而作石头之裔。在古多有，于理无嫌。①

这是杨亿致书李维，为自己承嗣广慧辩护，还拉了不少古人垫背，其中甚至说云岩多蒙道吾训诱，将道吾当成了云岩事实上的老师，这种评价实在是太高了，恐怕道吾也不敢承当。

道吾虽然有对师兄不恭之嫌，事实上还是非常讲义气、有情谊的。他与云岩情如兄弟，对大师兄德诚也信守承诺，为其寻访了一个非常得力的门人，即夹山善会。

道吾虽然住山二十多年，但门人不多，故净修称其“多不聚徒”，除庆诸外，有记载者还有玄真。

据《景德传灯录》卷十：

> 洪州双岭玄真禅师，初问道吾：“无神通菩萨为什么足迹难寻？”道吾曰：“同道者方知。”师曰：“和尚还知否？”曰：“不知。”师曰：“何故不知？”曰：“去！不识我语。”师后于盐官契会。②

玄真初见道吾，后投盐官，可见此事发生在会昌二年（842）前。

道吾最大的成就是培养了石霜庆诸，为曹洞宗的理论建设及队伍扩充都有贡献。道吾本人无著作传世，有题名道吾的《乐道歌》，实际上是盐官齐安（？—842）门人关南道常弟子关南道吾所作。后世丛林盛传“道吾舞笏”的故事，疏山匡仁一系云顶德敷有“道吾舞笏同人会，石巩弯弓作者谙”之句，然而在早期的记载中见不到类似的故事，有可能是从“道吾舞剑”化来，然此道吾亦是关南道吾。

① 《大正藏》第51册，第464页中。

② 同上书，第279页中下。

第五节　石室高沙弥

石室高沙弥是药山惟俨门人，虽然未曾受戒开法，但悟性很高，也是当时著名禅师。

据《祖堂集》卷四《药山和尚》：

> 石室高沙弥，往京城受戒，恰到朗州，经过次，近药山下，路上忽见一个老人。沙弥问："老人万福。"老人曰："法公万福！"沙弥问："前程如何？"老人曰："法公何用忙？这里有肉身菩萨出世兼是罗汉僧造院主，何妨上山礼拜。"沙弥才得个消息，便到药山，换衣服，直上法堂，礼拜和尚。师曰："从什么处来？"对曰："从南岳来。"师曰："什么处去？"对曰："江陵受戒去。"师曰："受戒图什么？"对曰："图免生死。"大师曰："有一人不受戒而远生死，阿你还知也无？"对曰："既若如此，佛在世制二百五十条戒，又奚为？"师曰："咄！这饶舌沙弥，犹挂着唇齿在。"师便教伊参众去。
>
> 其沙弥去库头相看主事次，道吾来不审和尚，和尚向道吾曰："你见适来跛脚沙弥么？"对曰："见。"师曰："此沙弥有些子气息。"吾曰："村里男女有什么气息！未得草草，更须勘过始得。"师教侍者唤其沙弥，沙弥便上来，师曰："闻说长安甚大闹，汝还知也无？"对曰："不知，我国甚安清。"师曰："汝从看经得？从人请益得？"对曰："不从看经得，亦不从人请益得。"师曰："大有人不看经，亦不从人请益，为什么不得？"对曰："不道他无，自是不肯承当。"师向道吾曰："不信道老僧不虚发言。"便下床，抚背云："真师子儿。"
>
> 沙弥又辞［辞］，师问："汝向什么处去？"对曰："住庵去。"师曰："生死事大，汝何不受戒？"对曰："彼此知是一般事，唤什么作受戒？"师曰："若与么，在我身边，时复要见。"因此，在药山去半里地，卓庵过一生，呼为石室高沙弥也。①

① 《祖堂集校注》，第137页。

此高僧即是高沙弥，据《景德传灯录》卷十四可知。

又据《景德传灯录》卷十四《高沙弥》：

> 僧问："一句子还有该不到处否？"师曰："不顺世。"药山斋时自打鼓，高沙弥捧钵作舞入堂。药山便掷下鼓槌云："是第几和？"高曰："第二和。"曰："如何是第一和？"高就桶内舀一杓饭，便出去。①

药山"一句子"，惑乱天下人，三世十方，无不被其吞尽，不过要想不受一句子迷惑，也并非没有办法，不顺世缘，超乎万境，自然不受一切惑。

药山门下，歌舞升平。药山打鼓，沙弥作舞，可谓师唱生和，遍地笙歌，要问这是第几和，不如吃饭再洗钵。

《祖堂集》卷五《药山和尚》之中也有高沙弥的故事，与《景德传灯录》所述相近。早期史料中有关高沙弥的记载不多，有关生平的部分更少。从其与药山的对话可知他来自南岳，准备到江陵受戒，路过药山，故上来礼拜。既然他当时尚为沙弥，年龄不会很大，有可能恰好到了受戒的年龄，可能将近二十岁。

高沙弥前来之时，道吾圆智已经在此了，因此应当在元和九年（814）百丈怀海去世之后，而从当时的迹象来看，药山大师似乎还未到最后之时，因此不会晚于元和末年（820），元和十四年（819）前后的可能性更大，因为元和十三年（818）湘潭智俨大师去世，才使潭州律学的地位开始下降。假定他于元和十四年（819）初来此，则可能出生于贞元十六年（800）左右。

高沙弥应当在南岳出家，而且来药山之前已经打下了很好的禅学基础，属于上智利根。据《宋高僧传》卷十一，元和年间，在南岳弘法的马祖门人有西园昙藏（757—827），他自贞元二年（786）至终一直在南岳传法。又据《景德传灯录》卷九，百丈怀海门人大慈寰中（780—862）早年曾在南岳常乐寺传法。当时在南岳传法的禅宗高僧很多，高沙弥有可

① 《大正藏》第51册，第315页下。

能师从他们其中的某一位，故头角峥嵘，有师子儿之风。

高沙弥自称不从读经得，亦不从请益得，似乎并非从哪位禅宗高僧参请得悟，但这只是禅者机锋，并非叙述历史事实，不能由此便判定他是自己开悟。

高沙弥学法于南岳而去江陵受戒，表明当时南岳律学已经衰落，有名的律师不多，已经失去了南方律学中心的地位。

药山抓住高沙弥急于受戒的心理对之进行教化，使其对受戒的本质有了新的认识并由此悟道。受戒意在免生死，觉悟更能免生死，识得本来面目，自然不生不死，随处自在，何必拘泥于受不受戒。良马见鞭影而行，高沙弥当下彻悟，便下定决心，终生不受戒。这似乎不是药山的本意，药山后来还劝他去受具，但他断然拒绝了。按照当时的习惯，不受具便不是正式僧人，不可能当方丈，也没有开法的资格，但高沙弥不在乎这些外在的东西，决心一生住庵，不开法收徒，只是接待往来学人，随缘利益众生。

道吾最初对高沙弥不大相信，想再加勘验，道是闻说长安甚闹，高沙弥答曰“我国晏然”。外面的世界是否热闹没有关系，只要自心清净，一念不生，自然入道。

据《禅宗颂古联珠通集》卷十四：

> 药山一日坐次，道吾、云岩侍立。师指案山上枯荣二树问吾曰：“枯者是，荣者是?”曰：“荣者是。”师曰：“灼然，一切处。光明灿烂去。”又问岩：“枯者是，荣者是?”曰：“枯者是。”师曰：“灼然，一切处放教枯淡去。”高沙弥忽至，师曰：“枯者是，荣者是。”曰：“枯者从他枯，荣者从他荣。”师顾道吾、云岩曰：“不是，不是。”颂曰：
>
> 落霜黄叶作金钱，痴騃啼儿见喜欢。捉得献娘俱道好，不知谁是哂傍观。（海印信）。
>
> 一枝荣，一枝枯，中心绿叶更扶疎。黄莺任解千般语，免得傍人弹子无。（佛慧泉）。
>
> 抹粉涂坏复褁头，尽由行主镍牵抽。鼓皮打破曲吹彻，收拾大家归去休。（保宁勇）。
>
> 说尽荣枯转见难，沙弥平堕语言端。老僧遥指猿啼处，云散千空

月色寒。(地藏恩)。

云岩寂寂无窠臼，灿烂宗风是道吾。深信高禅知此意，闲行闲坐任荣枯。(草堂清)。

药山用处少人扶，堪笑云岩与道吾。犹向荣枯生解会，岂知潘阆倒骑驴。(楚安方)。

年老心孤笑药山，团栾诸子坐忘还。从头细问荣枯事，鼻孔元来总一般。(云岩因)。

【续收】三三两两不相同，携手行行入草中。掇转脚头穿绣履，何妨腊月鼓春风。(东谷光)。[①]

高沙弥欲在外结庵，药山不令远走，他便在山后结庵，经常回来看望老师及同门。一次药山与云岩、道吾游山，看到案山上有一枯一荣两棵树，先问道吾荣者是、枯者是，道吾称荣者是，药山予以印可，并预言道吾一系的宗风属于光明灿烂一类。又问云岩，云岩道枯者是，药山对此同样印可，预言云岩一系的宗风是枯淡寂寞型的。片刻高沙弥也到了，药山问他同样的问题，他则言道一任其枯荣，药山又回头对道吾、云岩二人说“不是，不是”。

药山最后一句耐人寻味，到底是说谁不是呢？

这一公案曾经多人评唱，有琅玡慧觉门人海印超信、云居晓舜门人佛慧法泉、杨岐方会门人保宁仁勇、圆照宗本门人地藏守恩、黄龙慧南门人草堂善清、文殊心道门人楚安慧方、草堂善清门人云岩因、华藏慧祚门人东谷妙光等，诸家见仁见智，各抒己见，但总的来说，对高沙弥的评价都很高。

这一公案又见于《保宁仁勇禅师语录》卷一，最初出处不明，由于海印超信曾经评唱，应当在仁宗之时就已经在禅门流传了。

高沙弥虽然一生未曾正式开法，但其领悟之深、境界之高是难可比拟的，他在药山门下独树一帜，对药山一系的发展有独特的贡献。

① 《卍新纂续藏经》第65册，第558页下、第559页上。

第三章　夹山善会及其宗系

第一节　夹山善会生平及禅法

夹山善会（805—881）为船子德诚门人，唐代著名禅师。有关夹山善会最主要的资料是《祖堂集》和《景德传灯录》。

据《祖堂集》卷七：

夹山和尚，嗣花亭，在澧州，师讳善会，姓廖氏，汉广岘亭人也。受业龙牙山，依年受戒于荆门。后通经论，时称学海，聪辩天机。初曾京口，已转法轮，后因道吾指参，承花亭密契玄关，便棲夹岫……师自天门夹山，首末十二年，通前凡三处转法轮。至中和初年辛丑岁十一月七日，自烧却门屋，谓众曰："苦哉，苦哉，石头一支埋没去也。"乐蒲出来云："听也埋没去，自有青龙在。"师曰："青龙意旨如何？"对曰："贵人不借衣。"师便救火。因此造偈曰：

大江沉尽小江现，明月高峰法自流。

石牛水上卧，影落孤峰头。

荒田闻我语，如同不系舟。

师便示化矣。春秋七十七，僧夏五十七，塔于夹山，谥号"传明大师"、"永济"之塔。韶州刺史金夔撰碑文。①

又据《景德传灯录》卷十一：

澧州夹山善会禅师，广州岘亭人也，姓廖氏。九岁于潭州龙牙山出家，依年受戒。往江陵听习经论，该练三学。遂参禅会，励力参

① 《祖堂集校注》，第192—196页。

> 承。初住京口，一夕道吾策杖而至，遇师上堂。僧问："如何是法身？"师曰："法身无相。"曰："如何是法眼？"师曰："法眼无瑕。"师又曰："目前无法，意在目前。不是目前法，非耳目所到。"道吾乃笑。师乃生疑，问吾何笑。吾曰："和尚一等出世未有师，可往浙中华亭县参船子和尚去。"师曰："访得获否？"道吾曰："彼师上无片瓦遮头，下无卓锥之地。"师遂易服直诣华亭，会船子鼓棹而至，师资道契，微眹不留。（语见船子章）师比遁世忘机，寻以学者交凑，庐室星布，晓夕参依。唐咸通十一年庚寅，海众卜于夹山，遽成院宇……
>
> 师再辟玄枢，逮于一纪。唐中和元年辛丑十一月七日召主事曰："吾与众僧话道累岁，佛法深旨各应自知。吾今幻质，时尽即去。汝等善保护，如吾在日，勿得雷同世人，辄生惆怅。"言讫，至于夜，奄然而逝。其月二十九日塔于本山。寿七十七，腊五十七。敕谥"传明大师"，塔曰"永济"。①

如此善会生于永贞元年（805），卒于中和元年（881）。元和八年（813）九岁于潭州龙牙山出家，长庆四年（824）二十岁于荆门受具。此后在江陵听习经论，综练三学，有"学海"之称。又参访禅会，极力修习，颇有体会。

据《祖堂集》卷十五《大梅和尚》：

> 因夹山与定山去大梅山，路上行次，定山云："生死中无佛，则非生死。"夹山不肯，自云："生死中有佛，则不迷生死。"二人相不肯，去到大梅山。夹山自问："此二人道，阿那个最亲？"师云："一亲一疏。"夹山云："阿那个是亲？"师见苦问，乃云："且去，明日来。"夹山明日来，问："昨日未蒙和尚垂慈，未审阿那个是亲？"师云："问者不亲，亲者不问。"②

这是夹山早年的故事。他与定山参见大梅法常（752—839）的时间

---

① 《大正藏》，第 51 册，第 323 页下、第 324 页中。

② 《祖堂集校注》，第 389 页。

不详。据《宋高僧传》本传，法常于贞元十二年（796）始住大梅山，三十余年后为盐官齐安（约749—842）会下一僧偶然发现，盐官便教学人前去参请，其时应当在宝历二年（826）后。法常不愿出世，其出名的时间较晚，夹山前来参请，当在大和末年（835）至开成四年（839）间。

与夹山同行的定山禅师事迹不明，《景德传灯录》载有滁州定山神英禅师，为沩山灵祐（771—853）弟子，当即定山。

据《明觉禅师语录》卷一：

> 举：椑树问定山："不落数量，请师道。"定山提起数珠云："是落不落？"树云："圆珠三窍人人有，请师圆前话。"山便打，椑树便去。定山云："三十年后槌胸大哭去在。"椑树果后开堂，示众道："三十年前，被定山老子瞒我一上，不同小小。"师云："定山用即用，争柰险；椑树知即知，要且未曾具择法眼。试请辨看。"①

这是雪窦重显（980—1052）所举公案。此定山乃药山惟俨（745—828）门人椑树慧省早年所参过的禅师，应当属于药山一辈，不应是沩山门人，《联灯会要》、《五灯会元》均认为椑树慧省参定山神英，实是未辨世系年月。

夹山与定山神英同行，实是因为二人为同门。

据《潭州沩山灵祐禅师语录》卷一：

> 夹山在沩山作典座。师问："今日吃甚么菜？"夹山云："二年同一春。"师云："好好修事著。"夹山云："龙宿凤巢。"②

这一公案投子义青（1032—1083）语录中曾提及并作颂，《建中靖国续灯录》卷二十七真如慕喆机缘中亦全举，看来并非虚设。这表明夹山曾经参过沩山，并在那里任典座。

据《景德传灯录》卷八：

① 《大正藏》，第47册，第672页中。
② 同上书，第578页上。

> 潭州华林善觉禅师，常持锡夜出林麓间，七步一振锡，一称观音名号。夹山善会造庵问曰："远闻和尚念观音是否?"师曰："然。"夹山曰："骑却头如何?"师曰："出头从汝骑，不出头骑什么?"①

华林善觉为马祖道一（709—788）门人，据《景德传灯录》卷九灵祐机缘，华林和尚曾在百丈怀海（749—814）会中为第一座，可能是百丈师弟，因为禅机不契输给灵祐，故不得住沩山。

又据《隆兴编年通论》卷二十六，大中三年（849）时，裴休为湖南观察使，来谒，问师还有侍者否，师唤"大空小空"，有二虎自庵后出来，休大惊，师语虎令去。裴休于会昌三年（843）至大中元年（847）任湖南观察使②，其来谒善觉，当在法难过后的大中元年（847），这表明善觉至少大中三年（849）时仍然在世，不知何年入灭，寿命应当近于百岁，看来是马祖门下最为长寿的禅师之一，堪与九井玄策（？—854）媲美。

华林善觉如此长寿，不知夹山何时往见，不过从其问答来看，应当在其早年尚未觉悟之时。可能夹山在潭州参大沩时，顺便访及善觉。

可以设想，夹山在沩山时间较长。他可能先参沩山，又自沩山与定山同行，到大梅参访，此后又回到沩山，由于多历年所，故升至典座。

夹山何时离开沩山不详，应当是在沩山去世之前。《祖堂集》称其"自天门夹山，首末十二年，通前凡三处转法轮"，则始居天门，再住京口，最后住夹山，前后三处开法。不过若说三处开法，一共只有十二年，则嫌太短，可能是指在天门山及京口住持十二年。

据《佛果击节录》卷二：

> 传□（一作"灯"，当为衍文）明，初承嗣石楼，住京口。举公案，争奈无舌人能解语。兴化闻云："但知作佛，愁什么众生?"有云：临济为他致见洛浦如此，殊不知神方秘诀，父子不传，自是洛浦承当处莽卤。雪窦忍俊不禁，为他临济雪屈。③

---

① 《大正藏》第51册，第261页下。

② 《唐刺史考全编》，第2423页。

③ 《卍新纂续藏经》第67册，第253页下。

夹山初开法天门、京口，很可能是承嗣沩山。然而佛果克勤却道他承嗣石楼。石楼，即汾州石楼，为石头希迁门人，住汾州，《景德传灯录》卷十四有传，然而灯录的记载亦有不少疑点，其第二则机缘实属于五代时枣树和尚。另外，南宋时期又有石楼与沩山灵祐门人元康和尚的机缘，如此他又成了和元康同时代的人，然又说南泉评论二人机缘，实是奇怪，因此石楼是否是石头门人亦有疑问。从早期资料中夹山的经历来看，他未必到过汾州，其主要活动区域一直在南方。克勤之说不知资料来源，且出现很晚，可能为后世传说，不足为据。

有关道吾指点夹山到华亭和船子和尚见面的故事是夹山人生经历中最为精彩的一章，也常常为后世道及。

现存最早的记载还是《祖堂集》卷五《华亭和尚》：

> 有人问："如何是真佛？"师曰："真佛无相。"问："如何是法眼？"师曰："法眼无瑕。"道吾闻此对答，掩耳。京口下堂，遂屈道吾，道吾来房，京口问："某甲对答，过在什么处，掩耳出去？"道吾曰："观师精彩，甚是其器。奈缘不遇其人。某甲师兄在苏州花亭县乘小舡子，江里游戏，长老才去那里，便有来由。这里若有灵利者，领二人，著座主衣服去。"
>
> 主人当夜便发，直到江边立。师才望见二个座主，便问："座主从哪个寺里住？"对曰："寺即不住，住即不寺。"师云："为什么故不住？"对曰："目前无寺。"师曰："什么处学得来？"对曰："非耳目之所到。"师曰："一句合头意，万劫系驴橛。"便打数下。师虽打他，见根性灵利，又云："适来只对底阿师莫恠，下舡。"天门便下舡，便问："每日直钩钓鱼，此意如何？"云："垂丝千丈，意在深潭，浮定有无，离句三寸，子何不问？"天门拟欲问谘和尚，师以舡槁蓦撞，天门却出云："语带玄而无路，舌头谈而不谈。"师云："每日直钩钓鱼，今日钓得一个。"师曰："有语云：竿头丝线从君弄，不犯清波意自殊。"师问天门："座主还去得也无？"对曰："去。"师曰："去即一任去，还见其事也无？"对曰："见。"师曰："作么生见？"对曰："见草。"师再嘱曰："子以后藏身处没迹，没迹处藏身，不住两处，实是吾教。"①

① 《祖堂集校注》，第152—153页。

这个故事分为两段，一是道吾前去教化夹山，指点其前往华亭，二是船子令其得悟。当时善会住持的地点，《祖堂集》华亭机缘自相矛盾，一会说是天门山，一会说是京口，夹山机缘则说是京口，《景德传灯录》言是京口，惠洪《林间录》称是京口竹林寺，瞎堂慧远、佛照德光、虚堂智愚则称是京口鹤林寺，看来京口是对的。从天门山到华亭实在太远，自京口出发，距离较近。天门山应当是善会最初住持之处，后来移居京口鹤林寺。

这一故事发生的时间不详。其下限，当然是大中九年（855），道吾此年入灭，上限则可能是会昌年间（841—846）。大中四年（850）前后的可能性最大。

当时善会已然两处住持，且有名于世，必然不会太早，依照常规，当在会昌四年（844）四十岁以后。另外《祖堂集》载择禅师颂，有“一泛轻舟数十年”之句，船子德诚与云岩、道吾三人在大和二年（828）药山去世后先是同议避世养道，后来道吾改了主意，德诚便令其为自己选一传人。道吾出世数年，初不见有灵利者，后来闻听善会可以造就。既是数十年后，恐怕得有二十年左右。道吾既受师兄之托，当然也不能太迟。大中四年（850）左右，善会约四十六岁，道吾六十二岁，德诚当在七十以上。

善会得法之后，遵照师嘱，不欲显世，然学者交凑，不得已出世弘法。其始住夹山，《传灯录》称是“唐咸通十一年，海众卜于夹山，遽成院宇”，并言“再辟玄枢，逮于一纪”，强调他在夹山住持十二年，这可能是受了《祖堂集》“首末十二年”的误导，其实善会早就住持夹山了。

据《祖堂集》本传，洞山会下有一僧到夹山参访，夹山问洞山法要，其僧对以鸟道、玄路、展手，夹山道是“贵持千里抄，林下道人悲”，其僧回到洞山，洞山赞其为作家。当时夹山小师韶山寰普在洞山，洞山令其速回，并称当时夹山已有二百众，韶山称其师不在夹山，且没有佛法，洞山又道汝师原住合山，如今已经改名夹山，韶山方回，并再参夹山得悟。

据《云门匡真禅师广录》卷二：

> 举，夹山坐次，洞山到来：“云作么生？”夹山云：“秖与么。”①

①《大正藏》第47册，第555页中。

这表明洞山在世时善会已然开法合山，后改名夹山，并且洞山还前来看他。如此他再次开法，或在大中年间（847—860），或在咸通之初，因夹山自称居山二十载，则肯定在咸通三年（862）前住山。

据《景德传灯录》卷十七：

益州北院通禅师，在夹山时，一日夹山上堂曰："坐断主人公，不落第二见。"师出曰："须知有一人不合伴。"夹山曰："犹是第二见。"师乃掀倒禅床。夹山曰："老兄作么生？"师曰："待某甲舌头烂，即向和尚道。"异日师又问夹山曰："目前无法，意在目前，不是目前法，非耳目之所到，岂不是和尚语？"夹山曰："是。"师乃掀倒禅床，叉手立地。夹山起来，打一拄杖，师便下去。（法眼云："是他掀倒禅床，何不便去，须待夹山打一棒了去，意在什么处？"）师在洞山随众参请，未契旨，遂辞洞山，拟入岭去。洞山曰："善为，飞猿岭峻好看。"师沈吟良久。洞山曰："通阇黎。"师应诺。洞山曰："何不入岭去？"师因此省悟，更不入岭，师事于洞山（时号"鑁头通"）。①

如此北院通先参夹山，后参洞山。善会始居夹山，当在大中年间，北院来参，也不会迟于咸通年间。

又据《景德传灯录》卷十七：

后洞山师虔禅师（第三世住也，亦号"青林和尚"）初自夹山来参，先洞山价和尚问曰："近离什么处？"师曰："武陵。"曰："武陵法道何似此间？"师曰："胡地冬抽笋。"价曰："别甑炊香饭，供养于此人。"师乃出去。洞山曰："此子向后走杀天下人在。"②

如此洞山门人青林师虔（？—904）亦自夹山来参，以一句"胡地冬抽笋"，博得洞山赞叹。这表明洞山门人自夹山而来者，数量不少，说明

① 《大正藏》第51册，第339页中。

② 同上书，第338页中。

二人关系密切，门下也经常相互往还，也表明二人开法时间相去不多，同时并化，弘扬药山宗旨。

据《景德传灯录》卷十赵州机缘：

> 又到夹山，将拄杖入法堂。夹山曰："作什么？"曰："探水。"夹山曰："一滴也无，探什么？"师倚杖而出。师将游五台山次，有大德作偈留云：
>
> 何处青山不道场，　何须策杖礼清凉！
>
> 云中纵有金毛现，　正眼观时非吉祥。
>
> 师云："作么生是正眼？"大德无对。（法眼代云："请上坐领某甲卑情。"同安显代云："是上坐眼。"）师自此道化被于北地，众请住赵州观音。①

赵州从谂（778—898）八十岁前常在南方行脚，此后道化被于北地。据《古尊宿语录》卷十三《行状》，"年至八十，方住赵州城东观音院"②。这表明他在大中十一年（857）始住赵州观音院。他在南方行脚时，可能最后到夹山。若然，则夹山于大中十一年（857）前便已开法，时间当与洞山相近。然而，不知为何，后来的记载则将夹山全部替换成赵州同门鄂州茱萸，赵州是否到过夹山难下定论。

夹山是禅僧中较少的精通经教的大师，有"学海"之称，又身为药山大弟子船子德诚的唯一传人，故他非常自信，对同门的洞山和石霜等都有批评，体现了药山系第三代掌门人的权威。

夹山无著作传世，有关夹山的禅法思想，散见于《祖堂集》及诸灯录之中。

据《祖堂集》卷七：

> 师有时曰："夫有佛、有法、有祖已来，时人错会，谓言佛边、祖边、法边，递代相承，至于今日，须依佛祖法句意与汝为师言方是。叵此，天下出无眼狂人，却成无智。不然，他只如无法，本来是

---

① 《大正藏》第51册，第277页上。

② 《卍新纂续藏经》第68册，第76页上中。

道，无一法当情，没佛可成，没道可修，没法可舍。故目前无法，意在目前，他不是目前法，非耳目之所到。三乘十二分教是老僧坐具，祖师玄旨是破草鞋，宁可赤脚，不著最好，目睹瞿昙，犹如黄叶。汝若向佛边举法，此人未有眼目在。何以故？此皆属所依之法，不得自在，本只为生死忙忙［茫茫］。法法依著，识性无有自在分。他千里求善知识，须有眼目，永脱虚谬之见，不堕幻惑之法，方达后人。直须目前生死，定取一言来看，为复实有？实无？若人定得，老僧许伊出头。所以老僧道：'垂丝千丈，意在深潭。语覆机而不顾，舌头玄而不参。'"①

这是《祖堂集》中唯一的一段较为集中的法语，值得重视，类似的说法又见于《景德传灯录》、《联灯会要》和《五灯会元》，可见是比较可靠的。

这段法语意思并不复杂，是说反对著相，特别是佛、祖、法之类的净相，因为执著于净相，即成"净障"，反成障道因缘。要打破对佛、祖、法的执著，故言佛如黄叶、祖意如破草鞋、经教如坐具，没什么了不起。禅者修行，关键是有自在分，要依自不依他。本来是道，一切现成，故无佛可成，无道可修，无法可舍。

"目前无法，意在目前；他不是目前法，非耳目之所到"，是夹山禅法的核心，也是他及门下多次强调的宗旨。前两句是破，主要是破除对佛、法、祖等净法的执著，以说明道不用修，一切本然。后两句是立，说明此法高妙超绝，并非六根耳目所能及。

《联灯会要》载有多段夹山法语，虽然属于后出，但也可能是前人失载，值得重视。

据《联灯会要》卷二十一：

示众云：不知天晓，悟不由师。龙门跃鳞，不堕渔人之手。但意不寄私缘，舌不亲玄旨，正好知音，此名俱生话。若向玄旨疑去，赚杀阇梨。困鱼止泺，钝鸟棲芦。云水非阇梨，阇梨非云水。老僧于云水而得自在，阇梨又作么生？

① 《祖堂集校注》，第192页。

示众云：金乌玉兔，交互争辉。坐却日头，天地黑暗。上唇与下唇，从来不相识。明明向君道，莫令眼顾著。何也？日月未足为明，天地未足为大。空中不运斤，巧匠不遗踪。见性不留佛，悟道不存师。寻常老僧道：目睹瞿昙，犹如黄叶。一大藏教，是老僧坐具。祖师玄旨，是破草鞋，阇梨，宁可赤脚，不著最好。

示众云：古人重怀中之金。千尺冰雪，遇日即消；万劫疑情，一句顿晓。不堕沙门手，不度六门事。闻中生解，意下丹青。浮云不关山，滴水锋铓，尚犯他影。饶君解唱婆娑曲，终归不晓影人踪。驷马奔腾，从阇梨立响，这里老僧没踪。

示众云：眼不挂户，意不停玄。直得灵草不生，犹是五天之位。珠光月魄，不是出头时。座上无老僧，目前无阇梨。

示众云：动则影现。离舌三寸，须有眼始得。坐却舌头，别生见解。露柱簷楹，滴滴碎珠之影。乘舟者迷，登机者失。子有跨户之谈，老僧有室中之意。明月寄空，碧潭无分。一句合头语，万劫系驴橛。或句到意不到，或意到句不到，或意句俱不到，或意句俱到。冥应万机，龙现即乖。言下无迹，句里出头。言下立人，言下无迹。阇梨玄旨，是老僧舌头；老僧玄旨，是阇梨舌头。坐却舌头，别生见解。他参活意，不参死意。溢目不登，扬眉自晓。

示众云：闻中生解，意下丹青；目下即美，久蕴成病。青山与白云，从来不相到。机梭不挂丝头事，文彩踪横意自珠（殊）。嘉祥一路，智者知疏；瑞草无根，贤者不贵。

示众云：明不越户，穴不栖巢。目不顾他位里，脚不踏他位里。六户不掩，四衢无踪。学不停午，意不立玄。千劫眼，不惜舌头底；万劫舌头，不顾眼中明。俊机不假锋铓事，到这里有个甚么事？阇梨，竿头丝线从君弄，不犯清波意自殊。

示众云：忽有人问，老僧报道，百草头上，罢却平生事，根株亦不留。老僧当位坐，坐处不停囚。阇梨，殿上识得天子，屋里识得主人公，有甚用处？须向闹市门头，识取天子；百草头上，荐取老僧，方是偻㑩汉。金乌不挂风云影，水鸟那能度九天。明月夜藏钩，不知落谁手。

示众云：老僧于古路头，置个选场。若是孤进者，即放过；若是其中人，即别有一路。目前无法，意在目前；不是目前法，非耳目之所到。天无因，地无果，日月只运转虚空里。假使碧潭清似镜，终教明月下来难。胡曲从君唱，秦筝夜里弹。闻清声外意，与他不相干。阇梨，龙无龙句，他不随本形，骏马不露风骨。老僧尝云：天无动照之功，地无立机之用，明月不关天地事。阇梨，错向水中求。九五从他天子贵，金乌西谢也须愁。空户不拘关锁意，风云不涉两头人。

示众云：我二十年住此山，未尝举著宗门中事。①

这些法语中的不少句子，从《祖堂集》等早期史料中可见其端倪，显然并非杜撰。从这些法语来看，他还是保持了一贯的风格，强调得大自在，悟不由他，对于诸佛、经教、祖师玄旨等不得执著，“见性不留佛，悟道不存师”，过河拆桥，卸磨杀驴。得自在人，一法不立，“眼不挂户，意不停玄”，目里无色，意中绝念，因为“动则影现，觉则病生”，是故“言下无迹”，清波不犯，不涉两头，一切不关。

首段说明道须自悟，不能过度依赖师傅。只有自己跳过龙门，才能得大自在，不落渔人之手。意中无私，舌不谈玄，彼此方为知音，俱生共话。莫为玄旨所惑，一味求妙求玄。困鱼止于浅滩，钝鸟居于芦苇，不为云水所拘，方能超脱自在。

第二段，虽然金乌玉兔，日夜交辉，但日月不足为明，心光一现，照破山河大地，日月星辰失色。天地未足为大，心超三界，意包太虚，大心过于十方，等觉超越三世。双唇不接，口不谈玄，眼不顾视，目中无色。见性即是见佛，执佛则非见性；存师意在悟道，悟道无须存师。打破一切执著，方能真正觉悟。

第三段，怀中之金，囊中之宝，不从外来，具足众好。千尺冰雪，遇日即消；万年迷情，一悟顿了。不堕沙门之手，不入诸圣保社；不度六门之事，远离六尘纷扰。闻言即生慧解，意下自有丹青。浮云自往来，青山不动步。滴水锋芒，尚且照见他影，要想丝毫不犯，必须一法不存。纵然解唱世间曲，终归不见幻人踪。驷马奔腾，热闹无比，学人但觉闹喧天，老僧耳中无踪迹。

第四段，眼不出户，意不住玄，目不犯境，心无攀缘。即使灵草不生，瑞树无根，犹是天界之位，人天小果。珠光月色，不是天晓，不可出头。人我不存，宾主俱空，目前无学人，座上非老僧。

① 《卍新纂续藏经》第 79 册，第 179 页上中下。

第五段，动则现影，行即留踪。不动唇舌，别生妙解，须是有眼人始得。檐下滴水，虽呈珠影，却非真珠。乘舟不得度，求机必失机。学子有跨户登门之谈，老僧有室中深微之意。明月寄身于空中，碧潭无得月之分。所谓合头之语，格外之谈，迷者执以为宝，只不过系驴之橛。意句四句，与临济宗四料简有似，或失于句，或昧于意，而以意句俱到为最高，相当于人境俱不夺。法身不动，冥应众缘；龙不现身，暗契万机，动步即错，现身则乖。凡有言句，不存踪迹，句里出头，言下呈机，对于言句不可执著，坐却舌头，方生妙解。夹山强调"参活意，不参死意"，主张参活句，不参死句，他批评石霜有杀人刀，无活人剑，指出"一句子十方共参，一句子天下人不那（奈）何，一句子活却天下人，一句子死却天下人"①。参活意，须得自悟，溢目不肯见，扬眉自得晓。

第六段，闻言生慧解，胸中存丹青，眼下赏其美，久蕴则成病。青山自青山，白云自白云，从来不相到，不必苦追寻。织布不挂丝，文采自纵横。嘉祥吉藏善于解空，智者大师却不认同；瑞草灵树虽然无根，贤者圣人却不以为贵。

第七段，白天不越户，夜间不栖巢。不慕诸圣位，眼不顾，脚不踏。六户不曾掩，自在常出入；四衢无踪迹，优游四大路。一切不立，不求玄旨。真眼不假舌，真舌不传眼，各自有见处，不必相攀缘。若是俊机剑客，不必假于锋芒。竿头丝线任尔弄，只是不得犯清波。

第八段，百草头上，万机休罢，根株不留，彻底脱去。虽然当位座，座处不执著。于宫殿上识得天子，房间里识取主人，不为稀奇，在闹市中识得天子，草丛中识取老僧，才算有慧眼。金乌不为风云绊，水鸟不可度九天。月明之夜却藏钩，皆见不知落谁手。

第九段，古路头上选佛场，孤身直进则放过，其中人则别有一路。天地自然，无因无果。日月行天，影落碧潭，然不可以影为真，任你碧潭再清，日月也不会下落。胡曲秦筝，任唱任弹，只是音声，实不相干。真龙不现形，骏马不露相。天地不仁，无功无用，日月行空，不在水中。即便是九五至尊，大限到来之时也是枉然。空户空空无一物，不用关锁自安全，不涉风云两头人，自在自如自安然。

第十段，善会自道居夹山二十年，未曾道着宗门中事，世尊说法四十

① 《祖堂集校注》，第196页。

九年，未曾道得一字，善会当然也是如此。

夹山的传法方式也是灵活多样的，所述法语机缘同样出人意表，当然亦有意似含混、不易理解之处。

夹山还继承了乃师之风，虽然没有太多完整的诗偈传世，然而也有不少意境优美、耐人寻味的诗句，如“猿抱子归青嶂后，鸟衔花落碧岩前”等，后世圆悟克勤住持夹山，作《碧岩录》，便取名于此。

第二节　夹山门下

夹山三处开法，前后数十年，门下弟子很多。

《祖堂集》录其门下七人，即上蓝令超、落浦元安、盘龙可文、逍遥怀忠、先洞安、黄山月轮、韶山寰普。《宋高僧传》有寰普、元安二人本传。

据《景德传灯录》卷十六：

澧州夹山善会禅师法嗣二十二人
澧州乐普山元安禅师
洪州上蓝令超禅师
郓州四禅和尚
江西逍遥山怀忠禅师
袁州盘龙山可文禅师
抚州黄山月轮禅师
洛京韶山寰普禅师
太原海湖和尚
嘉州白水寺和尚
凤翔府天盖山幽禅师
洪州同安和尚（已上一十一人见录）
韶州昙普禅师
吉州仙居山和尚
太原资福端禅师
洪州卢仙山延庆和尚
越州越峰和尚

朗州祇阇山和尚
益州栖穆和尚
嵩山全禅师
益州夹山院和尚
西京云岩和尚
安福延休和尚（已上一十一人无机缘语句，不录）①

据《祖堂集》卷八《上蓝和尚》：

上蓝和尚，嗣夹山，在洪州。师讳令超，初住上蓝山，锺陵大王统霸预章，迎师出府，构护国院，礼重为师，凡百亿所须，始终不替。奏紫衣，师号“妙觉大师”。

问：“二龙争珠，谁是得者？”师云：“明珠不向彼中玩，龙与非龙争得珠？”

大顺元年正月十五日，声钟集众，遗诲讫，端然化矣。敕谥“元真大师”、“本空之塔”。②

又据《景德传灯录》卷十六：

洪州上蓝令超禅师，初住筠州上蓝山，说夹山之禅，学侣俱会。后于洪井创禅苑居之，还以“上蓝”为名，化导益盛。僧问：“如何是上蓝本分事？”师曰：“不从千圣借，岂向万机求。”曰：“只如不借不求时如何？”师曰：“不可拈放汝手里，得么？”问：“锋前如何辨事？”师曰：“锋前不露影，莫向舌头寻。”问：“二龙争珠，谁是得者？”师曰：“其珠遍地，目睹如泥。”问：“善财见文殊，却往南方，意如何？”师曰：“学凭入室，知乃通方。”曰：“为什么弥勒遣见文殊？”师曰：“道广无涯，逢人不尽。”至唐大顺庚戌岁正月初，召众僧而告曰：“吾本约住此十年，今化事既毕，当欲行矣。”十五

① 《大正藏》第51册，第325页下、第326页上。
② 《祖堂集校注》，第238、239页。

日斋毕，声锺，端坐长往。谥“元真大师”，塔曰“本空”。①

上蓝令超（？—890），生缘族姓不详，初住筠州上蓝，后住洪井禅苑，亦名“上蓝”。他在上蓝护国院住十年，即应自中和元年（881）始。然中和二年（882）钟传始占据洪州②，其迎令超居府，并为之构护国院，不可能早于此年，因此十年只是约数，并非实指。原话也可理解为本来约好住此十年，今化缘既毕，故欲先行，故提前入灭。其居止洪州护国院九年（实为八年），其间钟传为奏紫衣，赐号“妙觉大师”。其于大顺元年（890）正月十五日入灭，谥“元真大师”、“本空之塔”。

令超始居筠州上蓝山的时间不详，但肯定是在中和元年（881）夹山入灭前开法，属于夹山早期门人。其机缘语句存世不多，强调“不借不求”才是本分事，颇受后世重视。

《重编曹洞五位显诀》卷二录有《元真长老（洞山五位）拣》，此元真长老很可能是指令超，因为他的谥号是“元真”，其中称洞山为“先师”，可能他始从洞山，后归夹山。

令超深得钟传崇奉，故《景德传灯录》、《传法正宗记》等亦列钟传为其门人，他还有门人河东北院简。

据《祖堂集》卷九《盘龙和尚》：

盘龙和尚，嗣夹山，在洪州，师讳可文。初住盘龙山，后居上蓝。

有僧问落蒲［乐普］：“一沤未发已前，如何弁［辨］其水霡?”浦云：“移舟谙水势，举掉［棹］别波澜。”回此问师：“一沤未发已前，如何弁［辨］其水霡?”师云：“移舟不弁水，举掉［棹］则迷源。”③

又据《景德传灯录》卷十六：

① 《大正藏》第51册，第332页上中。

② 参见《唐刺史考全编》，第2269页。

③ 《祖堂集校注》，第247页。

袁州盘龙山可文禅师，僧问："亡僧迁化向什么处去也?"师曰："石牛沿江路，日里夜明灯。"问："如何是佛?"师曰："痴儿舍父逃。"师后居上蓝院。①

可文初住洪州盘龙山，后居上蓝院，其移居上蓝，当是在继师兄令超住持。其门人有庐山永安净悟、袁州木平山善道、陕府龙溪和尚、桂阳志通、庐山寿昌院净寂。

据《景德传灯录》卷二十：

袁州木平山善道禅师，初谒乐普，问："一沤未发已前，如何辨其水脉?"乐普曰："移舟谙水势，举棹别波澜。"师不惬意，乃参盘龙，语同前问，盘龙曰："移舟不辨水，举棹即迷源。"师从此悟入。僧问："如何是西来意?"师曰："石羊头子向东看。"问："如何是正法眼?"师曰："拄杖孔。"问："如何是不动尊?"师曰："浪浪宕宕。"问："如何是木平一句?"师曰："畐塞虚空。"曰："畐塞虚空即不问，如何是一句?"师乃打之。师凡有新到僧，未许参礼，先令运土三担，而示偈曰：

南山路仄东山低，新到莫辞三担泥。
嗟汝在途经日久，明明不晓却成迷。

师肉髻罗纹，金陵李氏向其道誉，迎请供养，待以师礼。尝问："如何是木平?"师曰："不动斤斧。"曰："如何不动斤斧?"师曰："木平。"时大法眼禅师，有偈赠曰：

木平山里人，貌古年复少。
相看陌路同，论心秋月皎。
坏衲线非蚕，助歌声有鸟。
城阙今日来，一沤曾已晓。

师异迹颇多，此不繁述。灭后门人建塔，刊石影，本国谥"真寂禅师"，塔曰"普慧"。②

① 《大正藏》第51册，第332页下。
② 同上书，第369页下、第370页上。

木平善道是夹山第二代门人中的佼佼者，在后世也有一定的影响。他初谒乐普，后参盘龙，于言下悟人。移舟举棹，凡有动作，皆是有为，清波不犯，游鱼自迷。不移不举，不谙不别，无作无求，自然得悟。乐普虽然名声远大于盘龙，然与善道无缘，不过后世云峰文悦别有见解，道是木平若向洛浦言下悟去，犹较些子，可惜向盘龙死水里浸杀。[①]

善道令新到僧人搬三担土，十分有趣。据《佛果圆悟禅师碧岩录》卷五，圆悟克勤将此与归宗拽石媲美，还举“后来有僧问云：‘三转内即不问，三转外事作么生？’平云：‘铁轮天子寰中敕。’僧无语，平便打”[②]。其实不止归宗，洞山门人青林师虔令新到搬柴三转，然后参堂，三转内外一句实为青林，克勤误作木平[③]。

善道天生异相，肉髻罗纹，后南唐李主迎入金陵，待以师礼。法眼文益（885—958）以诗赞之，称其“貌古年复少”，似其生年不早于文益，然他曾参乐普，则必在光化二年（899）前来参，若与文益同年，则生于光启元年（885），此时只有十五岁，似太小，不明其理也是自然。依常理言之，假如文益不长于善道，不应言其年少，然曾参乐普，也不可太迟，如此善道生年可能与文益相近，或在光启二年（886）左右。善道入灭后，南唐谥为“真际禅师”，“普慧之塔”，可能亦与文益一样，于宋朝建立前入灭。

据《祖堂集》卷九《逍遥和尚》：

逍遥，嗣夹山，在高安。未睹行录，不决始终。

问：“烘炉猛焰，烹锻何物？”师曰：“烹佛烹祖。”云：“佛祖作么生烹？”师曰：“业在其中。”进曰：“唤作什么业？”师曰：“佛力不如。”

问：“一切众生皆有佛性，为什么有佛有众生？”师曰：“肯即同众异，不肯即异众同。”

问：“古人有言：‘知有底人，直须不知有。’不知有底人如何？”师曰：“识性共同，俱无兼戴。”进曰：“不知有底人如何得知有？”

① 《卍新纂续藏经》第67册，第608页中。
② 《大正藏》第48册，第181页中。
③ 《大正藏》第51册，第338页下。

师曰:“语取乃不人。”

问:“如何是祖中祖?”师曰:“息不肯破,为有明人决。”师垂语曰:“大家去那里向火。”又云:“火即从你向,不得烧著身。”对曰:“法身具四大,谁是向火者?”更垂语曰:“古时传祖法,如今不传祖法。”①

又据《景德传灯录》卷十六:

江西逍遥山怀忠禅师,僧问:“不似之句还有人道得否?”师曰:“或即五日斋前,或即五日斋后。”问:“剑镜明利,毫毛何惑?”师曰:“不空罥索。”问:“洪炉猛焰,烹锻何物?”师曰:“烹佛烹祖。”曰:“佛祖作么生烹?”师曰:“业在其中。”曰:“唤作什么业?”师曰:“佛力不如。”问:“四十九年不说一句,如何是不说底一句?”师曰:“只履西行,道人不顾。”曰:“莫便是和尚消停处也无?”师曰:“马是官马不用印。”问:“如何是一老一不老?”师曰:“三从六义。”曰:“如何是奇特一句?”师曰:“坐佛床,斫佛朴。”问:“祖与佛阿那个最亲?”师曰:“真金不肯博,谁肯换泥丸。”曰:“恁么即有不肯也。”师曰:“汝贵我贱。”问:“如何是悬剑万年松?”师曰:“非言不可及。”曰:“当为何事?”师曰:“只汝道话。”曰:“言外之事如何明得?”师曰:“日久年多筋骨成。”问:“不敌魔军,如何证道?”师曰:“海水不劳杓子舀。”问:“‘不住有云山,常居无底船’时如何?”师曰:“果熟自然。”曰:“更请师道。”师曰:“门前真佛子。”曰:“学人为什么不见?”师曰:“处处王老师。”②

怀忠住江西高安逍遥山,生缘终始不详。其称“处处王老师”,要么是指南泉,要么属于自称,因此他有可能俗姓王。其机锋峻烈,剑锋明利,有烹佛烹祖之气。

据《筠州洞山悟本禅师语录》卷一:

① 《祖堂集校注》,第247页。

② 《大正藏》第51册,第332页中下。

上堂，曰："道无心合人，人无心合道。欲识个中意，一老一不老。"（后僧问曹山："如何是一老？"山云："不扶持。"云："如何是一不老？"山云："枯木。"僧又举似逍遥忠，忠云："三从六义。"）又曰："此事直须妙会，事在其妙，体在妙处。"①

洞山此处说与道与人的关系，怀忠答三从六义，是借用儒家的主从说明道与人的偏正。看来怀忠也很熟悉洞山的说法，或许他也参过洞山。

怀忠有门人泉州福清师巍通玄禅师、京兆白云无休禅师。

据《祖堂集》卷九：

黄山和尚，嗣夹山，在抚州。师讳月轮，闽中人也。

师初参夹山，夹山而问："汝是什么处人？"对曰："闽中人。"夹山云："还识老僧不？"对曰："还识学人不？"夹山云："不然，子且还老僧草鞋价，然后老僧还子江陵米价。"师云："与么则却不识和尚，未委江陵米作么价？"夹山赞曰："子善能哮吼。"

师初开堂，示众曰："祖师西来，特唱此事，自是诸人不廌，向外驰求，投赤水以寻珠，就荆山而觅玉。所以道：从门入者非宝。认影为头，岂非大错？"

问："如何是祖师西来意？"师云："梁殿不施功，魏邦没心迹。"

问："如何得见本来面目？"师云："不劳悬古镜，天晓鸡自鸣。"

问："宗乘一句，请师商量。"师云："黄峰独脱物外秀，年来月往冷秋秋。"

问："如何是纳衣下事？"师云："石牛水上卧，东西得自由。"②

又据《景德传灯录》卷十六：

抚州黄山月轮禅师，福州福唐人也，姓许氏。志学之岁，诣本郡黄檗山寺投观禅师禀教，及圆戒品，遂游方抵涂水，谒三峰和尚，虽问答有序而机缘靡契。寻闻夹山盛化，乃往叩之。夹山问师："名什

① 《大正藏》第47册，第510页上。

② 《祖堂集校注》，第248页。

么？”师曰：“名月轮。”夹山作一圆相曰：“何似遮个？”师曰：“和尚恁么语话，诸方大有人不肯在。”曰：“贫道即恁么，阇梨作么生？”师曰：“还见月轮么？”曰：“阇梨恁么道，此间大有人不肯诸方。”师乃服膺参讯。

……乃入室受印，依附七年，方辞往抚州，卜龙济山隐居。玄侣云集，师遂演夹山奥旨，名闻诸方。后归临川，乐栖黄山，谓诸徒曰：“吾居此山，颇谐素志矣。”

……师住黄山仅十三载，学者来，无虚往。以后唐同光三年十二月二十一日示有微恙，至二十六日午时，奄然坐化。寿七十二，腊五十三。明年正月二十日，塔于院西北隅。①

黄山月轮（854—925），福州福唐人，俗姓许。他生于大中八年(854)，咸通九年（868）十五岁时投本郡黄檗山观禅师出家，十四年(873）二十岁时受具，游方至塗水，谒三峰和尚。后闻夹山盛化，乃于乾符元年（874）前来参礼，问答契旨，入室受印，依附七年，于广明元年（880）辞往抚州，隐居龙济山，因学徒云集，乃演夹山宗旨，开法度人。后于天祐十年（913）回到临川，居黄山，后唐同光三年即吴顺义五年（925）入灭。

月轮有门人郢州桐泉山和尚，不知法名。

据《景德传灯录》卷二十：

郢州桐泉山和尚，初参，黄山问：“天门一合，十方无路，有人道得，摆手出漳江。”师对曰：“蛰户不开，龙无龙句。”黄山曰：“是尔恁么道？”师曰：“是即直言是，不是直言不是。”黄山曰：“摆手出漳江。”黄山复问：“卞和到处荆山秀、玉印从他天子传时如何？”师曰：“灵鹤不于林下憩，野老不重太平年。”黄山深肯之。师住后，僧问：“如何是相传底事？”师曰：“龙吐长生水，鱼吞无尽沤。”问：“请师挑揥。”师曰：“擂鼓转船头，棹挑波里月。”②

① 《大正藏》第51册，第332页下、第333页上。

② 同上书，第370页上中。

桐泉，又作“潼泉”，与“涌泉”相近，故丹霞子淳误将“龙吐长生水”之句当作石霜门人涌泉景欣机缘，并作颂曰“依依半月沉寒水，耿耿三星落碧巑。昔日云岩曾漏泄，金轮王子宝花冠。”① 不悟则十方无路，道得则摆手而出。天子玉印，和氏之璧，世间所重，珍贵无比，怎奈野老不重、“灵鹤翥空”，“峰峦秀异，鹤不停机；灵木迢然，凤无依倚”，故虽有相传的事，实则无传无受。

据《祖堂集》卷九：

> 韶山和尚，嗣夹山，在北地。师讳寰普，未睹实录，不决始终。
>
> 有一僧礼拜，起来立地，师云：“大才藏拙户。”其僧又向一边立，云：“丧却栋梁哉。”问：“实际理地，如何运步？”师曰：“幽谷白云藏白雀，拟心栖处隔山迷。”问：“祖意与教意如何？”师曰：“日晓昏韶山，不借其中事。”进曰：“师还借也无？”师曰：“灯后口无舌。”进曰：“与么即句后不传也。”师曰：“影隔贷明月，不挂指南踪。”
>
> 充天布纳到韶山，韶山勘曰：“闻你有充天之气，是不是？”对曰：“不敢。”师曰：“汝有充天之气，我这里有啄地之锥；汝若把旗上来，我则钉舸相对；汝若横吞巨海，我则背挟须弥。向上一路，速道！速道！”如是三度嗦，后云：“明镜当台，请师一照。”师便喝云：“死水无鱼，徒劳下钩。”②

又据《景德传灯录》卷十六：

> 洛京韶山寰普禅师，有僧到参，礼拜起立，师曰：“大才藏拙户。”僧过一边立，师曰：“丧却栋梁材。”
>
> 师问僧：“莫是多口白头谭么？”谭云：“不敢。”云：“多少口？”谭云：“通身是。”师云：“寻常向什么处屙？”菖云：“向韶山口里屙。”师云：“有韶山口，向韶山口里；无韶山口，向什么处屙？”谭无对，师便打。

---

① 《卍新纂续藏经》第71册，第766页上。

② 《祖堂集校注》，第249页。

遵布衲山下见师，乃问："韶山在什么处？"师曰："青青黯黯处是。"遵曰："莫只遮便是否？"师曰："是即是，阇梨有什么事？"遵曰："拟申一问，未审师还答否？"师云："看君不是金牙作，争解弯弓射尉迟。"遵云："凤凰直入烟霄去，谁怕林间野鹊儿。"师曰："当轩画鼓从君击，试展家风似老僧。"遵曰："一句迥超今古格，松萝不与月轮齐。"师曰："饶君直出威音外，犹较韶山半月程。"遵曰："过在什么处？"师曰："倜傥之辞，时人知有。"遵曰："与么即真玉泥中异，不拨万机尘？"师曰："鲁般门下，徒施巧妙。"遵云："学人即恁么，师意又如何？"师曰："玉女夜抛梭，织锦于西舍。"遵曰："莫便是和尚家风也无？"师曰："耕夫置玉漏（卿公《事苑》云：当作玉耧，谓耧犁也。耕人用耧所以布子种。《禅录》所谓看缕打耧，正谓是也。《魏略》曰：皇甫阴为燉煌太守，民不晓耕种，因教民作耧犁，省力过半。然耧乃陆种之具，南人多不识之，故详出焉。音楼），不是行家作。"遵曰："此是文言，和尚家风如何？"师曰："横身当宇宙，谁是出头人？"遵不礼拜，一日又问："阇黎有冲天之计，老僧有入地之谋；阇黎横吞巨海，老僧背负须弥；阇黎横剑上来，老僧亚枪相待。向上一路，速道！速道！"遵云："明镜当台，请一鉴。"师云："不鉴。"遵云："为什么不鉴？"师云："浅水无鱼，徒劳下钓。"遵无语，师便打，遵方礼拜。师终后，谥"无畏禅师"。①

韶山寰普，《宋高僧传》卷十二亦有传，然文字不多，道其具戒之后温寻经论，然后南寻至夹山请益，其化人重视经法，有北宗神秀普寂之风。

据《祖堂集》卷七：

夹山小师当时在洞山，洞山教小师："你速去！是你和尚在夹山匡二百众，有如是次苐［第］。"小师对云："某甲和尚无佛法，兼不在夹山。"其僧向小师云："旧时则合山，如今改为夹山也。"小师方始得信，便辝［辞］洞山，却归本山。才到门前，高声哭入，向和尚说："某甲是师初住山时，与和尚何事不造作？何事不经历？有与么奇特之事，当时曰什么不与某甲说？"和尚云："当初时，是你涛

① 《大正藏》第51册，第333页上中。

> 米，老僧烧火；是你行餠，老僧展受，又怪我什么处?”小师便悟，是韶山和尚也。①

若《祖堂集》所载非虚，则韶山为夹山自船子得法后最初住山的门人，其时当在大中年中（七年854前后），他圆具并温熟经论后自北方而来，年龄当在二十五岁左右，因此其生年当在大和年间（827—835），卒年不详，不过《宋高僧传》以之为唐人，或当在天祐四年（907）前。《景德传灯录》言其终后谥“无畏禅师”，他在洛京的影响看来也相当大。

《景德传灯录》载有他与遵布衲的一段对话，此遵布衲为何人呢？据前《药山章》所述，药山时有殿主名“遵布衲”，若与此为同一人，则是韶山的祖师辈。从时间上看，似不能完全排除这种可能，假如遵布衲生于贞元十六年（800）左右，韶山开法于咸通之初（860后），二人有见面的可能。然韶山自称“老僧”，不似对尊长辈的口气。因此遵布衲当另有其人，很有可能为翠微无学门人清平令遵（845—919）。

据《景德传灯录》卷十五，令遵为东平人，咸通六年（865）落发，后到滑州受具习律，又罢律业，参禅会，至江陵白马寺遇丹霞门人慧勤，再到京兆参翠微无学，文德元年（888）于上蔡开法，光化中至鄂州清平山传法。从令遵经历来看，他长期在北方活动，早年游学及传法之处均离洛阳不远，其年龄亦比寰普晚十余岁，他应当就是遵布衲。

寰普有门人潭州文殊和尚和祥州大岩白和尚，大岩白和尚下出邛州碧云。另外《景德传灯录》还称洞山良价有门人潭州文殊和尚，无机缘语句，二者当有一误，或者潭州文殊始从洞山、后从韶山，二人从师兄弟变成师徒关系。由于寰普门人文殊有机缘语句、洞山所出则无，因此应当归入韶山门下。

据《祖堂集》卷九：

> 先洞安和尚，嗣夹山。未睹行录，不决化缘终始。
>
> 有僧问：“如何是和尚家风?”师云：“金鸡抱子皈霄汉，玉兔怀胎入紫微。”僧曰：“忽遇客来时，将何祗对?”师云：“金菓早朝猿摘去，玉花晚后凤衔来。”②

① 《祖堂集校注》，第195页。

② 《祖堂集校注》，第247、248页。

又据《景德传灯录》卷十六：

洪州建昌凤栖山同安和尚（第一世住），僧问："如何是和尚家风?"师曰："金鸡抱子归霄汉，玉兔怀胎入紫微。"僧曰："忽遇客来，将何祗待?"师曰："金果早朝猿摘去，玉华晚后凤衔来。"问："终日在潭，为什么钓不得?"师曰："玄源不隐无生宝，莫谩垂钩向碧潭。"问："澄机一句，晓露不逢时如何?"师曰："太阳门下无星月，天子殿前无贫儿。"问："如何是同安转身处?"师曰："旷劫不曾沉玉露，目前岂滞太阳机。"问："险恶道中如何进步?"师曰："玄身透过千差路，碧海无波往即难。"问："如何是衲衣下事?"师曰："一片玉轮今古在，岂同渔父夜沉钩。"问："如何是大勿惭愧底人?"师曰："空王不坐无生殿，迦叶堂前不点灯。"①

如此可知"先洞安"就是"先同安"，即同安第一世威禅师。同安威又嗣洞山，与云居、钦山同辈②，且与云居同年即天复二年（902）示寂③。同安威下出九峰普满，《景德传灯录》将师弟关系弄颠倒了。

同安第一世威事迹机语与云居道膺门人同安丕（同安第二世）混在一起，《景德传灯录》同安丕机缘语句中亦有金鸡玉兔、金果玉华之句④。由于当时号为"同安"者还有云居道膺门人慧志（后为丕门人，第三世）、九峰道虔门人同安常察（第四世）、清凉文益门人同安绍显（第五世）等，其事迹往往混为一谈。《景德传灯录》记事比较混乱，将不同的"同安"胡乱记载，致使后世难以分辨。

第三节 乐普元安生平与禅法

乐普元安为夹山最重要的门人，晚唐著名禅师，在禅宗史上有一定的影响。

---

① 《大正藏》第51册，第333页中。
② 《嘉泰普灯录》卷一，《卍新纂续藏经》第79册，第291页上。
③ 《释氏通鉴》卷十一，《卍新纂续藏经》第76册，第126页下。
④ 《大正藏》第51册，第362页中。

有关乐普的史料很多，早期史料有《祖堂集》、《宋高僧传》、《景德传灯录》、《镇州临济慧照禅师语录》等。

据《宋高僧传》卷十二《唐澧州苏溪元安传》：

释元安，俗姓淡，凤翔游麟人也。丱年于岐阳怀恩寺从兄祐律师出家，唯经与论，无不穷核。乃问道翠微，次临济，各飡法味，不饫香积之盂也。斲雕复朴，逍遥自如。闻夹山道盛德至，造澧阳，当稽问缪缪，又增明净。后开乐普山，寻居苏溪。答詶请益，多偶句华美，为四海传焉。以昭宗光化元年戊午十二月迁灭，享寿六十五，法腊四十六矣。临终告众，颇多警策辞句云。①

《祖堂集》卷九《落浦和尚》作"光化二年戊午岁十二月二日迁化，春秋六十五，僧夏四十六矣"②，然《景德传灯录》等均作光化元年，可见《祖堂集》有误。据此，元安（834—898）生于大和八年（834），卒于光化元年（898）。

元安俗姓淡，凤翔麟游人，早岁于岐阳怀恩寺从家兄祐律师出家，并于大中七年（853）受具。他穷核经论，精研教法。后从翠微无学习禅，具体时间不详，依《景德传灯录》，当在其受具之后。元安再参临济义玄（？—866），为侍者。他始到临济门下时间不详，但他深得器重，从学时间应当不短。

有关他始到临济门下的因缘，只有后世的记载。

据《佛果击节录》卷二：

师云："洛浦是赵州銮城人，初参临济，济问：'近离甚处？'云：'銮城。'济云：'有事相借问得否？'云：'元安不会。'济云：'打破大唐国里，觅个不会底人难得。'兴化为侍者，乃云：'和尚恁么勘僧，如将弹弓就地上弹死雀儿，有什么用处？'济云：'你又作么生？'化云：'何不道，老僧罪过。'后浦为侍者。"③

① 《大正藏》第50册，第782页下。
② 《祖堂集校注》，第246页。
③ 《卍新纂续藏经》第67册，第253页下。

这一故事《古尊宿语录》等也有记载，然所述与此不同，《古尊宿语录》、《联灯会要》、《五家正宗赞》、《痴绝道冲语录》等均只道勘“新到”僧，未言其为元安，且作“新戒不会”，只有《五灯会元》道是洛浦，然亦作“新戒不会”，当然相反的记载均为后世所出，可见当时流行着两种说法。如果此人非指元安，则无须论，若实是元安，则可以判定他到临济门下的时间。

元安到临济时兴化存奖（830—888）为侍者，表明他入门在兴化之后，而兴化从学临济，是在咸通元年（860）。兴化初在临济门下时间不长，便辞别到外边游方，因此很可能是在咸通元年（860）末离去，元安来参，亦应是在此时。元安自称自銮城（栾城）前来，有可能先到赵州参从谂，然后经由栾城到临济。临济对其勘问，他非常老实，道是“元安不会”，他书作“新戒不会”是错误的，因为此时他受具已经六年，不应说是“新戒”了。临济对其回答相当满意，道是大唐国里找一个不会的人实难，因为人人自以为会禅会道，都以聪明自居，觅一个痴钝的人难得。当时兴化为侍者，却道这是用弹弓打死雀儿，不足为能，应道“老僧罪过”。

元安在存奖离开后继任侍者，同样是当仁不让。

据《镇州临济慧照禅师语录》卷一：

> 有座主来相看次，师问：“座主讲何经论？”
>
> 主云：“某甲荒虚，粗习《百法论》。”
>
> 师云：“有一人于三乘十二分教明得，有一人于三乘十二分教明不得，是同是别？”
>
> 主云：“明得即同，明不得即别。”
>
> 乐普为侍者，在师后立，云：“座主，这里是什么所在，说同说别？”
>
> 师回首问侍者：“汝又作么生？”
>
> 侍者便喝。师送座主回来，遂问侍者：“适来是汝喝老僧？”侍者云：“是。”
>
> 师便打。①

① 《临济录》，杨曾文编校，中州古籍出版社 2001 年版，第 34 页。

此座主对于禅门机锋也相当熟悉，故所答颇为巧妙，他将问题作了转换，把对教法明得与明不得的同别转为若悟（明得）则众生平等、二者是同，若不悟（明不得）则见差别相、二者有别。元安时为侍者，不等临济反应，便喝斥座主，道是在临济大师座前，何敢说同说别。临济问元安，元安报之以喝，临济送走座主，便打元安。

元安被打，未必是临济对之不肯，但当时元安未得彻悟是肯定的。元安批评的不止是座主，因为问同问别的首先是临济。无同无别固然高妙，然“法归分别”，对于无分别也不应执著，一味以喝行禅未必可取。

又据《镇州临济慧照禅师语录》卷一：

> 师闻第二代德山垂示云：“道得也三十棒，道不得也三十棒。”
>
> 师令乐普：“去问，道得为什么也三十棒。待伊打汝，接住棒送一送，看他作么生？”
>
> 普到彼，如教而问。德山便打。普接住，送一送，德山便归方丈。普回，举似师。师云：“我从来疑著这汉。虽然如是，汝还见德山么？”
>
> 普拟议，师便打。①

德山宣鉴（782—865）入灭于咸通六年（865）十二月三日，第二代德山继位说法当然在此后，元安受命到彼当在咸通七年（866）初，这也应当是他所受的最后一次使命，因为是年四月十日临济大师便去世了。由此可以判定，此后不久，即咸通七年（866）二三月间，他便离开临济南行，因为各种资料都称他是在临济生前离开的。

据《联灯会要》卷二十三：

> 师辞临济，济拈拄杖，画一画云：“过得这个，便去。”师便喝，济便打，师作礼去。
>
> 后临济上堂云：“临济门下，有一赤梢鲤鱼，摇头摆尾，向南方去，不知向谁家虀瓮里淹杀。”②

① 《临济录》，第 34 页。

② 《卍新纂续藏经》第 79 册，第 198 页中。

元安在临济门下任侍者六七年，常伴大师左右，深得法味，颇受许可。“临济常对众美之曰：临济门下一只箭，谁敢当锋。”① 这一说法于后世又有增益。

据《大慧普觉禅师普说》卷二：

洛浦久为临济侍者，也学得一喝用事。一日有个座主问临济曰：“有人在三乘十二分教明得，有人在三乘十二分教明不得，未审是同是别？”临济未及答，渠便搀行夺市，云：“这里是甚所在，说同说别？”济便下座。又似肯他，又似掘坑埋他。少顷却问：“适来这僧作么生？”浦便喝，济又休去。浦行数步，济却问：“你喝老僧那？”浦云：“是。”被临济拽拄杖便打赶出，乃云：“好个赤梢鲤鱼，不知向谁家虀瓮里淹杀。”②

类似的说法又见于《嘉泰普灯录》卷二十五所载本觉法真一禅师示众法语。这表明临济对元安虽然赞美，却又知其尚未究竟，但此类说法都相当晚出，未知虚实。

元安自以为已然得道，不久前到湖南德山的经历对他有所影响，因此又到离此不远的夹山顶上卓庵而居。有关乐普与夹山交锋的故事有多个版本，都相当精彩。最早的记载是《祖堂集》。

据《祖堂集》卷九：

后闻夹山，直造沣阳。

才展座具，时夹山问：“这里无残饭，不用展炊巾。”对曰：“非但无，有亦无者（著，张注）处。”夹山曰：“只今聻？”对云：“非今。”夹山云：“什么处得这个来？”对云：“无这个。”夹山云：“这个犹被老僧坐却底。”云：“学人亦不见有和尚。”夹山云：“与么则室内无老僧。”对云：“画影亦不得。”夹山赞曰：“道者知音指其掌，锺期能听白［伯］牙琴。”

---

① 《大正藏》第51册，第331页上。

② 《卍正藏》第59册，第835页中。

师问："久向宗风，请师一言。"夹山云："目前无法。"师云："莫错！"夹山云："缓！缓！阇梨！山溪各异，任你截断天下人舌头，争奈无舌人解语何！阇梨只知有杀人之刀，且无活人之钏，老僧这里亦有杀人之刀，亦有活人之钏。"师进问："如何是和尚活人之钏？"夹山曰："青山不挂钏，挂钏勿人知。"师又问："佛魔不到处，犹未是学人本分事。如何是学人本分事？"夹山云："烛明千里像，暗室老僧迷。"师又问："朝阳已升，夜月未现时如何？"夹山曰："龙含海珠，游鱼不顾。"师闻此语，莫知所从，便止夹山，抠衣数载，不惮劳苦，日究精微。①

又据《景德传灯录》卷十六：

师蒙许可，自谓已足，寻之夹山卓庵。后得夹山书，发而览之，不觉竦然，乃斧庵，至夹山礼拜，端身而立。夹山曰："鸡栖凤巢，非其同类，出去！"师曰："自远趋风，请师一接。"夹山曰："目前无阇梨，此间无老僧。"师便喝。夹山曰："住，住，阇梨且莫草草忽忽，豀山各异，云月是同。阇梨坐却天下人舌头即不无，争教无舌人解语？"师茫然无对，夹山便打。师因兹服膺数载，兴化代云："但知作佛，莫愁众生。"②

乐普与夹山相见是禅宗史的一个著名公案，也是关涉到临济与曹洞两宗关系的一件大事。可以看出，前引二书的记载差异很大，然而后世流行的是灯录的版本。依灯录，乐普在临济自谓已然得法，故到夹山卓庵，并无求法之意，《五灯会元》甚至说他经年不访，并未把夹山放在眼里。夹山知其为法器，便派侍者致书于他，《联灯会要》还记载他接书坐却，又展手就侍者索，侍者无语，他便打云，归去举似和尚，侍者举似夹山，夹山云，若其开书，三日内必来，若不开书，则救不得，又令人伺其出庵，便焚之，乐普三日后来，告之庵中火发，亦不顾。如此这一故事更加完整了，也更加生动。

---

① 《祖堂集校注》，第240页。

② 《大正藏》第51册，第331页上。

《祖堂集》突出的是元安对夹山的恭敬，淡化了他和临济的师承关系，这是其作者的立场和态度决定的。特别是第一段，似乎元安一开始便直趋夹山，并且称赞夹山形不可见，影亦不得，夹山同样以知音相许，这似乎不符合事实，因为元安在临济门下多年，自以为已悟，不大可能如此轻易赞美他人，后世均不取此段记载。

在二人的交锋中，夹山最为核心的一句话便是“任你截断天下人舌头，争奈无舌人解语何”，前者即杀人之刀，后者即活人之剑。无舌人解语，即是“闭却唇吻道将来”，亦是“无手人行拳”。得活人之剑，杀活自在，纵夺由我，此剑无形无迹，能决生死，实是神奇。元安后有《神剑歌》。

经过一番交锋，元安始知人外有人，天外有天，自己实未究竟，然而当时临济大师已逝，他便依止夹山，数载用功，终得彻悟。元安直至夹山中和元年（881）入灭之后才离开。元安依止夹山究竟多长时间还是一个问题，假如他在离开临济后不久便到夹山，则会长达十五六年，然而最早的资料都说他“抠衣数载”或“服膺数载”，表明他在此并未有十年以上的时间。

据《景德传灯录》卷十六：

> 暨夹山顺世，师抵于涔阳，遇故人，因话武陵事。故人问曰：“倏忽数年，何处逃难？”师曰：“只在阛阓中。”曰：“何不无人处去？”师曰：“无人处有何难？”曰：“阛阓中如何逃避？”师曰：“虽在阛阓中，人且不识。”故人罔测，又问曰：“承西天有二十八祖，至于此土，人传一人，且如彼此不垂曲者如何？”师曰：“野老门前，不话朝堂之事。”曰：“合谭何事？”师曰：“未逢别者，终不开拳。”曰：“有不从朝堂来，相逢还话否？”师曰：“量外之机，徒劳目击。”僧无对。师寻之澧阳乐普山，卜于宴处，后迁止朗州苏谿。四方玄侣，憧憧奔凑。①

元安在夹山顺世后，到达属于澧阳的涔阳，在此遇到故人，同话武陵故事，武陵即指郎州，在此实指德山，此人当为他在德山时的同门，因此元安南下，并未直抵夹山，而是回到他曾参访的德山，并在此多年。元安

① 《大正藏》第51册，第331页上中。

离开德山，实为逃难，据《资治通鉴》卷二百五十三等，乾符五年（878）三月，王仙芝破郎州，战火波及德山，元安当在此时离去。

因此，元安到达夹山非早，实在乾符五年（878）之初，如此他在夹山门下只有四年，可称“数载”。元安后来初开法澧阳洛浦，后住郎州苏溪，具体时间不详。

有关元安的思想资料，主要见于《祖堂集》、《景德传灯录》等。《祖堂集》载有一段法语，又见于《禅林僧宝传》，大意是说学道者须辨自己宗旨，如锋芒未兆之前，全无是非，才起见闻，是非互起，欲得大用现前，必须顿亡诸见。时人触目有滞，只为迷于数量，故滞于六门。若明目前无法，且自己通明，始得了脱。

据《祖堂集》卷九：

师有《神钏歌》：
异哉神钏实標奇，自古求人得者稀。
在匣谓言无照耀，用来方觉转光辉。
破犹预，除狐疑，壮心胆兮定神姿。
六贼既叵斯剪拂，八万尘劳尽乃挥。
斩邪徒，荡妖孽，生死荣枯齐了决。
三尺灵蛇覆碧潭，一片晴光莹寒月。
愚人忘钏克舟求，奔驰浊浪徒悠悠。
抛弃澄源逐浑派，岂知神剑不随流？
他人剑兮带血腥，我之钏兮含灵鸣。
他人有剑伤物命，我之有剑救生灵。
君子得时离彼此，小人得处自轻生。
他家不用我家钏，世上高低早晚平？
须知神钏功难纪，慑魔威兮定生死。
未得之者易成难，得钏之人难却易。
展则周遍法界中，收乃还归一尘里。
若将此钏镇乾坤，四塞终无阵云起。①

① 《祖堂集校注》，第241、242页。

这首偈颂当然是对夹山“活人剑”思想的发挥。此剑能破能立，能够破除犹豫狐疑，剪除六贼，挥尽尘劳，斩邪荡妖，无所不能，同时建立一切法，可壮心胆，能定神姿。此剑能杀能活，可救生灵，摄魔威，定生死，镇乾坤，平天下。

元安还有《浮沤歌》，说明沤与水原为一体，又言人身如同浮沤，假合而成，了达沤虚蕴空，方明本真。

据《嘉泰普灯录》卷五《邓州丹霞子淳禅师》：

上堂，举：北院问青峰：“洛浦道‘入荒田不拣，信手拈来草’，何不道，作么生是信手拈来草？”峰作拈势。师别曰：“是则是，只是未能吃草。”①

又据《联灯会要》卷二十五《凤翔府青峰传楚禅师》：

师斋次，问北院云：“先师道‘信手拈来草’，师兄作么生？”院拈起一只筯。师云：“汝恁么，又何曾梦见先师！”院云：“汝恁么会，又何曾梦见先师！”②

此北院，当非北院通，或是上蓝令超门人北院简，北院简或曾参洛浦。二人相互不肯，其间是非不论，而言洛浦说过“入荒田不拣，信手拈来草”，值得探讨，因为圆悟克勤称“岂不见法灯道：入荒田不拣，信手拈来草。触目未尝无，临机何不道？无根兮得活，离地兮不倒。日用尚不知，更向何处讨?”③ 克勤将此归入“法灯”名下，一般认为是文益门人法灯泰钦（？—974），丹霞子淳却道是洛浦之说，未知孰是。

据《景德传灯录》卷二十二《广州新会黄云元禅师》：

师上堂，拈古人语云：“触目未曾无，临机何不道?”又云：“触目未曾无，临机道什么?”④

---

① 《卍新纂续藏经》第79册，第321页中。

② 同上书，第79册，第221页下。

③ 《大正藏》第47册，第778页下。

④ 《大正藏》第51册，第385页下。

黄云元禅师为云门文偃门人，与法灯泰钦同时且更早，辈分也比泰钦高，他所说的古人肯定不是泰钦。由此可以判定洛浦才是这首偈颂的真正作者，此外“法灯”有可能为洛浦的谥号。

夹山临终有云“荒田闻我语，如同不系舟”，洛浦道“一粒在荒田，不耘苗自秀”，又作此偈，以发挥乃师之道。

据《明觉禅师语录》卷四：

> 或云：“荒田不拣，草变为金；信手拈来，金变为草。古圣日用不知且致，你为什么临机道得?”代云：“如虫御木。”①

又据《景德传灯录》卷十六：

> 问：“枯尽荒田独立事如何?”师曰：“鹭倚雪巢犹可辨，乌投漆立事难分。”②

这表明元安对于曹洞宗重视的一色中分与不分的问题非常关注，白鹭倚雪，黑乌投漆，类而非齐，同中有异，虽是一色，不可不辨。

这一问题石霜一门、特别是九峰道虔非常重视，看来是曹洞宗各家共同关注的关键问题。

有关洛浦的思想资料，《联灯会要》作了很多补充，然真伪相杂，如云庞居士来访，显然有误，《五灯会元》亦有添补。研究洛浦思想，还应以《祖堂集》和《景德传灯录》为主。

洛浦留下了很多名言警句，至今脍炙人口。

据《景德传灯录》卷十六：

> 问：“经云：饭百千诸佛，不如饭一无修无证者。未审百千诸佛有何过，无修无证者有何德?”师曰：“一片白云横谷口，几多归鸟

① 《大正藏》第47册，第693页下。

② 同上书，第331页中。

夜迷巢。”①

“饭百千诸佛”一句，出自经过后世禅门增补的《四十二章经》，原文无此一句，直到宋真宗注经时尚未正式加入，而晓莹作《云卧纪谭》时已然加入。不过此非始作俑者，据《祖堂集》卷六《洞山和尚》：

问：“饭百千诸佛，不如饭一无修无证之者。未审百千诸佛有何过?”师曰：“无过，只是功勋边事。”僧曰：“非功勋者如何?”师曰：“不知有，保任即是。”②

二者内容一致，只是《祖堂集》尚未明言“经云”。马祖一系最重无修无证。因为若是有修有证，即是造作，不知本来是佛，保任即是，而别生事端，本意求佛，实则远佛，甚至误导众生，罪过不小。有修有证，建立功勋，不如无功，无功之功，功莫大焉。一片白云横列谷口，美则美矣，却使许多归鸟望云起心，忘了归巢。因此有修不如无修，好事不如无事。

此句婉转华美，韵味无穷，后世引者无数，如云岩清眺（梁山缘观门人）、齐岳宝觉（石门慈照蕴聪门人）、云知慈觉（泐潭怀澄门人）、石霜楚圆、真觉惟胜、云峰文悦（997—1062）、圆悟克勤、丹霞子淳、枯木法成、佛智端裕（1085—1150）、自得慧晖等。

据《景德传灯录》卷十六：

问：“祖意与教意是一是二?”师曰：“师子窟中无异兽，象王行处绝狐踪。”③

师子、象王二句，在后世禅门影响很大，引者数百，或全引，或单用，亦有变体，如汾阳善昭参首山省念，问百丈卷席意旨，首山言龙袖拂开全体现，又问师意如何，言象王行处绝狐踪，善昭大悟。师子一句，引

---

① 《大正藏》第 51 册，第 331 页中。
② 《祖堂集校注》，第 179 页。
③ 《大正藏》第 51 页，第 331 页中。

者有华严休静、韶州龙光、五祖师戒、香林澄远、报慈光云、隐静守俨、承天传宗、黄龙慧南、雪窦重显、保宁仁勇、泐潭文准，开福道宁等。象王一句，引者更多，有同安常察、首山省念、黄龙慧南、保宁仁勇、开福道宁、圆悟克勤、佛鉴惠勤、普庵印肃、虎丘绍隆、应庵昙华、瞎堂慧远、松源崇岳、石溪心月等。

据《祖堂集》卷九：

> 问："瞥然便见时如何？"师曰："晓星分暑（曙）色，争似大［太］阳辉。""如何是本来者？"师云："一粒在荒田，不耘苗自秀。"僧云："若一向不耘，莫草埋却去也无？"师云："肌骨异刍荛，稊稗终难暎。"问："如何是西来意？"师云："飒飒当轩竹，经霜不自寒。"学人更拟申问，师云："只闻风击响，不知几千竿。"①

曹洞宗重视同中之异，如经常举例说明虽然皆有光明，但星星，月夜，月明帘等不足以与太阳争辉，由光明的程度比喻觉悟与智慧的层次。此句与前"曙色未分人思觉，及乎天晓不当明"意思一样，都是讲晨星虽明，难比太阳。

本来者，即本有佛种，人人本具，本觉本净，自性光明，不假修证。如同种子，虽在荒田，不耘自生。其僧问若是一向不耘，会不会被杂草埋却，若不拂拭，会不会被灰尘盖覆，洛浦则答天然贵种，肌骨异伦，不会被野草所盖。此处还是强调种性基因，如诞生王子，本性如此，不需修证，与马祖一系无修无证的意思一致。

有意思的是，"经霜不自寒"一句，后世多将其归到石头门下大同普济门下，首句作"庭前一丛竹"，《联灯会要》中与庞居士机缘，可能原本也应归于大同普济，二人事迹不知为何混在一起了。大同普济的名字在早期禅宗史料中根本没有出现过，其人其事大都出于后世附会，有说保宁仁勇曾颂之，不知真伪。《拈八方珠玉集》中有佛鉴惠勤拈提，可能北宋之末才有类似传说。西来之意，一切自然，如风吹竹，只要细细欣赏这种声音即可，不必过问有多少棵。

据《正法眼藏》卷三：

① 《祖堂集校注》，第244页。

> 洛浦和尚示众云：“末后一句，始到牢关。把断要津，不通凡圣。寻常向诸人道，任从天下乐忻忻，我独不肯。何故？如灵龟负图，自取丧身之兆；凤萦金网，趣霄汉以何期。直须旨外明宗，莫向言中取则。是以：石人机似汝，也解唱巴歌；汝若似石人，雪曲也应和。”①

此一段又见于《祖堂集》、《景德传灯录》、《人天眼目》载《浮山九带》、《禅林僧宝传》、《联灯会要》等，文字有详略之别。到牢关，本非易事，需要长期努力，最后才能到达。到牢关后，必须坚决守住，不通凡圣，不讲人情。习禅不可随大溜，要有主见，即使天下人都欣然向往，我独不肯，虽天下人皆不乐，我独往矣。不可将佛祖见解贴在额头之上，显示自己有法有智，不然自取其祸，不能超脱。必须旨外明宗，莫向言教名相上生解。如愚如顽，如痴如聋，如同石人，方可和得雪曲。

这段话在后世影响很大，浮山法远、鹿苑清素、圆悟克勤、大慧宗杲、竹庵士珪、瞎堂慧远、雪峰慧空、松源崇岳、越山法深等多人引用发挥。

元安继承了船子一系擅长文学的传统，也是一个出色的诗人，僧传言其“答训请益，多偶句华美”，实非虚言。

据《景德传灯录》卷十六：

> 十二月一日，告众曰：“吾非明即后也。今有一事问，汝等若道遮个是，即头上安头；若道遮个不是，即斩头求活。”时第一坐对曰：“青山不举足，日下不挑灯。”师曰：“遮里是什么时节，作遮个语话？”时有彦从上坐，别对曰：“离此二途，请和尚不问。”师曰：“未在，更道。”曰：“彦从道不尽。”师曰：“我不管汝尽不尽。”曰：“彦从无侍者只对和尚。”师乃下堂。至夜令侍者唤彦从入方丈，曰：“阇梨今日只对老僧甚有道理，据汝合体先师意旨。先师道：目前无法，意在目前；不是目前法，非耳目之所到。且道那句是主句。若择得出，分付钵袋子。”曰：“彦从不会。”师曰：“汝合会，但

① 《卍新纂续藏经》第 67 册，第 615 页下、第 616 页上。

道！”曰：“彦从实不知。”师喝出，乃曰：“苦，苦。”（玄觉云：“且道从上坐实不会，是怕见钵袋子粘着伊？”）二日午时，别僧举前语问师，师自代曰：“慈舟不棹清波上，剑峡徒劳放木鹅。”便告寂。①

这一故事始见于《祖堂集》，情节基本一致，语言更加生动，其临终寻求传人的故事和他自己得法之事一样精彩。

只这个是，本来不错，一落言说，反成重复，即叠床架屋，名实相杂，欲释更迷，昧却本来；若道这个不是，则灭胡种，断佛性，根本已失，生机全无。离此二途，作何道理？首座所道，于理无违，不过失于胶柱鼓瑟，青山恒不动，本来如是，日下挑灯，以灯比日，当然不是。虽然述理巧妙，然与洛浦所述“青山常运步，白月不移轮”相比，未免执著，不能转身，故未得法。彦从一则道请师不问，二则道无侍者代答，有语中无语，无句中有句，体现了一定的灵活性，其境界明显高于首座，故得到元安的欣赏，准备付法给他。然而彦从未回答哪个是主句的关键问题，洛浦相当失望，捶胸痛哭，而彦从则一去不回，连僧堂都不肯去，直到后来，全无消息，看来确是无力承当。后来有僧再问，洛浦代答之语很有意味，有慈舟而不行，这个虽是而不全肯，有而不用，立而非立，生而不生；剑峡放木鹅，这个不是而非全否，破而非破，杀而不杀。是慈为无碍慈，是剑为活人剑，大慈非溺爱，怒目实不杀，活即是杀，杀即是活，真正剑客，二法自在。

虽然可能未曾遇到最为得力的传人，元安在当时影响依然相当大，门人众多，《景德传灯录》载其门人十人，六人见录，其中蕲州乌牙山彦宾和凤翔府青峰山传楚比较杰出，而京兆永安善静（858—946）实为其法孙。

据《景德传灯录》卷二十：

蕲州乌牙山彦宾禅师。问：“未作人身以前作什么来？”师曰：“三脚石牛坡上走，一枝瑞气月前分。”问：“匹马单枪，直入时如何？”师曰：“饶尔雄信解拈枪，犹较秦王一步在。”问：“久战沙场，

① 《大正藏》第51册，第322页上。

为什么功名不就？”师曰：“双雕随箭落，李广不当名。”问：“百步穿杨，中的者谁？”师曰:“将军不上便桥，金牙徒劳拈筈。”问：“蝃蝀饮云根时如何？”师曰:“金轮天子下阎浮，铁馒头上金花异。”[①]

未作人身之前，曾为三脚石牛，分得一枝瑞气，莫道无情无性，除去一切系执。单枪直人，欲逞匹夫之勇，不过强中自有强中手，雄信难以敌秦王。久经沙场，多历战阵，虽然武艺超群，怎奈无心求名。虽有百步穿杨术，怎奈智者不出头，将军不肯上便桥，牙兵搭箭自徒劳。彩虹饮云根，天下乱纷纷，金轮天子降，金花异色新。

夹山一系，有杀人刀，亦有活人剑，洛浦有《神剑歌》，故此门有刚猛勇武之风，亦与唐末五代时战乱四起之的社会背景相应。彦宾机缘，亦多与征战有关，以此来表达禅机，亦觉有趣。

彦宾有大安兴古、乌牙行朗、虢州卢氏常禅师三个门人。此门似乎喜欢以石牛为喻，兴古道“暗里石牛儿，超然不出户”[②]，行朗道“海上石牛歌三拍，一条红线掌间分”[③]，颇有意趣，这当与夹山临终之偈云“石牛水上卧，影落孤峰头”有关。

据《景德传灯录》卷二十《凤翔青峰传楚禅师》：

凤翔府青峰山传楚禅师，泾州人也。性淳貌古，眼有三角。承乐普开示心地，俾宰于众事。一日乐普问曰：“院主，汝去什么处来？”师曰：“扫雪来。”曰：“雪深多少？”师曰：“树上总是。”曰：“得即也得。汝向后有山，住个雪窟，定矣。”自受记，乃访于白水，白水问：“乐普有生机一路，是否？”师曰：“是。”白水曰：“止却生路，向熟路上来。”师曰：“生路上死人无数，熟路上不著活汉。”白水曰：“此是乐普底，尔作么生？”师曰：“非但乐普，夹山亦不奈何。”曰：“夹山为什么不奈何？”师曰：“不见道，生机一路。”师住后，有僧问：“佛魔未现，向什么处应？”师曰：“诸上座听秖对。”问：“如何是临机一句？”师曰：“便道将来。”曰：“请和尚道。”师

① 《大正藏》第51册，第369页上。

② 同上书，第396页下。

③ 同上。

曰："穿过髑髅，不知痛处。"问："如何是明了底人一句?"师曰："骏马寸步不移，钝鸟升腾出路。"①

禅师发言吐气，语不虚出，雪深多少，树上总是，千山一色，万峰无异，怎奈日后住青峰，居雪窟，住于清冷之地。生机一路且置，熟路如何？生路上死人无数，熟路上没有活人，这里不通人情，无可回避。非但洛浦，夹山也不奈何，因为生机只有一路，已为青峰把定。佛魔未现之时，如何应对，请诸上座，且听祇对，莫道无语，其声如雷。临机一句，不由人发，自道不得，求他无益。当下便道，不容拟议，便是临机一句。和尚分明已道，其声穿过骷髅脑壳，尚且不知痛痒。明了的人，当下便是，骏马寸步不移，钝鸟升腾乱飞。

青峰传楚生卒年不详，他在洛浦门下作院主，应当是资格较老的早期门人。洛浦开法，最早在中和年间（881—885），青峰若于此时前来，其生年或在大中咸通之际（约850—860）。

据《圆悟佛果禅师语录》卷二：

昔传明有通天作略、跨海神机，使无舌人说无义语，收洛浦，接青峰，辨石霜，赏佛日。②

若然，则青峰还曾参过夹山传明大师，那么其生年应当更早一些，或当在大中四年（850）前后。

他在受记之后，又往参白水本仁。本仁天复年间（901—904）住高安白水禅院，青峰来参，或在此时。

青峰正式开法，或在天祐之初，已到唐末。其卒年不详，由于其门下为数众多且遍布四方，传法时间应当较长，因此其卒年当在长兴元年（930）前后。

据《万松老人评唱天童觉和尚颂古从容庵录》卷三：

浦凡得一十一人，乌牙、青峰等皆白眉老作。③

① 《大正藏》第51册，第369页上中。
② 《大正藏》第47册，第721页中下。
③ 《大正藏》第48册，第254页中。

青峰为白眉老作家，则其寿命应当较长，当在八十之上。

青峰传楚有法嗣七人，即西川灵龛和尚，京兆紫阁山端已禅师，房州开山怀昼禅师，幽州传法和尚，益州净众归信禅师，青峰第二世清勉禅师（已上六人见录），凤翔府长平山满禅师（一人无机缘语句不录），门人遍及南北。另外清凉法眼门人报恩玄则亦曾参过青峰，自认为得安乐法门，故不旁参，后来为法眼勘破，认嗣清凉。

据《景德传灯录》卷二十三：

> 前凤翔府青峰和尚法嗣
>
> 西川灵龛和尚。僧问："如何是诸佛出身处？"师曰："出处非干佛，春来草自青。"问："碌碌地时如何？"师曰："试进一步看！"
>
> 京兆紫阁山端已禅师。僧问："四相俱尽，立什么为真？"师曰："尔什么处去来？"问："渭水正东流时如何？"师曰："从来无间断。"
>
> 房州开山怀昼禅师。僧问："作何行业，即得不违千圣？"师曰："妙行无伦匹，情玄体自殊。"问："有耳不临清水洗，无心谁为白云幽？"师曰："无木挂千金。"曰："挂后如何？"师曰："杳杳人难辨。"
>
> 幽州传法和尚。僧问："教意与祖意是同是别？"师曰："华开金线秀，古洞白云深。"问："别人为什么徒弟多，师为什么无徒弟？"师曰："海岛龙多隐，茆茨凤不栖。"
>
> 益州净众寺归信禅师。僧问："莲华未出水时如何？"师曰："菡萏满池流。"曰："出水后如何？"师曰："叶落不知秋。"问："不假浮囊，便登巨海时如何？"师曰："红嘴飞超三界外，绿毛也解道煎茶。"
>
> 青峰山清免禅师（第二世住）。僧问："久酝葡萄酒，今日为谁开？"师曰："饮者方知。"问："如何是祖师西来意？"师曰："耨池无一滴，四海自滔滔。"①

诸佛出身处，众圣无没生，功到自然成，春来草自青。碌碌空着忙，与道不相当，进步无远近，撒手白云乡。

① 《大正藏》第51册，第396页下、第397页上。

生住异灭四相尽，一切有为法不真，真性本来无处所，不去不来是法身。渭水正东流，相续未曾休，心心无间断，流入于性海。

欲作何行业，不与千圣异，妙行无可比，情玄得真体。清水不洗耳，白云亦无心，万缘俱放下，无枝挂千金。挂后无踪迹，杳杳不可寻。（据《五灯会元》卷六补）尘中之师是何人，无人好丑与疏亲，荆棘林中随处到，纵横游行旃檀林。祖师西来意，有眼不曾睹，澄潭隐月影，日轮正当午。

教意祖意，有同有异，花开灿烂绣金线，美丽富贵人皆知，古洞幽远不可到，白云深处绝踪迹。他人门人多，师却无徒弟，海岛之中龙多隐，茅茨寒舍凤不栖。

莲花未出水，菡萏红艳满池流；莲花出水后，叶落枝冷不知秋。不假浮囊舟楫，如何得度巨海，自有向上一路，只可行于鸟道，如何行鸟道，红嘴飞度三界外，绿毛煎茶话云霄。（据《五灯会元》卷六补）如何是自在的人，能行剑树与霜林；如何是不自在的人，阇黎背后释迦文，众生难度誓愿度，未曾安闲到如今。

葡萄美酒久已酿，不知今日为谁开，河边渴死人无数，饮者方知超同侪。祖师西来意，滴水润大地，阿耨达池才一滴，四河四海滔滔起。

据《景德传灯录》卷二十：

> 邓州中度和尚。问："海内不逢师，如何是寰中主？"师曰："金鸡常报晓，时人不自知。"问："如何是暗中明镜？"师曰："万机昧不得。"曰："未审照何物？"师曰："什么物不照？"问："如何是实际理地、不受一尘，佛事门中、不舍一法？"师曰："真常尘不染，海内百川流。"问："请和尚离声色外答。"师曰："木人常对语，有性不能言。"①

明镜虽处暗，万机昧不得，无物不鉴照，"当暗中有明，勿以暗相睹"。实际理地一句，出自沩山灵祐，中度的解释也很准确，真常本心，不受污染，佛法大海，能纳百川。

① 《大正藏》第51册，第369页中。

据《景德传灯录》卷二十：

嘉州洞谿和尚。初问乐普："月树无根枝覆荫，请师直指妙幽微。"乐普曰："森罗秀处，事不相依。渌水千波，孤峰自异。"师于是领旨承嗣。问："蛇师为什么被蛇吞?"师曰："几度扣门拈不出。"①

又据《五灯会元》卷六《洞谿戒定禅师》：

僧问："蛇师为甚么被蛇吞?"师曰："几度扣门招不出，将身直入里头看。"有官人问："既是清净伽蓝，为甚打鱼鼓?"师曰："直须打出青霄外，免见龙门点额人。"②

可见后者有所补充，且知其名"戒定禅师"。月树一句，后者作"月树无枝长覆荫"。

妙心幽微，傲然独立，万象森罗，不得相依，千波竞涌，孤峰自异。蛇师为何被蛇吞，是禅门常问的话头，戒定的回答极为巧妙，特别是后一句。最后一问，戒定答不仅要打，还要打出青霄外，免得在龙门跳不过，成为点额鱼。

据《景德传灯录》卷二十：

京兆卧龙和尚，初开堂，有僧问："杲日符天际，珠光照旧都。浦津通法海，今日意如何?"师曰："宝剑挥时，岂该明暗!"③

卧龙和尚初开堂时，已然到了五代梁开平元年（907）后，因为其时长安已经成了旧都，浦津即指洛浦。卧龙虽在废都，不改夹山之威，故神剑仍挥，明暗俱丧。

据《宋高僧传》卷十三《晋永兴永安院善静传》：

---

① 《大正藏》第51册，第369页中。

② 《卍新纂续藏经》第80册，第135页中。

③ 《大正藏》第51册，第369页中。

释善静，俗姓王氏。长安金城人也。父朗，唐威州刺史，母李氏，因梦圣容照烂金色，遂尔娠焉。及生岐嶷，殆乎知学，博通群言，因掌书奏于神策军，中尉器重之。忽厌浮幻，潜诣终南丰德寺，礼广度禅师，时年二十七也。洎乎削染受具。天复中，南游乐普，见元安禅裔乃融心要。北还，化徒于故里。结庐于终南云居山，道俗归之如市。又起游峨嵋，礼普贤银色世界。迴兴元，连帅王公礼重留之。后还故乡，已黍离矣。留守王公营永安禅院以居之。以开运丙午岁冬，鸣椎集僧嘱累，还方丈，东向右胁而化。俗寿八十九，僧腊六十。黑白之众，若丧严亲。明年正月八日，荼毘于城南，获舍利数千粒。汉干祐三年庚戌八月八日，迁塔于长安义阳乡，石塔岿然。初静率多先觉，往游夔道，避昭宗之蒙尘。又生平洗沐，舍利陨落皆收，秘不许弟子示人。又尝禅寂次，窓外无何有白鹤驯狎于庭，若有听法之意。静令人驱斥之。凡此殊征，有而不有。晋昌军府主郭公归信焉，营构禅院，命以居之。翰林学士鱼崇谅为塔铭述德焉。①

善静生于大中十二年（858），俗姓王氏，长安人，生于官宦之家，父王朗曾任威州刺史。他博学多识，掌神策军书奏，深受中尉器重。然而他忽生厌世之意，于乾宁元年（894）潜至终南山丰德寺，从广度禅师出家。乾宁三年（896）二十九岁受具。天复中（901—904）南游，至洛浦，见元安禅师之裔。僧传说得非常清楚，是见元安之法裔门人，而《景德传灯录》却说是见元安本人，当时元安已经入灭数载，如何得见？

善静所见之洛浦，乃是洛浦二世“乃融”。“乃融”应当是法名，作名词，虽然也可断为“乃融心要”，作动词，但这种用法意思不通，也没有实例，“心要”可见可得，不可“融”。据《景德传灯录》卷十四，马祖告招提慧朗“汝从南岳来，似未见石头曹谿心要尔。”② 如此“见某某心要”的用法是存在的。虽然其事迹不见于世，乃融却是洛浦大弟子之一，且开法很早，在元安转到苏溪之后便继之在洛浦传法。前述洛浦有十一名弟子，灯录唯载十人，第十一人便是乃融。

善静天复年中南行，是因为当时昭宗为宦官所逼，京师不宁。他在洛

① 《大正藏》第50册，第787页下、第788页上。

② 《大正藏》第51册，第311页中。

浦时间不长，得法之后便北还故里，结庐于终南云居山，道俗归之如市。然时局不安，他不久便前往峨嵋，礼普贤银色世界，归途路过兴元，受到山南西道节度使王宗贺的礼遇，约在天祐二年（905）。王宗贺于天复二年（902）任兴元留后，后为节度使，天祐二年（905）八月前离职。善静再还故乡，已是天祐元年（904）之后，昭宗东迁，长安黍离。据《旧唐书》卷二十，天祐三年（906）三月己亥，“制以京兆尹佑国军节度使韩建为青州节度使，代王重师以重师代建为京兆尹”。据《旧五代史》卷十九，王重师“天祐中授雍州节度使加同平章事，数年治戎□民，颇有威惠。开平中为刘捍所构，太祖深疑之，然未有以发其事，无何擅遣裨将君练纵兵深入邠凤，君练败北。太祖闻之，怒其专权，因追而斩之。”王重师于唐天祐三年（906）及梁开平三年（909）间镇长安，即“留守王公”，他为善静建永安禅院。如此善静再归故乡，当在天祐三年（906）时。

后晋天福三年（938）冬十月，改西京为雍州晋昌军，后汉乾祐元年（948）改为永兴军。其中善静入灭者任晋昌军节度使者有安审琦、桑维翰、赵莹、安彦威、赵在礼等，并无郭姓，因此僧传记载可能有误，其所谓郭姓府主当为郭从礼，他于乾祐元年（948）任永兴军节度使、兵马都部署，当时府城已为赵思绾所占，在次年平定赵思绾之乱后才得入城，并任职到周广顺初年。如此善静迁塔之时郭从礼在任，他可能为之建塔院，并由翰林学士鱼崇谅撰《塔铭》。

据《景德传灯录》卷二十：

> 唐天复中南谒乐普安禅师，师器之，容其入室。仍典园务，力营众事。有僧辞乐普，乐普曰：“四面是山，阇梨向什么处去?”僧无对。乐普曰：“限汝十日内，下语得中，即从汝去。”其僧冥搜久之无语，因经行，偶入园中。师怪问曰：“上座岂不是辞去，今何在此?”僧具陈所以，坚请代语。师不得已代曰：“竹密岂妨流水过，山高那阻野云飞!”其僧喜踊。师嘱之曰：“秖对和尚时，不须言是善静语也。”僧遂白乐普。乐普曰：“谁下此语?”曰：“某甲。”乐普曰：“非汝之语。”其僧具言园头所教。乐普至晚上堂，谓众曰：“莫轻园头，他日住一城隍，五百人常随也。”师寻辞乐普，北还故山，结庐而止。道俗归向。复游峨眉，迴住兴元，连帅王公礼重。后归故

乡，属兵火之后，旧寺荒废。节帅创永安禅苑以居之，徒众五百余。僧问："知有道不得时如何？"师曰："知有个什么？"曰："不可无也。"师曰："恁么即合道得。"曰："道即不无，争奈语偏。"师曰："水冻鱼难跃，山寒花发迟。"问："如何是衲衣向上事？"师曰："龙鱼不出海，水月不吞光。"问："不可以智知，不可以识识时如何？"师曰："鹤鹭并头踢雪睡，月明惊起两迟疑。"问："如何是西来意？"师曰："壁上画枯松，蜂来不见蕊。"问："牛头未见四祖时如何？"师曰："异境灵松，睹者皆羡。"曰："见后如何？"师曰："叶落已枝摧，风来不得韵。"问："如何得生如来家？"师曰："披衣望晓，论劫不明。"曰："劫后如何明？"师曰："一句不可得。"师往游棘道，避昭宗蒙尘之乱。以晋开运丙午岁冬，鸣犍椎集僧嘱累。入方丈，东向右胁而化。寿八十有九，腊六十。敕谥"净悟禅师"。①

僧传未记其机缘语句，灯录有所补充。竹密一句，后世又多作"竹密不妨流水过，山高岂碍白云飞"，或联用，或分述，引者极多，著名者有韶州披云山禅师（云门文偃门人）、天衣义怀、宝觉祖心、智海本逸、景福惟洁（1056—1097）、湛堂文準（1061—1115）、圆悟克勤、佛眼清远、长灵守卓（1065—1123）、虎丘绍隆、应菴昙华、净慈慧晖、照堂了一、足菴智鉴等。究其出处，《景德传灯录》卷十四载石头希迁有"长空不碍白云飞"之句，卷五则载有问如何出离三界，紫玉道通答"青山不碍白云飞"，考虑到洛浦二世问僧"四面是山，阇黎向什么处去"的语境，道通之答才是真正的出处。此句十分巧妙，意味深长，竹篱虽密，挡不住流水；山峰虽高，无以阻白云，有形难以隔无形，不动无以挡能动，是故引者无数。

水冻一句，是说受到环境的影响，不能转物，为境所限，便不合知有。不可以智知一句，见于《维摩经》等，善静的回答富有禅机，云盖智本、丹霞子淳、宏智正觉等引之。鹤、鹭、雪、月都是白色的，虽是一色，不可不分。《五灯会元》卷六增加了数则机缘，其一是有问如何是一色，师曰："易分雪里粉，难辩墨中煤。"② 雪中白粉，墨里黑煤，都是同

① 《大正藏》第51册，第368页下、第369页上。

② 《卍新纂续藏经》第80册，第135页上。

中有异。如此作为元安法孙，善静同样关注这一问题。

又据《祖堂集》卷九《九峰和尚》：

师云："鹭鹚已在雪林中。"进曰："与么时，还有弁处也无？"师云："不无鹭鹚。"①

如此九峰道虔也已经关注到一色中辨异的问题了，其门人同安常察称"鹭鸶立雪非同色，明月芦花不似佗"，云门文偃门人巴陵颢鉴道"银盌里盛雪"②，可见他们在相同的时代一起关注这一问题。

据《汾阳无德禅师语录》卷二：

僧问永兴安和尚："如何是祖师西来意？"师云："壁上画枯松，蜂来竞采蕊。"发志忘疲効上机，便伸请益欲除疑。宗师正示空花树，免教土上更加泥。③

永兴安即善静，因为他住永兴军永安院，这里记载与灯录一样，只不过后一句作"竞采蕊"。

据《联灯会要》卷二十二《北院通禅师》：

问："如何是祖师西来意？"师云："壁上画枯松，蜂来争采蕊。"④

《五灯会元》与此相同，可见后世将这一公案又转到洞山门人北院通名下。

据《林泉老人评唱丹霞淳禅师颂古虚堂集》卷四：

第五十六则　北院牛头（佛祖）

示众云："穷玄究妙，好肉剜疮；绝学无为，灵龟曳尾。超情离

① 《祖堂集校注》第257、258页。

② 《大正藏》第48册，第313页上。

③ 《大正藏》第47册，第609页下。

④ 《卍新纂续藏经》第79册，第196页下。

见处，有道得的么？”

举僧问北院静禅师：“牛头未见四祖时如何？”（曙色未分人尽望）。院云：“异境灵松，睹者皆羡（鲊瓮乍开蝇咂咂）。”僧云：“见后如何（及乎天晓也寻常）？”院云：“叶落已枝摧，风来不得韵（底穿荡尽冷湫湫）。”

师云：“京兆府永安院善静禅师，谒洛浦。浦器之，容入室。”①

如此永安院也号称“北院”，这一典故后世称为“北院枯松”，究竟指哪个北院需要探讨。在早期资料中，这一典故全归入善静名下，后来可能是因为“北院”有异说，才转入北院通名下。

善静是夹山系第四世中最为出色的宗匠，其于乱世之中，在北方政治中心传授禅法，得令终，享高寿，获谥号，折王公，是难得的福德深厚的大禅师。

善静有门人大明山和尚等，事迹不详。净众归信有门人汉州灵龛山和尚（不知其与西川灵龛和尚的关系），这表明元安法系传到了第四代，已至宋初，其后传承不明。

① 《卍新纂续藏经》第67册，第353页中。

第四章　石霜庆诸及其宗系

第一节　石霜庆诸生平经历及其禅法

石霜庆诸（807—888）为道吾圆智（789—855）门人，唐代著名禅师。与之相关的史料有《祖堂集》、《宋高僧传》、《景德传灯录》等。

据《宋高僧传》卷十二《唐长沙石霜山庆诸传》：

> 释庆诸，俗姓陈，庐陵新淦玉笥乡人也。乃祖厥考，咸不为吏，清言放荡焉。诸始十三，礼绍銮禅翁为师，于洪井西山剃［髟/采］。二十三，往嵩山受具戒，便就东洛学毘柰耶。既知听制，终谓渐宗，迴抵南岳，入大沩山。次届云岩，遇道吾垂问知意，方为二夏之僧。得石霜山，便议终焉之志。道吾躬至石霜山，日勤执侍，往还问答，语在别录。诸貌古气真，世无能识。时洞山新灭，俄为远方禅侣围绕。因入深山无人之境，结茅宴坐。时众追寻，倏有见者，皆号哭交请出为吾曹。诸将安往，由是晨夕被游学者扣击，可无希声以应之乎。如是二十年间，堂中老宿长坐不卧，屹若椔杌，天下谓之石霜枯木众是也。南方谓之丛林者，翻禅那为功德丛林也，为四方清则者无出其右。以光启四年戊申岁二月己亥示疾终于山院，享龄八十二，僧腊五十九。越三月十五日葬于寺西北隅二百许步，门弟子等结坟塔，作螺髻形。夏四月一日，广化寺释子处讷，追慕往德，恐遗美声，命南岳玄泰纂录言行，诸方弟子分行其道焉。敕谥“普会大师”，塔曰“法相”。①

《祖堂集》与《宋高僧传》是最早的两种原始资料，然二者对庆诸生

① 《大正藏》第50册，第780页下、第781页上。

平说法不一。前者谓其二十受戒，报龄八十，僧夏五十九；后者言其二十三受具，享龄八十二，僧腊五十九。卒年一致，都是光启四年（888）戊申岁。究竟哪个说法对呢？从资料来源来看，前者出自平章事孙握撰碑文，后者则是南岳玄泰纂录言行，似乎都很可靠。庆诸卒日，前者称二月十日，即戊寅，而后者称是二月己亥，《景德传灯录》道是二月二十日己亥。据陈垣《二十四史朔闰表》，二月无己亥，己亥即三月二日，二月二十日为戊子，因此在月日上后者有错误。

前者称二十受具，寿八十，故僧腊五十九，有误差，虽然最后一年未及度夏，但亦应为六十夏。后者谓二十三受具，寿八十二，故僧夏五十九，无误。

僧传出自玄泰在当年四月一日所作的言行录，应当最为可靠，但月日有误，可能在流传过程年月有错字，误“三”为“二”。

《宋高僧传》有很多错误，不只庆诸，道吾圆智、云岩昙晟的生卒年都有错误。其谓圆智“以太和九年（835）乙卯九月十一日长逝，享年六十七”，如此则其生于大历四年（769），其实圆智卒于大中九年（855）乙亥，生于贞元五年（789）。又道昙晟“以太和三年己酉十月二十七日示灭”，其实据《景德传灯录》，他于会昌元年（841）入灭，寿六十，生于建中三年（782）。

据《祖堂集》卷六《石霜和尚》：

> 石霜和尚，嗣道吾。师讳庆诸，吉州新淦人也，俗姓陈。
>
> 年十三，于洪州西山出家。年二十，于嵩山受戒。迴叅道吾。……
>
> 师自僖宗皇帝特降紫衣，坚退不受。光启四年戊申歳二月十日迁化，报龄八十，僧夏五十九。平章事孙握撰碑文。敕谥“普会大师”、“见相之塔”。①

将此与僧传对照，可以看出一详一略。《祖堂集》道石霜受戒之后，便回参道吾，这是不对的，因为他是先参大沩，再参云岩，后参道吾。

据《景德传灯录》卷十五：

---

①《祖堂集校注》，第187—190页。

> 唐僖宗闻师道誉，遣使赍赐紫衣，师牢让不受。光启四年戊申二月二十日己亥，示疾告寂。寿八十有二，腊五十九。三月十五日葬于院之西北隅。敕谥“普会大师”，塔曰“见相”。①

可以看出，《景德传灯录》是兼取两说，不明就里。《释氏通鉴》卷十一则作四月告寂②，显然不对。

平章事孙握，为乾符五年（878）状元，乾宁二年（895）迁户部侍郎，同中书门下平章事，乾宁四年（897）罢相，贬衡州司马。孙握为石霜撰碑，当在乾宁四年（897）到湖南之后。从《祖堂集》所述内容来看，作者未必见过碑文，只是知道有此一事罢了。

因此僧传本传内容详实，应当更加可靠，据此，庆诸生于元和二年（807），元和十四年（819）十三岁于洪州西山出家，师从绍銮禅师。大和三年（829）二十三岁时到嵩山受具。

据《景德传灯录》卷十五：

> 迴抵大沩山法会，为米头。一日师在米寮内筛米，沩山云：“施主物，莫抛撒。”师曰：“不抛撒。”沩山于地上拾得一粒，云：“汝道不抛撒，遮个什么处得来？”师无对。沩山又云：“莫欺遮一粒子，百千粒从遮一粒生。”师曰：“百千粒从遮一粒生，未审遮一粒从什么处生？”沩山呵呵笑，归方丈。晚后上堂云：“大众，米里有虫。”③

如此庆诸从东都回来后，先后长沙大沩山，参沩山灵祐（771—853），在沩山会中作米头。沩山道米为施主物，不得抛撒，体现了惜福节约的精神，同时也是为了点化庆诸。沩山对他的机智十分欣赏，道是米中有虫。

庆诸后来自大沩离去，据僧传是先到云岩，在云岩处与道吾圆智相见。云岩为师兄，开法在前。

---

① 《大正藏》第51册，第321页上。

② 《卍新纂续藏经》第76册，第124页上。

③ 《大正藏》第51册，第320页下。

据《景德传灯录》卷十四云岩昙晟机缘：

师问石霜："什么处来？"霜云："沩山来。"师云："在彼中得多少时？"霜云："粗经冬夏。"师云："恁么即成山长也？"霜云："虽在彼中却不知。"师云："他家亦非知非识。"霜无对。后道吾闻云："得恁么无佛法身心？"①

这表明僧传所说有据，石霜确实先到沩山，后到云岩，圆智开法在昙晟之后，也有可能先辅佐昙晟，再到道吾山开法。然而，此处未明言石霜在大沩究竟多长时间，只是说"粗经冬夏"。

据《祖堂集》卷十二《禾山和尚》：

石霜和尚到云喦，云喦问："从什么处来？"对云："沩山来。"喦云："你在沩山多少时？"对云："五六夏。"喦云："与么则是山长。"对云："某甲虽在彼中却不知。"喦云："他家也非知非识。"石霜后到道吾，乃举前缘，道吾乃抗声而言："争得与么无佛法身心？"②

此处明言石霜在沩山五六夏，则于大和九年（835）二十九岁时才离开，因其时间较长，故云岩道其则成"山长"，若只是两年，则不足以号称山长。

《宋高僧传》、《景德传灯录》都认为石霜于道吾得法时只有两夏，是由于僧传认定道吾于大和九年（835）入灭，不得不缩短他在沩山的时间。他在沩山待了五六年，并成为下层执事（米头），二十九岁时到云岩，并在那里结识道吾圆智，后随之至道吾山，三十余岁时在道吾觉悟。此后"避世混俗于长沙浏阳陶家坊，朝游夕处，人莫能识。"③

又据《景德传灯录》卷十四：

① 《大正藏》第 51 册，第 315 页上。

② 《祖堂集校注》，第 324 页。

③ 《大正藏》第 51 册，第 320 页下。

石霜问师："百年后有人问极则事，作么生向他道？"师唤沙弥，沙弥应诺，师曰："添却净瓶水著。"师良久，却问石霜："适来问什么？"石霜再举，师便起去。石霜异日又问："和尚一片骨，敲著似铜鸣，向什么处去也？"师唤侍者，侍者应诺，师曰："驴年去！"①

据《景德传灯录》卷十五：

师后参道吾，问："如何是触目菩提？"道吾唤沙弥，沙弥应诺，吾曰："添净瓶水著。"吾却问师："汝适来问什么？"师乃举前问，道吾便起去。师从此惺觉。②

看来道吾示人的风格是一贯的，即截断众流，将学人的疑问打回去，不令其起心动念，因为起心即差，动念即乖。

据《祖堂集》卷六《石霜和尚》：

回参道吾，道吾问："有一人无出入息，速道将来！"师云："不道。"云："为什么不道？"师云："不将口来。"③

看来师徒二人确实有缘分。据同卷《渐源和尚》，渐源与道吾到檀越家相看，以手敲棺木，问生也死也，道吾言生也不道，死也不道。渐源问为什么不道，道吾答不道不道。看来道吾不愿直接回答，总是想启发学人，甚至宁可让学人误解，也坚持不答。

据《祖堂集》，石霜"年三十五而止石霜，更不他游"，即在会昌元年（841）时开始住在石霜山，直到终老，然初时并未开法。《景德传灯录》道是洞山良价举荐住山，洞山本人于大中（847—860）间才正式开法，会昌时不可能举荐石霜，只能是后来。大中九年（855）年前，圆智离开道吾山，到石霜山投奔门人，石霜恭敬执事，全于师礼，至道吾灭化

① 《大正藏》第51册，第314页下。

② 同上书，第320页下。

③ 《祖堂集校注》，第188页。

后，石霜众达五百，非常兴盛。

石霜本人并非爱好名利、喜欢热闹者，他只是躲避不及，不得不为众开法。

据《祖堂集》卷六《洞山和尚》：

> 师有时云："直须向万里无寸草处立。"有人举似石霜，石霜云："出门便是草。"师闻举云："大唐国内能有几人！"①

又据《万松老人评唱天童觉和尚颂古从容庵录》卷六：

> 石霜遇会昌之厄，以民服寓长沙浏阳陶家坊。大中初，一僧自洞山，夏满而至。霜问："近离何处？"僧云："洞山。"霜云："和尚有何言句示徒？"僧云："和尚近于解夏日，上堂，谓众曰：'兄弟秋初夏末，或东或西，直须向万里无寸草处去。'良久，云：'只如万里无寸草处，又作么生去？'"霜云："出门便是草。"僧复举似洞山，山曰："此是一千五百人善知识语，且大唐国里能有几人？"既而囊锥始露，果熟香飘，众命再缁，住石霜道场，果符悟本之记。石霜因此公案，道行天下。②

如此会昌灭法时，石霜再次隐居于长沙浏阳陶家坊。大中五年（851）良价住持洞山，有僧自彼而来，说洞山法要，有此公案。石霜与洞山年龄相近，又同参沩山、云岩，可能早就相识，惺惺相惜。洞山对石霜十分欣赏，闻其说法，加以称扬，使得石霜影响更大。若然，则石霜正式开法，当在大中五年（851）后，而九年（855）前其师道吾离开本山，前来投奔他，当时他已经开法并且有相当影响了，因此他在大中六年（852）前后开法的可能性最大。

石霜与洞山遥相呼应，相互称扬，使得药山一支影响渐起。洞山入灭之后，很多人前去投奔石霜，使得石霜成为当时江西知名度最高的禅师。

---

① 《祖堂集校注》，第178页。

② 《大正藏》第48册，第285页上。

据《林间录》卷二：

雪窦通禅师，长沙岑大虫之子也。每谓诸同伴曰："但时中常在，识尽功成，瞥然而起，即是伤他，而况言句乎！故石霜诸禅师宗风，多论内绍、外绍、臣种、王种、借句、挟带。直饶未尝忘照，犹为外绍，谓之臣种，亦谓之借，谓之诞生。然不若丝毫不隔，如王子生下即能绍种，谓之内绍，谓之王种，谓之句，非借也。借之为言，一色边事耳。不得已应机利生，则成挟带。"汾阳无德禅师偈曰：士庶公侯一道看，贫富贤愚名渐次。将知修行，亦须具眼。予参至此，每自嗟笑，嗟堂中首座昧先师之意而脱去，笑罗山大师不契而识岩头。及观枣栢大士之《论》曰："当以止观力，功熟乃证知。急亦不得成，而缓亦不得。但知常不休，必定不虚弃。如乳中有酪，要须待其缘。彼缘缘之中，本无有作者。故其酪成已，亦无有来处，亦非是本有。如来智慧海，方便亦如是。"是以知古老宿行处，皆圣贤之言也。①

雪窦常通（834—905），又名恒通，《宋高僧传》卷十二有传。他为长沙景岑门人，后参洞山、石霜，法无异味。他既然为石霜门人，对于其宗风应当是非常了解的。他认为石霜的宗风是内绍与外绍、王种与臣种、借句及挟带。

据《（重编）曹洞五位显诀》卷一：

药山门下有二宗途，道吾下至于石霜、末山（即九峰也）而去，多以君臣、父子用之。云岩下至于曹洞父子而来，多以偏正用之，而兼含君父。②

也就是说，道吾、石霜一门多用君臣父子，云岩、曹洞一门多用偏正而兼用君臣父子，宗风有所差别。

据《汾阳无德禅师语录》卷三《广智歌》：

---

① 《卍新纂续藏经》第 87 册，第 266 页下、267 页上。

② 《卍新纂续藏经》第 63 册，第 198 页上。

或五位，或三路，施设随根巧回互。不解当今是本宗，展手玄通亡佛祖（已上是洞山宗派）。

或君臣，或父子，量器方圆无彼此。士庶公侯一道平，愚智贤豪明渐次（已上是石霜宗派）。①

这是汾阳善昭（947—1024）对两家宗风的评唱，善昭虽为临济宗传人，但他曾参访青林师虔门下石门献蕴的弟子石门慧彻，对曹洞宗也十分熟悉。五位即偏正五位，三路即鸟道、玄路、展手，施设各随根器，讲究绵密回互。石霜一门重视君臣父子，方圆默契，无彼无此，无论上下，地位平等，此明顿理；有智有愚、有贤有拙，此明渐次。

据《人天眼目》卷三：

石霜答五位王子

如何是诞生王子？霜云："贵裔非常种，天生位至尊。"

如何是朝生王子？霜云："白衣为足辅，直指禁庭中。"

如何是末生王子？霜云："修途方觉贵，渐进不知尊。"

如何是化生王子？霜云："政威无比况，神用莫能俦。"

如何是内生王子？霜云："重帏休胜负，金殿卧清风。"②

如此五位王子出于石霜一系的创造，其中包含了内绍与外绍、本有与修证等理论。

五位王子还有颂，《禅门诸祖师偈颂》、《人天眼目》道是石霜出题、悟本颂，《五灯会元》则道是"师颂洞山五位王子"，是说洞山作五位王子而石霜作颂，《五灯会元》后出，当依前说。

据《人天眼目》卷三：

五位王子颂（石霜诸出题，悟本颂）

诞生（内绍嫡生。又云正位根本智，储君太子也）

① 《大正藏》第47册，第621页中。

② 《大正藏》第48册，第316页中下。

天然贵胤本非功（不假修证，本自圆成），
德合干坤育势隆（本自尊贵中来）。
始末一期无杂种（本无杂念），
分宫六宅不他宗（六根唯以一机轴）。
上和下睦阴阳顺（前后一际），
共气连枝器量同（始终无二）。
欲识诞生王子父（须知向上更有一人在），
鹤腾霄汉出银笼（千圣不传）。

朝生（庶生，宰相之子。已落偏位，涉大功勋，亦云外绍臣种）

苦学论情世莫群（有修有证），
出来凡事已超伦（虽有修有证，本自尊贵中来）。
诗成五字三冬雪（染污不得），
笔落分毫四海云（不守住）。
万卷积功彰圣代（大功修证），
一心忠孝辅明君（知有向上人，始得奉重）。
盐梅不是生知得（修证还同），
金榜何劳显至勋（不假修证，不待功勋！）

末生（有修有证。群臣位）

久栖岩壑用功夫（有修有证），
草榻柴扉守志孤（直是不待功勋，一尘不染）。
十载见闻心自委（方全肯重），
一身冬夏衣缣无（赤洒洒干剥剥）。
澄凝含笑三秋思（一尘不染），
清苦高名上哲图（学者可以为王尊贵之事）。
业就巍科酬极志（本业成就），
比来臣相不当途（虽然如是，功勋不犯）。

化生（借位明功，将军位）

傍分帝化为传持（分佛列祖），
万里山河布政威（正令当行）。
红影日轮凝下界（从尊贵中来也），
碧油风冷暑炎时（正布威时，谁敢犯令）。
高低岂废尊卑奉（知有底始解奉重），

五袴苏途远近知（为苏涂炭也）。
妙印手持烟塞静（谁敢当头），
当阳那肯露纤机（终始功勋不犯）！
内生（亦为内绍，根本同出。诞生同）
九重深密复何宣（无言无说，正令当行）？
挂弊繇来显妙传（曲为今时）。
只奉一人天地贵（奉重内生王子父），
从他诸道自分权（虽然六处用，要在一机轴）。
紫罗帐合君臣隔（入他无异相，体知同一国），
黄阁帘垂禁制全（天下皆成，正令当行）。
为汝方隅官属恋（正是幼生子），
遂将黄叶止啼钱（不免权此间）。①

五位王子出于石霜一系有不少证据。

据《祖堂集》卷九《九峰和尚》：

问："朝生之子还具年涯也无？"师云："凤腾霄汉，青云不知。"②

朝生之子，即朝生王子，不过这里的"朝生"实指诞生，或许《祖堂集》记载有误。九峰道虔答"凤腾霄汉"，与"欲识诞生王子父，鹤腾霄汉出银笼"相应。

据《五灯会元》卷六：

谷山藏禅师法嗣
新罗国瑞岩禅师
僧问："黑白两亡开佛眼时如何？"师曰："恐你守内。"问："如何是诞生王子？"师曰："深宫引不出。"曰："如何是朝生王子？"师曰："宫中不列位。"曰："如何是末生王子？"师曰："处处无标的，

① 《大正藏》第48册，第316页下、317页中。
② 《祖堂集校注》，第257页。

不展万人机。”①

《景德传灯录》卷十七亦载这一机缘，只是唯有诞生王子，不够完整。瑞岩为谷山藏门人、石霜法孙，表明王子五位在石霜系一直流传。

五位王子对其他宗派也有影响。

据《景德传灯录》卷二十一《福州鼓山智岳禅师》：

> 僧问：“诸余即不问，如何是诞生王种？”师曰：“金枝玉叶不相似，是作么生？”僧曰：“恁么即同中不得异？”师曰：“不得异事作么生？”僧曰：“金枝争能续！”师曰：“犹是阃外之辞。”②

智岳为鼓山神晏门人，乃雪峰法孙，当然也受曹洞宗影响。

又据《景德传灯录》卷十三《汝州风穴延沼禅师》：

> 问：“诞生王子还假及第否？”师曰：“一句拟光禅子讶，三缄恐负古人机。”③

诞生王子，天然贵种，不假及第，无须功勋，延沼对此不是不知，而是以曹洞宗的方式作答，不言而言，无语中有语。

宋代石霜楚圆门人普照禅师修戒亦有“烟霞起处和云白，鹤飞霄汉出银笼”④ 之句。

对于五位王子，永觉元贤有过比较详细的解释，可以参考。五位王子是石霜的创造，正如元贤所述，与洞山偏正五位不能简单对应，而是有自己的特色。王子五位与君臣五位相类，都是以朝廷来说明修行位次，不过君臣五位只强调君臣关系，王子五位还将父子关系融入其中。诞生与内生相同，都指嫡长王子，不过前者强调其身份尊贵，重点在其初生，后者则强调其成长之后，立为太子，助父治国。朝生为宰相及外姓诸王之子，有位（出身尊贵）有功（苦学修证）。末生为士民之子，出身寒微，地位不

---

① 《卍新纂续藏经》第 80 册，第 134 页上中。

② 《大正藏》第 51 册，第 379 页上。

③ 同上书，第 303 页上。

④ 《卍新纂续藏经》第 78 册，第 512 页下。

高，凭借十载寒窗，积学用功，最后高科得中，金榜题名，成为大臣。化生与末生相同，不过末生强调的是苦学渐进的过程，后者强调的是为官一方、救民涂炭的政绩，为太守、将军位。如此可分为三类，诞生、内生有位无功，主要是天生贵种，不假修证，本来是佛；朝生有位有功，既靠出身，又有修证；末生、化生有功无位，积学而至，渐进而成，全凭个人努力，不靠出身。如此五位王子又与“五种姓”有些关联，强调是先天的种姓而非后天的功夫，无修无证，无功之功，才是最高，修证而得，并非极果，这又与马祖一系无修为修、本自圆成的思想一致。

据《景德传灯录》卷十五：

> （广语出别卷）一日谓众曰：“一代时教整理时人脚手，凡有其由皆落在今时。直至法身非身，此是教家极则。我辈沙门全无肯路。若分即差，不分即坐著泥水，但由心意妄说见闻。”①

这段开示之前，《五灯会元》卷五加了“汝等诸人自有木分事，不用驰求，无你是非处，无你咬嚼处”②一句。如来一代时教，都是为了整理时人手脚，与当时的时代背景分不开，因此“落在今时”。对此后人不可执著，否则就是刻舟求剑。即使是法身非身之类的话，也只是教宗的极则之语，在禅宗则全无肯路，不立文字，不执言教。若有分别即差，不能分别即坐在泥水之中，只是由于心意妄想而妄说见闻，无有智慧，不达实相。

据《五灯会元》卷五：

> 示众：初机未覯大事，先须识取头，其尾自至。疎山仁参，问：“如何是头？”师曰：“直须知有。”曰：“如何是尾？”师曰：“尽却今时。”曰：“有头无尾时如何？”师曰：“吐得黄金堪作甚么？”曰：“有尾无头时如何？”师曰：“犹有依倚在。”曰：“直得头尾相称时如何？”师曰：“渠不作个解会，亦未许渠在。”③

① 《大正藏》第51册，第320页下。

② 《卍新纂续藏经》第80册，第118页下。

③ 同上书，第11页下、119页上。

“但得本，莫愁末，如净琉璃含宝月”，但得佛，莫愁众生，识取头，其尾自至，纲举目张，先立其大者可矣。头则是知有，自知本分事，尾则是尽却今时，不为时节所拘，不可拖泥带水。有头无尾，即使是口吐黄金，又有何用；有尾无头，依然有所寄托，有所依赖。即使是头尾相称，内外相应，也不可作这个解会。

法身不用赞，真身不出世，正因无一字，不将三寸供养先师，心物俱非，除之益患，这些公案体现了石霜对禅法的独特理解。

石霜系的另一贡献便是坐禅。石霜门下多有常坐不卧、屹若楖杌者，号称石霜枯木众。由于六祖惠能反对执著于坐禅，因此后来南宗门下有反过来反对坐禅者，导致禅定功夫不足，失去了禅宗的传统。石霜一系强调坐禅，甚至有常坐不卧者，对于后世有很大的影响，使得曹洞宗的坐禅功夫成为传统和特色，对于整个禅宗有很大的促进。

对于石霜一系，历代评价较高。然而据《祖堂集》卷七《岩头和尚》：

> 夹山有僧到石霜，才跨门，便问：“不审。”石霜云：“不必，阇黎。”僧云：“与么则珍重。”其僧后到岩头，直上便云：“不审。”师云：“嘘！”僧云：“与么则珍重。”始欲回身，师云：“虽是后生，亦能管带。”其僧却归，举似夹山。夹山上堂云：“前日到岩头石霜底阿师出来，如法举著！”其僧才举了，夹山云：“大众还会么？”众无对。夹山云：“若无人道，老僧不惜两茎眉毛，道去也。”却云：“石霜虽有杀人之刀，且无活人之剑；岩头亦有杀人之刀，亦有活人之剑。”①

禅宗修行，贵在能杀能活，能纵能夺，杀活自在，一切在我。不过借夹山之口来批评石霜、抬高岩头，未必可信。《祖堂集》的作者属于德山雪峰系的云门宗，他们后来自称是石头一系，因此极力抬高本系。在曹洞宗兴起之时，德山一系尚未崛起，势力孤弱，《祖堂集》极力制造舆论，试图造成德山一支战无不胜的假象。于是凡是与德山系有交涉的宗派和禅师都成了打击的对象。

① 《祖堂集校注》，第201页。

石霜系与百丈一系特别是沩仰宗关系密切，石霜本人与德山及其门下并无交往，难分高下。诚然，罗山道闲先参石霜不契，后参岩头得旨，但这并不意味着石霜不如岩头，只能说是罗山与石霜缘分不够。

因此，石霜一支虽然在后世不被认为是曹洞宗的本支，但他们对曹洞宗的建立同样有很大的贡献，既有理论上的建树，又有实际力量的影响。特别是在洞山去世之后，石霜填补了由此造成的巨大空缺，成为曹洞宗的新舵手，对于创建时期的曹洞宗是有力的支撑。

第二节　石霜门下

石霜门人众多，且多有杰出者，在当时影响很大。

《祖堂集》录其门下九人，是药山一系中收录人数最多的。《宋高僧传》录其门人存寿、全宰、行满、齐己，还有曾参过他的恒（常）通。《景德传灯录》载其门下四十一人，二十一人见录，也是药山系中数量最多的。

《祖堂集》卷九录有栖贤怀祐、大光居让、肥田伏（慧光）、涌泉景忻、南际僧一、云盖源禅、九峰道虔、南岳玄泰、宝盖约九人，这些应当都是当时影响较大者。

据《景德传灯录》卷十六：

> 潭州石霜庆诸禅师法嗣四十一人
> 河中南际山僧一禅师
> 潭州大光山居诲禅师
> 庐山怀祐禅师
> 筠州九峰道虔禅师
> 台州涌泉景欣禅师
> 潭州云盖山志元禅师
> 潭州谷山藏禅师
> 福州覆船山洪荐禅师
> 朗州德山存德慧空禅师
> 吉州崇恩和尚
> 石霜第三世辉禅师

郢州芭蕉和尚
潭州肥田伏和尚
潭州鹿苑晖禅师
潭州宝盖约禅师
越州云门海晏禅师
湖南文殊和尚
凤翔府石柱和尚
潭州中云盖和尚
河中栖岩存寿禅师
南岳玄泰上座（已上二十一人见录）
杭州龙泉敬禅师
潞府盘亭宗敏禅师
新罗钦忠禅师
新罗行寂禅师
洪州鹿源和尚
郢州大阳山和尚
滑州观音和尚
郓州正觉和尚
商州高明和尚
许州庆寿和尚
镇州万岁和尚
第二世镇州灵寿和尚
镇州洪济禅师
吉州简之禅师
大梁洪方禅师
卬州守闲禅师
新罗朗禅师
新罗清虚禅师
汾州爽禅师
余杭通禅师（以上二十人无机缘语句，不录）[①]

① 《大正藏》第51册，第325页中下。

由于其门人众多，不可尽述，只能略言其中比较重要的数人。

据《宋高僧传》卷十三《梁河中府楼岩山存寿传》：

> 释存寿，不知何许人也。清标胜范，造次奚及。罢寻经论，勇冠辈流，往问律于石霜禅师，决了前疑。虚舟不系，乃为枯木众之榴杌矣。后还蒲坂，缁素归心。时冀王友谦受封屏翰，好奇侚异，闻人一善，厚礼下之。王召入府斋，论道谈玄，不觉膝之前席，颇增奉仰。续为菩萨戒师，供施更蕃。度门人四百许员，尼众百数。寿平日罕言，言必利物，喜愠之色，人未尝见，望之若孤松凌雪焉。终时春秋九十三，加趺而坐。一月后髭发再生，重剃入塔。塔之亭每有虎旋绕，宿迹时繁。敕谥为"真寂大师"焉。①

又据《景德传灯录》卷十六：

> 河中府楼岩山大通院存寿禅师，不如何许人也，姓梅氏。初讲经论，后入石霜之室。随缘诱化，抵于蒲坂，缁素归心。僧问："莲华未出水时如何？"师曰："汝莫问出水后莲华事么？"僧无语。师平居罕言，叩之则应。度弟子四百人，尼众百数。终寿九十有三。谥"真寂大师"②。

如此存寿俗姓梅氏，初习经论，后入石霜之室，决疑得悟，喜好坐禅，为枯木众之一。其生卒不详，僧传称之为梁人，则应入灭于龙德三年（923）前，由于其寿高至九十三岁，则肯定生于大和五年（831）前。存寿始到石霜的时间不详，当在大中之末或咸通之初。他后到河中府栖岩山大通院，缁素归心，得到冀王朱友谦的崇奉，以其为菩萨戒师。据《旧五代史》卷六十三，朱友谦于开平元年（907）后梁建立时授河中节度使，累拜中书令，封冀王，此后一直占据河中，直到后唐同光四年（926）被诛。存寿"真际大师"之封号当得之于梁，由于贞明六年

① 《大正藏》第50册，第786页上。

② 《大正藏》第51册，330页下。

(920）朱友谦因取同州，与梁交恶，故其敕号当得之于此前。因此存寿当入灭于贞明六年（920）前，其生年亦应在大和二年（828）前。

存寿机缘语句存者不多。《五灯会元》卷六增“僧问：‘如何是和尚得力处?’师曰：‘不居无理位，岂坐白牛车!’”① 一则。他有弟子四百人，另有尼众百人，寿高德重，在当时影响很大。

存寿下传道德禅师，可惜只存其名，无机缘语句。

据《宋高僧传》卷二十二《后唐天台山全宰传》：

> 释全宰，姓沈氏，钱塘人也。孩抱之间，不喜荤血。其母累睹善征，劝投径山法济大师削染。及修禅观，亭亭高竦，不杂风尘，慕十二头陀以饰其行，谚曰“宰道者”焉。追乎诸方参请，得石霜禅师印证，密加保任。入天台山暗岩，以永其志也。伊岩与寒山子所隐对峙，皆魑魅木怪所丛萃其间。宰之居也二十余年，恶鸟革音，山精让窟。其出入经行，鬼神执役，或扫其路，或侍其旁，或代汲泉，或供采菓。时时人见，宰未尝言。后天成五年，径山禅侣往迎归镇国院居，终于出家本院焉。②

全宰俗姓沈氏，钱塘人，生卒年不详。他初投法济大师洪諲（？—901）出家，洪諲于咸通七年（866）接替本师无上大师鉴宗（？—866）住持径山，为第三世。全宰前来削染，当不早于咸通七年（866）。其母劝其出家，似在早年，故其生年，当在大中年间（847—860），其卒于后唐天成五年（930）后，寿命或在八十之上。

据《祖堂集》卷十九《径山和尚》：

> 师初出世时，未具方便，不得稳便，囙此不说法。过得两年后，忽然回心，向徒弟曰：“我闻湖南石霜是作家知识，我一百来少师中，岂无灵利者？谁去彼中勲学彼中气道，转来密救老汉?”时有一僧，名全表，便辞，发到石霜，恰遇上堂日，便置问曰：“三千里外久响石霜，到来为什么寸步千里?”霜云：“我道落带手不长。”从此

① 《卍新纂续藏经》第80册，第127页上。

② 《大正藏》第50册，第850页上。

亲近石霜。四十余日后，却归本山成持和尚。便有来由，上堂说法。

时有人问："如何是短？"师云："蟭螟眼里著不满。"进曰："如何是长？"师云："千圣不能量。"全表却归石霜，举似前话，石霜微笑曰："是你和尚真实道人。"全表却问石霜："如何是短？"霜云："莫屈曲。"进曰："如何是长？"霜云："双陆盘中不喝彩。"①

这个"全表"很像是"全宰"，二人都是兼为洪諲和石霜门人，名字也相似，因此很有可能为同一人，或许《祖堂集》误作"全表"。道洪諲初出世时，不得稳便，令门人到石霜学法，回头再教自己，这种说法不可信，是《祖堂集》刻意贬低南岳系的一个例证，然洪諲与石霜门下相互往来则是真的。

全宰作为洪諲"少师"之一，又是其早年门人，因此当于咸通九年(868)前后剃染，生于大中之初（或847至850）。他往来二师之间，传递信息，深得二师之旨。石霜光启四年（888）入灭之后，他可能再到径山追随洪諲。唐末之时，他居天台阇岩，与寒山子旧隐寒岩相对，多山精木怪，人迹莫至，体现了他喜欢头陀行的特色。这也是药山系与寒山关系密切的一证。

后唐天成五年（930），径山虚席，他被迎入本山镇国院住持，此时他已到晚年，可能其后不久，便终于本院。

据《祖堂集》卷九：

南际和尚，嗣石霜，在江西。师讳僧一，初住南际山，次钟陵大王请居末山，后闽王请住西院，奏紫衣，谥号本净大师、无尘之塔。

处（当作"出"）世时，僧问："千圣位中，还有不陪位者也无？"师云："有。"进曰："如何是不陪位者？"师云："明明是龙不带鳞，明明是牛不戴角，还会么？"对云："不会。"师云："步行入水不知深，海底龙宫空摸㨼。"

问："学人幸获侍觐，乞师指示。"师云："我若指旨，则厄屈著你。"僧曰："教学人作么生则是？"师云："切忌是非。"

问："如何是纳僧气息？"师云："还曾勋著你也无？"

---

① 《祖堂集校注》，第480页。

问："如何是法身主?"师云："不过来。""如何是毗卢师?"云："不超越。"①

又据《景德传灯录》卷十六：

河中南际山僧一禅师，僧问："幸获亲近，乞师指示。"师曰："我若指示，即屈著汝。"僧曰："教学人作么生即是?"师曰："切忌是非。"问："如何是衲僧气息?"师曰："还曾熏著汝也无?"问："类即不问，如何是异?"师曰："要头即一任斩将去。"问："如何是法身主?"师曰："不过来。"又问："如何是毗卢师?"师曰："不超越。"师初居末山，后闽帅请开法于长庆禅苑，卒谥"本净大师"，塔曰"无尘"。②

僧一初住江西南际山，后钟传请住末山，天祐三年（906），钟传去世，其子不能自保，为南唐所并，僧一乃去闽，闽王王审知请住长庆禅苑，即西院。僧一在西院数年，约于乾化初年（911—912）入灭，因为长庆慧棱（854—932）继之住持，在此二十余年，长兴三年（932）入灭。

僧一说法，与曹山有似，显然是一门同风。

据《（重编）曹洞五位显诀》卷三《四种异类》：

云："如何是宗门中异类?"师云："要头则斩将去。"③

僧一是石霜门下为数不多的到闽中发展的禅师，而且获得了一定程度的成功，但当时雪峰一系势力太大，其他宗派在此难有大的作为。

据《祖堂集》卷九：

大光和尚，嗣石霜。师讳居让，俗姓王，长安人也。自摄衣访道

① 《祖堂集校注》，第253页。

② 《大正藏》第51册，第328页下。

③ 《卍新纂续藏经》第63册，第214页下。

南来，而造石霜普会门下，一二年间，乃私于北塔栽植菓木，麻衣草履，灰心尘面，志存于道。

㠯一日普会垂问以征浅深云："国家每年放五百人及第，朝堂门下还得好也无？"师对云："有一人不求进。"会云："凭何？"师云："且不为名。"普会又因疾，垂语云："除却今日，别更有时也无？"师对云："渠亦不道今日是。"霜云："我也拟道非今日。"普会然之。

如此往复凡数则，函盖无异。盘泊二十余载。

时有檀越胡公，尽室归依，请住大光山。有学人问："混沌未分时如何？"师云："特教阿谁叙？"问："古人有言：'不出门而知天下事。'如何是不出门而知天下事？"师云："犹是第二家主。""如何是天下事？"师云："清。""如何是向上事？"师云："不出户。""如何是不出户？"师云："别。""为什么却别？"师云："不齐众。"

又每示徒云："一代时教只是收拾一代时人，直饶剥得彻底，也只是成得个了，你不可便将当纳衣下事。所以向你道：四十九年明不尽，四十九年摽不起。"

僧问："只如达么是祖师不？"师云："不是祖。"僧曰："既不是祖，又来东土作什么？"师云："为汝不廌祖。"僧曰："存后如何？"师云："方知不是祖。"

问："保任底人失一念时如何？"师云："始得常在。"僧曰："作大魔王时如何？"师云："暂时间。"僧曰："末后事如何？"师云："不在者里。"问："绝迹玄去时如何？"师云："鸟道不曾闻。"问："如何是沙门行？"师云："过海不打舡。"

座主问俓［径］山："万法归一，一亦不存时如何？"俓［径］山云："一亦不留。"座主不肯，便去江西问云居，居云："则非万法。"亦不肯，便去大光问，师云："除不尽。"座主肯之。

问："啐啄同时则不问，卵子里鸡鸣时如何？"师云："还得音信不？"问："如何是密室？"师云："四不睹。""如何是密室中人？"师云："远无路。"

自是玄言闻于遐迩。师天复三年癸亥岁九月三日怡然告寂，年龄六十七，僧夏三十六矣。①

---

① 《祖堂集校注》，第250、251页。

大光居让（837—903）事迹又见于《景德传灯录》卷十六等，不过后者言其法名为“居诲”，其后禅宗史料皆从之，二字形近，或《祖堂集》有误。大光为长安人，俗姓王，生于开成二年（837），咸通八年（867）三十一岁时受具，游方南来，至石霜法席。初二年间，于北塔即性空塔院植树种果，麻衣草鞋，志存于道。

一日（《联灯会要》卷二十二道“依石霜凡十年”①），石霜欲试其功夫，便问其国家每年放榜，朝堂门下还得好么，大光言有一人不求进，且不为名。石霜又问除去今日，别更有时否，大光道也不道今日是。如是数度征诘，答对无失，石霜然之。

大光在石霜门下二十余载，光启四年（888）石霜入灭后才离开，得到浏阳居士胡公一家的信奉，请住大光山。有僧问达麽是祖否，他答不是，问为何前来，答只为汝不荐，问荐后如何，答方知不是祖。这一公案颇受后人重视，丹霞子淳、足庵鉴等都有颂古。自己悟后，方知达麽不是祖，自己长高了，才不会仰视他人。他继承石霜的思想强调一代时教只是教化一代时人的说法值得重视，表明佛法乃应时而生，亦应与时俱进。另外还讲“尽却今时”、“除去今日”，不为时节文字所限，这也是石霜特别重视的，表明它对石霜的思想继承很多，并且发扬光大。

有座主先问径山洪諲“万法归一，一亦不存”时如何，径山答一亦不留，座主不肯，再问云居道膺，答则非万法，亦不肯，再问大光，答除不尽，座主始肯。这表明石霜之后，径山洪諲、云居道膺和大光居诲是当时南方丛林最有影响的大禅师，禅客来往参学，多奔走门下。“万法归一，一归何处”，是禅门历代参究的热门话题，答案众多，难分高下。对此也不能简单地说大光的答案最好，只是最能契合座主之意。

大光开法将十七年，门人众多，主要分布于湖南、湖北及京兆一带，与其传法及生缘之地相吻合。

据《景德传灯录》卷十七：

> 潭州大光山居诲禅师法嗣一十三人
>
> 潭州谷山有缘禅师

① 《卍新纂续藏经》第79册，第190页上。

潭州龙兴和尚

潭州伏龙山第一世和尚

京兆白云善藏禅师

潭州伏龙山第二世和尚

陕府龙峻山和尚

潭州伏龙山第三世和尚（已上七人见录）

大光山玄禅师

漳州藤霞和尚

宋州净觉和尚

华州崇胜证和尚

鄂州永寿和尚

鄂州灵竹和尚（已上六人无机缘语句，不录）①

其中藤霞和尚下出第七世药山和尚和云盖和尚。药山和尚重归祖庭，重振药山家风，值得重视。

总之，大光一系是石霜门中力量较大、传承较长的法系，具有重要的地位。

据《祖堂集》卷九：

肥田伏禅师，嗣石霜，师讳慧光，未睹行录，不决终始。师有颂：

修多妙用勿功夫，返本还源是大愚。

古佛不从修证得，直饶玄妙也崎岖。

有人拈问长庆："如何是修多妙用勿功夫？"庆云："用与么作什么？""如何是返本还源是大愚？"庆云："何必。""如何是古佛不从修证得？"庆云："从来是你，更修作什么？""如何是直饶玄妙也崎岖？"庆云："只为你妄外。"师又颂曰：

心静愁难入，无忧祸不侵。

道高龙虎伏，德重鬼神钦。②

① 《大正藏》第51册，第334页中。

② 《祖堂集校注》，第251、252页。

又据《五灯会元》卷六：

> 潭州肥田慧觉伏禅师
>
> 僧问："如何是未出世边事？"师曰："髻中珠未解，石女敛双眉。"曰："出世后如何？"师曰："灵龟呈卦兆，失却自家身。"问："此地名甚么？"师曰："肥田。"曰："宜种甚么？"师便打。师有偈曰：修多好句枉工夫，返本还源是大愚。祖佛不从修证得，纵行玄路也崎岖。①

肥田伏，《祖堂集》道讳"慧光"，《景德传灯录》卷十六道号"慧觉大师"，此号或由湖南马氏所请。其颂文两种版本，文字略有不同。长庆慧稜曾对其偈颂有解释。无论是修行妙用文句，还是返本还源，都是白费功夫，因为佛祖本来如是，不从修证而得，行得玄路也是自讨苦吃，妄自外求。这种反对修行用功的思想显然出自洪州一系。

心静无忧，道高德重，不仅自身安稳，还能折服外道。佛未出世时，有体无用，出世之后，为他损己，显用伤体。肥田留下的机缘语句不多，但颇有意味，值得重视。

据《祖堂集》卷九：

> 涌泉和尚，嗣石霜，在台州。师讳景忻，仙游县人也。受业于白云山，才具尸罗，便寻祖道。而恭见石霜，便问："学人初入藂林，乞师指示个入路。"霜云："我道三双箸子抛不落。"师便契玄闸，更无他往。
>
> 有康、德二僧来到院，在路上遇师看牛次，其僧不识，云："蹄角甚分明，争奈骑牛者不识何？"其僧进前煎茶次，师下牛背，近前不审。与二上座一处坐，吃茶次，便问："今日离什么处？"僧云："离那边。"师曰："那边事作么生？"僧提起茶盏子。师云："此犹是蹄角甚分明，那边事作么生？"其僧无对。师云："莫道不识。"便去。福先代云："若不与么，争识得道者？"又代云："且座［坐］吃茶。"

① 《卍新纂续藏经》第80册，第126页下。

招庆问："从上宗乘中事，和尚此间如何言论？"师云："不唱目前。"进曰"不唱目前则且置，宗乘中事如何言论？"师云："待虚空落地，则向道者道。"招庆不肯，进曰："和尚如何？"庆曰："专甲则不当，请兄弟捡点。"报慈代曰："寒天雪满阶。"

问："如何是氷［冰］中水？"师云："凌霜结不成。""如何是水中冰？"师云："六月不曾融。"僧曰："与么则千日销不得也。"师云："二鼠往来不关他。"①

据《景德传灯录》卷十六：

台州涌泉景欣禅师，泉州仙游人也。本白云山受业，得石霜开示而止丹丘涌泉之兰若。一日师不披袈裟吃饭，有僧问："莫成俗否？"师曰："即今岂是僧耶？"②

又据《联灯会要》卷二十二：

台州涌泉景欣禅师（凡四）

示众云："若是应世傍借，尽是千差门头事。善恶二念未生时，是法身体，才生属报身，报属化，一化千化。我道尽处为身，空处为座，万行为衣，只唤作三世因圆果满，是菩提成立处。直得白衣拜相，善财龙女，屠儿广额，抛刀便行，乃是一乘圆顿，犹是时人净土，亦云一生补处。直得无方绝所，物物不拘，亦是佛地愚。若是渠，争肯坐著方所。我道出不随应，入不居空。内证见寂，即落守蕴；外证明空，即落明蕴。有见落常，无见落断，不有不无，即落中道。若不知有此事，尽被人天带将去。切须在意，莫作等闲。"

示众云："我四十年在这里，尚自有走作。汝等诸人，莫开大口。见解人多，行解人万中无一个半个。见解言语，总要知通。若识不尽，敢道轮回去在！为何如此？盖为识漏未尽。汝但尽却今时，即得成立，亦唤作立中功。转功就他去，亦唤作就中功亲他去。我所以

① 《祖堂集校注》，第 252 页。
② 《大正藏》第 51 册，第 329 页下。

道，亲人不得度，渠不度亲人。恁么譬喻尚不会，荐得浑仑底，但管取信，乱动舌头。不见洞山道，相续也大难。汝须知有此事，若不知有此事，啼哭有日在。”

雪峰相访，及去，师门送。峰入轿了，师云：“这个四人舁，那个几人舁？”峰涌身起云：“道甚么！”师再问，峰云：“行，行，他不会。”师云：“知即知，即是道不得。”

强、德二禅客路次，见师骑牛。禅客云：“头角甚分明，争奈骑者不识！”师骤牛而去。二禅客憩于树下煎茶。师回来，下牛相问讯，与坐吃茶。师问：“近离甚处？”云：“那边。”师云：“那边事作么生？”僧提起茶盏。师云：“犹是这边事，那边事作么生？”二人无对。师云：“莫道骑者不识好。”①

有关景欣的资料，有《祖堂集》、《景德传灯录》、《联灯会要》、《五灯会元》、《禅门颂古联珠通集》等，而以《联灯会要》最为详备。他在具戒之后即参石霜，则其生年当在咸通元年（860）前，《丹霞子淳禅师语录》、《禅宗颂古联珠通集》道他“因武宗废教，在院看牛”，因遇强、德二禅客，若然，则其生年或在长庆年间（821—824），与雪峰相近，为石霜早期门人。据《雪峰年谱》，大顺二年辛亥（891），“师年七十，再游吴越，初抵天右（当作台）涌泉”②。如此二人相见，当在此时，二人经过一番交锋，各不相让，雪峰道其不会，他则言雪峰有口道不得。这一故事不仅载入《雪峰语录》，汾阳善昭也很重视，示颂曰：“涌泉故故问升僧，四一分明说似君。再问早踰千万里，行行要得识慈身。”③招庆稜道者（854—932）来参，问从上宗乘中事，他答待虚空落地则道，招庆不肯。雪峰曾勘自涌泉来参之僧，如此他与雪峰两家多有来往，关系比较密切。

他自道住院四十年，则其实际传法时间更长，寿命也不会短，当在八十以上。

景欣强调，出不随应，入不居空，内证不见寂，外证不明空，不落有

① 《卍新纂续藏经》第79册，第189页上中。

② 《卍新纂续藏经》第69册，第88页下。

③ 《大正藏》第47册，第613页上。

无，不住内外。知有的人，不坐方所，不落古今，不挂寸丝，“无人得渠肯”。他把修行分为四个层次，一者“尽处为身，空处为座，万行为衣”，是菩提成立处；二者白衣拜相，顿悟成佛，是大乘圆顿，一生补处；三者无有方所，物物不拘，为佛地之愚。只有最上一重，才是一丝不挂。

四明山大方广圆觉寺“自然”作《五位宝篋论》，其中述“偏中至”时引石霜、涌泉之语，道“如石霜云‘三只骰子抛不落’，涌泉云‘无人得渠危（当作肯）’，又云‘不挂寸丝’。石霜云‘他无出入息’，仰山云‘两口无一舌’，此例甚多”①，都是有语中无语。这表明后世对涌泉是相当重视的。

涌泉主张言行一致，反对多说少行，认为见解不如行解。他还讲立中功、就中功，永觉元贤认为相当于功勋五位之“功”，始入正位。这种功和亲都还不够，故他道亲者不度，因为和“主中主”尚有很大的距离，洞山道“恁么道即易，相续也大难”，“恰似入京朝圣主，只到潼关即便休”。②

据《祖堂集》卷九：

> 云盖和尚，嗣石霜，在潭州。师讳源禅，未睹实录，不决化缘终始。
>
> 师在石霜时，曰一日作礼而问：“万户俱开则不问，万户俱闭时如何？”霜云：“当（堂）中事作么生？”师曰：“无位。”霜曰：“凭何？”师当时无对，直得半年方始云：“无人接得渠。”霜云：“道也大杀道，只得八九成。”师却请和尚代语，霜云：“无人识得渠。”③

又据《景德传灯录》卷十六：

> 潭州云盖山志元，号“圆净大师”。游方时，问云居曰：“志元不奈何时如何？”云居曰：“只为阇梨功力不到处。”师不礼拜而退，遂参石霜，亦如前问，石霜曰：“非但阇梨，老僧亦不奈何。”师曰：

① 《卍新纂续藏经》第63册，第209页下。

② 《大正藏》第47册，第525页上。

③ 《祖堂集校注》，第253、254页。

"和尚为什么不奈何?"石霜曰:"老僧若奈何,拈过汝不奈何。"(别有问答,石霜章出之)有僧问:"如何是佛?"师曰:"黄面底是。"曰:"如何是法?"师曰:"藏里是。"问:"然灯未出时如何?"师曰:"昧不得。"问:"蛇子为什么吞蛇师?"师曰:"通身色不同。"问:"如何是衲僧?"师曰:"参寻访道。"①

云盖志元,《祖堂集》作"源禅",可能有误。他初参云居,再参石霜。他悟道公案非常著名,既是万户俱闭,堂中人如何,他当时无对,半年后始无人接得渠,石霜言只道得八成,应作无人识得渠。密室中人,外方无由得识,到此境界,入得室中,方知究竟。他后来说法简明,不绕圈子,单刀直入,很有特色。

志元号"圆净大师",不知何时所封,既在潭州开法,当由占据湖南的马殷奏请。《五灯会元》卷六还记载了他与潭州道正(道士首领)的一场交锋,道是当时道正表闻马王,愿与他论辩,他折服道正,从此道士"更不纷纭"②。

志元曾在石霜作茶头。他先问云居为什么勿奈何,云居道是功力不到,后问石霜,石霜则答非但是你,阖国人也不奈何,就连老僧也不奈何,志元问和尚既为人天师,为什么也不奈何,石霜答不曾得他颜色。志元非要追求奈何,云居道其功力不够,石霜则婉转示之,何必苦苦追求,愈求愈远,欲得必失,乘舟则迷,不求自得。得此启发,志元终于觉悟。佛是黄面瞿昙,法在藏里,僧是参禅访道,这些回答十分简明,毫不拖泥带水。燃灯未出前,本性昧不得。蛇子吞蛇师,虽得通身去,只是色不同。

志元最大的贡献,可能是开创了云盖山法派,使得此山长期成为石霜系的道场。志元之后,由师弟"中云盖"接任住持。

据《景德传灯录》卷十六:

潭州中云盖和尚,僧问:"和尚开堂,当为何事?"师曰:"为汝驴汉。"曰:"诸佛出世,当为何事?"师曰:"为汝驴汉。"问:"祖佛未出世时如何?"师曰:"像不得。"曰:"出世后如何?"师曰:

---

① 《大正藏》第51册,第329页下。
② 《卍新纂续藏经》第80册,第125页下。

“阇梨也须侧身始得。”问：“如何是向上一句?”师曰：“文殊失却口。”曰：“如何是门头一句?”师曰：“头上插华子。”问：“如何是超百亿?”师曰：“超人不得肯。”①

中云盖，不知法名，只知为前云盖师弟，接掌此山。他对洞山三句进行了独到的解释。向上一句，全体本位，文殊失却口，千圣不能言；门头一句，有语中无语，偏中辨得圆，头上插花子，丑女亦觉妍；超百亿一句，一句须了然，向去无人识，得肯自是难。

云盖志元有门人云盖山志罕、新罗卧龙和尚、彭州天台和尚三人。志罕当为云盖山第三世。中云盖和尚有门人云盖山景和尚，号“证觉禅师”，当为第四世。景和尚有法嗣衡岳南台寺藏禅师、幽州潭柘寺水从实禅师、云盖山证觉禅师，《景德传灯录》记事混乱，前云景禅师号“证觉”，后称门人为“证觉禅师”，师徒同号虽有先例，然极为罕见，此处误将门人与乃师混为一谈。证觉禅师当为第五世。《景德传灯录》卷二十六载清凉文益法嗣长安延规门人云盖用清（？—996），“淳化二年（991）知潭州张茂宗请居云盖（第六世住）”②。这表明证觉禅师入灭于淳化二年（991）前，且此时曹洞宗已经衰落，其祖庭多数为法眼宗或云门宗占据。

志元还有门人新罗忠湛（869—940），据王建《高丽国原州灵凤山兴法寺忠湛大师塔铭》，忠湛来华后“径登云盖禅宇，虔礼净圆大师。大师是栖云壑之居，佩石霜之印。知大师远离（阙）图南，迥奋垂云之翼；豫章向上，高挥拂日之枝。大师谓曰：‘汝还认其到此阶梯，预呈其迁乔□□（木乎）？字，所以不离宝所……’”，其中错漏字不少，“净圆”或当作“圆净”志湛归国后影响很大，高丽王王建亲撰碑文，赞其“传十八（当作三）代之祖宗，统三千年之禅教”，有弟子五百人。不过碑文以其为章敬曾孙，凤林审希（855—923）之子，列入江西法系。

由云盖志元、中云盖和尚开创的石霜云盖派传到宋初，属于石霜系传承最久的一派之一。

石霜的新罗门人不少，其中朗空大师行寂（832—916）影响最大。

① 《大正藏》第51册，第330页中下。

② 同上书，第429页中。

据《新罗国故两朝国师教谥朗空大师白月栖云之塔碑铭》,[①] 行寂始拜盐官齐安门人通晓大师梵日为师，后于咸通十一年（870）来华，受到懿宗接见，后游五台，于中台见神人，告其“不易远来，善哉佛子，莫淹此地，速向南方。认其五色之霜，必沐昙摩之雨”，暗示石霜为其师。行寂于是南行，先于乾符二年（875）到成都府静众寺礼无相大师影堂。后“企闻石霜庆诸和尚，启如来之室，演迦叶之宗，道树之阴，禅流所聚。大师殷勤礼足，曲尽虔诚，仍栖方便之门，果得摩尼之宝。俄而追游衡岳，参知识之禅居；远至曹溪，礼祖师之宝塔。傍东山之遐秀，采六叶之遗芳，四远参寻，无方不到。虽观空色，岂忘偏陲？以中和五年，来归故国。”行寂大概于乾符三年（876）来参石霜，得其法要，但在此时间可能不很长，“俄而”追游南岳，又到曹溪，所参之处甚多，于中和五年（885）归国。

行寂兼传梵日与石霜两个法系，门人下人才众多，影响很大。

据《祖堂集》卷九：

> 南岳玄泰和尚，嗣石霜。师所居兰若，在山之东，号七宝台。平生高洁，手下不立门徒。其游礼僧，或聚或散，故无常准。师来晨迁化，今日并无僧到，自出山口，唤得一人，令备香薪于山所讫，被[披]衣而坐，乃书二偈，曰：
>
> 今年六十五，四大将离主。
>
> 其道自玄玄，个中无佛祖。
>
> 又曰：
>
> 不用剃头，不用澡浴。
>
> 一堆猛火，千足万足。
>
> 偈毕，垂一足而逝，荼毗，收灵骨坟于坚固大师塔之左。平生所有歌行偈颂遍于寰海道流耳目，此不尽彰耳。[②]

又据《宋高僧传》卷十七《唐南岳七宝台寺玄泰传》：

① 李智冠《校勘译注历代高僧碑文高丽篇1》，第306—314页。

② 《祖堂集校注》，第259、260页。

释玄泰者，不知何许人也。性掺方正，言不浪施，心静之情，义而后动。所居兰若在衡山之东，号“七宝台”。不衣蚕缕，时谓“泰布纳”欤。从见德山禅师，豁如自适。誓不立门徒，逍遥求志，而于词笔笔若有神。四方后进巡礼相见，皆用平怀之礼。尝以衡山之阳多被山民莫傜辈斩木烧山，损害滋甚，泰作《畬山谣》，远迩传播，达于九重。敕责衡州太守禁止，岳中兰若由是得存，不为延燎，泰之力也。终年六十五。临逝说偈曰：“不用剃头，不须澡浴。一堆猛炎，千足万足。”偈终垂一足而逝。阇维收舍利，袝坚固大师塔左，营小浮图焉。又为《象骨偈》、诸禅祖塔铭歌颂等，好事者编聚成集而行于代焉。①

玄泰事迹又见《景德传灯录》、《五灯会元》等。僧传但言其参德山，其他资料皆称他后参石霜。既参德山（782—865），则其生年不应晚于会昌六年（846），卒年不会迟于梁开平四年（910）。僧传道其为唐人，则在天祐四年（907）年前入灭。《五灯会元》道其人石霜之室，“掌翰二十年”，则其于咸通三年（862）即参石霜，生年当更早。他曾为曹山作塔铭，故其入灭不会早于天复元年（901），生年最早在开成二年（837）。如此他很有可能与曹山生年相近，当在开成五年（840）左右，卒于天祐元年（904）前后。

玄泰长于文学，又得心印，是难得的俱入上品的人才。

据《万松老人评唱天童觉和尚拈古请益录》卷一：

时齐已、贯休、泰布衲等，以诗笔为佛事。唯泰布衲悟心，入祖师图。佛印垂诫云：教门衰弱要人扶，好慕禅宗莫学儒。只见悟心成佛道，未闻行脚读诗书。若教孔子超生死，争表瞿昙是丈夫。齐已贯休声动地，谁将排上祖师图？张拙秀才，偶与三僧道话曰：“三师中何不选一人为长老？”意少石霜不善诗笔。泰曰：“先辈失言也。堂头和尚肉身菩萨，会下一千五百人，如我辈者七百余人，如九峰、云盖、大光、覆船、涌泉等，诸大宗师，皆在参学位中。胜我辈者七百余人。”张拙愧服，同上拜见。霜问先辈何姓，对曰：“拙姓张。”霜

① 《大正藏》第50册，第818页上。

> 曰："觅巧了不可得，拙自何来？"拙有省。乃献诗曰：光明寂照遍河沙，凡圣含灵共我家。一念不生全体现，六根才动被云遮。断除烦恼重增病，趣向真如亦是邪。随顺众缘无挂碍，涅槃生死是空华。①

玄泰长于诗文，与贯休（832—912）、齐己（约861—933后）同以诗笔为佛事，但只有玄泰悟心明道，得入"祖师图"。不过万松行秀所传的故事颇有不可信之处，石霜在世时，齐己最多二十余岁，哪有当长老的资格。

据《续古尊宿语要》卷二《隐山璨和尚语》：

> 谢休知客
>
> 举，禅月休禅师在石霜充典座。一日张拙入山，访石霜，见其形貌枯悴，语言平淡，遂不喜之，拂袖而下，到知客寮，见禅月、齐已、太布衲，议论琅琅。张乃问曰："三人中，何不推一人作长老？"禅月知张之意轻于石霜，乃曰："堂中五百众，似卑僧者，二百五十；胜卑僧者，二百五十。堂头和尚，乃肉身菩萨。"张闻此语，再整威仪，只见石霜，一言之下，发明大事。②

隐山法璨乃凉峰门人，开法于淳熙年间（1174—1189），其所述显然是万松行秀故事的原型。张拙参石霜，此言是受禅月贯休启发，前文则道受玄泰开导，无论如何，他从石霜得悟，并作了一个著名的偈颂，其中"断除烦恼重增病，趣向真如亦是邪"颇为后世所重，体现了不断不修、任运而行的禅风。

玄泰与齐己等以文学见长的诗僧，以诗笔做佛事，既扩大了本宗的影响，也对佛教的广泛流传贡献很大。

玄泰曾为道吾圆智、石霜庆诸、岩头全豁、曹山本寂等作塔铭或行状，对于记载禅宗历史有很大的贡献，可惜其此类著作已经不存于世。

玄泰还是一个著名的重视环保的禅师，他作有《畬山谣》，幸而留存下来。

---

① 《卍新纂续藏经》第67册，第467页下。

② 《卍新纂续藏经》第68册，第397页上。

据《五灯会元》卷六：

> 《畲山谣》曰：畲山儿，畲山儿（或衍，依《景德传灯录》），无所知，年年斩断青山嵋。就中最好衡岳色，杉松利斧摧贞枝。灵禽野鹤无因依，白云回避青烟飞。猿猱路绝岩崖出，芝术失根茆草肥。年年斩罢仍再钼，千秋终是难复初。又道今年种不来（《景德传灯录》作“多”），来年更斩当阳坡。国家岳域（《景德传灯录》作“寿岳”）向如此，不知此理如之何。①

此诗十分动人，达于九重，皇帝下诏禁止，保护了南岳的生态环境，也有利于佛教寺庙的安全。

石霜还有门人谷山道缘，下传高丽兢让（878—956），据《高丽国尚州曦阳山凤岩寺王师赠谥静真大师圆悟之塔碑铭并序》②，兢让俗姓王，公州人，初投本州南穴院如解禅师出家，乾宁四年（897）于鸡龙山普愿精舍受具，后为西穴院杨孚禅师传人，杨孚乃是南岳一系，“曹溪传南岳让，让传江西一，一传沧州鉴，鉴犹东顾，传于海东，谁其继者，即南岳双磎慧明禅师焉，明复传贤磎王师道宪，宪传康州伯严杨孚禅师，孚即我大师业师也”。兢让于光化三年（900）西行，先到雪峰，后至谷山，谒石霜嫡嗣道缘和尚，问：“石霜宗旨的意如何？”道缘对云：“代代不曾承。”兢让言下大悟，遂传密印。龙德四年（923）兢让离开谷山，游历诸方，西经云盖，南历洞山，后于同光二年（924）归国。他归国后，四主崇奉，三度加号，影响很大。他虽然“仰石霜诸，承谷山缘”，却是以杨孚一派为正宗，自认属于沧州神鉴一系。

谷山道缘此方失载，不知是否与“谷山藏”为同一人，另外大光有门人谷山有缘，辈分虽然有异，住山与名字颇同。道缘至少于龙德四年（923）尚在，此时上距石霜入灭已经三十五年了，应当属于石霜晚期门人，故也有可能先从石霜，后参大光。

① 《卍新纂续藏经》第 80 册，第 127 页上中。

② 李智冠《校勘译注历代高僧碑文高丽篇 1》，伽山佛教文化研究院 2003 年版，第 370—387 页。

第三节　九峰道虔生平及禅法

九峰道虔为石霜最重要的门人，在禅宗史上的影响也最大。《祖堂集》卷九、《景德传灯录》卷十六、《禅林僧宝传》卷五、《联灯会要》卷二十二、《五灯会元》卷六等皆有传。《禅林僧宝传》虽后出，言其史事最详，故录之。

据《禅林僧宝传》卷五《筠州九峰虔禅师》：

> 禅师名道虔，刘氏，福州侯官人也。容姿开豁明济，气压丛林。至霜华，诸禅师见之，谓人曰："此道人从上宗门爪牙也。"诸殁时，虔作侍者。众请堂中第一座，嗣诸住持。方议次，虔犯众曰："未可，须明先师意旨，乃可耳。"众曰："先师何意？"虔曰："只如道，古庙香铲、一条白炼，如何会？"第一座曰："是明一色边事。"虔曰："果不会先师意。"于是第一座者起，炷香誓曰："我若会先师意，香烟灭则我脱去，不然烟灭不能脱。"言卒而脱去。虔拊其背曰："坐脱立亡，不无首座，会先师意即未也。"庐于普会塔之旁，三年而去。经行于末山之下，住崇福寺。
>
> 僧问："无间中人，行什么行？"曰："畜生行。"曰："畜生复行什么行？"曰："无间行。"曰："此犹是长生路上人。"曰："汝须知有不共命者。"曰："不共什么命？"曰："长生气不常。"复曰："大众，还得命么？欲知命，流泉是命，湛寂是身。千波竞起，是文殊境界；一亘晴空，是普贤床榻。其次借一句子，是指月；于中事，是话月。从上宗门中事，如节度使符信。且如诸先德，未建许多名目指陈已前，诸人约什么体格商量？这里不假三寸，试话会看；不假耳根，试采听看；不假两眼，试辨白看。所以道：声前抛不出，句后不藏形。尽乾坤都来，是汝当人个自体，向什么处安眼耳鼻舌？莫向意根下图度作解，尽未来际，亦未有休歇分。所以古人道：'拟将心意学玄宗，大似西行却向东。'"
>
> 先是马大师殁于豫章开元寺，门弟子怀海、智藏辈，塟舍利于海昏石门。海亦庐塔十余年，乃沿冯川上车轮峰，逢司马头陀劝海留止，因不复还石门。虔自九峰往游焉，遂成法席，为泐潭第一世，继

海遗踪也。吴顺义初，告众安坐而化，塔于寺之西，号“圆寂”，谥“大觉禅师”。得法上首殷禅师。①

道虔姓刘氏，福建侯官人，诸说一致。生年不详，此言卒于吴顺义初，吴顺义元年（921）即梁龙德元年。

据《佛祖纲目》卷三十四：

（辛巳）九峰道虔禅师入寂（石霜诸法嗣）

初怀海塟马祖舍利于海昏石门，庐塔十余年。及住百丈，不复还石门。道虔自九峰往游，遂成法席，为泐潭第一世。龙德元年，安坐而化。号“圆寂”，谥“大觉”。②

《禅林僧宝传》唯说顺义初，顺义共七年，未必定指元年。《佛祖纲目》、《宗统编年》则定为龙德元年（921），亦有其理。

据《禅林僧宝传》卷五：

殷于是依止十余年，虔移居石门，亦从之。及虔殁，去游庐陵。至永新，见东南山奇胜，乃寻水而往。有故寺基，盖文德中异僧达奚道场。遂定居，学者云集。③

又据《石门文字禅》卷二十二《吉州禾山寺记》：

吴顺义二年，僧无殷中兴之，恢复法度，学者趋之如云。④

如此无殷于道虔入灭后始离去，后至永新，居禾山，既然顺义二年（922）中兴禾山，定道虔卒于顺义元年（921）是合理的。

道虔生年不详，也不知何时到霜华山。《景德传灯录》称其“遍历法

① 《卍新纂续藏经》第79册，第502页下、503页上。

② 《卍新纂续藏经》第85册，第676页中。

③ 《卍新纂续藏经》第79册，第503页上。

④ 《嘉兴藏》第23册，第685页下。

会，后受石霜印记，化徒于九峰焉”[1]，则其在参石霜前还参过不少禅师。他为福建人，故有可能参过雪峰和玄沙。其说法时，亦引雪峰、玄沙之说。他说法时曾引洞山之偈，对洞山法要相当熟悉，不知是否参过洞山，但。后世史料皆说他于石霜迁化时为侍者，若然，则其当时年龄不应超过四十岁，最多三十岁左右，因此其生年当在大中十三年（859）前后，其寿命约在六十以上，不超过七十。

宋代丛林盛传的石霜去世后道虔逼杀首座的故事，相当生动，体现了道虔“气压丛林”的个性。这一故事不见于早期的《祖堂集》、《景德传灯录》等。

据《建中靖国续灯录》卷二十七《云居山晓舜禅师三则》：

> 举，石霜迁化，众请首座住院，虔侍者曰：“夫续先师住持，须会先师意。只如先师道：休去、歇去、寒灰枯木去、直似一条白练去，未审首座作么生会？”[2]

云居晓舜号称“舜老夫”，宋仁宗、英宗时人。这一故事又见卷二十八《苏州定慧超信海印禅师》，只是增加了“古庙里香炉去”一句。超信为琅琊慧觉门人，稍晚于晓舜。开福道宁（？—1113）、真净克文（1025—1102）亦有举唱。因此这一故事流行于北宋中期，究竟是另有发现，还是宋人创造，不得而知。

道虔在石霜入灭后庐于塔旁，三年而去，即在大顺元年（890），于筠州末山（九峰）经行，住崇福寺。由于他在末山时间较长，后世亦以“末山”名之，然最初不一定是住持。南际僧一亦住末山。史料的记载有点混乱和相互矛盾，当时在末山（九峰）的有九峰普满、九峰道虔、南际僧一等，住持时间可能有重叠。还有可能九峰不只一座寺院，虽然皆号九峰，却住持不同的寺院，故并无矛盾。

道虔在九峰的时间相当长，其门人禾山（891—960）二十岁受具后来参，即在开平四年（910）时，当时他仍在九峰。他何时到宝峰不详，但肯定在其晚年。他在宝峰有不少门人，在此时间不应太短，因此不应晚

① 《大正藏》第51册，第329页上。
② 《卍新纂续藏经》第78册，第804页中。

于贞明元年（915）。

泐潭宝峰寺当时比较衰落，道虔到来后，中兴此寺，功劳很大，他号称泐潭第一世，其门下长期住持此地，至匡悟禅师保大九年（951）辛亥岁住持时已是第四世，是重振祖庭的功臣，泐潭在很长时期内成为石霜系的大本营，对于此派发展贡献很大。

在道虔之前，住持泐潭的可能是德山门人，不知法名的泐潭宝峰和尚。在道虔系之后，可能是云门文偃门人泐潭道谦。

《禅林僧宝传》所载一段法语，又见于《祖堂集》、《景德传灯录》等，相当重要。无间地狱中人行畜生行，畜生中人行无间行，直须“入地狱去”，“向异类中行”，始得长生。其中亦有不共命者，即长生气不常。道虔又以泉水为例说明什么是命，十分生动。湛寂不动之水即是身，流动奔涌之泉水即是命，千波竞涌，白浪滔天，是文殊境界；一条白练，横亘晴空，是普贤愿行。借一句子，“曹溪竖拂子，还如指月”；于中之事，“吾有正法眼，付嘱大迦叶”①，亦是话月。话月、指月之说始自玄沙，据《玄沙师备禅师语录》卷一：“且如道‘吾有正法眼藏付嘱大迦叶’，我道犹如话月；曹谿竖拂子，还如指月。”② 自此“灵山话月、曹溪指月”成为禅门典故，双泉郁、风穴匡沼（896—973）、汾阳善昭、神鼎洪諲等皆论之。

从上宗门中事，犹如节度使信旗，若无诸方先德巧立名目，种种指陈，且作么生体味商量。到此地步，不假三寸、闭却唇吻，道将来；不借耳根，试听看；不用眼根，且辨别。切莫向声前句后体会。尽乾坤一句，雪峰常道“尽乾坤大地是你”，“尽乾坤都来是个眼”，“尽乾坤是个解脱门”，玄沙亦言“尽十方世界都来是个真实之体。”尽乾坤是沙门一只眼，满世界是每人一个身，且向何处安置诸根？若是向意根下揣度，思想中解会，极未来际未有休歇之时。正如洞山道“拟将心意学玄宗，状似西行却向东”，极无量劫常违背，到头终是一场空。

据《五灯会元》卷六：

> 问：“承古有言，向外绍则臣位，向内绍则王种，是否？”师曰：

① 《大正藏》第51册，第346页上.

② 《卍新纂续藏经》第73册，第32页中。

"是。"曰:"如何是外绍?"师曰:"若不知事极头,只得了事,唤作外绍,是为臣种。"曰:"如何是内绍?"师曰:"知向里许承当担荷,是为内绍。"曰:"如何是王种?"师曰:"须见无承当底人,无担荷底人,始得同一色。同一色了,所以借为诞生,是为王种。"曰:"恁么则内绍亦须得转?"师曰:"灼然!有承当担荷,争得不转?汝道内绍便是人王种,你且道如今还有绍底道理么?所以古人道,绍是功,绍了非是功。转功位了,始唤作人王种。"曰:"未审外绍还转也无?"师曰:"外绍全未知有,且教渠知有。"曰:"如何是知有?"师曰:"天明不觉晓。"问:"如何是外绍?"师曰:"不借别人家里事。"曰:"如何是内绍?"师曰:"推爷向里头。"曰:"二语之中,那语最亲?"师曰:"臣在门里,王不出门。"曰:"恁么则不出门者,不落二边?"师曰:"渠也不独坐世界。里绍王种名,外绍王种姓。所以道,绍是功,名臣,是偏中正;绍了转功,名君,是正中偏。"问:"诞生还更知闻也无?"师曰:"更知闻阿谁?"曰:"恁么则莫便是否?"师曰:"若是,古人为甚么道诞生王有父?"曰:"既有父,为甚么不知闻?"师曰:"同时不识祖。"问:"古人云:直得不恁么来者,犹是儿孙。意旨如何?"师曰:"古人不谩语。"曰:"如何是来底儿孙?"师曰:"犹守珍御在。"曰:"如何是父?"师曰:"无家可坐,无世可兴。"①

这是关于石霜系核心理论的探讨,虽是后世出现,却十分重要。其中涉及外绍内绍、诞生化生、功位、君臣、父子、偏正、转借等问题,体现了石霜系理论的特色。外绍虽知事,却不到极致,不能究竟,故只是了事人,属于臣种。内绍即向内承当,属于王种,即见无承当、无担荷的圣贤,与圣贤同一色,借为诞生,即是王种。绍即修行转变,即是功勋,绍了之后,转功就位,即是非功,始是王种。内绍、外绍都须转变,外绍未知有,先令其知有,了知"夜半正明,天明不晓"。绍是功,名为臣,属于偏中正;绍了之后,转功就位,名为君王,是正中偏。诞生王子,有父不知,同时不识。

据《景德传灯录》卷十四《云岩昙晟》:

① 《卍新纂续藏经》第80册,第124页中下。

师问尼众："汝爷在否？"曰："在。"师曰："年多少？"曰："年八十。"师曰："汝有个爷，不年八十，还知否？"曰："莫是恁么来者？"师曰："犹是儿孙在。"（洞山云："直是不恁么来者，亦是儿孙。"）①

是父是子，且莫错认，威音王以前行道，犹是王老师儿孙。恁么来不恁么来，皆是儿孙，因为其犹守珍御，自以为贵，不肯放下。若是真父，无家可归，无世可兴，超越时空，不落有无，始可名父。

据《祖堂集》卷九：

问："朝生之子还具年涯也无？"师云："凤腾霄汉，青云不知。"僧云："入门后事如何？"师云："门里忘却白头儿。"僧曰："与么则不知有少年父。"师云："鹭鹚已在雪林中。"进曰："与么时，还有弁处也无？"师云："个九鹭鹚。"②

朝生王子，按照后来的解释，属于外绍臣种，因其只在外朝，非宫中所生，故谓朝生。其称为王子，是因为"裹绍王种名，外绍王种姓"，属于王之种姓，故亦称王子。在九峰之时，似乎对于五位王子的解释比较灵活。使用君臣比附修行，容易受到模式化的局限，因为儒家强调君臣之大防，曹洞宗却认为臣通过修行能成为君，君臣关系并非固定。这里却说是朝生王子，却与诞生王子没有本质差别，觉悟之后，直入正位，如同凤腾霄汉，甚至达到了王子之父的最高境界，"欲识诞生王子父（须知向上更有一人在），鹤腾霄汉出银笼（千圣不传）"③。

朝生王子虽是外朝所生，入门之后，却成王种君父，即少年父。百岁老臣，虽然久立功勋，却是臣子之位，故为白头儿。鹭鸶立雪，同中有异，不可不辨。

少父老儿之说出《法华经》之《从地踊出品》。少父，指成道未久之

① 《大正藏》第51册，第315页中。

② 《祖堂集校注》，第257、258页。

③ 《大正藏》第48册，第317页上。

佛；老子，指历劫修行之菩萨。少父生老子，人多不信受，诸佛之所说，真实无可疑。

据《妙法莲华经》卷五〈十五从地踊出品〉：

譬如少壮人，　年始二十五。
示人百岁子，　发白而面皱。
是等我所生，　子亦说是父。
父少而子老，　举世所不信。
世尊亦如是，　得道来甚近。
是诸菩萨等，　志固无怯弱。
从无量劫来，　而行菩萨道。
巧于难问答，　其心无所畏。
忍辱心决定，　端正有威德。
十方佛所赞，　善能分别说。
不乐在人众，　常好在禅定。
为求佛道故，　于下空中住。
我等从佛闻，　于此事无疑。
愿佛为未来，　演说令开解。①

按照《法华经》的解释，释迦牟尼佛虽是近来成道，却只是示现而已，“我实成佛已来无量无边百千万亿那由他劫”②。之所以示现“我少出家，得阿耨多罗三藐三菩提”，是为了方便度化“乐于小法、德薄垢重”③之类。

如此“少父”，只是显得年轻而已，其实非少；老儿头白，其年并非高于其父。

总之，九峰道虔对于石霜系的理论建设有许多实质性的贡献，是此门出色的思想家。

道虔两处传法数十年，出色的门人也有很多。《祖堂集》录其门下五

① 《大正藏》第9册，第42页上。
② 同上书，第42页中。
③ 同上书，第42页下。

人，即禾山无殷、宝峰延茂、光睦行修、同安常察、泐潭匡悟。

又据《景德传灯录》卷十七：

筠州九峰道虔禅师法嗣一十人
新罗清院和尚
洪州泐潭神党禅师
吉州南源山行修禅师
洪州泐潭明禅师
吉州秋山和尚
洪州泐潭延茂禅师
洪州同安常察禅师
洪州泐潭悟禅师
吉州禾山无殷禅师
洪州泐潭牟和尚（已上十人见录）①

《景德传灯录》对道虔门下似是按年龄资历排列的。新罗清院生平事迹不详，应当为道虔早期门人。

据《景德传灯录》卷十七：

新罗清院和尚，问："奔马争毬，谁是得者？"师曰："谁是不得者？"曰："恁么即不争是也。"师曰："直得不争，亦有过在。"曰："如何免得此过？"师曰："要且不曾失。"曰："不失处如何锻炼？"师曰："两手捧不起。"②

最为有趣的是，"奔马争球"，似是对早期打马球的描述。球如同珠，人人具足，本无欠少，争则失，不争亦有过，关键是守护保任，不可暂失。虽然本性不失，不妨修证锻炼，如何锻炼，两手捧不起，掌上观不得。

泐潭宝峰是道虔中兴的曹洞祖庭，其门下住持此寺者很多。匡悟号第

① 《大正藏》第51册，第334页中。
② 同上书，第342页上中。

四世，可能是单就其同门而言，加上乃师，至其可能已经五世。

据《景德传灯录》卷十七：

> 洪州泐潭宝峰神党禅师，僧问："四威仪中如何辨主？"师曰："正遇宝峰不脱鞋。"问："如何是佛法大意？"师曰："虚空驾铁船，岳顶浪滔天。"①

神党应当是继道虔住持的大弟子。沙门行住坐卧都有仪则，即四威仪，不脱鞋是威仪，脱鞋时又如何？于中辨得，则自识主。神党甚是有力，能于虚空驾铁船，惊起岳顶浪滔天。

据《景德传灯录》卷十七：

> 洪州泐潭明禅师，一日下到客位。众请师归方丈，师曰："道得即去。"时牟和尚对曰："大众请师。"乃上法堂。问："非思量处、识情难测时如何？"师曰："我不欲违古人。"曰："不违古人意作么生？"师曰："也合消得礼三拜。"僧问："碓捣磨磨，不得忘却，此意如何？"师曰："虎口里活雀儿。"问："如何是道者？"师曰："毛毵毵。"曰："如何是道者家风？"师曰："佛殿前逢尊者。"问："如何是和尚终日事？"师曰："钵盂里无折筋。"曰："如何是沙门终日事？"师曰："轰轰不借万人机。"②

泐潭明显然当过泐潭方丈，一日故意下到客位，众请归方丈室，他却言道得即归，师弟牟和尚只是看似平淡无奇的一句"大众请师"，他便上法堂，看来以为是道得了。虎口里活雀儿，大是不易，杀中有生，死里得活，虽在五欲之身，此性何尝染污。

泐潭明应当于吴大和四年（932）壬辰岁入灭，在他之后，继任者为延茂。

据《祖堂集》卷十二《宝峰和尚》：

---

① 《大正藏》第51册，第342页中。

② 同上。

宝峰和尚，嗣九峰，在洪州。师号延茂，泉州仙游县人，姓郭。出家于三会寺，依年具戒，更不寻经讨论，便慕祖门而参见九峰。

后曰一日非时，问："观瞩将来，全无所有时如何？"九峰云："来，欲知此事如风。"师乃顿息疑情，更无他游，于壬辰岁住于宝峰矣。

师才升堂，众集，于时有僧问："大众云集，未审师有何赏赉？"师云："不嫌麄［粗］弱。"僧曰："便请。"师云："什么处去来？"

问："如何是古佛心？"师云："终不道土木瓦砾是。"

问："大众云集，从上宗乘，请师举唱。"师云："不举唱。"僧云："为什么不举唱？"师云："为国惜贤。"

问："如何是佛？"师云："头戴中霄月，足步一莲花。看他圆成处，不如自归家。"①

宝峰延茂为泉州仙游人，俗姓郭，出家于三会寺，冠岁依年具戒，慕于祖风，直向九峰。他于大和四年（932）住宝峰，依照惯例，其时应当年过四十，故其生年当在景福二年（893）前，乾化二年（912）前参道虔，时在九峰。

延茂应当入灭于保大九年（951），在他之后，继任者为匡悟。

据《祖堂集》卷十二《沩潭和尚》：

沩［泐］潭和尚，嗣九峰，在洪州建昌。师号匡悟，泉州仙游县人也。于保福院出家，依年受戒。自契九峰密旨，任性逍遥。于辛亥岁请住沩［泐］潭矣。

问："香烟匝地，大展法筵，従上宗乘，如何举唱？"师云："莫错举似人。"僧曰："与么则一应如是去也。"师云："还是勿交涉。"

问："六叶芬芳，师传何叶？"师云："六叶不相续，花开菓不成。"僧曰："岂无今日事？"师云："若是今日则有。"僧曰："今日事如何？"师云："叶叶连枝秀，花开处处荣。"②

① 《祖堂集校注》，第329、330页。

② 《祖堂集校注》，第331页。

又据《景德传灯录》卷十七：

洪州泐潭匡悟禅师（第四世住），僧问：“如何是直截一路？”师曰：“恰好消息。”曰：“还通向上事也无？”师曰：“鱼从下过。”问：“如何是闭门造车？”师曰：“活计一物无。”曰：“如何是出门合辙？”师曰：“坐地进长安。”①

匡悟与延茂为同乡。也是依年受戒。他于保大九年（951）辛亥岁住持宝峰，号第四世，实为第五世。

匡悟之后，应是牟和尚住持。

据《景德传灯录》卷十七：

洪州泐潭牟和尚，问：“如何是学人著力处？”师曰：“正是著力。”问：“古人卷席意如何？”师曰：“珍重。”便下堂。②

牟和尚曾辅佐师兄明和尚，长期住在宝峰，故成为道虔门人中最后一位宝峰方丈。他在道虔门下应当属于年轻一辈，其任住持之时可能已然入宋。僧问百丈卷席故事，他亦效法马祖，当即下堂，可见百世同风。

据《祖堂集》卷十二：

光睦和尚，嗣九峰，在都阙。师号行修，福州福唐县人也，姓林。瑞岩山出家，依年具戒，便离闽越而造九峰。

峰才见师，便问：“近离什么处？”对云：“亦未到和尚此间。”峰云：“若是诸方，则有二十杖。”师云：“谢和尚放过。”峰叱之云：“参众去！”师云：“喏。”从此契会，廓净心源。遍历殊方，任缘泉石。

初请住南源，时有人问：“如何是和尚末上一句字？”师云：“如今觅什么？”进曰：“与么则学人脚短去也。”师云：“犹成亚次问。”

师一栖南源，已逾二纪，于辛亥岁皇帝遐飞紫诏，征赴京都，赐

① 《大正藏》第51册，第342页下。

② 同上书，第343页上。

“慧观禅师”。[1]

又据《景德传灯录》卷十七：

吉州南源山行修，号“慧观禅师”，亦云光睦和尚。僧问：“如何是南源境致？”师曰：“几处峰峦猿鸟啸，一带平川游子迷。”问：“如何是南源深深处？”师曰：“众人皆见。”曰：“恁么即浅去也？”师曰：“也是两头遥。”[2]

光睦于南唐保大九年（951）奉诏入京，赐号“慧观禅师”，此前住持南源，已逾两纪，则始于乾贞元年（927）住持南源。他是九峰门下为数不多的受到南唐朝廷崇奉的大禅师。

吉州秋山和尚，有问如何是祖师西来意，答曰杉树子，余无所记。

九峰还有门人法照和尚，曾与其讨论文殊，其他事迹不详。

九峰有高丽门人玄晖（879—941），据《有晋高丽国中原府故开天山净土寺教谥法镜大师慈灯之塔碑铭并序》，[3] 玄晖俗姓李，全州南原人，生于乾符六年（879），早岁出家，投灵觉山寺深光大师，深光（心光）[4]为圣住无染（800—888）门人，乃麻谷宝彻法孙，因此玄晖属于南岳江西一系。乾宁五年（898），受具于伽耶山寺。天祐三年（906），泛海西行，求法大唐，“路出东阳，经过彭泽，遂至九峰山下，虔谒道乾大师”。玄晖当庭膜拜之时，九峰问曰：“阇梨头白？”玄晖对曰：“玄晖目不知。”九峰问：“阇梨自己为什勿不知？”对曰：“自己头不白。”从这段对话中，可以看出玄晖是有备而来，故当仁不让。九峰对他非常欣赏，才留一旬，便付心要。玄晖在九峰十年，“一托松门，十经槐律”，其间曾于岭外参礼六祖之塔，又到湖南远投禅伯之居，后来到北游幽燕，西至邛蜀，最后来到浙江四明，于同光二年（924）回到故国，得到太祖的崇奉。玄晖于天福六年（941）入灭，门人有聪芮、阔行、聪信、贞裕、仁一、庆修、

① 《祖堂集校注》，第 330 页。

② 《大正藏》第 51 册，第 342 页中。

③ 李智冠《校勘译注历代高僧碑文高丽篇 1》，伽山佛教文化研究院 2003 年版，第 176 页。

④ 黄有福、陈景富：《中朝佛教文化交流史》，中国社会科学出版社 1993 年版，第 270 页。

法言、法郎等三百余人。玄晖虽然从学九峰十余年，但从碑文来看，他还是自认为属于麻谷一系。

第四节　同安常察生平与禅法

同安常察是九峰重要的门人，有《雪子吟》、《十玄谈》、《搜玄吟》、《坐禅铭》等著作传世，在后世影响很大。《祖堂集》卷十二、《景德传灯录》卷十七等有传。

据《祖堂集》卷十二：

> 同安和尚，嗣九峰，在洪州建昌。师号常察，福州长溪县人也，姓彭。依年具戒，便离闽越，而参见九峰。密契玄闲，而栖凤岭。
>
> 僧问："如何是凤岭境地?"师云："阇梨则今在什么处?"问："如何是从上来事?"师云："从上提不起。"僧曰："今日方便又如何?"师云："万人吐不出。"①

如此常察俗姓彭，福州人，二十岁时依年具戒，便离开闽越，来参九峰，密契玄关，便住持洪州凤栖山同安院。

常察生卒年及开法时间等一概不详。凤栖山同安院在洪州，第一世为洞山门人同安威（？—902），第二世为云居门人同安道丕，第三世道丕门人同安慧（或作"观"）志，常察为第四世，法眼门人同安绍显为第五世。

据《投子义青禅师语录》卷一：

> 同安第四代昝禅师塔
>
> 威音程外不能寻，得睹虚堂色像真。丹凤来栖青嶂后，金龙去涧碧阶新。塔封晓色祥风远，藤惹香台夜月邻。九峰消息如何问，参取乾坤那畔身。②

---

① 《祖堂集校注》，第 330、331 页。

② 《卍新纂续藏经》第 71 册，第 743 页中。

如此可知“詧禅师”即是察禅师，为同安第四代，嗣九峰。

常察是在受具之后参见九峰，因此其生年当在天复二年（902）前，同安绍显接任时，有僧问“王恩降旨师亲受，熊耳家风乞一言”①，这表明他是受南唐后主之旨而住持此山的，因此当在开宝八年（975）南唐灭亡之前。

据《禅门诸祖师偈颂》卷一：

> 密禅师坐禅铭（大阳明安禅师注并序）
>
> 伏以先德垂范，事理不孤。诸法空寂，以之为座。禅非意想，道绝去来。情与非情，二俱弗顾。假名诠座，禅岂定乱！是知坐禅三昧，发慧全该，参学禅流，应晓座体。余因入室请益禅铭，略而释之于后者也。②

“密禅师”，目录中作“察禅师”，从其内容来看，正是常察之作。大阳警玄（943—1027）为其作序并注解。警玄既然入室请益，表明他见过常察。据《禅林僧宝传》卷十三《大阳延禅师》，警玄早年从金陵崇考寺智通出家，十九岁即建隆二年（961）为大僧，始游方。不过称其初谒梁山观，可能不太准确，他自金陵西游，先到庐山附近的凤栖山的可能性更大。《禅林僧宝传》称“自以先德付受之重，足不越限、肋不至席者五十年。年八十，坐六十一夏”③，表明他从三十岁得法，从此肋不至席。此先德一般理解为是梁山观，然他从常察那里受《坐禅铭》，得坐禅之法，也可能指常察。其三十岁为开宝五年（972），这应当是常察卒年的下限，因此常察入灭当在乾德开宝之际（963—972），其寿命当在七十以上。

据《林间录》卷二：

> 同安察禅师作《十玄谈》，大宏正中妙挟之旨。其言妙丽，照映丛林。然岁月寖远，多失其真。今《传灯》所载题目不同。独达观所编《五家宗派》叙之颇详。予尝得旧本，与《五家宗派》所载少

① 《大正藏》第51册，第417页上。

② 《卍新纂续藏经》第66册，第725页下。

③ 《卍新纂续藏经》第79册，第519页上。

差耳。《传灯》系师为九峰虔之嗣，而达观标师为云居膺之子，不省达观何从得其实耶？然清凉法眼去师之世不远，作《赞》词，其叙如《传灯》所载，则《五家》之论又可疑也。①

达观昙颖（989—1060）作《五家宗派》，以常察为云居道膺门人，按说他参过大阳警玄，不应该犯这种错误，难道常察也曾参过道膺吗？投子义青也说他为九峰之嗣。清凉文益（885—958）岂只去其世不远，与之实为同时人，他曾为常察作《真赞》并序，其中亦言其为九峰门人，这应当是最为可靠的记载。文益与常察辈分相同，年龄或相若，他既为常察作《真赞》，表明常察生年不会比他更晚，以大法眼的身份，不宜轻易为一个后辈作《赞》，因此可以判定其生年当不晚于光启元年（885）。假如他参过道膺，生年应当更早，或在中和三年（883）前，寿命当过八十。

常察开法同安时间不详，当在南唐之初，其开法时间应超过三十年。

常察的著作，《景德传灯录》卷二十九、《联灯会要》卷三十等唯录其《十玄谈》，《禅门诸祖师偈颂》卷一收录其《紫塞野人雪子吟》、《十玄谈》、《搜玄吟》、《坐禅铭》四篇，最为全面，而且有大阳明安与浮山法远之注及序，明安得常察亲传，法远得明安之法，故其所传最值得重视。

《雪子吟》题“紫塞野人”著，前有法远序，其中道野人云“木人夜半穿靴去，石女天明戴帽归”，此两句见于《十玄谈》，足证“紫塞野人”为常察之号，另《雪子吟》中有“凤栖林下木龙吟了”，暗示作于凤栖山，《搜玄吟》中有“问我雪中吟”，《坐禅铭》中有“每念雪中吟”，可为旁证，也表明《雪子吟》为其早期著作。

《十玄谈》为其最重要的著作，正如前引慧洪所言，其版本和题目存在争议。

据《林间录》卷二：

十玄之词，其次叙当视其题目，皆连联而作。前五首示其旨要，后五首使履践之。然八首皆两字为题，意虽相贯，而词句叠为起伏。

① 《卍新纂续藏经》第87册，第275页中下。

初曰《心印》偈，末曰“无心犹隔一重关”，故又作《祖意》偈。首曰“真机争堕有无功”，故又作《真机》偈。首曰“岂与尘机作系留”，故又作《尘异》偈。中曰“三乘分别强安名”，故又作《三乘次第》耳。此乃其所示之旨要也。至其六，则曰《反本》偈。末曰“还乡曲调如何唱”，故又作《还乡》偈。其末曰“更无一物献尊堂”，是为正位坐却，则非妙挟，故又作《回机》。机妙则失宗，尚存知见，是谓大病，故又作《转位》。转位则所谓异类中行，异类全偏，却须归正，使血脉不断，故又作《一色过后》。此乃使之履践之意也。《五家宗派》亦云，一色过后但尘异，为尘中有异而已。①

这是对《十玄谈》题目与旨趣的解释。据此，其题目为心印、祖意、真机、尘异、三乘次第、反本、还乡、回机、转位、一色过后。

《景德传灯录》明本作心印、祖意、玄机、尘异、佛教、还乡曲、破还乡曲、转位归、回机、正位前。

《永觉元贤禅师广录》卷二十七所引与此一样，只是“转位归”作“转位”，“正位前”加小注“亦名一色过后”。为霖道霈《旅泊庵稿》卷四与之完全一致。

据《祖庭事苑》卷八：

辨题目

窃观《十玄谈》所作题目，不无深旨。而后人辄自删改，盖由不知当时命题制作之由，妄建私意，良可歎也。而《传灯》又复削去《祖意》、《转位》二题，所幸者，后之四首不失旧目。若夫不明祖意，何由得造玄机，果未回机，安能转位？此《传灯》之误也。而又近世题目，全不与颂意相符。学者宜自考之。

立题

一、心印。二、祖意。三、玄机。四、异尘。五、佛教。六、还乡曲。七、破还乡曲。八、回机。九、转位归。十、止（正）位前。②

① 《卍新纂续藏经》第87册，第275页下。

② 《卍新纂续藏经》第64册，第424页下。

《祖庭事苑》第八卷重点讲《十玄谈》，不仅增加了常察《序》，还对其题目文字进行了细致的研究，值得重视。

据睦庵所述，《景德传灯录》削去了《祖意》、《转位》二题，然后面四首与旧目不异。他还对“近世题目”进行了批评。其“立题”与《景德传灯录》明本完全一样，应当是后世传本作了改动，与宋本差别很大。

《禅门诸祖师偈颂》卷一所引大阳警玄注本作“心印、祖意、玄机、尘异、演教、达本、还源、回机、转位、一色”。普菴印肃（1114—1169）乾道二年（1166）《十玄谈颂》与此完全一致。《联灯会要》卷三十亦然。大阳警玄为常察门人，其所述应当最为可靠，且与偈意相应。

正如慧洪所言，此篇结构严密，前后连贯，前五首述理（示其旨要），后五首言行（使履践之），可谓理行二入。其中还有三关三玄、“三茎异草”，心印、祖意，达本、还源，体中玄；玄机、尘异，回机、转位，句中玄；演教，一色，玄中玄。五首还代表五位，心印、达本，正中偏；祖意、还源，偏中正；玄机、回机，正中来；尘异、转位，偏中至；演教、一色，兼中到。前者为理五位，后者为行五位。五位十玄，万行具足，由此万行，会归一心，不过为一安心法门而已。

据《禅门诸祖师偈颂》卷一：

> 心印
>
> 问君心印作何颜（不得色。未问前。妙在体处），心印何人敢授传（不堕功动者。亦云不授手）？历劫坦然无异色（不变易，亘古今），呼为心印早虚言（曲为今时。若也妙会，须通一路始得）。须知体自虚空性（体即本体，即同虚空性也），将喻红炉火里莲（无中忽有。妙在体处，即明自性也）。勿谓无心云是道（犹有这个文彩在。坐著即属功也），无心犹隔一重关（他无这个消息，争肯恁么道？坐著即不堪）。[1]

心印无相无形，无传无受，亘古亘今，勉强名之。体自本空，亦如红

① 《卍新纂续藏经》第66册，第724页中下。

炉点雪，火中莲花。"好手还同火里莲"，历劫坦然无败坏。

心印为无价宝，欲得此珍，还须无心，若执无心，亦不得珍。无心一句，颇受后人重视，白云守端、圆悟克勤、大慧宗杲、此庵守净、普菴印肃、佛海月溪、高峰原妙、别峰祖珍等著名禅师皆曾提举。

《祖意》一首，灵机或作"真机"。三贤一句有争议，因为三贤在地位上不如十圣，用"尚未"、"那能"相连显得别扭。

据《禅林僧宝传》卷二十七《达观颖禅师》：

> 颖英气压诸方。荐福怀禅师，诵《十玄谈》。至《祖意》，颖曰："当曰十圣（尚）未明此旨，特以声律不协，故耳。三贤十圣，序不如是。"怀曰："宗门无许事。"颖熟视，以手画按，作十字曰："汝识此字乎？汝以谓甑箄耳。"怀无能言。颖拂衣去。曰："我要与汝斗死，生吾不敌汝也。"①

为此昙颖还与天衣义怀（989—1060）进行了一场辩论。天衣义怀辩不过昙颖，只好说与之斗死。

又据《祖庭事苑》卷八：

> 尚未那能
>
> 丛林商榷，往往谓行布差殊，语言颠错，殊不知作句有声律，命意无渐次，如断句云"莫问西来及与东"是也。虽然，愚读至此，未尝无惑焉。顷游京师，俄于檀越刘氏书府中得故本禅录，书尾有《十玄谈》，而不见序引。其第二章曰"三贤固未明斯旨，十圣那能达此宗。"予得此句，涣然冰释，方知后人传写之误。②

善卿指出，三贤在前，是为了照顾声律，在意思上并无渐次，因此实无颠倒错误。另外，他还看到另外一个版本，以"固未"取代"尚未"。然而现存所有版本均作"尚未"，"固未"意思虽通，却无人用。因此照顾声律、意思上并无递进关系，这是更加合理的解释。

---

① 《卍新纂续藏经》第 79 册，第 546 页中。

② 《卍新纂续藏经》第 64 册，第 425 页上。

透网金鳞，出自三圣问雪峰的一则公案。

据《佛果圆悟禅师碧岩录》卷五：

> 【四九】举：三圣问雪峰："透网金鳞，未审以何为食?"（不妨纵横自在。此问太高生。尔合只自知，何必更问）峰云："待汝出网来，向汝道。"（减人多少声价。作家宗师，天然自在）圣云："一千五百人善知识，话头也不识!"（迅雷霹雳，可杀惊群。一任踔跳）峰云："老僧住持事繁。"（不在胜负。放过一着，此语最毒）。①

于此不论三圣雪峰胜负，然雪窦颂云"透网金鳞，休云滞水"，显然是引用此偈。

祖意若有非有，如空不空，十圣未达，三贤不明。金鳞透网，犹滞清波；石马回头，方出纱笼。东西未相付，相付非大仙；西来本无意，有意不向东。

《玄机》，玄机不落有无，空劫如何能收。妙体无用无处，羚羊挂角何踪。超万象，出三乘，撒手信步，不假修行。

洞山功勋五位有"迢迢空劫无人识，肯向南询五十三"。此一句，大慧宗杲为《浮山九带》作颂，有"迢迢空劫不能拘"、"妙体本来无位次"之句，显然是引用此章。宏智正觉、真歇清了等亦曾引用。

《尘异》，学人须辨清浊，明缁素。尘中之异，异于凡尘。清者自清，不受污染。和氏之璧，骊龙之珠，处处晶光，全体显现。若是大丈夫，自然具有冲天之志，不向他人行处下足。

冲天一句，引者颇多，有石霜楚圆、翠岩可真、荐福承古、真净克文、大慧宗杲、法昌倚遇、超宗慧方、希叟绍昙、慈受怀深、体明圆鉴、寿宁成则、别峰宝印、环溪惟一、天如惟则、月江正印、呆菴普庄等。论其出处，可能是曹山五位颂之"宛然自有冲天意"。

《演教》，自度度人，自利利他。若不开演教法，何以度脱众生。三乘次第，开演真言；三世如来，共宣大教。初时说有说空，二乘生执；后述非空非有，不立两边。虽是龙宫所传满字大乘，也是随病施药，一时方

① 《大正藏》第48册，第184页下。

便；鹤林所示最后微言，理不透脱，亦是未明旨玄。因此对教法文字不可执著，一念才生，已隔八千。

此章自说自扫，随立随破，有句中无句，无语中有语，真得曹洞家风。

以下五首述行，与前五首所述非异，是从另外一个角度实践前者。达本者，心印之本，前为知本，后为达本，以下皆然。

《达本》，亦作“还乡曲”。达本还乡，实是难事，是故洞山《新丰吟》道“无人解唱还乡曲”。不可于途中奉事空王，必须达于本乡。途中云水山川，风光虽好，不可留恋，直达雪山深处，才是真正归宿。到家之后，一切撒手，方得自在，既不为人所识，亦无物奉献尊堂，如此方是子顺于父。

据《（重编）曹洞五位显诀》卷一：

> 又拣云：如学士拣僧问洞山：“如何是玄旨？”山云：“如死人舌。”又问：“十二时中将何奉献？”云：“无物。”①

洞山道无物奉献，有时道“将虚空奉献”，这应当是“更无一物献尊堂”的出处。到家之后，父不识子，子不识父，无物奉献，方是孝顺，因为相濡以沫，不如相忘于江湖。

据《景德传灯录》卷十七《道膺禅师》：

> 问：“游子归家时如何？”师曰：“且喜归来。”曰：“将何奉献？”师曰：“朝打三千，暮打八百。”②

非但无物奉献，还要朝打三千、暮打八百，云居有超师越祖之谈，更是孝顺。

《还源》，有作“破还乡曲”，是因为其中有立有破，以破而立。有心返本还原，此事已差，因为本来无住，一切本空，还乡者谁，何处有家？雪覆松径，云遮青山，本无踪迹，归途何在？莫道宾主相见，君臣道合，

① 《卍新纂续藏经》第63册，第200页下。

② 《大正藏》第51册，第335页中。

父慈子孝，阖家团圆，实是一场懡罗。还乡曲调，如何举唱，明月堂前，枯木生花。

宾主睦时一句，颇受后世重视，杨歧方会、法昌倚遇等曾经举唱。慧洪称其“非一代时教之所管摄，摩醯首罗面上竖亚一目，非常目也”①，对之评价甚高。

还源，即是回归祖意，与释迦同参，和迦叶共语。此中路途不易，不可轻忽，虽到其处，亦不可留恋。

《回机》，识得玄机，还须回机。涅槃城中最孤危，趋向真如亦是邪。身披垢衣称佛，却装珍御名谁。至此地步，还须解脱知见，不得但自受用。

木人一句，亦为后世所重。浮山法远、药山义铣、善政普印、少林恩、宏智正觉等引之。空界月一句，更是脍炙人口，引者无数，著者如汾阳善昭、白云守端、法昌倚遇、草堂善清、开福道宁、圆悟克勤、大慧宗杲、虎丘绍隆、应菴昙华、丹霞子淳等上百家。

《转位》，识得尘异，还须行异，行异即披毛戴角，行于异类。虽向异类中行，不受畜生之报，而是于中教化众生，于烦恼海，为雨为露；在无明山，作日作雷。此一句，圆悟克勤、广智本嵩、古林清茂、愚菴智及等引之。

据《千手千眼观世音菩萨大悲心陀罗尼》卷一：

我若向刀山，　刀山自摧折。
我若向火汤，　火汤自消灭。
我若向地狱，　地狱自枯竭。
我若向饿鬼，　饿鬼自饱满。
我若向修罗，　恶心自调伏。
我若向畜生，　自得大智慧。②

这应当是镬汤剑树一句的出处，不过这里不是凭借观世音菩萨的威神，而是自己的大愿。

---

① 《卍新纂续藏经》第63册，第171页上。

② 《大正藏》第20册，第115页下。

行于轮回，是为救度众生，行而不受，在尘不染。最终还要回归正位。

《一色》，又名“正位前”，转位之后，还须归正。枯木岩前一句，慧洪道是后世“智眼多浊，不见古人不传之妙”[①]，圆悟克勤、慈受怀深、淮海原肇、石屋清洪、了菴清欲、无明慧经等多人引之。

一色，是曹洞宗特别重视的，无论是洞山还是石霜系皆然。鹭鸶立雪，非是同色，明月芦花，不可混淆。此句隆庆庆贤（1029—1081）、圆悟克勤、丹霞子淳、宏智正觉、雪岩祖钦、虚舟普度、石鼓希夷、云外云岫等引之。

据《祖堂集》卷八《曹山和尚》：

> 问：“承师举新丰有言：‘一色处有分不分之理。’如何是分？”师云：“不同于一色。”僧曰：“与么则不从今日去也。”师云：“是也。”“如何是不分？”师云：“无弁处。”僧曰：“只如无弁处，这里岂不是父子通为一身？”师云：“是汝还会么？”僧云：“正当一色时无向上。”师曰：“向上本来无一色。”云：“只如一色，还是宗门中意旨不？”师云：“不是。”僧云：“既不是，为什么人说？”云：“我只为宗门中无人承当，所以为这个人说。”[②]

又据《祖堂集》卷十二《禾山和尚》：

> 一色之义已立，双分之理须知。所以刘［浏］阳云：“一色后如何？”荅云：“有人长欢喜，有人嗔迫迫地。”亦如沩［溈］潭云：“猫儿口里雀儿飞。”[③]

因此一色实为宗门意旨，其中有分不分。一色之后，能喜能嗔，可杀可活，一切自在。

空里蟾光，还可撮么？此一句，死心悟新、昙芳守忠等引之。

---

① 《卍新纂续藏经》第 63 册，第 193 页下。

② 《祖堂集校注》，第 228 页。

③ 《祖堂集校注》，第 325 页。

据《嘉泰普灯录》卷六《悟新禅师》：

> 上堂："古人道'藏人不藏照，藏照不藏人。人照俱藏，人照俱不藏'，后来举者甚多，明者极少。黄龙今日不惜眉毛，与你诸人说破。藏人不藏照，鹭鹚立雪非同色；藏照不藏人，明月芦华不似他；人照俱藏，了了了时无可了；人照俱不藏，玄玄玄处亦须呵。"复曰："会么？殷勤为唱玄中曲，空里蟾光撮得么。"①

一色，实是最上一乘，与前述演三乘教有别。此与空里蟾光一样，不易辨识，何可撮摩？

常察其他著作，《雪子吟》又名《雪中吟》，是四篇中最早之作，有模仿洞山《新丰吟》的痕迹。其中还引用《永嘉证道歌》（深成认贼）、《弄珠吟》（衣中宝）等。

开首白云青山之句，是引用《玄中铭》"青山白云，无根却住"，也是引用《祖堂集》卷十七《隐山和尚》之偈。

"事事通兮物物明"一句，其《十玄谈序》亦言"森罗万象，物物上明"，洞山《悟道颂》有"向前物物上求通"（《宗镜录》）之句，云居道膺称"头头上须及，物物上须通"（《祖堂集》）、"始得头头上具、物物上新"（《景德传灯录》）、曹山言"于一切物物上不滞，呼为一切处不易"（《重编曹洞五位显诀》）。

所述宗旨，如"玄途（路）"、"鸟道"，即是洞山三路。又称"还乡曲"、寻觅知音，显然出自《新丰吟》、《玄中铭》。

《搜玄吟》与《玄中铭》有似。开首一句"三更初夜偏，日午月明前"，显然来自曹山"正中偏，三更初夜月明前（拣云：黑白未交时辨取）"；"黑白未分时，正是偏中圆"，显然出自拣语。

据《玄沙师备禅师语录》卷二：

> 你见我见，十分成现。打破荆棘林，方知无背面。一点从教彻古

① 《卍新纂续藏经》第79册，第324页下、325页上。

今，黑白未分何处辨？[①]

玄沙与曹山同时，或许他也见过曹山揀语，故引之。

“门门不回互，回互隔关山”出自《参同契》“门门一切境，回互不回互”；末后“谨白参玄人，参禅莫守闲”出自“谨白参玄人，光阴莫虚度”。

《坐禅铭》的特色很明显，几乎每个句子都是有反有正，有立有破，矛盾互具，二俱不立。故“返本不还源，归根无道路”，“放下牢把捉，撒手还拘束”。然而他对坐禅还是非常重视，要求“行玄不动足”、“坐来石笋生”，这与石霜“枯木众”无异，显示一家门风。

前期史料有关常察的机缘语句太少，后世则有所补充。

据《联灯会要》卷二十五：

> 示众云：青霄鸟道，登者即迷；碧海无波，动犯风影。今时学者，也似敲空觅响，击石求声，火中求水，水里觅火。山僧有一曲即不然，何也？五天唱不起，汉地和不成。欲晓其中事，铁牛水上行。幻人看音乐，石女夜鸣机。若能如是作，许君解无为。有言玄妙用，无语句中明。满目不干生死事，迥然那肯挂风云。直须头头超祖意，句句越无生，方可言了。物物不沉空，明明三界内，独脱万机前。所以道：俊鸟不栖林，活龙不滞水。孤鸾那有伴，师子不同群。凤飞无影树，象径绝狐踪。言须有骨格，句句透玄关。万象不能藏，森罗何障碍？譬如手向长空，任你开合。[②]

这段开示十分重要，其旨要与前述一致，强调独脱物外、无依无待、自由自在。不过此段前四句又见于《法昌倚遇禅师语录》，可能是引用常察之语，因为法昌多次引用常察著作。

常察是曹洞宗第五世中最为重要的一位理论家，也是对后世影响最大的一代宗师。其思想宗旨通过大阳警玄传到后世，为后来曹洞宗的繁荣有很大贡献。

---

① 《卍新纂续藏经》第73册，第36页上。

② 《卍新纂续藏经》第79册，第216页中。

第五节 禾山无殷生平与禅法

禾山无殷（891—960），《祖堂集》卷十二、《景德传灯录》卷十七、《禅林僧宝传》卷五等有传。

据《禅林僧宝传》卷五《吉州禾山殷禅师》：

> 禅师名无殷，生吴氏，福州人也。七龄，雪峰存禅师见之，爱其纯粹，化其亲，令出家。年二十，乃剃落受具，辞游方。至九峰虔公，问："汝远来何所见，当由何路出生死？"对曰："重昏廓辟，盲者自盲。"虔笑，以手挥之曰："佛法不如是。"殷不怿，请曰："岂无方便？"曰："汝问我。"殷理前语问之，曰："奴见婢慇懃。"
>
> 殷于是依止十余年。虔移居石门，亦从之。及虔殁，去游庐陵。至永新，见东南山奇胜，乃寻水而往。有故寺基，盖文德中，异僧达奚道场。遂定居，学者云集。唐后主闻其名，诏至金陵，问佛法大意。久之有旨，延居杨州祥光寺。恳辞归西山，诏住翠岩。又住上蓝寺，赐号"澄源禅师"。建隆元年庚申二月，示有微疾。三月二日令侍者开方丈，集大众曰："后来学者，未识禾山，即今识取。"于是泊然而化。阅世七十，坐夏五十。谥"法性禅师"，塔曰"妙相"。
>
> 赞曰：石霜言"遍界不曾藏"，而其子闻公临化曰："今日分明说似君，我敛目时齐听取"；九峰言"尽干坤是汝当人自体，何处安眼耳鼻舌"，而其子殷公临化曰"后来学者，未识禾山，即今识取。"予观其父子兄弟，语言行履，如形著影出，声呼谷应。而近世禅者尚伫思，可悲怜也。①

《祖堂集》未言其生卒，《景德传灯录》始道其卒年，然未述其寿命夏腊。依《僧宝传》，无殷生于大顺二年（891），卒于建隆元年（960），寿七十，夏五十。此说究竟是否可靠呢？惠洪《石门文字禅》卷二十二有《吉州禾山寺记》，表明他对禾山的情况了解很细，发掘了新的资料。

《景德传灯录》称其为福州人（《祖堂集》道其为福州连江县人），

① 《卍新纂续藏经》第79册，第503页上中。

七岁依雪峰真觉大师出家，则在乾宁四年（897），当时雪峰义存（822—908）确实在世。其“年满受戒”，即于梁开平四年（910）二十岁时受具，二说一致。由于当时雪峰义存、玄沙师备均已入灭，他便出离闽越，遍历法席，而至九峰。

据《景德传灯录》卷十七：

> 年满受戒，游方，抵筠阳，谒九峰。峰许入室。一日谓之曰：“汝远远而来，晖晖（音混）随众，见何境界而可修行，由何径路而能出离？”师对曰：“重昏廓辟，盲者自盲。”峰初未许。师于是发明厥旨，顿忘知见。①

九峰之问，意为你不辞辛苦，远道而来，不顾困倦（晖晖，困视之貌），随众参请，依何境界修行，由何途径出离？九峰此问，半肯半斥，亦激亦陷，表面是说其求道心切，事实上却有如马祖责问大珠慧海不顾自家宝藏、抛家散走一般，怪其别寻外觅，其问依何境界修行、由何途径出离也是暗藏机关，若谓有法可依、有路可行就会陷于有为，若谓无法可依、无路可行就会落入空见。

禾山之答，意为重重昏障已然廓清净尽，而盲者依然都无所见，故盲者自盲，何怪白日之无光；聋者自聋，何责雷霆之无响！禾山的回答看来是很不客气的，大有以九峰为盲者、怪其不知自己凡情已尽之意。

然而九峰认为这还不够，“初未许”，而具体内容不详，由此可知《景德传灯录》记事有遗漏，不如《僧宝传》。依后者，九峰答“奴见婢殷勤”，方使禾山发明厥旨。

禾山得九峰之传，顿契心源，独得密要。依《祖堂集》，他后辞别九峰，九峰以一偈送之，偈云：将宝类宝意不殊，琉璃线贯琉璃珠，内外双通无异径，郁我家园桂一株。② 看来九峰对禾山的评价很高，期许亦深，道其内外通彻，与己无异，期望他能传持家业，令一支嫩桂久昌昌。依《僧宝传》，他则一直跟随九峰，直至其入灭。

禾山依止九峰十余年，并从其迁居石门。约顺义元年（921）九峰入

---

① 《大正藏》第51册，第342页下。

② 《祖堂集校注》，第322页。

灭后，始游方至永新。

据《石门文字禅》卷二十二《吉州禾山寺记》：

> 永新为江西山川形胜之地，城南有山，峁然深秀，晴岚夕晖，应接不暇者，唐僧达奚栖迟之所也。奚不知何许人，以文德初始至，刀耕火种，住成法席，致嘉禾之瑞，因以名山，号大智禅院。院僻崄，初未著于诸方。吴顺义二年，僧无殷中兴之，恢复法度，学者趋之如云。殷九峰虔禅师之嗣，青原八世孙也。方是时，禅学之弊，巧见异解，殷以击鼓之机，脱略窠臼，于是宗风大振，学者赖之。嗣殷者有契云，自云殁，代居者名存实亡。①

禾山在永新城南，文德元年（888）达奚始至，开辟而成法席，并有嘉禾之瑞，故称禾山，院号大智禅院。顺义二年（922），无殷中兴，于此恢复法度，学者云奔。

据《景德传灯录》卷十七：

> 先受请止吉州禾山大智院，学徒济济。尝述《垂诫》十篇，诸方叹伏，咸谓禾山可以为丛林表则。②

此《垂诫》具体内容不详，理当是有关道德及丛林规矩的训示，与沩山、洞山所述，其旨一也。由于其地属于永新，又号大智禅院，肯定也吸收了百丈大智禅师的《清规》。《祖堂集》称其“编《十一位集》数百言”，不知有《垂诫》十篇是何关系。

师居禾山时，学徒济济，诸方钦叹，自然引起了占据江南的李昪父子的注意。据《景德传灯录》，江南李氏召而问曰：“和尚何处来？”师曰：“禾山来。”曰：“山在什么处？”师曰：“人来朝凤阙，山岳不曾移。”国主重之。③

这位江南李氏不知是李昪还是李璟，从时间上看，应当是李昪，因为

① 《嘉兴藏》第23册，第685页中下。

② 《大正藏》第51册，第342页下。

③ 同上书，第342页下。

其时还在禾山的早年。然《十国春秋》卷三十三称“元宗重之，诏居东都祥光院”，如此则是元宗李璟，不过此书为后人所编，未明所据。从两人的对答来看，这位李国主还是颇识禅门机锋的，他的设问看似平常，却是暗藏机关，一句“山在什么处”，表面是问是禾山的地理位置，实则是显示了国主的傲人之意，是说我一招见，你就来朝，人在面前，山岳何在？禾山当下识破其意，道是身为臣民，国主招见，不可不来，然而道尊德重，无可倾动，莫道一方之主，尽天下力也移不得。如此既照顾了国主的面子，又维护了禅宗的尊严，不由国主不服。自此李氏重之，命居扬州祥光院，禾山不愿久居城市，乞归山林，于是又栖止翠岩。其时夹山善会的弟子上蓝令超禅师在洪州开创的上蓝禅苑亦无人住持，于是李氏又命其兼领上蓝，此上蓝禅苑就是《祖堂集》所言的洪州护国，因为《祖堂集》卷八《上蓝和尚》称钟传为其“构护国院”，清凉文益门人法灯禅师清凉泰钦（？—974）后住“上蓝护国院”[①]，可见上蓝即护国。

禾山先住吉州禾山，在此时间很长，至少有十六年，因为若是烈祖李昪昪元元年（937）即位后才召见他，若是李璟，则最早始于保大元年（943）。而后离开。他次居扬州祥光、江西翠岩，于辛亥岁即南唐保大九年（951）敕住洪州护国寺，号“澄源禅师”。

禾山云：“如今一等是乱说，可不闻六祖问让大师从嵩山来不污之语与神会和尚本源佛性之理，古德配云：‘一人会祖师意，一人会大教意。’诸人道是谁如此解会，须是鹅王之作始得。”[②] 这段话堪称要害，由于《祖堂集》为石头一系张目，将对于石头一系不利的材料删除了许多，能够保存下来的就非常难得了。大概是百密一疏，《祖堂集》竟然将如此重要的材料保存了下来，成为当时药山一支仍然不承认青原的铁证。

据《坛经》：

> 让至礼拜，师曰：“甚处来？”曰：“嵩山。”师曰：“什么物，恁么来？”曰：“说似一物则不中。”师曰：“还可修证否？”曰：“修证即不无，污染即不得。”师曰：“只此不污染，诸佛之所护念，汝即

---

① 《大正藏》第51册，第414页下。

② 《祖堂集校注》，第323页。

如是，吾亦如是。”①

又据《坛经》：

> 一日，师告众曰：“我有一物，无头无尾，无名无字，无背无面，诸人还识否?”神会出曰：“是诸佛之本源，神会之佛性。”师曰：“向汝道无名无字，汝便唤作本源佛性，汝向去有把茆盖头，也只成个知解宗徒。”②

《坛经》的记载显然就是禾山所言的出处。怀让之“不污染”，甚得六祖称赏，而神会之“本源佛性”，却受六祖之呵，其实二人所言皆是一物。怀让之高明，在于默识心行，不曾说破，不著文字，故其得祖师意；神会之冒失，在于形之语言，开口说破，流于言教，故限于知解而非心证。虽然如是，神会也算得教意，并非一无是处。

禾山借古人之言称赞怀让与神会，称其一人得祖师意，一人得大教意，这显然还是赞同南岳与荷泽并立的旧说。唐末及五代之时荷泽一系早已式微，石头一系开始崛起，就连南岳门下也有人赞同怀让与行思并立之说，让青原思取代荷泽会的位置，药山门下更有人改弦更张，转而附青原之骥尾，在这种情况下，禾山仍然坚持早已“过时”的旧说，不肯给青原一席之地，这不正好表明道悟一支的态度么。

或谓禾山只是引用古人的成说，未必是他自己的意见。禾山并未将这位古人的名字说出来，他料到会有人提出这一问题，问“是谁如此解会”，他则答道“须是鹅王之作始得”。“鹅王”非同寻常，为佛本生事，其实是佛的称号之一。禾山如此赞美这一见解，足见其立场。六祖之后，中土何人能当“鹅王”之号？看来这是禾山借古德之口说出自己的观点，并称即便诸佛也会赞同这一看法，不必怀疑其确定性。

禾山如此解会，并非由于他对菏泽一系有多少感情，而是他要逆流而上，继续利用神会来排斥行思。从本源佛性的问答来看，六祖对于神会的见解和风格是不大满意的。神会影响之大，并不在于他在禅理上有何过人

---

① 徐文明注释：《六祖坛经》，中州古籍出版社2008年版，第69页。

② 《六祖坛经》，第88页。

之处，而在于他有大弘顿教之功。南宗门下对于神会的评价一向是矛盾的，一方面肯定他为南宗争地位的功劳，一方面又对其教法不敢恭维，而是颇有微词。即便是在神会影响尚在的时期也是如此，如韦处厚《大义禅师碑铭》，一方面给神会四分天下的地位（在南宗内部与怀让并列），赞其“得总持之印，独耀萤珠”，一方面又指责其弟子不肖。称神会“得总持之印”，可谓言其得“大教意”的滥觞。所谓“总持之印”，非指佛之心印，而是总持佛法（教法）之印，扬中有抑，褒中含贬，其实是说神会并未得到六祖的真传，未明祖师意，只是得其教法名言而已，这与宗密对南岳的评价一样，带有一些宗派之见。

禾山言神会得大教意，其实也是为了衬托怀让的高明，强调怀让得祖师意，是六祖嫡子，佛祖正传。无论是强调祖师禅与如来禅之分，还是强调祖意与教意之别，都是为了说明祖师意的高明与特出，禾山自然亦不例外。

除肯定怀让大师得祖师意这一最高的评价之外，现存资料中并无禾山直言自己属于此支的记载，然而似乎这一句已经足够了，因为谁也不会不认为自己属于最高明的一支。禾山还称赞灵云志勤（长庆大安嫡子，百丈怀海法孙）见桃花、仰山慧寂见天云，由无情而悟道，属于上乘利根，又赞归宗当用无用，是上上之流，这三人都是属于马祖一系的。禾山提到的人物，除药山一系外，如沩山、华林、南泉、兴平等都属于南岳系，有争议的只提到玄沙师备，玄沙为芙蓉灵训门人，应当属于归宗系，亦有将其列为雪峰门人，划归石头系，还是因其评价仰山插锹事而为人问及，并非禾山自己提及。

据《景德传灯录》卷十七：

> 问：“仰山插锹，意作么生？”师曰：“汝问我。”曰：“玄沙蹋倒，意作么生？”师曰：“我问汝。”问：“未辨真宗，如何体悉？”师曰：“头大尾尖。”①

这段问答有些费解。据《五灯会元》卷九仰山慧寂禅师因缘：

> 师（仰山）在沩山为直岁，作务归。沩问：“甚么处去来？”

① 《大正藏》第51册，第343页上。

师曰："田中来。"沩问："田中多少人？"师插锹叉手。沩曰："今日南山大有人刈茅。"师拔锹便行。（玄沙云："我若见，即踏倒锹子。"僧问镜清："仰山插锹，意旨如何？"清云："狗御赦书，诸侯避道。"云："只如玄沙踏倒，意旨如何？"清云："不奈船何，打破戽斗。"云："南山刈茅，意旨如何？"清云："李靖三兄，久经行阵。"）①

沩山问什么处来，尚是直问，故仰山直答，而再问田中多少人，就暗藏机锋了，故仰山插锹叉手，以此作答。仰山插锹，是何意旨？镜清谓是狗御赦书，诸侯避道，是说狐假虎威，百兽畏惧，大有挟天子以令诸侯之势。此处切不可错解，镜清并非讥讽仰山，而是在说锹子。沩山问田中多少人，仰山插锹叉手，关键不在插锹，而在叉手，其意是说一已足矣，汝道还有欠少么？沩山久经战阵，当然不会轻易落败，于是又道南山大有人刈茅，意思是说田中事则足矣，南山事又作么生？汝既为直岁，不可只顾自己田中事，而置南山于不顾。沩山怪仰山只解自利，不解利他，只得其体，不明其用，然并不明言，而是故意说南山大有人刈茅，仰山一闻便知，赶紧拔锹而去。良马见鞭影便行，真师子儿，一拨就转，仰山自然不会拖泥带水。当然仰山拔锹而去，也有可能是谓本分事不得不问，南山事与我何干，和尚休得没事找事，诱人当头。

玄沙云当时若见，便踏倒锹子，是嫌沩山老婆心切，拐弯抹角，不肯直斥其非，其实玄沙此言亦有过，所谓杀人者走却，委过于刀斧，此事过在叉手者，关锹子何事？是故镜清讥讽玄沙欺软怕硬，奈何不得仰山，却拿锹子出气，不敢去碰大船，无端打破戽斗。

由此可知禾山一句汝问我，是说此理玄奥，汝不得不问我；一句我问汝，是说些须小事，有何难解，我问汝即可，何必劳动老师！因此禾山答语之中，颇有抑扬之意。仰山为南岳之后，故禾山尊之重之；玄沙或为青原之裔，故禾山贬之抑之。此时其僧尚不明其意，禾山则言"头大尾尖"，其意更明，是说前者（头，仰山）大，后者（尾，玄沙）小。由此表明了禾山对两系不同的态度。

---

① 《卍新纂续藏经》第 80 册，第 188 页上。

据《祖堂集》卷十二《乐山和尚》：

> 大凡出言吐气，不可和泥合水去也。夫与人为师匠，岂是草草之流？且说一种本自真如，非同阶降，不假修证，何借劬劳？众圣兴不加，千人退时难灭。既道其事，须赖其人，若不通明，焉知如理？然则二者既达，表里未亡，滞有法之所牵，遭无为之所束，则须泯其能所，妄虑俱销。如豁虚空，悠然无寄，始得功成德立，位称本情。果既将成，大事圆办，始得记位兜率，独尊超乎群品，亦如树菓一般，方为称断。守此为解，爰療将凌，脱病不粘，谓言无辩。一色之义已立，双分之理须知。所以刘［浏］阳云："一色后如何？"荅云："有人长欢喜，有人嗔迫迫地。"亦如沩［沩］潭云："猫儿口里雀儿飞。"须此一格始得，余则不可论也。①

所谓"本自真如"、"不假修证"，显然是马祖一系的禅法。他强调必须内外通明，表里俱彻，泯其能所，如同虚空，始得功成得果，记位兜率。若不能透彻，执著一理，则反成病。如本宗义理，明得一色之义，还须知双分之理，有一有二，能合能分，有体有用，能杀能活。石霜云一色后有喜有嗔，九峰云猫儿口中雀儿飞，便示此理。

有僧问："即心即佛则不问，如何是非心非佛？"禾山曰："禾山解打鼓。"且不说禾山此答何意，只如学人之问，尽是马祖宗旨，表明参学者是以马祖传人视之的。

禾山批评"如今一等是乱说"，这种"乱说"就是将怀让与行思并列、并将药山划归石头门下之说。《祖堂集》为石头一支大造舆论，抬石头、贬马祖，但这一风气并未由《祖堂集》发起，将药山改归石头门下也是药山一门自己的事，若药山后人自己不如此改换门庭，他人也不会越俎代庖。禾山所痛恨的是云居道膺门下的"乱说"，指责的是自己一门的人赶时髦、追新潮，趋炎附势，跟着雪峰一系改换祖宗。

从禾山的立场也足以发现《祖堂集》借圆智道悟之口攻击南岳系的荒唐，道悟从百丈第二代法正禅师出家，又是属于马祖门徒的药山惟俨的法子，由他出面指责南岳是根本不可能的。他的后世尚且推崇南岳，不言

① 《祖堂集校注》，第325页。

青原，在他的时代怎么可能站在当时尚不存在的青原系的立场上指责百丈及江西一派呢？

禾山为九峰嫡传，代表道悟一支，同时他又主持上蓝法席，代表船子一支，他的看法不只是个人的意见，而是药山一派的主流观点。然而在“一等是乱说”的潮流之下，他的声音显得十分微弱，到了后来，连这种微弱的声音也听不到了。在党同青原的《景德传灯录》中，他的这段话被悄然删去了。后来的曹洞宗由于是由云居一支传承下来的，反对的声音便越来越弱，后世就干脆根本不知道自己的祖宗原来是南岳怀让了。幸而《祖堂集》的作者有所疏忽，才使禾山留下了足以表明其立场的只言片语，使后人知道原来药山一支起初也不是全部赞同改宗青原。

禾山强调，修行者“一者须自己分明广大，二者时中行位相资，三者博附道友”，是说一要认识自性，二待时节因缘，行位相应，三靠道友帮助。他认为问答有三种，“一者现对缘处机，纵夺亦得，名为问答；二者亦有拟心是问，不续是答，是药病之语；三者亦有无问之问，无说之说。”一是随缘对机，有纵有夺，有问有答；二是起心动念是问，念不相续是答，药病相治；三是无问之问，无答之答，此是宗门正问正答。另外有三种谤，一者“现今不信自己即佛，何处生灭坏烂之身得成佛道？如此之辈，亦同出佛身血，唤作破和合僧”；二者“旷大劫来，无明相随，习业颠倒，便须今日息念归真，坏除生死，六根销落，亦得为今时谤”；三者“知有自己本生父母，为有知解，却须鞔过，亦唤作大谤。”一是不自信自身是佛，自谤即是谤佛；二是不相信今时即佛，即今时谤；三是知有本生父母，因为尚存知解，不能直下认取，即是大谤。

禾山打鼓是丛林中流行的故事，然而在早期的史料中却无记载，《五祖法演语录》始提及。

据《佛果圆悟禅师碧岩录》卷五：

> 【四四】举：禾山垂语云：“习学谓之闻，绝学谓之隣，（天下衲僧跳不出，无孔铁钟一个铁橛子）过此二者，是为真过（顶门上具一只眼，作什么）。”僧出问：“如何是真过（道什么？一笔勾下，有一个铁橛子）？”山云：“解打鼓（铁橛，铁蒺藜，确确）。”又问：“如何是真谛（道什么？两重公案。又有一个铁橛子）？”山云：“解打鼓（铁橛，铁蒺藜，确确）。”又问：“即心即佛即不问，如何是非

心非佛（道什么？这个垢圾堆。三段不同。又一个铁蒺藜子）？”山云：“解打鼓（铁橛，铁蒺藜，确确）。”又问：“向上人来时如何接（道什么？遭他第四杓恶水来也。又有一个铁橛子）？”山云：“解打鼓（铁橛，铁蒺藜，确确。且道落在什么处？朝到西天，暮归东土）。”

禾山垂示云：“习学谓之闻，绝学谓之隣。过此二者，是为真过”，此一则语，出《宝藏论》。学至无学，谓之绝学。所以道，浅闻深悟，深闻不悟，谓之绝学。一宿觉道“吾早年来积学问，亦曾讨疏寻经论”，习学既尽，谓之绝学无为闲道人。及至绝学，方始与道相近。直得过此二学，是谓真过。其僧也不妨明敏，便拈此语问禾山。山云“解打鼓”，所谓言无味、语无味。欲明这个公案，须是向上人方能见。此语不涉理性，亦无议论处，直下便会，如桶底脱相似，方是衲僧安稳处，始契得祖师西来意。所以云门道雪峰辊毬，禾山打鼓，国师水碗，赵州吃茶，尽是向上拈提。又问：“如何是真谛？”山云：“解打鼓。”真谛更不立一法，若是俗谛万物俱备。真俗无二，是圣谛第一义。又问：“即心即佛即不问，如何是非心非佛？”山云：“解打鼓。”即心即佛即易求，若到非心非佛即难，少有人到。又问：“向上人来时如何接？”山云：“解打鼓。”向上人即是透脱洒落底人。此四句语诸方以为宗旨，谓之“禾山四打鼓”①。

此四句语，圆悟解释得非常清楚，不必多言。后来禾山打鼓这一典故，在丛林中流行极广。

禾山无论当时后世，影响都很大，他和同门常察为石霜系最后的大师，值得重视。

---

① 《大正藏》第48册，第180页下、181页上。

第五章　洞山良价与曹洞宗的创建

第一节　洞山良价生平与参学经历

洞山良价生平经历比较复杂，相关史料主要有《祖堂集》卷六、《宋高僧传》卷十二本传、《景德传灯录》卷十五、《筠州洞山悟本禅师语录》、《瑞州洞山良价禅师语录》等，其间并不完全一致，需要取舍梳理。

首先是洞山的生卒年，其卒年是确定的，皆作咸通十年（869）三月，生年则有异说。《宋高僧传》道是二十一具戒，春秋六十三，法腊四十二，后世几乎所有史料皆从之，而《祖堂集》则称春秋六十二，僧腊四十一。

据《祖堂集》卷八《曹山和尚》：

> 师自天复元年辛酉岁夏中，忽有一言："云岩师翁年六十二，洞山先师亦六十二，曹山今年亦是六十二，也好趁惯作一解子。"至闰六月十五日夜，问主事曰："今日是何日月？"对云："闰六月十五日。"师云："曹山一生行脚，到处只管九十日为一夏。"至来日辰时，师当化矣。春秋六十二，僧夏三十七。①

估计这一传说是《祖堂集》坚持洞山年龄六十二的根本原因。《宋高僧传》本传的记载很简短，未提依据碑铭，其资料来源也未必可靠，其下虽然史料很多，但大都是袭用僧传，并非有独立的来源。

然据余靖《筠州洞山普利禅院传法记》：

> 悟本讳佷价，越州诸暨人，姓俞氏，年十二师事五洩，二十一受

① 《祖堂集校注》，第229页。

具于嵩山睿律师。慕南宗之学，南游江湘，得云岩而事之终其身，毕？而后去。

此文虽然作于北宋景祐五年（1038），却是对洞山普利禅院历史的总述，有寺院本身的资料为根据，值得重视。其言洞山年十二事五洩灵默（747—818），而五洩灵默入灭于元和十三年（818）三月二十三日，因此洞山必然生于元和二年（807）前。

如此《宋高僧传》的说法应当是可靠的，良价生于元和二年（807），《祖堂集》的故事虽然活灵活现，却只是美丽的传说，不可信从。

据《祖堂集》卷五《洞山和尚》：

洞山和尚，嗣云岩，在洪州高安县。师讳良价，姓俞，越州诸暨县人也。初投村院院主处出家，其院主不任持，师并无欺嫌之心。过得两年，院主见他孝顺，教伊念《心经》。未过得一两日念得彻，和尚又教上别经。师启师曰："念底《心经》尚乃未会，不用上别经。"院主云："适来可怜念得，因什么道未会？"师曰："经中有一句语不会。"院主云："不会那里？"师曰："不会无眼耳鼻舌身意，请和尚为某甲说。"院主杜口无言。从此法公不是寻常人也。院主便领上泄和尚处，具陈前事："此法公不是某甲分上人，乞和尚摄收。"五泄容许。

师蒙摄受，过得三年后，受戒一切了，谘白和尚："启师，某甲欲得行脚，乞和尚处分。"五泄云："寻取排择下，问取南泉。"师曰："一去攀缘尽，孤鹤不来巢。"师便辞五泄到南泉，南泉因归宗斋，垂语云："今日为归宗设斋，归宗还来也无？"众无对。师出来礼拜云："请师征起。"南泉便问，师对曰："待有伴则来。"南泉趍跳下来，抚背云："虽是后生，敢有雕啄之分。"师曰："莫压良为贱。"因此名播天下，呼为作家也。后参云岩，尽领玄旨。止大中末间，住于新丰山，大弘禅要。①

如此洞山出家很早，初从村中一院主，这位院主水平不高，但洞山依

① 《祖堂集校注》，第173页。

然尊敬他，后来院主觉得自己无力教他，便将他带到五洩灵默大师处，灵默便收下他。灵默于元和十三年（818）三月去世，因此洞山年初时到五洩，与大师相值不过数月。

据《筠州洞山悟本禅师语录》卷一：

> 举，五洩默禅师到石头处，云："一言相契即住，不契即去。"头据坐，洩便行。头随后召曰："阇黎，阇黎。"洩回首，头曰："从生至死秖是这个，回首转脑作么？"洩忽然契悟，乃拗折拄杖而栖止焉。师曰："当时不是五洩先师，大难承当。然虽如是，犹涉途在。"①

又据《筠州洞山悟本禅师语录》卷一：

> 师示众曰：五洩先师一日沐浴，焚香端坐，告众曰："法身圆寂，示有去来；千圣同源，万灵归一。吾今沤散，胡假兴衰；无自劳神，须存正念。若遵此命，真报吾恩；傥固违言，非吾之子。"时有僧问："和尚向甚么处去？"洩曰："无处去。"云："某甲何不见？"洩曰："非眼所睹。"师曰："作家！"②

如此洞山早年师从五洩并见其涅槃，是确定无疑的。洞山对五洩在石头处得悟似乎持有保留态度，故言其"犹涉途在"，尚未到家，对其临终之语则表示赞同，称为作家。

《祖堂集》的记载虽然详细，却有造作之处，不可尽信，如云过得三年后，受戒了，便欲行脚，五洩命其到南泉，此五洩应当说明是五洩二世，因为灵默大师早就入灭了。

五洩二世不明何人，灵默弟子藏奂（790—866）、正原（792—869）都有可能。据《宋高僧传》卷十二，藏奂于五洩得法后，可能直到会昌、大中年间一直住在这里，他最有可能为五洩二世。正原于元和十二年（817）受具后，便到五洩，长庆二年（822）和怀晖（756—815）门人龟山智真（782—865）一起离开到建阳。

---

① 《大正藏》第47册，第512页中。

② 同上书，第512页下，又载《宗镜录》卷83。

洞山在五洩长达十年，灵默去世后又从师兄藏奂、正原等。大和元年（827）二十一岁，到嵩山受具，受具后，便到南泉，这可能也是受了师兄藏奂等人的嘱托。

洞山到南泉后，恰遇南泉设斋，《祖堂集》道是为归宗，《景德传灯录》等称是为马祖，按说为马祖设斋，更加符合情理，而归宗在同门中影响很大，或许是南泉师兄，为其设斋，也是自然，如药山曾为百丈设斋。如果是为归宗，则表明归宗可能于大和元年（827）前去世。无论是为谁设斋，洞山一句“待有伴则来”，受到了南泉的赞赏，由此名声大振，号为作家。

洞山在南泉大约七年，大和八年（834）末，南泉入灭。大和九年（835）他转投大沩灵祐。他在沩山时间不长，《宗统编年》称开成元年（836）到云岩，虽不知所据，但也很有可能。

洞山参云岩故事，诸书所述不同。

据《祖堂集》卷五《云岩和尚》：显然，《祖堂集》认为洞山两次参云岩，先参云岩，后辞去参沩山，然后再参云岩。此说显得奇怪，为后世所不取。余靖称其“慕南宗之学，南游江湘，得云岩而事之终其身”，显然不是两次参请。

除五洩、南泉、沩山、云岩四位大师外，洞山还参过很多人，他们分布在安徽、江西、湖南、湖北、河南、京兆等地。

据《景德传灯录》卷七：

> 池州鲁祖山宝云禅师，问：“如何是诸佛师？”师云：“头上有宝冠者不是。”僧云：“如何即是？”师云：“头上无宝冠。”洞山来参，礼拜后侍立，少顷而出，却再入来。师云：“只恁么，只恁么，所以如此。”洞山云：“大有人不肯。”师云：“作么取汝口辩？”洞山乃侍奉数月。僧问：“如何是言不言？”师云：“汝口在什么处？”僧云：“无口。”师云：“将什么吃饭？”僧无对。洞山代云：“他不饥，吃什么饭？”①

据《古尊宿语录》卷十二及《联灯会要》卷四，鲁祖宝云与南泉、

① 《大正藏》第51册，第251页下。

归宗、杉山等交好，后来与南泉同在池州弘法，关系密切。他每遇僧来，便面壁。鲁祖面壁，是禅宗流行的公案，每为后世举唱。洞山参鲁祖，或是南泉在世之时，或是在其入灭之后。鲁祖山与南泉山相去不远，往来方便。他在此侍奉数月，更有可能是在大和九年（835）。

据《景德传灯录》卷十四：

> 宣州椑树慧省禅师，洞山参师，师问曰："来作什么？"洞山曰："来亲近和尚。"师曰："若是亲近，用动两片皮作么？"洞山无对（曹山后闻，乃云："一子亲得。"）僧问："如何是佛？"师曰："猫儿上露柱。"曰："学人不会。"师曰："问取露柱去。"①

椑树慧省为药山门人，洞山何时来参不详，应当是在参南泉之时，因为宣州离池州很近。

洞山辞别鲁祖后，自池州沿江西行，经江西、湖北到达湖南。在南泉入灭后，马祖亲传弟子所剩无几，大沩灵祐为同辈中的翘楚，在当时影响很大，洞山前往湖南长沙参访是十分正常的。

在参访大沩前后，洞山还参拜了周围马祖的门人。

据《景德传灯录》卷八：

> 潭州龙山和尚（亦云隐山）问僧："什么处来？"僧云："老宿处来。"师云："老宿有何言句？"僧云："说即千句万句，不说即一字也无。"师云："恁么即蝇子放卵。"其僧礼拜。师便打之。洞山价和尚行脚时，迷路到山，因参礼次。师问："此山无路，阇梨向什么处来？"洞山云："无路且置，和尚从何而入？"师云："我不曾云水。"洞山云："和尚住此山多少时邪？"师云："春秋不涉。"洞山云："此山先住，和尚先住？"师云："不知。"洞山云："为什么不知？"师云："我不为人天来。"洞山却问："如何是宾中主？"师云："长年不出户。"洞山云："如何是主中宾？"师云："青天覆白云。"洞山云："宾主相去几何？"师云："长江水上波。"洞山云："宾主相见，有何言说？"师云："清风拂白月。"洞山又问："和尚见个什么道理，便

① 《大正藏》第51册，第315页中下。

住此山？”师云：“我见两个泥牛斗入海，直至如今无消息。”师因有颂云：

三间茅屋从来住，一道神光万境闲。
莫作是非来辨我，浮生穿凿不相关。①

龙山和尚机缘又见《祖堂集》卷二十，洞山本来无心来参，只是由于迷路，误到龙山。与龙山相遇，对洞山来说特别重要，曹洞宗的宾主、父子等理论均与此有关。

良价依照灵祐的指点，到湘东攸县参访云岩。在云岩时，他还参访了周围的其他宗师。

据《景德传灯录》卷八：

潭州石霜大善和尚，僧问：“如何是佛法大意？”师云：“春日鸡鸣。”僧云：“学人不会。”师云：“中秋犬吠。”师上堂云：“大众出来出来，老汉有个法要，百年后不累尔。”众云：“便请和尚说。”师云：“不消一堆火。”洞山问：“几前一童子甚是了事，如今不见向甚处去也？”师云：“火焰上泊不得，却归清凉世界去也。”②

洞山可能至少来过两次，其前见一童子，再来不遇，大善道是娑婆世界留不住，前往清凉世界去了。大善和尚说法无奇特处，佛法大意，不过是春时鸡鸣，秋日犬吠，鸡鸣犬吠，何尝不是说佛法。

洞山到来之时，庆诸尚未来石霜山，可能仍在道吾。

据《祖堂集》卷五，云岩迁化后，洞山与密师伯欲往沩山，直到潭州，过溪有悟。后自潭州北上，到达鄂州。

据《景德传灯录》卷十四：

鄂州百颜明哲禅师，洞山与密师伯到参，师问曰：“阇梨近离什么处？”洞山曰：“近离湖南。”师曰：“观察使姓什么？”曰：“不得姓。”师曰：“名什么？”曰：“不得名。”师曰：“还治事也无？”曰：

---

① 《大正藏》第51册，第263页上中。

② 同上书，第259页下。

“自有郎幕在。”师曰：“岂不出入?”洞山便拂袖去。师明日入僧堂曰：“昨日对二阇梨一转语不稔，今请二阇梨道，若道得，老僧便开粥饭，相伴过夏。速道速道!”洞山曰：“太尊贵生。”师乃开粥，共过一夏。①

据前所述，此明哲禅师为马祖门人。洞山与神山僧密到参，且来自湖南，当在会昌二年（842）初。二人为云岩办完丧事后，才离开湖南，北上鄂州，与明哲一起度夏。

过夏之后，二人继续北上，经过河南邓州。

据《筠州洞山悟本禅师语录》卷一：

师曰：“阇黎什么处人?”云：“邓州人。”师曰：“老僧行脚时曾往过来。”②

在邓州时，二人还有可能到过香严山参访智闲，一则这是南阳忠国师旧居，是禅客心目中的圣地，另外他们在沩山时可能与智闲相识，路过此地，顺便参访，是符合情理的。洞山和香严都喜欢写偈颂，志趣也很相投。

二人自邓州北上洛阳，由此西行，到达长安。

据《景德传灯录》卷八：

京兆兴平和尚，洞山来礼拜，师云：“莫礼老朽。”洞山云：“礼非老朽。”师云：“非老朽者不受礼。”洞山云：“他亦不止。”洞山问：“如何是古佛心?”师云：“即汝心是。”洞山云：“虽然如此，犹是某甲疑处。”师云：“若恁么，即问取木人去。”洞山云：“某甲有一句子，不借诸圣口。”师云：“汝试道看。”洞山云：“不是某甲。”洞山辞，师云：“什么处去。”洞山云：“沿流无定止。”师云：“法身沿流，报身沿流?”洞山云：“总不作此解。”师乃抚掌（保福云：

---

① 《大正藏》第51册，第315页下、316页上。

② 《大正藏》第47册，第517页下。

“洞山自是一家。”乃别云：“觅得几人？”）。①

这一机缘又见于《祖堂集》卷二十《兴平和尚》，情节基本一致。洞山到达长安时，应当已是会昌三年（843），长安的空气已经相当紧张了，因此他们在此的时间也不会太久。

洞山、神山自长安回到山西，据《洞山普利禅院传法记》：（会昌四五年）

> “遇武宗之诏，遂民服隐于箕州”。及宣皇御宇，乃复僧仪，南至高安之所（新）丰洞，邑豪雷衡之山也，见其泉石幽奇，乃曰：“此大乘所居之地。”言于雷氏，雷氏施之。初山多蛇虎，师庵居一宿，蛇虎尽去，至今山无虎焉。留居十八年，名声四传，来学者五百余众，坐谈立悟、虚来实去者不可胜数。闻京师，天子赐咸通广福寺额并一钟焉。寻以咸通十年三月顺世。

如此宣宗于会昌六年（846）三月即位之后，他便恢复僧仪，回到南方。他南行的路线，当是自箕州（治所在今山西左权县）南下到南阳邓州，再经襄樊、荆州到湖南，沿途到澧阳药山参访师伯二世冲虚，再经朗州到沩山、长沙，然后东下到湘东云岩山，参访同门师兄云岩二世并道吾、石霜等，再进入江西，参礼袁州南源道明。

据《景德传灯录》卷六：

> 袁州南源道明禅师，上堂云：“快马一鞭，快人一言，有事何不出头来？无事，各自珍重。”便下堂。有僧问：“一言作么生？”师乃吐吞（舌），云：“待我有广长舌相，即向汝道。”洞山来参，方上法堂，师云：“已相看了也。”洞山便下去。至明日，却上问云：“昨日已蒙和尚慈悲，大（不）知什么处是与某甲已相看处？”师云：“心心无间断，流入于性海。”洞山云：“几放过。”洞山辞去，师云：“多学佛法，广作利益。”洞山云：“多学佛法即不问，如何是广作利益？”师云：“一物莫违即是。”僧问：“如何是佛？”师云：“不可道

① 《大正藏》第51册，第262页中。

尔是也。”①

这一记载又见《祖堂集》卷十四《南源和尚》，文字稍有不同，如作“几错放过”，意思更明白，又道洞山五日后辞行。“一物莫违”，此作“一物也不为”，这不是无心之失，而是有意与石头宗风靠近，但从意思上讲，一物不为，如何利益众生，还是一物不违、随顺一切更合适。还有一个关键点，《祖堂集》又作“洞山便住两年矣”，表明在这里住了两年时间，不知是否。

洞山于会昌六年（846）三月后或大中元年（847）南下，途中时有停留，最后到过袁州时可能已到大中三年（849），在袁州与道有机缘相契，居止二年，于四年（850）又到泐潭。

据《景德传灯录》卷十五：

> 师在泐潭，见初上座示众云：“也大奇，也大奇，佛界道界不思议。”师曰：“佛界道界即不问，且如说佛界道界是什么人？只请一言。”初良久，无对。师曰：“何不急道？”初曰：“争即不得。”师曰：“道也未曾道，说什么争即不得。”初无对。师曰：“佛之与道只是名字，何不引教？”初曰：“教道什么？”师曰：“得意忘言。”初曰：“犹将教意向心头作病在。”师曰：“说佛界道界病大小？”初因此迁化。②

又据《景德传灯录》卷十五：

> 师昔在泐潭，寻译（当作“绎”，据《语录》）大藏，纂出《大乘经要》一卷，并《激励道俗偈颂诫》等，流布诸方。③

洞山在泐潭可能时间较长，他在这里阅藏，并且根据自己的体会编纂《大乘经要》一卷。从他问杀初上座的故事来看，他的悟境远非常人所

---

① 《大正藏》第51册，第249页上。
② 同上书，第321页下、322页上。
③ 同上书，第323页中。

及，故当发生在大中之时。

据《景德传灯录》卷六：

> 马祖终于开元寺，荼毘于石门而建塔也。至会昌沙汰后，大中四年七月，宣宗勅江西观察使裴休重建塔并寺，赐额“宝峰”。①

裴休，当为裴湊，大中三年至四年任洪州刺史、江西观察史②。因此良价到泐潭，或在四年（850）塔寺重建之后。马祖门人有泐潭法会、泐潭惟建、泐潭常兴三人住持此寺，其时不知他们是否在世，此时上距马祖入来已经六十多年了，泐潭住持者或当为马祖法孙。良价来此礼拜祖塔，自有深意。

大中五年（851），良价离开泐潭，到高安之新丰洞，见其泉石幽奇，以为“大乘所居之地”，然此山为当地豪强雷衡所有，便访之，雷衡信奉佛法，乃以山施之。此山原多蛇虎，洞山庵居之后，蛇虎尽去，灵异很多。

大中五年（851）正月，宣宗下诏，允许全国郡县建寺度僧，至此武宗对佛教的限制全部取消③，洞山也获得了建寺安僧、开法度人的资格。

良价居洞山近二十年，正式开法在大中五年（851），至第十八年即咸通九年（868）时名闻京师，皇帝赐“咸通广福寺”额并大钟一口，次年三月，洞山去世。

良价始居洞山之时，《祖堂集》作“止大中末间”，《宋高僧传》本传作“大中末”，后世学者多从之，然都是错误的。估计《祖堂集》原作“大中间”，“末”为衍文。

良价住山之后，仍然不忘参学。

据《景德传灯录》卷九：

> 前湖南东寺如会禅师法嗣
>
> 吉州薯山慧超禅师，洞山来礼拜次，师曰：“汝已住一方，又来

① 《大正藏》第51册，第246页下。

② 《唐刺史考全编》，第2263、2264页。

③ 王溥：《唐会要》卷四八，参见《中国佛教通史》第五卷，第237页。

遮里作么?”对曰:“良价无奈疑何,特来见和尚。”师召良价,价应诺。师曰:“是什么?”价无语。师曰:“好个佛,只是无光焰。”①

薯山慧超为东寺如会门人,住吉州。据《景德传灯录》卷二十幼璋机缘,白水本仁门人瑞龙幼璋(841—927)“二十五岁游诸禅会,薯山、白水咸受心诀,二宗匠深器之”②。幼璋二十五岁即咸通六年(865)此薯山当为慧超,其时已到晚年,其上去如会入灭四十二年,则其年龄或在七十以上。洞山来参,可能是其住庵之初,价无语,未必是不能应答,或暗含机关。

从洞山前后参请过的善知识来看,五洩灵默、南泉普愿、大沩灵祐、云岩昙晟四人对他影响最大,属于马祖门人的有五洩、南泉、鲁祖、龙山、石霜、栢岩、兴平、南源八人,属于马祖法孙的有藏奂、沩山、云岩、薯山等。其参学路线是浙江、河南、安徽、湖南、湖北、京师、山西、河南、江西。

第二节 洞山良价与曹洞宗源

洞山良价与弟子曹山本寂共同创立了曹洞宗,药山一系至此大盛。虽终归宗于云岩昙晟门下,但他并非自蔽于一家,而是广泛参学,博采多纳,由是终成大器。依前所述,他参学的禅师全部属于南岳一系,与石头一门全无交涉。

尽管不能只从参学对象方面来决定一个人的师承,但这也足以表明云俨师徒与马祖一派关系密切,其参学诸师中没有一个为后世所公认的石头儿孙,这一事实不能不说是很不利于其属石头一派的观点的。

洞山时期石头一派尚未有与洪州宗分庭抗礼的实力和念头,而当时的禅师的门户之见也远没有后世那样浓厚,不同派系的禅师相互参学是极为常见的,往往是一个人有众多的老师,因此单凭师承无法确定一个人的真正宗系,更重要的是看其禅法的核心和思想的精髓。

洞山经历多师,然终认宗于云俨门下,而云俨可谓兼秉百丈、药山两

---

① 《大正藏》第51册,第285页下。

② 同上书,第367页上。

系，然而云俨传给洞山的究竟是什么呢？是南岳的法乳还是青原的甘露？

据《景德传灯录》卷十五：

> 既到云岩，问："无情说法，什么人得闻？"云岩曰："无情说法，无情得闻。"师曰："和尚闻否？"云岩曰："我若闻，汝即不得闻吾说法也。"曰："若恁么，即良价不闻和尚说法也。"云岩曰："我说法汝尚不闻，何况无情说法也！"师乃述偈呈云岩曰：
>
> 也大奇，也大奇，　无情解说不思议。
>
> 若将耳听声不现，　眼处闻声方可知。①

洞山受沩山指点，到云岩处请教无情说法，有省，乃作偈述之。这是他在云岩处初步得悟。

据《五灯会元》卷十三：

> （洞山欲辞别云俨，）临行又问："和尚百年后，忽有人问，还邈得师真否？如何祇对？"岩良久，曰："但向伊道，只这是！"师沈吟，岩曰："价阇黎承当这个事，大须仔细。"师犹涉疑，后因过水睹影，大悟前旨。有偈曰：切忌从他觅，迢迢与我疏。我今独自往，处处得逢渠。渠今正是我，我今不是渠。应须凭么会，方得契如如②。

这一故事亦见于《祖堂集》和《景德传灯录》，其可靠性是勿须怀疑的。洞山由此而悟道，可见其重要性，那么这种禅要得自何处呢？

据《景德传灯录》卷五《西京光宅寺慧忠禅师》：

> 南泉到参，师问："什么处来？"对曰："江西来。"师曰："将得马师真来否？"曰："只这是！"师曰："背后底？"南泉便休。③

由此可知，洞山之问不过是步南阳国师之后尘，而云岩的回答与南泉

---

① 《大正藏》第51册，第321页下。

② 《卍新纂续藏经》第80册，第261页上。

③ 《大正藏》第51册，第244页中。

一模一样，但这并不是说他在刻意模仿南泉，而是表明他所传授的正是马祖一门历代相传的共法。

这一说法并非只有孤证，又据《五灯会元》卷三：

> 江西北兰让禅师，湖塘亮长老问："承闻师兄画得先师真，暂请瞻礼。"师以两手擘胸开示之。亮便礼拜。师曰："莫礼，莫礼。"亮曰："师兄错也，某甲不礼师兄。"师曰："汝礼先师真那！"亮曰："因什么教莫礼？"师曰："何曾错？"①

所谓"先师真"，表面意思是指其师的画像，禅门多以此代指师传真法。马祖门下惯于以此事相互激诱，开示正法。云岩在百丈门下二十年，又是曾在马祖门下问学多年的药山的嫡传，于此自然是十分熟悉的，洞山除师从云岩外，参学的多属马祖门下，对此当然也不会陌生，师徒问答虽是依照旧传公案，洞山却为此沉吟转侧，大疑大悟，可见此事非小，而是马祖一门破疑解惑的家传法宝。

那么这一公案显示的实在意义是什么呢？

南岳一系继承六祖自性是佛之旨，开示佛性本心，强调自立自信，马祖更引《楞伽》发明心要，从某种程度上纠正了神会片面强调《金刚经》的错误，恢复了禅宗重视佛性如来藏思想的传统。自身具备如来之藏，即无须外求，只要直下承当，无事不办，故学人应当树立自信，了知自心不异诸佛，自可当下解脱，向外求取，怀宝行乞，只能是离佛愈远。

是故马祖一门代代同心，法法不异，只此一句"只这是"，破疑云，开惑雾，尽现天机。

南泉答国师"只这是"，其实是说我已尽得马师之法，见我即见马祖，何须再问，国师见后生可畏，更欲勘探，便问背后底，意思是说尔知马师眼前，不解马师背后，只知其表，未明其里。南泉一闻，转身休去，此举意有双关，一是说我通身即是马师，面前不异，背后何殊，二是说若识这个，万事不疑，说什么面前背后。

南泉可谓真得马祖之真者，一闻得道，更无疑惑。北兰让禅师，亦善

---

① 《卍新纂续藏经》第80册，第81页上。

画马祖之真。亮长老道，听说师兄画得先师之真，请让我瞻礼瞻礼。让便用两手开胸示之。亮即礼拜。让道，别礼别礼。亮道，师兄错了，我不是礼拜师兄。让道，那么你是礼拜先师画像吗。亮道，为什么不叫我礼拜。让道，我何曾错了。

让禅师无笔画出先师真，堪称巧手；亮长老有眼不辨马祖意，难为利根。亮长老只知师兄即是马师真，甘心瞻礼，却不肯自己承当大事，不信自身不异马祖，故为师兄所诃。若解“只这是”，不外觅，不旁求，自可卓然自立，何必左右追寻，东西拜礼！

禅门古今无异说，既知南泉北兰，自解云岩洞山。但是由于时人多将药山一系划归青原，在解释这一段公案时并未追溯到马祖门风，是故多生异说。

吕澂先生对这一公案有详尽的解释：

> 洞山原得法于云岩，学成辞云岩时有一段公案（见《景德传灯录》卷十五）。当时云岩说，你此去以后恐怕很难再见了。洞山表示这也不一定，但提出一问题：假若和尚死后有人来问你的面貌如何，应怎样回答呢？——这是一种“禅机”的问题，语义双关，意思是说云岩讲法的精神是什么，他所讲的是否即是云岩本来的思想。云岩当时也用了一种“禅机”回答：“即遮个是”。这句话使洞山沉默好久，不得其解。云岩便接着说，此事应该仔细慎重，担子不轻呀！这样，洞山就走了。在途中，洞山涉水，见到水里自己的影子，于是恍然有省，认为懂得了云岩“即遮个是”的含义了。他随即做了一偈，大意说：影子就是本人，不必再另外去找了，到处都会有的。后来云岩死了，他去供养云岩的遗像（真），有人问他：“即遮个是”是否就指这遗像（真）而言呢？他回答说：云岩开始说这句话时，他是不懂的，后来涉水见影时，也只是似懂而已，只有在看到遗像后才是真懂。遗像代表本人，才是“遮个”，而以前几乎误会了云岩的思想①。

吕先生将洞山的悟道分为三个步骤，从不懂、似懂到最后真懂，这一说法是有点问题的。可能在理解上出了偏差。原文如下：

① 吕澂：《中国佛学源流略讲》，中华书局 1979 年版，第 247—248 页。

> 他日因供养云岩真次，僧问："先师道只这是，莫便是否？"师曰："是。"曰："意旨如何？"师曰："当时几错会先师意。"①

云岩最初说法时洞山肯定是不懂的，但说他涉水见影时只是似懂而已恐怕就不对了，洞山悟道之偈是在他涉水见影后做的，后来又以此偈意做《宝镜三昧歌》，传于曹山，表明洞山并不以为当时只是似懂。洞山所说几错会先师意之"当时"恐怕指的不是涉水悟道之时，而是最初未悟之"当时"。

所谓僧问"先师道只这是，莫便是否"，不能理解成"'即遮个是'是否指遗像（真）而言"，其意应是"先师道'只这是'，是否正确"。因为云岩所说的"这个"肯定不是指他自己的遗像，一是当时二人对话时并无遗像，二是洞山当时的问话是"和尚百年后，有人问：你还能画出和尚的真容否？我该如何回答"，问题的关键不是云岩的真容（真法）如何，而是洞山是否能画出（得其真法），洞山最为关心的也是这个，因而云岩所答的"只这是"绝非是说只有"遗像才代表本人，才是'遮个'"。

如果说云岩的原意就是只有他的遗像才代表他本人，那么意味着他的真法洞山是无法得到的，表明他对洞山完全失去了信心，这显然是不符合事实的。

吕先生还认为这一故事体现了青原一系"即事而真"的精神。水中影是共相，是理；遗像是自相，是事，理只有通过自相（事）才能相传，"即遮个是"既有共相义，也有自相义，是理事互见的，而这正是"即事而真"的真意。

吕先生的分析甚为精严，但他忽略了一个问题，这一故事主要说明的是本体与影像的关系问题，而不是探讨共相与别相（自相）的关系。水中影和遗像都是外相，不是本体，都是宾，不是主，都是他，不是我。不是说洞山从发现一般影像（水中影）的似懂进至认识个别事相（自相，遗像）的真懂的发展过程，而是说洞山从形与影的关系认识到了自我与影像的关系，从而理解了云岩"只这是"的真意。水中影并非一般的水

① 《卍新纂续藏经》第80册，第261页上。

中倒影，而是洞山的影像，洞山理解了自己与自己的影子的关系，也就了知了云岩与其影像（真）的关系。

杜继文先生对洞山的悟道的经过和传法偈语有新的解释，值得注意的是将此和云岩的“今世作这个相貌中，失去人身最苦”思想结合了起来。他指出：

> 这里的“我”，相当“人身”（一般性理），“影”譬如“这个相貌”（事相）。昙晟侧重说明，“这个相貌”背离了“人身”，因而个别事相与一般性理是对立的；良价“大省”的结果是，“影”（渠）正是“我”的造作，只要认识到这种造作不过是我的幻影，那么“我”就会从幻影中醒悟，还归为“我”，可以恢复“人身”。于是个别与一般得到了统一：从世间说，“这个相貌”是一般理性的假象，而假象也是反映本质的；从出世间说，认识到“这个相貌”只是一种假象，就是把握了本质，实现了与一般理性的契合。①

杜继文强调的是自我（一般性理）与影像（个别事相）的关系，以为自我的迷失与复归即是迷与悟。同样讲理事，吕先生以形（自我，本体）为事（自相），以影为理（共相）；杜继文以形（人身，自我）为理（一般性理），以影（这个相貌，渠）为事（个别事相）。

综合诸说，可知云岩所说“只这是”与南泉北兰之说无异，意为我相即是先师真，我与先师，何曾有别？尔既见我，何必再问先师？若连我也不识，如何得见先师？《祖堂集》作“但向他道，只这个汉是”更为明白，表明云岩欲令洞山直下承当，更无疑惑，识得自性是佛，我即如来，更不别求。

洞山当时迟疑，是未明云岩之意。他不知云岩所说“这个”指的是洞山自己，还以为云岩是夫子自道，是说只有云岩本人才是自己的真像，不可外求相貌。洞山当时只知云岩的“这个”是，不明自己的“这个”也是，殊不知云岩的“这个”只是洞山的“那个”，己事未明，心存犹疑，没能理解云岩的真正意图是让他自己承当，故后来称“当时几错会先师意”。

---

① 杜继文、魏道儒：《中国禅宗通史》，第335页。

因此，所谓“这个”指的是“我”，即自我，自性，本心，“这个”具足一切，“这个”本来是佛，识得“这个”，更无别求。用理事不二来解释本体与外相、自我与影像的关系会遇到不小的困难，其中最重要的难点是何为理，何为事。吕先生认为曹洞宗的特点是“即事而真”，在个别的事上体会出理来，如此则作为自相的“这个”、“我”为事，作为共相的影像、外相为理，“即事而真”即“即遮个是”。这种分类是符合一般的思维规律的，因为“这个”确实是个别的，具体的事物，其外相和影像确实是经过人们的认识得到的一般的抽象的性理。但是一将理事与本末结合起来，问题就出现了。

吕先生认为，“曹洞主张由事上见理，这是由本末上讲，事是末，理是本”①。既然事是末，理是本，那么在形与影、本体与外相、自我与影像的关系的解释上就会出现颠倒。本体、自我、形应当是本，外相、影像、影子应当是末，后者是前者派生出来的，是依附于前者的，而不是相反。若由事入理，舍末求本，就变成了洞山所激烈反对的“从他觅”，这显然是不符合曹洞宗旨的。

杜继文可能发现了这一问题，改为以“我”为一般性理，以“影”为个别事相，如此消除了本末颠倒的偏差，但又陷入了与思维规律相背的迷惑。“我”和“人身”都是具体的存在，怎么成了一般性理？“影”和“这个相貌”属于共相，是人类认识的结果，怎么成了个别事相？

因此与本末联系在一起的理事难以解释洞山所悟之道，以“触目是道”和“即事而真”来作为划分南岳青原二系的标准也是难以成立的。即便可以用“即事而真”来解释“即遮个是”，也是南岳马祖一系的传统法门，和青原石头一系关系不大。

既然用理事解释不妥，那么如何解释合适呢？其实洞山本人已经做出了回答。在传法偈中，洞山强调的是体用、宾主、偏正、君臣，以此表明形与影、自我与影像的主从关系。

洞山临水睹影，始知“这个”便是“我”，自己至尊至贵，本来具足，诸佛不能过，千圣不能移，识得“这个”，自开自家宝藏，受用不尽，何须外觅。于是发出“切忌从他觅，迢迢与我疏”的感慨，认为越是外觅，越是求索，就离道愈远，越得不到。关键是了知自我，明白我即

---

① 《中国佛学源流略讲》，第247页。

是佛，与我亲者则是正道，与我疏者即是歧路，这正是马祖一系重视佛性如来藏思想，强调开自家宝藏的特点。

我是万法之源，自性能生万法；形是众影之本，一形能生众影。由本而得末，纲举而目张。故得其本，不求末而末自至；明其体，不求相而相自随。由是“我今独自往，处处得逢渠”，我不用刻意追求影子，只管独往独来，任运而行，而影子时时跟随着我，我处处可以看到他。我为主，他为从，万物皆备于我，故不行而成，不求而至，莫道一物不为，其中丝毫也不欠少。

“渠今正是我，我今不是渠”，这是全偈的中心。影是形的化身，有什么样的形就必有什么样的影，故“渠正是我”，作为本体的自我是根本，外相是完全依附于我并由我决定的，故不可能背离我，此即“臣奉于君，子顺于父”。影附于形，形不附于影，影正是形，形却不是影，二者的关系不是对等的。我为主，影为宾，我不可混同于影，正如法身不同应身，父不同子，君不同臣，宾主有别，尊卑不同。

值得注意的是，洞山在这里并未套用一切平等、理事不二的思维定势，而是大胆突出了自我与本体的独尊地位，这与六祖以来高扬自性、强调主体的精神是一致的，亦与孟子“万物皆备于我”的思想相通。

曹洞一宗颇重传承，洞山的这一观点也是在前人的基础上发展起来的。据《祖堂集》卷四，有人问药山：“未审和尚承嗣什么人?”师曰：“古佛殿里拾得一行字。”进曰：“一行字道什么?”师曰：“渠不似我，我不似渠。”①

药山的答语颇难猜测，但似乎是说道一，“一行”者一道，一道即道一，但他的下句答语又似乎表示他的悟解与其师有所不同，不可单从师承来判断和评价他的禅法和地位。药山这里所说的“渠”指的是其师，也可引申为其师的相貌、画像（真），药山在此主要表现的是他的独立自在的精神，故言渠是渠，我是我，虽有传授，却无因循，我不打着老师的旗号唬人，何必问我的师承。

洞山则对此进行了创造性的继承和发展，不仅说“我不似渠”，“我不是渠”，而且云“渠正是我”，一切都是自我的影子和化身，佛祖先师亦不例外，我为世间之尊，万法之主，天上地下，唯我独尊，如此可谓将

① 《祖堂集校注》，第130页。

自我的尊严和地位推至顶峰，在药山高扬自我的基础上更进一步。

在一切平等的基础上高扬自性与主体，强调生命与人性，这体现了洞山独到的见解。而这又与南岳马祖一系重视自性本心，强调即心即佛的宗旨一致，南岳重染净，强调道不用修，但莫污染，主张保持清净本心；青原重迷悟，强调无思无为，不落阶级，主张开发自性灵智。洞山“如世婴儿，五相完具。不去不来，不起不住”指的显然就是如来藏，又言“天真而妙，不属迷悟”，表明他与重视佛性如来藏的马祖一系相近，而与重视般若中观的石头一系有别。

洞山最后称“应须与么会，方得契如如”，表明他对如如平等的新的理解。一般总是强调如如平等，理事不二，而忽视每个事物都有自己的自性，更有人认为强调平等就不能说差别，更不能论阶级，洞山则打破了这一偏见，指出有主有从，各有自性才是如如平等之道，不如此理解就不能理解真如。强调平等绝不是说否认差别，二者并非绝然对立。所谓平等，事实上就是互不干涉，不相侵扰，只有在平等的基础上才能百花齐放，才能显示出各自的个性。否认差别的平等是庸俗的平均，承认差别的平等才是真正的平等。长沙景岑有偈云“性地生心王，心为万法师。心灭心师灭，方得契如如”①，与洞山高扬自性真心的宗旨一致。

因此洞山对如如平等之道有不同于传统及石头一派的理解，他强调的不是理事不二，不落阶级，而是明确强调有主从、偏正、君臣、父子之别，高扬主体，强调自性，这显然与青原一系不落阶级、不堕两边的风格有异。

洞山继承云岩之道，以“只这是”和宝镜三昧为法门之要，修道之本，同时在具体的修行方法上亦颇具特色，其中最为突出的就是强调“绝渗漏”。

渗漏一词最早见诸《景德传灯录》所载药山法语，《五灯会元》亦载。药山对李翱道：太守欲得保任此事，直须向高高山顶立，深深海底行，闺阁中物舍不得，便为渗漏。《祖堂集》卷四作“师垂语曰：是你诸人欲知保任，向高高山顶立，向深深海底行，此处行不异，方有小许些子相应之分”②，既未言是对李翱所说，又未有“渗漏”之语，不过药山说过“不缘闺阁所滞”属于“难得底物”。

---

① 《宗镜录》卷98，《大正藏》第48册，第945页下。

② 《祖堂集校注》，第137、138页。

药山对李翱说这句话，不过是对一个居士的寻常教诲，意思是说舍不得妻子情爱便是渗漏，可让李翱放弃情爱，断绝这种渗漏，恐怕是不大可能的。

绝渗漏一说的另一来源可能是沩山，据《五灯会元》卷十三，洞山向沩山问道，机缘不契，于是沩山又向他推荐云岩，洞山问此人如何，沩山曰："他曾问老僧：学人欲奉师去时如何？老僧对他道：直须绝渗漏始得。"① 如此云岩传于洞山的这一法门也是来自沩山，沩山是云岩的师兄，同为百丈之徒，但沩山年长于彼，与之有半师之分。

据《玄沙师备禅师广录》卷三：

> 上德云："情存圣量，犹落法尘。已见未忘，还成渗漏。"②

玄沙师备所称的上德不知是何人，然汾州无业对"情存圣量"进行过批评。他强调"契本明心，方为究竟"，不可以为持斋持戒、长坐不卧，就能修行得道。

《景德传灯录》卷二十五又载天台德韶（890—971）亦强调"大凡言句，应须绝渗漏始得"③。

所谓渗漏，是从佛教惯用的习语"有漏"化来，法身无漏，人身有漏，有漏即是不圆满、有缺陷之意，而渗漏更加形象生动。绝渗漏即不为私欲惑识之雨所侵，保持自心的圆满清净，不受染污。

据《佛果圆悟禅师碧岩录》卷二：

> 洞山云："若要辨认向上之人真伪者，有三种渗漏：情渗漏，见渗漏，语渗漏。见渗漏，机不离位，堕在毒海。情渗漏，智常向背，见处偏枯。语渗漏，体妙失宗，机昧终始。此三渗漏，宜已知之。"④

这一记载又见于《禅林僧宝传》卷一、《林间录》卷一、《人天眼目》卷三、《五灯会元》卷十三等。由于圆悟克勤之评唱是在雪窦重显

---

① 《卍新纂续藏经》第 80 册，第 260 页下。

② 《卍新纂续藏经》第 73 册，第 23 页上。

③ 《大正藏》第 51 册，第 408 页上。

④ 《大正藏》第 48 册，第 155 页下。

(980—1052）颂古基础上进行的，而《人天眼目》又引大阳明安警玄(943—1027）之解释，因此表明北宋初期“三种渗漏”就已经流行了。

洞山对渗漏之说又有发展，一是分为三种渗漏，更加细密，二是不仅作为自修之方，而且还引为勘辨之法。所谓见渗漏，指智慧未开，见解不明，“机不离位”，即心生执著，为物所缚，故惑见愈甚，无明增长，永世轮回，常堕毒海。据《人天眼目》卷三，明安云：“谓见滞在所知，若不转位，坐在一色。所言渗漏者，只是可中未尽善，须辨来踪，始得相续玄机妙用。”①

所谓情渗漏，指爱欲炽盛，情识熏染，“滞在向背”，即心存爱恶，有向有背，滞于二边，不能自拔，意有偏私，故偏见极盛。明安云：“谓情境不圆，滞在取舍，前后偏枯，鉴觉不全。是识浪流转途中，未及边岸事。直须句句离二边，不滞情境。”

所谓语渗漏，即以言究妙，虽巧舌成辩，亦全无交涉，大失宗旨，是故机锋相向，终始不悟，如此言不及义，虽口若悬河，亦是“浊智流转”，妄识鼓浪，复有何益！明安云：“体妙失宗者，滞在语路，句失宗旨。机昧终始者，谓当机暗昧，只在语中，宗旨不圆。句句须是有语中无语、无语中有语，始得妙旨密圆也。”

所谓渗漏，就是污染，绝渗漏，即不受污染，这不由人不想起怀让受六祖印可时所言“修证则不无，污染即不得”之句。清净本心不假修习，天真本具，但仍须保任。禅家的生活是极为严肃的，念念是道，时时留心，以绝除渗漏，免受污染。

据《景德传灯录》卷十五：

> 师（洞山）又曰：还有不报四恩三有者无？若不体此意，何超始终之患？直须心心不触物，步步无处所，常不间断，稍得相应。②

“心心不触物”即不为物惑，念念无执，“步步无处所”即“善行无辙迹”。唯有如此心行才能不受染污，常保清净。有学人问十二时中，如

---

① 《大正藏》第48册，第319页上。

② 《大正藏》第51册，第322页上。

何保任，曹山道："如经蛊毒之乡，水也不得沾著一滴。"① 这可谓是洞山前言的最好注脚。

洞山的这一思想是有其渊源的，据《祖堂集》卷四《药山和尚》：

> 问："学人拟欲归乡去时如何？"师曰："有人遍身烘烂，卧荆棘之中，阇梨作么生归？"对曰："与么则某甲却不归去也。"师曰："无。却须归乡去，你若归乡去，我与你休粮方。"进曰："请和尚休粮方。"师曰："二时把钵盂上堂，莫咬破一粒米。"②

把钵吃饭，不得咬破一粒米，不仅是休粮之方，也是自保之道。黄檗希运于此有省，更言"终日吃饭，未曾咬著一粒米，终日行，未曾踏著一片地"③。这表明临济曹洞二宗的宗旨是相近的，在修行上都强调自在自如，不受物惑。

人或以为马祖一门主张平常心是道，强调任运自在，起心动念，无非菩提，扬眉瞬目，皆见佛性，是故无事不可为，易于流入自然与放仜途。其实这是只知其一，不知其二，只见其表，不明其里，洪州的任运而行便是"终日吃饭，未曾咬着一粒米；终日行，未曾踏着一片地"，任心自在便是"不食他人苗稼"，"一物不违"。禅者的极端自由是与极端的自律相应的，二者相辅相成，缺一不可。

洞山还有宾主理论，显然与龙山的启发有关。

据《祖堂集》卷二十《隐山和尚》：

> 洞山行脚时，迷路入山，恰到师处。师问："此山无路，从什么处来？"对云："来处则不无，和尚从什么处入此山？"隐山云："我不从云水来。""和尚是先住，此山是先住？"云："不知。""和尚为什么不知？"云："春秋不到来。"洞山便问："如何是宾中主？"云："白云盖青山。""如何是主中主？"云："长年不出户。""宾主相去几何？"云："长江水上波。""宾主相见，有何言说？"云："清风拂

① 《五灯会元》，中华书局1984年版，第791页。
② 《祖堂集校注》，第136、137页。
③ 《大正藏》第48册，第384页上。

白月。”又偈曰：

青山白云父，白云青山儿。
白云终日依，青山都不知。
欲知此中意，寸步不相离。
洞山因此颂曰：
道无心合人，人无心合道。
欲知此中意，一老一不老。
因此，龙牙大师造颂曰：
心空不及道空安，道与心空状一般。
参玄不是道空士，一乍相逢不易看。
因此，曹山大师造颂曰：
今年田不熟，来年种有期。
爱他年少父，须得白头儿。[①]

如此从青山与白云的譬喻中，既有宾主，又有父子，这都是曹洞宗的核心理念，洞山受其启发而造偈，门人龙牙居遁和曹山本寂都以偈相和，说明龙山此偈的重要性。因此不知名的龙山和尚对于曹洞宗的影响是不可低估的。

综上所述，洞山所传法要源自南岳一系，找不到其与青原石头一系亦有关系的明确证据。

据《祖堂集》卷五《云岩和尚》：

洞山问：“无量劫来余业未尽时如何？”师云：“汝只今还作不？”对曰：“更有圣妙亦不作。”师云：“汝还欢喜不？”对云：“欢喜即不敢，如粪扫堆上拾得一颗明珠。”[②]

这段文字从形式上看，与怀让与六祖的对话相似。祖问：还假修证不？让曰：修证则不无，污染即不得。

所谓“粪扫堆头，拾得一颗明珠”，表现出了染中有净之义，明珠喻

① 《祖堂集校注》，第509页。
② 同上书，第150页。

于如来藏，属于典型的佛性如来藏思想，与南岳一系相近。

印顺法师以洞山曾对洪州有所批评为由，表明其属青原石头一系。“洞山良价：阿那个是阇黎主人公？僧曰：见祇对次（现在应对的就是）。师曰：苦哉！苦哉！今时人例皆如此，只认得驴前马后，将为自己。佛法平沈，此之是也。客中辨主尚未分，如何辨得主中主”（大正五一・三二三上）。①

洞山批评的，确实是洪州门下的习气，但这只是洪州门下一些不入流的禅客鹦鹉学舌的陋习，而非对整个洪州宗的批判。有人闻即心即佛，自己即是主人公，便自以为是，逢人便说，以为与佛祖不异，不知是认贼作父，万劫不复。洞山的批评便是针对这种人的，如此之辈，闻说即这个是，即迷头认影，将有漏妄心以为自己，故流入狂悖一途，若不救治，地狱有分。此辈客中主也不识，便自以为已得主中主，其实是以客为主，主客不分。

洞山针对时弊，痛下针砭，并不意味着他反对洪州宗，更不意味着他属于青原石头一系。“见祇对次”与“只这个是”并无二说，只是为悟者道，便是至理，为迷者说，即是谬论。因为迷人只会拾人牙慧，人云亦云，如同鹦鹉学舌，并无实义。

从洞山的主要思想来看，其与南岳一系更近。至少在洞山时代，曹洞宗并未呈现出与石头一系接近的迹象，洞山自己及当时之人更未有其属青原的说法，因此曹洞属于青原之说是其后人的见解。

第三节　洞山良价的思想与曹洞宗理论的创建

洞山良价是曹洞宗的创立者，曹洞宗的核心理论在他的时代已经完成，这是没有疑问的。然而，由于他本人没有碑铭存世，两种《语录》都编于很晚的后世，哪些是他的本来的思想，哪些是后世的添加，难以断定。

洞山本人有《大乘经要》一卷、《激励道俗颂偈》一卷，载《新唐书・艺文志》，可能宋初仍有流传，可惜均已不存。《大乘经要》应当是洞山对大乘经典的节录和枢要总结，其中体现了他对大乘经的理解，也包

① 印顺：《中国禅宗史》，上海书店 1993 年版，第 404 页。

含了他的思想的经典依据。《激励道俗颂偈》虽然整体不存，但还是有不少偈颂保留了下来。

据《宗镜录》卷六：

先洞山和尚偈云：者个犹不是，况复张三李。真空与非空，将来不相似。了了如目前，不容毫发拟。[①]

《宗镜录》卷六：

又洞山和尚《悟道偈》云：向前物物上求通，只为从前不识宗。如今见了浑无事，方知万法本来空。[②]

《宗镜录》卷十二：

洞山和尚云：吾家本住在何方，鸟道无人到处乡。君若出家为释子，能行此路万相当。[③]

《宗镜录》卷十四：

洞山和尚云：学得佛边事，犹是错用心。[④]

《宗镜录》卷四十：

如洞山和尚偈云：世间尘事乱如毛，不向空门何处消。若待境缘除荡尽，古人那得喻芭蕉。[⑤]

《宗镜录》卷九十二：

① 《大正藏》，第48册，第445页上。
② 同上书，第448页上。
③ 同上书，第482页上。
④ 同上书，第493页下。
⑤ 同上书，第652页中。

又俗官王常侍问先洞山和尚："五十二位菩萨中，为什么不见妙觉菩萨?"师云："却是常侍亲见。"①

《宗镜录》卷九十八：

先洞山和尚《心丹诀》云：吾有药，号心丹，烦恼炉中炼岁年。知伊不变胎中色，照耀光明遍大千。开法眼，睹毫端，能变凡圣刹那间。要知真假成功用，一切时中锻炼看。无形状，勿方圆，言中无物物中言。有心用即乖真用，无意安禅无不禅。亦无灭，亦无起，森罗万像皆驱使，不论州土但将来，入此炉中无不是。无一意，是吾意；无一智，是吾智；无一味，无不异。色不变，转难辨，更无一物于中现。莫将一物制伏他，体合真空非锻炼。②

《祖堂集》中也有不少偈颂，如前面提到的"道无心合人"，《景德传灯录》称为《无心合道颂》，还有卷五中的两首《悟道偈》。又有一偈，前半引《宝藏论》"天地之内，宇宙之间；中有一宝，祕在形山。识物灵照，内外空然。寂寞难见，其位玄玄"，下接"但向己求，莫从他借，借亦不得，舍亦不堪。总是他心，不如自性；性如清净，即是法身。草木之生，见解如此。"③

据《古尊宿语录》卷四十一：

举，古德云：拟将心意学玄宗，状似西行却向东。徒经累劫终难会，会得还归六道中。

此偈为云峰文悦住翠岩时所举，"古德"实为洞山。禾山惠方(1073—1129)称为"洞山云"，《五灯会元》卷六《九峰道虔》亦然。④

洞山所作偈颂当然不只这些，但多与后世所传相混杂，难以分辨真伪

① 《大正藏》第48册，第919页中下。
② 同上书，第946页下。
③ 《祖堂集校注》，第181页。
④ 《卍新纂续藏经》第68册，第267页下。

先后。五位君臣说后世多以为是洞山所创，然也有人认为可能始于曹山。不过以君臣父子作为譬喻来说法，在《祖堂集》中能够找到不少例子。如谓修行当句句不断，如长安路上信耗不绝，不然便是不奉于君，这大概是后世“臣奉于君，子顺于父”的来源。还言父少子老等。又言臣有功、君臣道合等。其中也谈到功勋、无功之功等与功勋五位有关。四宾主说当始自洞山，当然与龙山的启发有关。

曹洞宗的基本理论在洞山那里都有萌芽，但尚未完全成型。在寻找洞山的早期思想资料时，曹山本寂门人后曹山慧霞的《重编曹洞五位显诀》应当引起特别的重视，虽然其中夹杂了后人的补述，但也保留了原始的资料。其上卷中有《洞山五位显诀》并曹山“拣出语要”，此《显诀》不同于惠洪所述，非常简明，述之如下。

《五位显诀》：

> 正位却偏，就偏辨得，是圆两意。偏位虽偏，亦圆两意。缘中辨得，是有语中无语。或有正位中来者，是无语中有语；或有偏位中来者，是有语中无语。或有相兼带来者，这里不说有语无语语。这里直须正面而去，这里不得不圆转，事须圆转。然在途之语总是病。夫当人先须辨得语句正面而去，有语是怎么来，无语是怎么去。作家中不无言语，不涉有语无语，这个唤作兼带语。兼带语全无的的也。①

正位却偏，即正中偏。偏位虽偏亦圆，是偏中正。正位中来，即正中来。偏位中来，即偏中至。相兼带来，即兼中到。这应当是洞山所立五位的原始形态，此五位没有涉及君臣父子，也没有讲到功与位、宾与主，而是与有语无语相结合。曹山拣称“先师所明偏正与兼带等，用先师本意，不为明功进修之位兼涉教句，直是格外玄谈、要绝妙旨，只明从上物体现前，冥叶古圣之道”②，这表明曹山时期的五位说与洞山原创差别不小，但曹山的引用和解释则尊重洞山本意。

慧霞《洞山五位显诀并先曹山拣出语要序》称“迨及新丰，宏提纲

---

① 《重编曹洞五位显诀》卷上，《卍新纂续藏经》第63册，第198页上至201页上。

② 《卍新纂续藏经》第63册，第198页上。

要。圆融一句，分列五门”[①]。“宏提纲要”，即建立曹洞一宗纲要，强调洞山对曹洞创宗之功，也有可能是指“三种纲要”。“圆融一句”，即继承并发展药山“一句子”，以五门来分述一句，贯彻有语无语之旨，其中也有沩山“有句无句”的踪迹。

相传洞山的著作还有《玄中铭》、《新丰吟》，这两部著作虽然也是出现于宋代，但曹洞宗本身是承认的，而且浮山法远曾为之作注，当然可靠性更大。

据前章第四节同安常察所述，在常察的著作中，有明显引用及模仿《新丰吟》与《玄中铭》的痕迹。常察为九峰门人，可能也参过云居道膺和曹山本寂，属于洞山法孙辈，虽然未得亲见洞山，但对洞山著作应当是非常熟悉的。

据《禅林僧宝传》卷二十七《昙颖传》：

> 初谒大阳明安禅师。问：“洞上特设偏正君臣，意明何事？”明安曰：“父母未生时事。”又问：“如何体会？”明安曰：“夜半正明，天晓不露。”颖惘然，弃去。[②]

这表明大阳警玄已经在引用《玄中铭》了，可见他是承认此为洞山之作的。

又据《投子义青禅师语录》卷一：

> 所以洞山和尚云：“夜明帘外，古镜徒辉。宝王殿中，千光那照。”[③]

这是引用洞山《玄中铭》，表明大阳一系都是承认二者为洞山之作的。

从义理上讲，其言“行玄”、“体妙”，与洞山“体在妙处”一致。《玄中铭》有序，强调假玄唱以明宗，以无功而会旨，虽假玄言，实

① 《卍新纂续藏经》第63册，第196页下。
② 《卍新纂续藏经》第79册，第545页下。
③ 《卍新纂续藏经》第71册，第736页下。

不求功，入理深谈，意在倡明宗旨。体用混然不二，偏圆（偏正，用偏圆示偏正，恰好体现了早期用法，与《五位显诀》相应）宛转含蓄，配合默契，如匠石挥斤、轮扁斲轮，得心应手。在表达上，道虚玄而不犯，机回互而旁敲。在修行上，以鸟道而高步云霄，殊胜无上；由玄路而包括万法，遍及一切。空不妨有，寂不乖动，虽用而不动，虽寂而不凝，故清风偃草而不摇，皓月遍天而非照。有句中无句，说而无说，虽有而无，妙有为用，体性本无，妙在体前；无语中有语，不说而说，虽然无语，其声如雷，妙在回味。灵凤不栖苍梧，红轮不坠碧潭，道者虽独而不孤，灵苗无根却永固。雪曲和寡，法鼓罕鸣，不达妙旨，幽微莫名。寂不失照，用而无功，体用无滞，事理双明，圆融自在，自在圆融，才是玄中之旨。

太阳门下，日日三秋清凉；明月堂前，时时九夏炎炎。森罗万象，古佛不遗一法；碧落青霄，道人活计至高。灵苗瑞草，野老不敢下手；露地白牛，牧人任其闲游。龙吟枯骨，木马嘶鸣，如此大音，闻者几人。夜明帘外，无须古镜，空王殿中，何必千光，自性光明，何待于他。澄源湛水，无舟不达，古佛道场，非车莫至，污染不得，修行不无，欲得方圆，须下工夫。无影树下，常恒清凉，无荫而有荫，随意休息；触目荒林，随时放旷，所见皆琼林，任心自在。举足下足，无非鸟道，坐卧经行，皆是玄路，虽行三路，不离当途，任运而行，即是功夫。见道莫向，遇佛不奉，乡关莫归，还乡背父。夜半正明，天晓莫见，暗中有明，明中有暗。先发不到，后发则过，离此两边，守中则中。没底船子，无相无处，滴水不漏，无比坚固。碧潭水月，隐约难沉，山上白云，无根不动，月影若隐，其实难沉，白云无根，不可倾动。峰峦虽然秀异，仙鹤不会停止；灵木梧桐迢然，凤凰无所依倚。玄中之曲，知音者稀，不堕五音，非关六律。韵出青霄，调疑天上，胡笳曲子，任君吹唱。

《新丰吟》亦有自己的特色，实是一个“还乡曲”。古路坦然，大道甚夷，只是无人举步，还乡一曲，吟者有谁。兔行渐远，依然守株，抱持偶得，不肯进步。天香袭人，非人间芬馥，月色大明，岂灯烛所聚。行玄向道，犹是行于崎岖；体妙求真，反生分别二见。行玄不成，如何展缩自如；体妙有得，也是混淆泥玉。狮豸同栏智者必嗤，薰莸共处须明分郁。长天皓月遍布溪谷，相续清风摇曳松竹，我今到此得个从容之处，吾师却叱只是相随而至。新丰之路峻而平坦，新丰之洞湛然而沃，登者登临不可动摇，游者游历切莫轻忽。荆棒绝迹不必砍伐，饮用馨香品味清肃。负重登临解脱而回，回头看他虚自担负。来时比肩履乎芳踪，至后澄心展开愁眉。亭堂具足到者人稀，林泉不长寻常之树。不事雕琢不劳运斤，郢人何必苦苦追寻。工夫不到不成方圆，言语不通非我眷属。事若不然何拘明暗，我既不然何言断续，物我两忘无有分别，超越时空自在自如。殷勤报与道中之人，若恋玄关则自拘束。

在后世影响很大的《宝镜三昧》，始由惠洪传出，当为其自作，但其中也反映了曹洞宗思想。

综合上述资料，可知洞山思想倾向。洞山特别注重自性，自性（我）有二义，一则是当下之我，一则是本来之我，于此二者皆须了知，不可错认。

据《筠州洞山悟本禅师语录》卷一：

> 师问云居："汝名什么？"云："道膺。"师曰："向上更道。"云："向上即不名道膺。"师曰："与老僧在云岩时秖对无异也。"①

据《景德传灯录》卷十七：

> 洞山问："阇黎名什么？"对曰："本寂。"曰："向上更道。"师曰："不道。"曰："为什么不道？"师曰："不名本寂。"洞山深器之。②

洞山第一问，问的是当下之名，第二问，则问的是本来之性，本来体性不可名状，唯其非当下之名灼然，故云居与曹山所答无异，皆受洞山器重。然若加以细究，又有小别。洞山令云居"向上更道"，以"向上"示之，有启发之义，而问曹山"那个"，表与"这个"有别，难度稍大一些。洞山云云居所答与他只对"道吾"之语一般，道吾是洞山的师叔，洞山亦曾从其参学，也算是洞山之师，这表明云居见与师齐，可令门风不坠，而曹山则有超师越祖之机，是故虽然后世曹洞宗主要由云居一系承担，然曹山却有助师创宗之功，在见地上也略胜云居一筹。

---

① 《大正藏》第47册，第513页上。

② 《大正藏》第51册，第336页上。

洞山将顺世，谓众云："吾有闲名在世，谁人为吾除得？"众皆无对。时沙弥出云："请和尚法号。"师云："吾闲名已谢。"石霜及洞山诸弟子对此多有评说，石霜云："无人得他肯。"（此说或出于涌泉景欣）云居云："若有闲名，非吾先师。"曹山云："从古到今，无人辨得。"踈山云："龙有出水之机，无人辨得。"①

洞山的"闲名"指的是什么呢？表面看来，指的是他在俗世的法名，实际是指他于世间一生行化之迹或声名，更深的含义则是他融理于事、以事显理、以真化俗、以俗显真之修为。洞山不欲留其闲名于世，为子孙成道之障，故有所问。然而又如何除其闲名呢？其实知有即除，知闲名非名，则无闲名，是故沙弥一言"请和尚法号"，洞山便说闲名已谢。善行无辙迹，故云居言"若有闲名，非吾先师"，洞山终生行化，无一言可闻，无一行可辨，又何曾有闲名留世？是故若谓师有闲名，则是谤师。曹山与踈山所见与云居有别，洞山理事兼融、真俗无二，虽有行迹，亦非耳目之所及，又有何人能辨？是故若谓师无闲名，便不具眼。

是故单问一个名字，其中便包含着洞山一系师授相承之玄机，若识其义，便是升堂入室之阶梯、成佛作祖之妙方。不识其义，则天地悬隔，万劫不复。

洞山一系不计名字影相，但求本体实际，据前引《祖堂集》"中有一宝"一段，此宝即是自性法身，即如来藏，虽有形山之盖覆，不碍本性之清净；虽有识物灵照之用，不妨本体之空寂。此宝但从己求，外觅不得。

又据《洞山语录》，洞山与泰首座冬节吃果子，问："有一物，上拄天，下拄地，黑似漆，常在动用中，动用中收不得，且道过在什么处？"泰云："过在动用中。"洞山便令侍者掇退果桌。②

此物何物，与秘藏形山之宝无别，即法身如来藏，虽本体空寂，不妨起而为诸相用，虽起而为相用，而不为相用所拘，故动用中收不得。洞山问过在什么处，是说此物为何动用中收不得，泰首座答言过在动用中，是说正因为它常在动用中，所以动用中收不得，这一回答本身并无错误，因为物可拘外，不可拘内，如师子儿，威压百兽，却不奈身中虫何。然而洞

① 《大正藏》第51页，第323页中。

② 《大正藏》第47册，第511页上。

山的本意，是强调此物的主动性与能动性，并不是强调动用本身，泰首座老在动用上动心思，事实上是本末倒置，故洞山掇退果子。

洞山重视自性法身的立场是一贯的，这与南岳一系的基本思想是一致的，而在具体的修证方面，曹洞一宗又有不少富有创建的新发展，丰富了宗门武库。

洞山又以功勋五位配合偏正五位，所谓功勋事实上是修证的回互说法，洞山绝渗漏以除污染，言功勋以明修证，是与南岳“污染即不得，修证则不无”的宗旨相应的。五位即向，奉，功，共功，功功，据《人天眼目》卷三《洞山功勋五俭并颂》[①]，“僧问师：‘如何是向？’师曰：‘吃饭时作么生？’又云：‘得力须忘饱，休粮更不饥。’圣主由来法帝尧，御人以礼曲龙腰。有时闹市头边过，到处文明贺圣朝。”向，即有趋向之意，指发初心，亦如始觉。始觉心体清净，生凡圣心，执于圣位，厌离世俗，故虽生趋净之意，未免分别之心。如饥人遇食，渴者逢浆，贪求其味，饱而更进，食而不化，未免成病。故洞山示之以家传休粮方，终日吃饭，且莫咬破一粒米，如此则终日吃饭不知饱，万两黄金亦销得；终日不食亦不饥，什么时候曾欠少！初发心者，贪执君位，故虽然御下以礼，无为而治，却不愿自降，只是偶至俗间、走马观花而已，其病在用不敌体，故体不得活，虽有向净之志，难见绝尘之功，是为功勋初阶。

又问：“‘如何是奉？’师曰：‘背时作么生？’又曰：‘只知朱紫贵，辜负本来人。’净洗浓妆为阿谁，子规声里劝人归。百花落尽啼无尽，更向乱山深处啼。”奉，即承奉之义，由贪执之趋向转为归心之承奉，于功位上更进一步。所谓“背时作么生”，奉依背立，知背则知奉，只知外在的荣华富贵，不顾本来之真我，便是舍本逐末，即是背，由此可知奉即返本还源。浓妆艳抹，只为他人欣赏，此即是背，子规啼血，只为劝人归去，梁园虽好，却非久留之地；此地虽乐，何如父母之邦！

又问：“‘如何是功？’师曰：‘放下锄头时作么生？’又曰：‘撒手端然坐，白云深处闲。’枯木花开劫外春，倒骑玉象趁麒麟。而今高隐千峰外，月皎风清好日辰。”向与奉皆是返本，以回复本来为功，此后则是由真化俗，自本至末，从体起用。功即功用，此功用从本寂之体而立，不同世俗之事功，故无用为用，无功为功，万缘放下，端然正坐，便是功勋。

---

① 《大正藏》第48册，第315页下、316页上，下引不另注。

拿起锄头是功，放下锄头亦然，无一时断绝，无一事非功，处处修行，念念是道。此功有为，可令枯木开花，顽石点头，骑玉象，逐麒麟，无不可为，无不能行；此功无为，端然宴坐，遗世独立，明月为友，清风作伴。

又问："'如何是共功？'师曰：'不得色。'又曰：'素粉难沈迹，长安不久居。'众生诸佛不相侵，山自高兮水自深。万别千差明底事，鹧鸪啼处百花新。"共功，是言由体起用、从用归体，体用相合，君臣同心，两方面皆有功勋，故名共功。所谓"不得色"，指不得以一色形之。"素粉难沈迹"指臣妾，虽然淡扫娥眉，粉黛不施，怎耐天生丽质，何可自弃？锥处囊中，不得不显；明珠暗投，其光难掩！美人高士，不欲自显，终有荐拔之时。"长安不久居"言君王，虽处高位，不可久居，生而不有，为而不恃，谦寡临下，始可长安，故帝王之尊，不可自尊，当与臣民休戚与共，打成一片。此一境界，有君有臣，有法有境，各显其性，不相掩没，故百花齐放，千差万别，山高水深，互不妨碍。

又问"'如何是功功？'师曰：'不共。'又曰：'混然无讳处，此外更何求？'头角才生已不堪，拟心求佛好羞惭。迢迢空劫无人识，肯向南询五十三？"功功，即体用俱泯，君臣道合，为修行之最高境界。共功一切俱现，功功则一切俱隐，故曰"不共"。到此地步，理事混然，上下合同，与佛无别，更有何求？心本是佛，将心求佛，无异于画蛇添足，头上安头，才生此念，便有头角，转向异类中行。自性圆满，无人能识，何必效善才之南参？

洞山还以宾主说明修行的阶次，即宾中宾，宾中主，主中宾，主中主。如前师问僧如何是主人公，僧答见只对是，师曰："宾中主尚未分，如何辨得主中主？"僧便问："如何是主中主？"师云："阇黎自道取。"僧曰："某甲道得，即是宾中主。如何是主中主？"师云："凭么道即易，相续也大难。"遂示颂云：嗟见今时学道流，千千万万认门头。恰似入京朝圣主，只到潼关即便休。[①]

宾主即是形影、自他，以自为主，以他为宾，以形为主，以影为宾。宾中宾即徒具影像，全无实义，为最低层次，宾中主即虽有求主之意，未免事相之缠，为第二阶，主中宾即虽明于主，未尽于事，更胜一筹，主中主即最高境界，一任自在。洞山慨叹时人未到谓到，错认主人公，见也未

① 《大正藏》第47册，第525页上。

曾见，便道只此便是，如此修行，将使佛法平沉。

据前述洞山参龙山和尚机缘，以青山白云比喻主宾、父子、君臣，后来成为曹洞宗的惯例。据《五灯会元》卷十三洞山传：

> 僧问："如何是青山白云父？"师曰："不森森者是。"曰："如何是白云青山儿？"师曰："不辨东西者是。"曰："如何是白云终日倚？"师曰："去离不得。"曰："如何是青山总不知？"师曰："不顾视者是。"①

云依山生，故青山为白云之父。青山为慈父，妙容不动，颜非森然。白云为迷子，不辨东西，未明是非。子归就父，不敢去离；父自不知，全不顾视。青山为白云所覆，指本体为相用所蔽，不得尽露，故称主中宾，虽明于体，未尽事相。

主中主，无出入者是，故长年自守，不离本来。本自圆成，无欠无缺，故不必外求。尊贵无比，诸事自有郎幕安排，故足不出户，不受染污。

宾之于主，其位悬隔，其体无二，如水之于波，波即水，水即波，用即体，体即用，不改即水，漂洒即波，迷之为宾，悟之即主。

宾主相见，如清风轻拂，朗月皓然，清风有承奉之意，朗月无受礼之心，然风清月朗，天地一色，若谓有言说，即是无眼；若谓无言说，则是无耳。

以四宾主配合偏正五位，据《人天眼目》卷三，明安以主中宾配正中偏，宾中主配偏中正，主中主配正中来，宾中宾配兼中至，兼中到则"出格自在"，不涉宾主。明安为曹洞宗人，其说应当有据，然其引临济宗夺人夺境之说言四宾主，不知是否符合洞山原意。据同书，其言曹洞门庭，谓四宾主不同临济，"主中宾，体中用也；宾中主，用中体也；宾中宾，用中用，头上安头也；主中主，物我双忘，人法俱泯，不涉正偏位也"②，如此则主中主应与兼中到配合，与明安之说不同，从洞山对主中主的特别推重来看，此说也许更近乎洞山原意。

---

① 《卍新纂续藏经》第80册，第262页下。

② 《大正藏》第48册，第320页下。

洞山还以三种纲要偈示曹山，《人天眼目》卷三谓是曹山所作，未知孰是。其一曰敲唱双行偈，“金针双锁备，挟（叶）路隐全该。宝印当空（风）妙，重重锦缝开”[①]。曹洞门风，敲唱为用。所谓敲唱，大概是借用戏曲之敲打演奏与唱念舞蹈的配合来说明宾主师徒的启发接引，或己事不明，须狠敲打，或有所契悟，要须举唱。金针双锁，皆喻玄关，金针密密缝，双锁紧紧闭，协路（衣线相接）俱隐而无迹，如天衣之无缝；机关暗藏而莫寻，如玉锁之无孔。看似无路可通，实则别有蹊径。宝印当空一照，重重锦缝为开。犹如金轮一出，云雾尽消；玉龙一舞，连环皆开。其中有敲有唱，有主有宾，明辨其机，得主中主。

其二曰金锁玄路偈，“交互明中暗，功齐转觉难。力穷忘进退，金锁网鞔鞔”。明中有暗，天晓不露；暗中有明，夜半可睹。明暗交互，偏正转换，欲齐其功，更觉其难。愈是如此，愈须著力，若有一丝懈怠，不知进退，则披枷带锁，水深火热，坠轮回、入罗网，无出头之日。若能解明暗，识进退，步步著力，时时用功，自可开金锁，破罗网，立功勋，得圣位，玄路非玄，坦途一片，锁而非锁，赖得正果。

其三曰不堕凡圣偈，又名理事不涉偈，“事理俱不涉，回照绝幽微。背风无巧拙，电火烁难追”。事理俱境，不可贪执，不涉外境，返照自性，己事一明，万法皆从。风有去来，背风则无向无背，无巧无拙，无凡无圣，如此则顿见本性，悟在须臾，石火不及，电光难追。

三种纲要，其一则有主有宾，其二则有明有暗，皆示分别，其三则言无凡无圣，理事不涉，明无分别。别而无别，总为识得自家主人公，自修自悟，自成佛道。

洞山又以三路接人，据《人天眼目》卷三：

> 僧到夹山，山问：“近离甚处？”僧云：“洞山。”夹山云：“洞山有何言句？”僧云：“和尚道：我有三路接人。”夹山云：“有何三路？”僧云：“鸟道、玄路、展手。”山云：“实有此三路那？”僧云：“是。”山云：“鬼持千里钞，林下道人悲。”后浮山圆鉴云：“不因黄叶落，争知是一秋？”

① 《大正藏》第48册，第319页中，下不另注。

《祖堂集》卷七对这一故事记述更详，道是僧言洞山示众云“欲行鸟道，须得足下无丝；欲得玄学，展手而学”，夹山云“贵持千里抄，林下道人悲”，后其僧回洞山述此事，洞山许夹山为作家。

又据《祖堂集》卷七，洞山示众曰：展手而学，鸟道而学，玄路而学。[①] 看来此三路确实是洞山寻常接人之方便，但如何施设，耐人寻味。

据《祖堂集》卷七：

> 问：“承和尚有言教人行鸟道，未审如何是鸟道？”师曰：“不逢一人。”僧曰：“如何是行？”师曰：“足下无丝去。”僧曰：“莫是本来人也无？”师曰：“阇梨因什么颠倒？”僧云：“学人有何颠倒？”师曰：“若不颠倒，因何认奴作郎？”僧曰：“如何是本来人？”师曰：“不行鸟道”[②]。
>
> 鸟道则依空而行，故不逢一人，直须足下无丝（私），方可行得。足下无丝，即“心心不触物，步步无处所”，念念无住，毫无挂碍，不被境惑，不为物役。若一念心动，身即堕落，化为齑粉。心空始可行空，足下无丝，心中无他，便无污染，无污染则见本性清净，见本性清净，则与诸佛无异。行鸟道还是修行之方便，见性之法门，若见本性，则“举足下足，鸟道无殊”，“步步踏红莲，通身无影像”，不必“寄鸟道以寥空”了。

鸟道须临风而行、秉气而飞，实是行不得也，玄路则机关暗布，进退失据，亦无下足处。玄路实则通玄之路，明暗交互，黑白莫辨，欲立功勋，正须着力。此路可谓处处崎岖，步步艰险，若不解偏正，不知进退，则生陷地狱，身入网罗。若能识其枢要，解其机关，精进不已，则步步立功，时时有得，凡俗可超，圣贤可期。玄路该括了一切渐次修行的要方，若是知者，则“坐卧经行，莫非玄路”，未可拘于一方。

鸟道、玄路虽不易解，却是有迹可寻，展手之学则古德未言，其义难明。“欲得玄学，展手而学”，可见展手同样是求玄之方。据《五灯会元》卷五《孝义性空禅师》：

---

① 《祖堂集校注》，第181页。

② 《祖堂集校注》，第179页。

吉州孝义寺性空禅师，僧参，师乃展手示之。僧近前，却退后。师曰："父母俱丧，略不惨颜?"僧呵呵大笑。①

又据《祖堂集》卷五《石室和尚》：

沩山教仰山探石室，仰山去到石室，过一日后便问："如何是佛?"室拳手。"如何是道?"又展手。"毕竟阿那个即是?"石室便摆手云："勿任么事!"仰山却归，具陈前话，沩山便下床，向石室合掌。②

可见展手是诸方长老接引学人的方便，那么其意如何呢？石室拳手，是说三世诸佛总在这里，石室展手，是说道无可修，我这里一物也无，何道可求，何法可依，仰山再问毕竟是有是无，石室便道勿作此解，毕竟处不见有无。性空禅师展手，是说看我佛法手段，僧近前，是表请益，又退后，是表原来尔处佛法无多子，我这里也有这个，无须别求，性空道尔父母俱丧，何无哀痛，僧便呵呵大笑。父母俱丧，是说子已长成，卓然自立，本源已达，故不著空有。

洞山展手示人，其意与二大德非远。展手一路，最是难解，为示他觅无益，借亦不得，令学人回光返照，识取自家宝藏，若是上乘利根，当下便悟，看破新丰手段，知其老婆心切，呵呵大笑，转身便去，任他千呼万唤，总不回头。若是中下之机，惘然无措，或是反在拳掌上大作文章，道有说无，数一数十，更添一重执障。

据《祖堂集》卷八《曹山和尚》：

僧云："今时无其中人，和尚若遇古人时如何承当?"师云："不展手。"僧云："古人意旨如何?"师云："阇梨但莫展手也。"僧云："与么时和尚还分付也无?"师云："古人骂汝。"③

① 《卍新纂续藏经》第80册，第116页下。

② 《祖堂集校注》，第161页。

③ 《祖堂集校注》，第228页。

曹山谓遇古人时不得展手，意旨如何？若遇古人，不得相欺，谓我这里一法也无，汝自了即得。因为展手是主对宾，是大师接引学人的手段，为迷者道，不为悟者言，若遇知者依样作态，必遭折损，为古人责骂。是故展手一路，学之不宜，行之更难。等闲之人，勿得妄效。

洞山以三路接三根，识得展手，当下便了，无须再行鸟道，若于此不明，则教其行鸟道，解心空，若迷障深重，鸟道也行不得，便教其走玄路，识偏正。展手则本自圆成，无修无证，鸟道、玄路则外绍而得，积功而拔。

三路只是接人之方便法门，“犹如黄叶为金，权止小儿啼”①，切勿“空拳指上生实解”。洞山以三路示学人，宝寿不肯，出法堂外道：“这老和尚有什么事急？”宝寿非是不肯，只是过河拆桥，得意忘言。夹山道“鬼持千里钞，林下道人悲”，是说小鬼无知，以黄叶为真金，持之不舍，将为行脚之资，故林下道人悲之。夹山暗讥洞山门徒不识好恶，以乃师之方便说法示于诸方，以为真金，非对洞山本人不恭。圆鉴道“不因黄叶落，争知是一秋”，也是说三路接人是方便垂示，寄秋意于一叶，示明月于一指，不可以叶为秋，以指为月。

曹洞宗妙旨虚玄，家风细密，宗门一道，方便多门。洞山初创基业，五相完具，更得子孙孝顺，同门相辅，使得药山一枝，大行于世，云岩之路，相次不绝。末法时代，人多乾慧，欲得相见，须真修行。欲真修行，须辨宗旨，不得错认门头，更不可认奴作郎，以缁为素。

第四节　洞山良价大师的伦理思想

洞山良价是中国佛教史上富有创造性的思想家。他不仅建立了完备系统而又灵活多样的禅宗思想体系，还对中国佛教伦理思想的建设有很大的贡献，又是一个出色的佛教教育家，在中国佛教史和中国文化史上都有一定的地位。

孝道是中国传统伦理价值观的核心问题，也是儒家批评佛教最激烈的方面。由于双方价值观的差异，儒家以为佛教的出家背离君亲，割裂人

① 《大正藏》第48册，第386页下。

伦，是最大的不孝。针对儒家对佛教不孝的责难，佛教的回应往往是被动的。一种观点认为，儒家是入世之道，佛教是出世之道，两家本来不同，其价值观的差异是必然的，双方有各自存在的价值，既不能相互取代，也不应相互责备，这种观点以庐山慧远大师（334—416）为代表。另一种观点是自觉认同儒家的孝道观并付诸实践，这一派以梁代高僧法云（467—529）为代表。据《续高僧传》卷五法云传：

> 云公俊发，自顾缺然，而性灵诚孝，劳于色养。及居母忧，毁瘠过礼，累日不食，殆不胜丧。僧旻谓曰："圣人制礼，贤者俯就，不贤者企及。且毁不灭性，尚出儒宗。况佛有至言，欲报生恩，近则时奉颜仪，使物生悦；远则启发菩提，以导神识。又云恩爱重贼，不可宽放。宽放此者，及所亲爱，堕于恶道。唯有智者，以方便力，善能治制，则惠兼存没，入诸善趣矣。宜思远理，使有成津，何可恣情，同于细近耶！"云乃割裂哀情，微进饮粥。①

法云自奉俭约，而事亲极孝。居母忧衰毁过礼，多日不食，受到僧旻的批评。后来法云"及遭父忧，由是疾笃，至于大渐。以大通三年三月二十七日初夜，卒于住房"②。一代高僧如此过早辞世，跟他受儒家思想影响、孝亲过度有关。

与法云"等年腊，齐名誉"的僧旻（467—527）则持另外一种观点，他强调佛教的孝道胜过儒家，坚持佛教的价值观。他指出，依照佛教的说法，报父母生养之恩，有两种方式，一是世俗之孝，即时时奉养，以慰其心，二是出世之孝，即启发其菩提之心，导其精神，以入圣域净地。贪爱无明本来就是烦恼重贼，这种贪爱也包括父母子女之间的感情，对此要加以限制，不可宽纵，否则就会因此使人堕入恶道，只有有智慧的人才能以智御心，控制感情，使存者亡者，皆蒙其惠，上升善道。可以说，僧旻的这种说法坚持原则，也是非常大胆的，因为他将儒家最为重视的父子之情视为无明贪爱，以为这种贪爱会让人落入恶道，这是对儒家之孝道和价值观最严厉的批评。

---

① 《大正藏》第50册，第464页上。

② 同上书，第464页下。

与僧旻观点一致的还有灵裕（518—605）。据《续高僧传》卷九灵裕传：

奉禁自守，杜绝世烦。虔虔附道，克念齐圣。母病绵笃，追赴已终。中路闻之，竟不亲对。嗟曰："我来看母，今何所看！宜归邺寺，为生来福耳。"割略亲爱，如此之类。①

灵裕往视母病，中途听说母亲已经去世了，便返回邺寺，不去奔丧。这种做法被视为不近人情，但道宣显然对此是赞赏的，以为这样是"割略亲爱"、"杜绝世烦"，是守戒念道的表现。

义净大师（635—713）也对中土僧人不守戒规，盲从儒家进行了尖锐的批评，对灵裕的做法表示赞同，据《南海寄归内法传》卷二：

又复死丧之际，僧尼漫设礼仪。或复与俗同哀，将为孝子；或房设灵机，用作供养；或披黪布，而乖恒式；或留长发而异则，或拄哭杖，或寝苫庐。斯等咸非教仪，不行无过。理应为其亡者，净饰一房，或可随时，权施盖幔。读经念佛，具设香花，冀使亡魂，托生善处，方成孝子，始是报恩。岂可泣血三年，将为赛德；不餐七日，始符酬恩者乎！斯乃重结尘劳，更婴枷锁，从暗入暗，不悟缘起之三节；欲死趣死，讵证圆成之十地欤！……岂容弃释父之圣教，逐周公之俗礼，号啕数月，布服三年者哉！曾闻有灵裕法师，不为举发，不着孝衣，追念先亡，为修福业。京洛诸师，亦有遵斯辙者。或人以为非孝，宁知更符律旨！②

义净对法云等人的做法十分不满，以为这是"弃释父之圣教，逐周公之俗礼"，完全放弃了佛教徒的立场。他指出，佛教不是不讲孝道，而是要行佛教之孝，不得盲从儒家，舍圣从俗。佛教之孝，就是香花供养，读经念佛，使亡魂托生善道，就像灵裕法师所作一样，为先人修福追荐。

① 《大正藏》第 50 册，第 497 页上。

② 《大正藏》第 54 册，第 216 页中、下。又见王邦维《南海寄归内法传校注》，中华书局 1995 年版，第 107—108 页。

义净的立场十分鲜明，他认为佛教之孝与儒家之孝一圣一俗，一真一妄，高下自明。儒家之孝表面上很厉害，实际上是黑暗之途、死亡之道，不悟缘起之法、不明无常之理，行之则烦恼更盛，枷锁复添，非但不是行孝，反而是增亡者之罪，使之再入轮回，转生恶道。

良价继承了僧旻、灵裕、义净等人的观点，旗帜鲜明地以佛辟儒，以真破妄，体现了一个佛教思想家的见识和立场。这一观点体现在他的两封《辞北堂书》和《颂》二首中。据《筠州洞山悟本禅师语录》附《辞北堂书》一：

> 伏闻诸佛出世，皆从父母而受身；万汇兴生，尽假天地而覆载。故非父母而不生，无天地而不长，尽沾养育之恩，俱受覆载之德。嗟夫一切含识，万象形仪，皆属无常，未离生灭。虽则乳哺情至，养育恩深，若把世赂供资，终难报答；作血食侍养，安得久长！故《孝经》云：虽日用三牲之养，犹不孝也。相牵沉没，永入轮回。欲报罔极深恩，莫若出家功德。截生死之爱河，越烦恼之苦海，报千生之父母，答万劫之慈亲，三有四恩，无不报矣。故经云：一子出家，九族生天。良价舍今世之身命，誓不还家；将永劫之根尘，顿明般若。伏惟父母，心开喜舍，意莫攀缘；学净饭之国王，效么耶之圣后，他时异日，佛会相逢；此日今时，且相离别。良非遽违甘旨，盖时不待人。故云：此身不向今生度，更向何时度此身！伏冀尊怀，莫相寄忆。①

这封书信首先强调天地父母覆载养育之恩，主张树立报恩意识，但又指出生命的无常、世法的生灭，如果用世俗的方式进行报恩，是远远不够的，因为即使日以三牲孝亲，也是多造杀业，相牵入轮回之火炕，谈不上孝。只有出家功德，才是至高至大，不仅能够报答今生父母，还能使千生万劫之慈亲，皆受其益；三界六道之施主，尽得其报。他指出，出家是为了报恩，出家就是行孝，出家修行，上证佛果，下度恩亲，今日世间且暂别，他时佛国则长逢。

在这封信中，良价一方面表达了出家的决心，另一方面也尽量劝慰父

① 《大正藏》第47册，第516页中。

母，使他们能够理解并支持自己的行为，舍近习而求远理，割爱网而觅正道。可以说，良价的这一目的基本上达到了，从其母的回书中，可知她对儿子的行为有所认识，从痛苦转向安慰。

据《娘回书》：

> 吾与汝夙有因缘，始结母子恩爱情分。自从怀孕，祷神佛，愿生男儿。胞胎月满，性命丝悬。得遂愿心，如珠宝惜。粪秽不嫌于臭恶，乳哺不倦于辛勤。稍自成人，遂令习学。或暂逾时不归，便作倚门之望。来书坚要出家，父亡母老，兄薄弟寒，吾何依赖？子有抛娘之意，娘无舍子之心，一自汝住他方，日夜常洒悲泪，苦哉，苦哉！今既誓不还乡，即得从汝志。不敢望汝如王祥卧冰，丁兰刻木，但如目莲尊者度我，下脱沉沦，上登佛果。如其不然，幽谴有在！切宜体悉。①

可以看出，这是一位慈爱情深的母亲，也是一位深明大义的母亲，可谓非此母不得生此子，非此子不得有此母。良价坚持出家，母亲最初的感觉是很痛苦的，因为她舍不得儿子，一句“子有抛娘之意，娘无舍子之心”，令人断肠。但她又十分坚强，尊重儿子的选择，同意他出家，同时又激励儿子证得佛果，行目莲之大孝。

从母子对话中，可以得知母慈子孝，而且是母有大慈，子行大孝。这是佛教的慈孝，远胜儒家之慈孝。所谓的二十四孝大多数是畸形的，反映的是不正常的父子关系。王祥卧冰是由于受到后母的逼迫，父母不慈，虐待儿女，还要硬说是行孝，天理何在！自幼父母双亡的丁兰固然让人同情，但他刻木省事，带有一种原始宗教的神秘和怪异色彩，他不对邻居说明，是他自己的过错，别人只知是木偶，哪里料到那是他的父母呢？因为邻居不知情而误对木人不敬，他便用剑杀人，这是典型的变态狂。可以说，丁兰是最不孝的人，他因小愤而杀人，害人害己，岂是已故父母之愿？他也是一个最不慈的人，自己幼失父母，还要让儿女复制自己的不幸命运，难道他想让儿女继续刻木为父吗？如此不慈不孝之人，还要被儒家奉为榜样，不知是何居心。与之不同，大目揵连入地狱度脱亡母，才是真

① 《大正藏》第47册，第516页下、517页上。

正的大孝子。良价之母不望儿如王祥丁兰，而以目连期之，真正体现了一个慈母的见识与用心，也表明她受到儿子感化，弃儒从佛。

良价的第一封书写于他决心正式出家之前，应当是在投五泄灵默（747—818）之后。与之相应，还有两首《颂》：

未了心源度数春，翻嗟浮世谩逡巡。
几人得道空门里，独我淹留在世尘。
谨具尺书辞眷爱，愿明大法报慈亲。
不须洒泪频相忆，譬似当初无我身。
岩下白云常作伴，峰前碧障以为邻。
免干世上名与利，永别人间爱与憎。
祖意直教言下晓，玄微须透句中真。
合门亲戚要相见，直待当来证果因。①

良价初从一院主学法，后从灵默大师，大师示化时他只有十二岁，由于他本人年幼，又往来于山寺俗家，尘缘未了，故未能觉悟，于是他决心正式出家，以青山白云为伴，参透祖意，出得玄关，告别世间的名利憎爱。

这一封书和两首颂应当写于他于大和元年（827）嵩山受具之前，从其内容和文字来看，已经比较成熟了，故可能写于十八九岁时。当时他应当还在五泄山寺，即今诸暨五泄禅寺，虽然其时灵默不在，肯定还有其他师兄继主此寺，在嵩山具戒之前，良价一直是住在此寺的。这一书两颂当是良价留下的最早的作品，值得珍视。

良价还有《后寄北堂书》：

良价自离甘旨，杖锡南游，星霜已换于十秋，岐路俄经于万里。伏惟娘子收心慕道，摄意归空，休怀离别之情，莫作倚门之望。家中家事，但且随时；转有转多，日增烦恼。阿兄勤行孝顺，须求水里之鱼；小弟竭力奉承，亦泣霜中之笋。夫人居世上，修己行孝，以合天心；僧有空门，慕道参禅，而报慈德。今则千山万水，杳隔二途；一

① 《大正藏》第47册，第516页中、下。

纸八行，聊伸寸意。

《颂》：

不求名利不求儒，　愿乐空门舍俗徒。
烦恼尽时愁火灭，　恩情断处爱河枯。
六根戒定香风引，　一念无生慧力扶。
为报北堂休怅望，　譬如死了譬如无。①

这第二封书信已在十年之后，良价劝母亲慕道归空，别再想念儿子，在家务上，也要一切随缘，不要追求过多的财富，因为财富越多，烦恼越盛。他还劝在家的兄弟尽孝，“以合天心”，以尽人情；自己身在空门，只能通过“慕道参禅”来报母恩。

可以看出，良价对母亲、对家庭是充满感情的，但他又不得不尽力控制这种感情。一代大师此时内心可能也有难解的矛盾，他想在家尽孝，但又无法分身，只能让兄弟替自己在家侍母行孝，自己坚持参禅悟道，以尽大孝。

良价于书末还附有一首颂，这首颂明确表达了他弃儒从佛、乐道舍俗的决心，他想斩断恩情、灭尽烦恼，以三学净六根，以无生除万念。虽然如此，他还是为母亲担心，害怕母亲放不下亲情，倚门怅望，盼子还乡，于是狠心让母亲彻底忘掉自己，就当儿子本来没有，或者已经死了。可这样的话对于母亲有什么用呢？

洞山的母亲其实是幸运的，她有两个儿子在家行孝，现实生活不至于困苦，还有一个儿子出家学道，成为一代宗师，使其在彼岸受益得度。假如良价不出家，虽然其母会免去思子之痛，但恐怕也不会名垂千古。

良价既坚持佛教的价值观，又对世俗之孝表示理解，充分体现了佛教的中道精神和中国佛教的现实原则。良价之后，不少佛教大师以所谓会通三教的名义向儒家妥协，在孝道方面的佛教立场有所淡化，这其实是一种倒退。

良价的立场和做法无可挑剔，后世却有人对此吹毛求疵，如南宋圭堂

① 《大正藏》第47册，第516页下。

居士在《新编佛法大明录》中称“孝者百行之源，其源不正，余未足多道。如彼洞山《辞亲书》，刻恩无天，读之毛竖”①，对洞山进行恶意攻击。其实圭堂居士根本没有读懂洞山之书，以俗儒之偏见，相似之“佛法”，无法理解贤母圣子之间的真情，不知其大慈大孝。洞山是在征得母亲的同意之后才正式出家的，不然何来《辞北堂书》与《回书》，其母明言“从汝志”，就是同意良价出家，根本不存在违背经律的问题。

除强调佛教之孝是大孝，真孝之外，良价还强调师徒之间的伦理，要求尊师重道，以师为天，杜继文先生将其称为“师友伦理学”，他指出：

> 禅宗僧侣很注意择师交友之道，经常宣传自己的师承关系……良价提出了“住止必须择伴”，“远行要假良朋”的原则，把禅宗历来重视的师友关系，提炼成了一个新的伦理观念，要求在禅众中推行……交友是为了闯荡江湖的需要；尊师是为了巩固非血缘集团的需要，二者都是禅宗群体生活日益稳定的产物。如果说，百丈怀海为禅宗群体创作了经济制度和生活纪律，洞山良价则为他们制定了特殊的道德规范。这种规范，与儒家传统上的“三纲”全异，同孟子的“五常”也不相同。在这里，没有君臣的地位，父母只有血亲意义，不属社会范畴。所以唯一重要的社会联系是与政治和血缘无关的师友。这种凌驾于社会一切关系之上的最高伦理，进一步强化了禅宗的宗派观念，它对此后出现的各种会社，特别是民间的秘密会社，影响是深远的。②

诚如杜先生所言，这种带有佛教特色的新型伦理观是很有价值的。因为对于出家人来说，师徒关系远比父子关系重要，后者代表世俗的社会关系，前者则是超世俗的关系，维持良好的师徒关系对于佛法的传承和宗派的团结是十分重要的。曹洞宗后来绵延千载，历久不衰，与良价所倡导的新型伦理准则和价值标准有关。

良价的师友伦理思想主要表现在《祖堂集》和《语录》中。据《祖堂集》卷六：

---

① 参见杨曾文《唐五代禅宗史》，中国社会科学出版社 1999 年版，第 494—495 页。

② 杜继文、魏道儒：《中国禅宗通史》，江苏古籍出版社 1993 年版，第 336—337 页。

> 住止必须择伴，时时闻于未闻；远行要假良朋，数数清于耳目。故云：生我者父母，成我者朋友。亲于善者，如雾里行，虽不湿衣，时时有润。蓬生麻竹，不扶自直；白砂在泥，与之俱黑。一日为师，终世为天；一日为主，终身为父。玉不琢，不成器；人不学，不知道。①

他特别强调尊师，将儒家的尊师重道思想引入佛教，并给予特殊的地位，因为维护师傅的权威是一个僧团和宗派稳定发展的关键。在一个僧团中，师傅承担着多方面的职责，既是学人学业的导师，又是他们生活上的指导者和照顾者，更是他们精神上的支柱，还是整个团体的管理者，因此师傅事实上承担着导师（师）、父母（亲）、管理者（君）、精神支柱（天地）等各种角色，责任重大，理应具有相应的权威，是故学人以师为天为父是应该的。

同门朋友也是十分重要的，在一个人数众多的僧团中，老师难以照顾到每个弟子，师兄弟之间的相互关照、相互影响是十分重要的。不论是一起住止还是共同行脚，都需要择伴选友，同友是好是坏，是黑是白，关系到自己能否健康成长。为避免因师友不择出现问题，良价还对门人提出《规诫》：

> 夫沙门释子，高上为宗。既绝攀缘，宜从淡薄。割父母之恩爱，舍君臣之礼仪，剃发染衣，持巾捧钵；履出尘之径路，登入圣之阶梯，洁白如霜，清净若雪。龙神钦敬，鬼魅归降。专心用意，报佛深恩，父母生身，方沾利益。岂许结托门徒，追随朋友；事持笔砚，驰骋文章；区区名利，役役趋尘；不思戒律，破却威仪！取一生之容易，为万劫之艰辛。若学如斯，徒称释子！②

不论是自诫还是告诫门徒，良价都强调不求名利、随缘度日。他指出，出家人只有甘从淡薄，洁身守戒，才能得到天龙鬼神的钦敬，只有专

① 《祖堂集校注》，第181、182页。

② 《大正藏》第47册，第516页上、中。

心修行，报佛之恩，才能使自身真正得到利益。假如身披佛衣，心染俗尘，拉帮结伙，醉心文章，追求名利，不守净戒，贪求一生的安乐好过，导致万劫的艰辛困苦，根本不配叫作沙门释子。其中，他特别提及不加选择，胡乱结交朋友、聚集门徒，形成帮派乃至沦为匪类的危害。

总之，良价在道德伦理方面的诸多建树对于中国佛教的发展和中国伦理思想的演进都有很大的贡献，在今天也有很多值得借鉴的地方，应当引起后人的重视。

第五节　洞山门人

洞山既是一个有重大理论创造的禅门大师，也是一个非常出色的教育家，培养了很多有影响的门人。

据《景德传灯录》卷十七：

袁州洞山良价禅师法嗣二十六人
洪州云居山道膺禅师
抚州曹山本寂禅师
洞山第二世道全禅师
湖南龙牙山居遁禅师
京兆华严寺休静禅师
京兆蚬子和尚
筠州九峰普满大师
台州幽棲道幽禅师
洞山第三世师虔禅师
洛京白马遁儒禅师
越州乾峰和尚
吉州禾山和尚
明州天童山咸启禅师（十一卷有目无传）
潭州宝盖山和尚
益州北院通禅师
高安白水本仁禅师
抚州疎山光仁禅师

澧州钦山文邃禅师（已上一十八人见录）

明州天童山义禅师

太原资圣方禅师

新罗国金藏和尚

益州白禅师

潭州文殊和尚

舒州白水山和尚

邵州西湖和尚

青阳通玄和尚（已上八人无机缘语句不录）①

如此《景德传灯录》载其门人二十六名，十八人有传。《祖堂集》收录十人。《宋高僧传》正传收录云居道膺、疏山匡仁、曹山本寂，附传有白水本仁、龙牙居遁、华严休静，另有智朗（871—947）“见洞山、雪峰二祖师决了禅训”，此洞山当为二世道全，还有招贤景岑（？—868）门人恒（《景德传灯录》作常）通（834—905）曾参洞山。

洞山二世道全，《祖堂集》卷八亦有传。

据《景德传灯录》卷十七：

洞山道全禅师（第二世住，亦云中洞山），初问洞山价和尚：“如何是出离之要？”洞山曰：“阇梨足下烟生。”师当下契悟，更不他游。（云居膺进语云：“终不敢孤负和尚足下烟生。”洞山云：“步步玄者即是功到。”）暨价和尚圆寂，众请踵迹住持，海众悦服，玄风不坠。僧问：“佛入王宫，岂不是大圣再来？”师曰：“护明不下生。”僧曰：“既是大圣再来，何更六年苦行？”师曰：“幻人呈幻事。”曰：“非幻者如何？”师曰：“王宫觅不得。”问：“清净行者不入涅槃，破戒比丘不入地狱，如何？”师曰：“度尽无遗影，还他越涅槃。”问：“极目千里是什么风范？”师曰：“是阇梨风范。”曰：“未审和尚风范如何？”师曰：“不布婆娑眼。”②

① 《大正藏》第51册，第334页上。

② 同上书，第337页上中。

《祖堂集》和《景德传灯录》都未记其姓氏终始，不够全面。

据余靖《传法记》：

> 中山全，姓宣氏，常州人，以其尝居隽水之中山，故号中山和尚。中和二年，镇南节度使钟传实召以來。景福二年，避□于分宁，制置戴尚书迎居龙安院，明年坐亡于龙安，归葬寺之东。

如此道全俗姓宣，常州人。他虽然号称二世，却并非于良价圆寂后便“踵迹住持”，而是先居隽水中山，故号“中山和尚”。中和二年（882），镇南节度使钟传召其来住洞山，景福二年（893），他避乱到分宁，制置使戴某迎居龙安院，乾宁元年（894）于龙安坐化，归葬于洞山寺之东。道全住持洞山十二年，海众悦服，宗风不坠，对于洞山一系的发展贡献很大。

“清净行者不入涅槃”一句，出自《文殊说般若经》。

据《文殊师利所说么诃般若波罗蜜经》卷一：

> 如逆罪相不可思议。何以故？诸法实相不可坏故。如是逆罪亦无本性，不生天上，不堕地狱，亦不入涅槃。何以故？一切业缘皆住实际，不来不去，非因非果。何以故？法界无边，无前无后故。是故，舍利弗！若见犯重比丘不堕地狱，清净行者不入涅槃，如是比丘非应供非不应供，非尽漏非不尽漏。何以故？于诸法中住平等故。①

《文殊说般若经》是禅宗最为重视的经典之一，据《楞伽师资记》，武则天问神秀“依何典诰”，神秀便答“依《文殊说般若经》一行三昧”。《历代法宝记》亦引此句，道“戒相如虚空，持者为迷倒”，甚至称“宁毁尸罗，不毁正见”②，有过度发挥、走向狂禅的趋势。

经中此义甚明，是说罪无本性，业住实际，诸法平等，无有高下，是故心无分别，安住平等，无上无下，不出不入，破戒清净不二，地狱涅槃无别。道全的解释，是说众生度尽，无有地狱可入，归根还源，已然超越涅槃。后世有许多禅师对此评论，其中鼓山士珪言“清净比丘僧，却须

---

① 《大正藏》第8册，第728页中。

② 《大正藏》第51册，第194页中。

入地狱”①，最有特色。

华严休静是洞山门下唯一的受到朝廷尊崇而应诏入京的大师，虽然其时已到后唐。

据《景德传灯录》卷十七：

京兆华严寺休静禅师。师曾在乐普作维那，白槌普请曰：“上间搬柴，下间锄地。”时第一座问：“圣僧作么生？”师曰：“当堂不正坐，不赴两头机。”师在洞山时问曰：“学人未见理路，未免情识。”洞山曰：“汝还见理路也无？”曰：“见无理路。”洞山曰：“什么处得情识来？”曰：“学人实问。”洞山曰：“恁么须向万里无寸草处立。”曰：“无寸草处还许立也无？”洞山曰：“直须恁么去。”搬柴次，洞山把住柴，问：“狭路相逢时作么生？”曰：“反仄何幸。”洞山曰：“汝记吾言，汝向南住有一千人，若向北住即三二百而已。”师初住福州东山之华严，未几属后唐庄宗皇帝征入辇下，大阐玄风，其徒果三百矣。问：“祖意与教意同别？”师曰：“探尽龙宫藏，众义不能诠。”问：“大悟底人为什么却迷？”师曰：“破镜不重照，落华难上枝。”问：“大军设天王斋求胜，贼军亦设天王斋求胜，未审天王赴阿谁愿？”师曰：“天垂雨露，不拣荣枯。”一日车驾入寺烧香，帝问曰：“遮个是什么神？”师对曰：“护法善神。”帝曰：“沙汰时什么处去来？”师曰：“天垂雨露，不为荣枯。”师后游河朔，于平阳示灭。荼毘获舍利，建四浮图，一晋州，二房州，三终南山逍遥园，四终南山华严寺。敕谥“宝智大师”、“无为之塔”。②

又据《祖堂集》卷八：

华严和尚，嗣洞山，在洛京。师讳休静，大化东都，禅林独秀。住花［华］严寺。

时有人问：“日未出时如何？”师云：“国乱思明主，道泰则寻常。”

① 《卍新纂续藏经》第65册，第500页中。

② 《大正藏》第51册，第338页上。

师在京中赴内斋，他诸名公悉皆转经，唯有师与弟子不转经。帝问师："师也且从不转经，弟子为什摩不转经?"师云："道泰不传天子令，时人尽唱泰平歌。"问："王子未登九五时如何?"师云："贪游六宅戏，不觉国内亏。""王子正登九五时如何?"师云："朱廉齐卷上，四相整朝仪。""登九五后如何?"云："金箱排玉玺，御辇四方归。"

问："大悟底人为什摩却迷?"师云："破镜不重照，落花难上枝。"

问："师幸是后生，为什摩却作善知识?"师云："三歳宅家龙凤子，百年阶下老朝臣。"……

师初见洞山时，问："见则见，争奈情识云伪何!"洞山云："汝还见也无?"对云："见。"洞山云："既见，为什摩情识云伪?"对云："争奈情识云伪何!"洞山云："若与摩，则万里无寸草处立。"

溪林和尚把木剑云："魔来挠我！魔来挠我!"有人问和尚："寻常为什么却被魔挠?"云："贼不打贫儿家。"有人举似师，师云："我不与么道。"僧问："和尚如何?"云："无魔来挠我。"云："和尚为什么无魔来挠?"云："贼不打贫儿家。"禾山拈问僧："作么生道，通得两个和尚意？亦须自作主。"无对。自代云："不因有，亦非无。"

休静生卒年不详，初参洞山，或在咸通之末、洞山晚年，道是见则已见，只是无奈情识云伪何，是说理路虽明，只是情识难免。洞山反问其是否真见，若是真见，何来情识？这是普遍存在的问题，理上虽明，事不能行，知而不行，为情所困，这也可以说是理上本不能透彻，若了见本性，则顿悟顿修，直入佛地，何必拖泥带水！不过对于大部分人来说，确实存在着能知不能行的问题。洞山告之向万里无寸草处立，大有深意。石霜道出门便是草，六识一出六门，便与六尘相遇，内外相合，分别好恶，情识丛生。不历他门户，无令见可欲，不施邪见肥，莫浇妄情水，大地真干净，寸草亦不生。此外，万里无寸草，所作人皆明，妄情无由生，诸行自清净。有了众人的有效监督，有了公开与透明，错误自然难以萌生。休静搬柴，洞山把住，问狭路相逢时如何，休静言反仄何幸。"反仄"，一般认为有"辗转不安"和"动乱不定"两个义项，但在这里都不适用，禅宗另有用处，如有学人问不落进向事如何，鼓山神晏道“还反仄么”，无异元来有偈云“话头一句如弦直，脱死超生过反仄”，惠洪形容栖公小字书“横斜曲直、重交反仄、曲尽其妙”，可见“反仄”有“曲折回转”、“反复”、“退步转身”的意思。因此休静道反仄何幸（《石门文字禅》卷二十五道“反仄反仄”），表达了转身侧步、灵活处理以化解对抗的意思，这与曹洞宗的婉转回互的风格一致，若是临济德山，则会直步向前，势不可挡，因为狭路相逢勇者胜，相传“临济将军，曹洞士民”，可见刚柔有别。休静言反仄，表明他是一个灵活随缘、应变能力很强的禅师，故洞山预告他在南方传禅，门人众多，可达千人，在北方只有二三百人，后来果然，但他决意改变曹洞宗向来不亲近国主的宗风和主要在南方传法的习惯，坚持在北方弘法并且在洛京植根，对于曹洞宗影响的扩展意义重大。

休静离开洞山后，曾在洛浦元安那里作维那。据前，洛浦开法最早在中和年间（881—885），休静亦应于此期间前来。维那有安排普请之责，他则言上方（方丈、首座）搬柴、下方（普通禅僧）锄地，第一座问“圣僧”（指维那）你干什么，他则说虽然负责（当堂），却无正位（不是方丈），上下两头都不是，当然都不用干了。不过这是示现禅机，表明两头俱不立的中道精神，并非逃避劳动。

休静初住福州华严寺事迹机缘不详，然而其时不一定在后唐时期，有问师是后生，为什么开法，他则答三岁为王子、百岁为臣民，与五位王子说有关，如诞生王子，天然贵种。若这一机缘为真，一则表达了他的自信，二则说明他开法较早。

休静有三种王子说，王子未登九五，即觉悟成道之前，因贪执六欲之乐，背觉合尘，无明增长，身内已亏，国中大乱；正登九五，珠帘齐卷，四相严整，比喻经过发心修行，努力用功，最终登正觉位，四德俱足；已登九五，金箱玉玺，尊贵无比，万众归心，四方仰德，泽被天下，化流宇内。这些说法都是一语双关，以世俗称王比喻出世成佛。

三种王子说代表了从迷到觉、从自觉到觉他的过程，是曹洞宗理论的重要组成部分。此说在后世影响相当大，谷隐蕴聪、五祖法演、晦堂祖心推演之，佛鉴惠勤、佛海心月评点之。

溪林和尚，事迹不明，想是当时禅德。大善知识，却被魔扰，知有惹祸，富而招贼。休静不被魔扰，因为贼不打贫儿家。此二禅德，一显妙有，一示真空，一则万德具足，一则一法不立。禾山（应当是无殷）举此问僧，道是欲通两意，还须自家做主，魔来不因有，不至亦非无，去年未是贫，牛头见四祖。

休静事迹又见《宋高僧传》。后唐庄宗在位时间不长，他应召入京，当在同光二年（924）三年间。他在福州东山华严寺时，徒众千人，影响很大，故名达京城。在洛京住时，虽然只有三百众，却是号为帝师，影响更大。他非常善于应机说法，故于京城时，说法每与政事相应，博得了皇帝的好感。

据《五灯会元》卷十三：

> 庄宗请入内斋，见大师大德总看经，唯师与徒众不看经。帝问："师为甚么不看经？"师曰："道泰不传天子令，时清休唱太平歌。"帝曰："师一人即得，徒众为甚么也不看经？"师曰："师子窟中无异兽，象王行处绝狐踪。"帝曰："大师大德，为甚么总看经？"师曰："水母元无眼，求食须赖鰕。"帝曰："既是后生，为甚么却称长老？"师曰："三岁国家龙凤子，百年殿下老朝臣。"①

此说亦见《释氏通鉴》卷十二，虽然后出，却较前载更加合情合理。休静反映了"国乱思明主"的普遍心态，希望庄宗能够顺应民意，与民休息，做一个无为而治、民不知有之的明君，达到天下太平、野老讴歌的盛世，同时也体现了禅者心悟不依经、心平自安然的自信。又问弟子为何也如此，休静引洛浦之语，表明师徒道合、父子一体，弟子水平不下于师，此处引用最为贴切恰当。水母一句，颇为恰切。南泉普愿道："引经说义，皆是与他分疏，向他屋里作活计，终无自由分。恰如水母得虾为眼，如何得自由？"② 这都是批评教家过于依赖经典，自己不得觉悟，故不能自在。休静道即使穷尽龙宫经藏，也无法弄懂佛法大意，表达了同样的意思。休静入京之时，至少在七十以上，不能算是后生了，或许当时其他被请进宫的大德岁数更大，休静相对年轻，或许此处是指休静门人亦有说法传禅、号为长老者，后说应当更加合理，因为与其同时入宫的门人之中，有很多少年才俊，当时已然开法，故可称长老。休静此句，一是表达

① 《卍新纂藏经》第 80 册，第 271 页中。
② 《卍新纂续藏经》第 68 册，第 73 页上。

了对本门的自信，二是表明了尊王拥统的政治主张，三是说明了曹洞宗重视诞生王子的王子五位理论。

他晚游河朔，在平阳示灭，其时上距洞山入灭已经五十多年，其年龄应当超过八十。他去世之后，门人于晋州、房州、终南山逍遥园、终南山华严寺四处建塔，表明他在北方门人众多，且各为一方宗主，影响很大。其门人有凤翔府紫陵匡一定觉大师，可能是为其在终南山建寺的主要人物之一，“定觉大师”当为谥号，表明他在当时也有很大的号召力。又有饶州北禅院惟直、潍州化城和尚，事迹不详。

据《景德传灯录》卷二十：

> 凤翔府紫陵匡一定觉大师。师到盘龙，见僧问盘龙云：“碧潭清似镜，盘龙何处安？”龙曰：“沈沙不见底，浮浪足巑岏。”师不肯。自答曰：“金龙迥透青霄外，潭中岂晓玉轮机。”盘龙肯之。师住后，僧问曰：“未作人身已前作个什么来？”师曰：“石牛步步水中行，返顾休衔日中草。”①

匡一初参盘（蟠）龙，此盘龙当时有二人，一是洛浦元安门人京兆盘龙和尚，二是夹山善会门人袁州盘龙山可文禅师，二人都属夹山系，然辈分有异。匡一所参若在北方，当为京兆盘龙，若是南方，当是袁州可文。从其问答来看，盘龙那里是有水潭的，木平善道参可文，可文言移舟不辨水、举棹便迷源，或许山下有水，此外可文答亡僧迁化何处去之问，称石牛沿江路，匡一亦言石牛，或许受其影响。匡一的代答很有气势，有超师越祖之机，故得到盘龙的认可。他后参休静得法，成为其最重要的门人。有问未作人身之前作什么，他答石牛步步水（《五灯会元》作“火”，更准确）中行，返顾不衔日中草，这与夹山系乌牙彦宾的“三脚石牛波上走，一枝瑞气目前分”及行朗的“海上石牛歌三拍，一条红线掌间分”相应。据《五灯会元》卷十三，有问智识路绝、思议并忘时如何，师答停囚坐牢、一无所思，反而增长智慧；养病安身、无所事事、不肯劳动锻炼，反而会丧躯丢命。

据《景德传灯录》卷二十三：

---

① 《大正藏》第 51 册，第 365 页下。

> 前凤翔府紫陵匡一大师法嗣
>
> 并州广福道隐禅师。僧问："如何是指南一路？"师曰："妙引灵机事，澄波显异轮。"问："三家同到请，未审赴谁家？"师曰："月应千家水，门门尽有僧。"
>
> 紫陵微禅师（第二世住）。僧问："如何是紫陵境？"师曰："寂照灯光夜已深。"曰："如何是境中人？"师曰："猿啼虎啸。"问："宝剑未出匣时如何？"师曰："盘陀石上栽松柏。"
>
> 兴元府大浪和尚。僧问："既是喝河神，为什么却被水推却？"师曰："随流始得妙，倚岸却成迷。"①

指南一路，向上一途，妙引灵机，澄波见影，暗示金玉之轮、太阳月亮才有指南之功，若己性未明，如何指南。影见众流，月映千江，法身虽一，应化无方。

紫陵之境，暗夜自有寂照光；境中之人，猿啼虎啸自浪当。宝剑未出匣，有体未显用，石上栽松柏，定中能发慧。

大浪和尚，能喝河神，却被水推却，因为随波逐流、和光同尘，始得其妙，依执于岸，不能变通，却成迷惑。

又据《五灯会元》卷十四匡一法嗣：

> （紫陵微）问："如何是大猛烈底人？"师曰："石牛步步火中行，返顾休衔日中草。"曰："如何是五逆底人？"师曰："放火夜烧无相宅，天明戴帽入长安。"曰："如何是孝顺底人？"师曰："步步手提无米饭，敛手堂前不举头。"问："如何是祖师西来意？"师曰："红炉焰上碧波流。"
>
> ……
>
> 洪州东禅和尚
>
> 僧问："如何是密室？"师曰："江水深七尺。"曰："如何是密室中人？"师曰："此去江南三十步。"僧问："如何是新吴剑？"师作拔

① 《大正藏》第51册，第396页上。

剑势。①

这是后世增补的机缘。先是紫陵微，大猛烈的人，所答与其前匡一所答一致，石牛行火，不食日中水草，自然猛烈；犯五逆的人，夜烧无相之宅，明占觉皇之位；孝顺的人，手提无米饭，供养不饥人，堂前敛手立，谦恭不抬头。祖师西来意，红焰之上碧波流，比红炉一点雪更甚，若知两不相妨，海底扬尘，须弥起波，自然得知西来意。

洪州东禅和尚，为增补匡一门人，住洪州江边。江水深七尺，闲杂不能至，自然是密室。密室中人，就在目前。新吴之剑，一拔则流血千里，切忌触着，触着头落。

紫陵微为二世，其时已到五代末年，下出凤翔大朗和潭州新开，二人事迹不存于世，但肯定已经到了宋代。如此华严休静一系也是法脉绵长，传到了宋代。

另有蚬子和尚，先与休静同回福州，于东山白马庙居止，和光同俗，日采虾蚬，故人称蚬子和尚，后休静入京，他也同至，然不聚徒说法，只是佯狂度日，行迹与普化有似。

又据《景德传灯录》卷十七：

洛京白马遁儒禅师，问："如何是衲僧本分事？"师曰："十道不通风，哑子传远信。"曰："传什么信？"师乃合掌顶戴。问："如何是密室中人？"师曰："才生不可得，不贵未生时。"曰："是个什么，不贵未生时？"师曰："是汝阿爷。"问："三千里外向白马，及乎到来，为什么不见？"师曰："是汝不见，干老僧什么事？"曰："请和尚指示？"师曰："指即勿交涉。"问："如何是学人本分事？"师曰："昨夜三更日正午。"问："如何是法身向上事？"师曰："井底虾蟇吞却月。"（僧问黄龙："如何是井底虾蟇吞却月？"黄龙云："不奈何。"僧云："恁么即吞却去也。"黄龙云："一任吞。"僧云："吞后如何？"黄龙云："好虾蟇。"）问："如何是学人急切处？"师曰："俊鸟犹嫌钝，瞥然早已迟。"问："如何是西来意？"师曰："点额猢

① 《卍新纂续藏经》第80册，第286页上中。

猕探月波。"①

又据《拈八方珠玉集》卷三：

举，西京白马遁儒和尚，问僧："名什么?"僧云："觅个名不可得。"儒云："自是老僧不识好恶。"僧云："几人到此忙然在。"（《联灯会要》卷二十二作"几人于此忘言"）儒云："酌然作家。"僧云："须是和尚眼始得。"儒云："阇梨底哘?"僧便出去。儒召云："阇梨。"僧回首，儒云："苦屈之词，不妨难吐。"

佛果拈云："这僧却具正眼，不合便回头。白马本分钩锥，卒急实难湊泊。还委悉么？相骂饶汝接觜，相唾饶汝泼水。"

正觉云："这僧幸自高飞远扬，不受罗笼。及乎唤着回头，大似猩猩者索醉也。"

佛海云："白马通身是眼，这僧是眼通身。点检将来，一场好笑。笑个什么，苦屈之词，不妨难吐。"②

如此白马遁儒也是在洛京弘法的洞山门人，只是时间不详。他能在洛阳白马寺住持，当然非同小可，其所说法，机锋奇特，确有过人之处。"昨夜三更日正午"一句，与"夜半正明，天晓不露"相应。法身向上事有典故，疏山匡仁曾言"老僧咸通年已前，会得法身边事；咸通年已后，会得法身向上事"③，遁儒回答"井底暇蟇吞却月"，也很有趣，低处井底，却要吞天上之月，岂不是向上事？所吞者是月影还是真月，只有它自己知道了。黄龙（或是慧南）评唱也很幽默，能变成天狗的蛤蟆当然是好蛤蟆。

次引机缘是难得的精彩法战，作家相会，真刀真枪，问话的僧虽然具眼，却也不够利落，被遁儒末后一句所中，虽然如是，依然不失精彩。佛果克勤、正觉宗显、佛海心月看法相近，都为此僧回头惋惜，但对二人评价都很高。

① 《大正藏》第51册，第338页下。

② 《卍新纂续藏经》第67册，第690页上。

③ 《云门匡真禅师广录》三，《大正藏》第47册，第574页上。

遁儒生缘终始，一无所知，其门人有兴元府青锉山和尚、京兆保福和尚。

据《景德传灯录》卷十七：

高安白水本仁禅师，自洞山受记，唐天复中，迁止洪井高安白水院，众盈三百，玄言流播。因设洞山忌斋，有僧问："供养先师，先师还来也无？"师曰："更下一分供养著。"洪州西山众行者来礼拜，问曰："今日不为别事，乞师指示。"师曰："汝诸人求指示耶？"对曰："是。"师曰："教我委付阿谁？"镜清行脚到，师谓之曰："时寒，道者。"清曰："不敢。"师曰："还有卧单得盖否？"曰："设有，亦无展底功夫。"师曰："直饶道者滴水滴冻，亦不干他事。"曰："滴水冰生，事不相涉？"师曰："是。"曰："此人意作么生？"师曰："此人不落意。"曰："不落意此人那？"师曰："高山顶上，无可与道者啗啄。"问："如何是西来意？"师曰："还见庭前杉樧树否？"曰："恁么即和尚今日因学人致得是非。"师曰："多口座主。"皎然去后，师知是雪峰禅客，乃曰："盗法之人，终不成器。"（皎然后住长生山，有僧问："从上宗乘如何举唱？"然曰："不可为阇黎一人荒却长生山也。"玄沙闻之曰："然师兄佛法即大行，受记之缘亦就矣。"厥后众缘不备，果如仁和尚所记）。僧问："如何是不迁义？"师曰："落华随流水，明月上孤岑。"师将顺世，四众俱集，营斋声钟，焚香白众曰："香烟绝处，是吾涅槃时也。"言讫跏趺而坐，息随烟灭。①

本仁事迹又见《祖堂集》卷八，与此大同。据《祖堂集》，他在洞山受记后，初于浙西住持，后来离众游方，然所到之处，学人云集。《宋高僧传》卷十三称其"徇丹阳人请，住无几时"②。天复年间（901—905）住高安白水禅院，数年之间便有徒众二三百人。

本仁到洞山的时间不详，据《景德传灯录》卷二十，其门人幼璋（841—927）于咸通六年（865）时游诸禅会，"薯山白水，咸受心诀，

① 《大正藏》第51册，第339页中下。

② 《大正藏》第50册，第785页中。

二宗匠深器之。咸通十三年至江陵，会腾腾和尚”[1]，这表明本仁开法较早，很可能在洞山入灭前便已经住持浙西了，是故幼璋于咸通六年（865）后至十三年（872）间从之习禅。按照常规，本仁当长弟子十余岁，他有可能生于大和四年（830）前后。据《景德传灯录》卷二十，其门人京兆重云智晖（873—956）谒之于高安，“独领微言，潜通秘键。寻回洛，卜于中滩，创温室院”[2]，后于梁开平五年（911）返乡，止终南山圭峰旧居。这表明智晖从学或在开平年间（907—911），此时本仁已到晚年。

雪峰义存门人镜清道怤（864—927）和长生皎然曾经来参。本仁与镜清有非常有趣的对答，展示了二人的功夫。他对前来盗法的长生皎然尤其不满，预计其无所成就，后来果然。

据《明觉禅师语录》卷三：

> 举，本仁和尚示众云：“寻常不欲向声前句后，鼓弄人家男女。何故？且声不是声，色不是色。”时有僧问：“如何是声不是声？”仁云：“唤作色得么？”云：“如何是色不是色？”仁云：“唤作声得么？”僧礼拜。仁云：“且道为汝说、答汝话？若人辨得，有个入处。”师云：“本仁也甚奇怪，要且贪观天上。既非声前句后，且作么生入？”[3]

声前句后，鼓弄唇舌，非但全无交涉，反而更加糊涂。声不得唤作色，所以不是声；色不得唤作声，所以不是色。问题的关键是，本仁的回应究竟是为其解说还是答其问话。在这种表面看来非常奇怪、全无逻辑的回应中体现了禅者的智慧，由此辨得，有个入处。雪窦重显对此似乎不太理解，以为既非声前句后，又如何得入，其实离却声前句后，始得入理之处。

据《宗门统要正续集》卷十三：

> 大沩秀云：“本仁只知横千，不会竖百。如何是声不是声，莫逐

① 《大正藏》第51册，第367页上。
② 同上书，第366页下。
③ 《大正藏》第47册，第687页上。

音响；如何是色不是色，莫逐青黄。且从伊向声前句后觅个安身，自然别有生涯。”①

大沩怀秀为黄龙惠南门人，其称不逐音响，则声自非声；不逐青黄，则色自非色，是色是声，关键不在于声色本身，而在于人心是否逐外，这一解释比较到位。声前句后安身，别有一番风光，这是大沩怀秀自己的理解。

据《宏智禅师广录》卷三：

举，白水垂语云：“眼里着砂不得，耳里着水不得。”僧便问：“如何是眼里着砂不得？”水云：“应真无比。”僧云：“如何是耳里着水不得？”水云：“白净无垢。”师云：“白水老子，可谓大而无外，小而无内，具足千变万化，只个赤手空身，不受一滴一尘。直是满眼满耳，还见么？立足无闲地，知心有几人。”②

阿罗汉（应真）证无上道，道眼明彻，不需以砂打磨；佛身白净无垢，不必以水来洗。不道著不得，而言不必著，可谓不受一滴一尘，功夫炉火纯青。宏智正觉作为曹洞宗后辈，对本仁十分钦佩。

据《景德传灯录》卷二十《凤翔青峰传楚禅师》：

自受记，乃访于白水，白水问：“乐普有生机一路，是否？”师曰：“是。”白水曰：“止却生路，向熟路上来。”师曰：“生路上死人无数，熟路上不著活汉。”白水曰：“此是乐普底，尔作么生？”师曰：“非但乐普，夹山亦不奈何。”曰：“夹山为什么不奈何？”师曰：“不见道，生机一路。”③

青峰传楚为洛普元安门人，自乐普受记之后，参访白水。白水对本宗法侄十分照顾，勘验提撕，传楚果然了得，不受人瞒，有超佛越祖之机，

① 《永乐水藏》第155册，第24页中。

② 《大正藏》第48册，第30页下。

③ 《大正藏》第51册，第369页中。

把定生机一路，千万人不奈何。

白水本仁见地明白，机锋独特，一言一句，多为后人评唱，在后世影响很大。

洞山有门人台州幽栖道幽，《祖堂集》卷八、《景德传灯录》卷十七有传，内容文字基本一样。

据《景德传灯录》卷十七：

> 台州幽栖道幽禅师。镜清问："如何是少父？"师曰："无标的。"曰："无标的以为少父耶？"师曰："有什么过？"曰："只如少父作么生？"师曰："道者是什么心行？"问："如何是佛？"师曰："汝不信是众生。"曰："学人大信。"师曰："若作胜解，即受群邪。"师将示灭，有僧问曰："和尚百年后向什么处去？"师曰："调然，调然。"言讫坐亡。①

"少父"，本出自《法华经·从地踊出品》，世尊得道未久便成正觉，故谓"父少"，诸菩萨等多劫修行而未得正位，故称"老子"，"父少而子老，举世所不信"②。后来曹洞宗对此多有发挥，建立五位王子说。少父，即末生王子。

据《五灯会元》卷六《新罗国瑞严禅师》：

> 僧问："黑白两亡开佛眼时如何？"师曰："恐你守内。"问："如何是诞生王子？"师曰："深宫引不出。"曰："如何是朝生王子？"师曰："宫中不列位。"曰："如何是末生王子？"师曰："处处无标的，不展万人机。"③

新罗国瑞岩为石霜庆诸门人谷山藏之弟子，他也以"处处无标的"来形容末生王子。标的，即靶子、目标，也有标准、榜样之意。在道幽之时，曹洞宗的五位王子之说已经流行。

---

① 《大正藏》第 51 册，第 338 页中。
② 《大正藏》第 9 册，第 42 页上。
③ 《卍新纂续藏经》第 80 册，第 134 页中。

众生即佛，佛即众生，于诸善境，不可执著，“若作圣解，即受群邪”[①]。道幽引《楞严经》接引学人，表明他对佛教经典是相当熟悉的。

据《禅宗颂古联珠通集》卷三十：

> 台州幽栖道幽禅师（嗣洞山）。一日敛钟上堂，大众才集，师乃问：“甚么人打钟？”僧曰：“维那。”师曰：“近前来。”僧近前，师遂打一掌，却归方丈卧。　投子青云：“然自急须逃，古今皆有，行穷绝处，试问傍人。不识下情，果然获有，既从相问，急索端由。不顾危亡，得他假难。虽获小利，也是暗地伤人，不为好手。这僧虽然失利，盖为自不守分，致祸临身，未为分外。然虽如是，终是平人横遭罗网，自有傍人证据在。且道证据个甚事？”乃云：“东家不了，西舍受殃。”复颂曰：
>
> 蓦路相逢借问由，寸心莫便与他酬。虽然重檐教人代，终是惭颜暗地羞。[②]

这个公案也很有趣，道幽不识下情，不知何人打钟，问一僧，此僧告之维那打钟，他却令之近前，打其一掌，自归方丈卧。投子义青为此僧诉怨，其实未必，道幽未必不知何人打钟，此僧一则多口，二则不识利害，大祸临头，不知躲避，反要近前讨赏，若不掌之，天理难容。

或许由于道幽是一个非常有趣的人，故后世增其趣事。

据《联灯会要》卷二十三《台州幽栖和尚》：

> 师因僧为造寿塔毕，师即领众看塔，即入塔内，端坐云：“一客不烦两主人。”便告寂。
>
> 众僧竞唤云：“和尚许多年在世，不可便即恁么去。”遂舁归，主事办斋了，师复上堂，告众云：“不得唤作是，不得唤作非，汝唤作甚么？”时有僧出问：“承和尚有言：不得唤作是，不得唤作非。未审唤作甚么？”师便珍重，告寂。[③]

① 《楞严经》卷九，《大正藏》第19册，第147页下等。

② 《卍新纂续藏经》第65册，第664页下。

③ 《卍新纂续藏经》第79册，第198页上。

坐脱立亡不为贵，如此告寂，千古罕闻。寿塔既成，何不利用，门人不肯，以为不可草草，实是拖泥带水。既已办斋，又自上堂，不得唤作是非，凡有言句，必涉是非，故珍重而去，离此是非之场，自至涅槃之乡。

洞山有门人益州北院通，又称“钁头通”，也是当时有影响的禅师。据《景德传灯录》卷十七：

> 益州北院通禅师，在夹山时，一日夹山上堂曰：“坐断主人公，不落第二见。”师出曰：“须知有一人不合伴。”夹山曰：“犹是第二见。”师乃掀倒禅床。夹山曰：“老兄作么生？”师曰：“待某甲舌头烂，即向和尚道。”异日师又问夹山曰：“目前无法，意在目前，不是目前法，非耳目之所到，岂不是和尚语？”夹山曰：“是。”师乃掀倒禅床，叉手立地。夹山起来，打一拄杖，师便下去。（法眼云：“是他掀倒禅床，何不便去，须待夹山打一棒了去，意在什么处？”）师在洞山随众参请，未契旨，遂辞洞山，拟入岭去。洞山曰：“善为，飞猿岭峻好看。”师沈吟良久。洞山曰：“通阇黎。”师应诺。洞山曰：“何不入岭去？”师因此省悟，更不入岭。师事于洞山（时号“钁头通”）。
>
> 住后，上堂示众曰：“诸上座有什么事，出来论量取。若是上上根机，不假如斯；若是中下之流，直须团削门尸（户），索索地，莫教入泥水。第一速疾省事，应须无心。若不无心，举得千般万般，只成知解。与衲僧门下有什么交涉？”僧问：“如何是无心？”师曰：“不管系。”问：“二龙争珠，谁是得者？”师曰：“得即失。”曰：“不失如何？”师曰：“还我珠来。”问：“如何是清净法身？”师曰：“无［黕］污。”问：“转不得时如何？”师曰：“功不到。”问：“如何是大富贵底人？”师曰：“如轮王宝藏。”曰：“如何是赤穷底人？”师曰：“如酒店腰带。”问：“水洒不著时如何？”师曰：“干剥剥地。”问：“一槌便成时如何？”师曰：“不是偶然。”示灭后，勑谥“证真大师”。①

如此北院通有可能是先参夹山，后参洞山。善会始居夹山，当在大中

① 《大正藏》第51册，第339页中。

年间，北院来参，不早于此时。其在夹山，当仁不让，多次掀倒禅床，不怕由此吃杖。独立峰顶，不合于众，犹是第二见；目前无法，禅床又是何物？夹山行棒，也是杖头无眼。北院掀倒禅床，却不疾去，待吃棒了方行，亦输一着。

他在夹山机缘不契，便到洞山，在洞山随众参请，亦未契旨，又欲入岭，其时或许已到咸通中年。北院入岭，当是欲到福州参西院大安。飞猿岭为自闽出入之要道，雪峰出闽到洞山，便是经飞猿岭，由此入岭，必是至闽，当时闽中禅宗大师，无过大安。大随法真便是由洞山入闽参大沩。洞山一句飞猿岭峻好看，却让北院省悟，决心不再入岭。他在洞山号“镢头通”，当是热爱劳动、经常以镢头开田耕种之故。

北院示众，最重“无心”，若非无心，所学尽成知解。所谓“转得转不得”，即《抚州曹山元证禅师语录》卷一之“转他诸圣向自己背后，方得自由。若也转不得，直饶学得十成，却须向他背后叉手，说甚么大话？若转得自己，则一切粗重境来，皆作得主宰。假如泥里倒地，亦作得主宰。”① 又据《祖堂集》卷八《曹山和尚》，曹山特别强调“明自己事”，“若明自己事，即转他一切事为阇梨自己受用具；若不明自己事，乃至阇梨亦与他诸圣为缘，诸圣与阇梨为境，境缘相涉，无有了时，如何得自由？若体会不尽，则转他一切事不去；若体会得妙，则转他一切事向背后为僮仆著。是故先师云‘体在妙处’，莫将作等闲！”② 是故体尽诸事的关键在于明自己事，己事一明，万法皆从，诸圣也是自己背后的奴仆。若不明己事，不能转他一切事，则不得自在，无有了期。若要转得，必须用功，功不到则转不得。

据《联灯会要》卷二十二：

> 问：“如何是祖师西来意？”师云：“壁上画枯松，蜂来争采蕊。”③

这一公案非始于《联灯会要》，《建中靖国续灯录》卷八《南岳福严

① 《大正藏》第47册，第530页上。

② 《祖堂集校注》，第223页。

③ 《卍新纂续藏经》第79册，第196页下。

保宗禅师》历数古德故事，便有“北院枯松，徒彰风彩”之说。祖师西来意，也不过是壁上所画枯松，不可执著，若执为实有，则若蜂子争来采蜜一样愚蠢。

又据《五灯会元》卷十三：

> 问：“如何是佛？”师曰：“峭壁本无苔，洒墨图斑驳。”①

这和枯松之意一样，都是让人不得执著，不可弄假成真，以虚为实。

由于玄沙师备（835—908）曾住北院，故亦号称“北院”，二人年龄时代相近，故多有相混，不可不辨。另《景德传灯录》卷二十记载夹山善会门人洪州上蓝院令超（？—890）有弟子“河东北院简”，也可能称“北院”。

北院通敕谥“证真大师”，为洞山门下少数几位有谥号的禅师之一，可见他在当时的影响很大。

北院通有门人京兆香城和尚，其下出邓州罗纹，其后传承不详。

据《景德传灯录》卷十七：

> 越州乾峰和尚（或云瑞峰），问僧：“什么处来？”曰：“天台。”师曰：“见说石桥作两段，是否？”曰：“和尚什么处得这消息来？”师曰：“将谓华顶峰前客，元来平田庄里人。”问：“如何得出三界？”师曰：“唤院主来，趁出这僧著！”师问众僧：“轮回六趣具什么眼？”众无对。问：“如何是超佛越祖之谈？”师曰：“老僧问汝。”曰：“和尚且置。”师曰：“老僧一问尚自不会，问什么超佛越祖之谈！”②

乾峰机锋简捷迅疾，中下之机，难以凑泊。其僧一试便知，妄称从天台来，却不得石桥信，最多只是山下平田庄里人而已，何曾到得华顶峰。禅者每求出离，时发大言，或欲出三界，或欲超佛越祖，脚跟未能点地，何不轮回六趣！眼前事尚不能了，如何到得那边，不如踏踏实实，做一个

---

① 《卍新纂续藏经》第80册，第272页上。

② 《大正藏》第51册，第338页下、339页上。

本分人、了得本分事好。

云门文偃（864—949）游方时曾到乾峰，并且住过一段时间，深受影响。

据《云门匡真禅师广录》卷三《游方遗录》：

> 师因乾峰上堂云："法身有三种病二种光，须是一一透得。更须知有照用临时、向上一窍在。"峰乃良久。师便出问："庵内人为什么不见庵外事？"峰呵呵大笑。师云："犹是学人疑处在。"峰云："子是什么心行？"师云："也要和尚相委。"峰云："直须与么，始解稳坐地。"师应喏喏。
>
> 乾峰示众云："举一不得举二，放过一著，落在第二。"师出众云："昨日有人从天台来，却往径山去。"峰云："典座，来日不得普请。"便下座。
>
> 师问乾峰："请师答话。"峰云："到老僧也未？"师云："与么则学人在迟也。"峰云："与么那，与么那。"师云："将谓猴白，更有猴黑。"①

向上一路，千圣不传，唯有庵内人自知。若是庵内人，只需稳坐，何必知庵外事；不知庵外事，始解稳坐。

对于法身三种病、两种光，文偃有自己的理解。

据《云门匡真禅师广录》卷二：

> 师有时云："光不透脱有两般病，一切处不明，面前有物，是一；又透得一切法空，隐隐地似有个物相似，亦是光不透脱。又法身亦有两般病，得到法身，为法执不忘，已见犹存，坐在法身边，是一；直饶透得法身去，放过即不可，子细点检来，有什么气息，亦是病。"②

此说当是得自乾峰而又有所发挥。两种光，即光不透脱，一是一切不

---

① 《大正藏》第47册，第574页下。

② 同上书，第634页下。

明，面前有物遮挡，不明物性本空，二是虽然知一切法空，而不能透彻，面前隐然有物相。三种病，云门说了两种，一是已得法身，却生法执，犹有己见，不肯放下，二是虽然透得法身，却又将其放过，亦是不可。

据《万松老人评唱天童觉和尚颂古从容庵录》卷一：

> 万松行脚时，诸方商量道，未到走作、已到住著、透脱无依，是三种病。今言二种，少未到走作，后二种病显然大同。佛眼和尚道“骑驴觅驴是一，骑驴了不肯下，亦是病”，乃前二病，少后一种。师家一期应病施方，各垂方便。其二种光，与光不透脱有两般病，无别。且一切处不明、面前有物是一者，洞山道“分明觌面别无真，争奈迷头还认影”，若具把定乾坤眼，绵绵不漏丝毫，方得少分相应。又道，透得一切法空、隐隐地似有个物相似，亦是光不透脱，沩山所谓“无一法可当情”，见犹在境。《楞严经》云“纵灭一切见闻觉知，内守幽闲，犹为法尘分别影事”，南院颙道“我当时如灯影里行相似”，所以道，亦是光不透脱。洞上宗风，静沈死水，动落今时，名二种病。尔但出不随应，入不居空，外不寻枝，内不住定，自然三病二光，一时透脱。①

万松行秀的解释最为详尽，三种病，即未到造作、已到执著、透过无依，云门未讲前一种。佛眼清远的比喻只讲前两种，未说后一种。“无一法可当情”、“解犹在境”实是沩山门下仰山慧寂与双峰的对话，是说对法空理解不够彻底，犹存影像，与南院慧颙“如灯影里行”相似。万松强调必须非动非静、不出不入、无内无外，方可除得三病二光，一时透脱。

第二个公案颇为难解，乾峰自立自犯，道举一不得举二，却又“落在第二”，云门比着葫芦画瓢，称“有人自天台来，却往径山去”，且道是一是二？乾峰为何说来日不得普请，是奖是罚？

云门班门弄斧，挖坑自埋，引得乾峰大笑。未到乾峰，还敢操拳弄棒，比试高低，反成一场笑具，最后只得自承不足，早知如此，何必当初！侯白侯黑，有多种解释，最确切的是“将谓侵早起，更有夜行人”。

---

① 《大正藏》第48册，第234页上中。

据《云门匡真禅师广录》卷二：

举，僧问乾峰："十方薄伽梵，一路涅槃门，未审路头在什么处？"峰以拄杖划云："在者里。"师拈起扇子云："扇子勃跳上三十三天，筑著帝释鼻孔。东海鲤鱼打一棒，雨似盆倾相似。会么？"①

对此有多家进行解释，黄龙慧南的解释简明到位。

据《黄龙慧南禅师语录》卷一：

师云："乾峰一期指路，曲为初机。云门乃通其变，故使后人不倦。汝等诸人，须穷二老之意，莫逐二老之言。得意则返正道以归家，寻言则荡邪途而转远。"以拂子击禅床，下座。②

一路涅槃门，哪个不是路头？乾峰一划，看取脚下。然而河边水里，渴死人无数。明明动步即是，却偏偏东寻西觅。乾峰之说，简单直接，云门却踵事增华，画蛇添足，上天下海，转令糊涂。

乾峰生缘族姓不闻，甚至连法名都不知道，然在后世影响很大，尤其是对云门宗，云门法乳，也有乾峰一滴。

洞山还有门人吉州禾山和尚，机缘语句不多。

据《景德传灯录》卷十七：

吉州禾山和尚，僧问："学人欲申一问，师还答否？"师曰："禾山答汝了也。"问："如何是西来意？"师曰："禾山大顶。"问："如何是和尚家风？"师曰："满目青山起白云。"③

又据《五灯会元》卷十三：

吉州禾山和尚，……曰："或遇客来，如何祗待？"师曰："满盘无

---

① 《大正藏》第47册，第555页上。

② 同上书，第634页下。

③ 《大正藏》第51册，第339页上。

味醍醐果。”问：“无言童子居何国土?”师曰：“当轩木马嘶风切。”①

这些比较肯定属于禾山和尚，由于九峰道虔门人禾山无殷亦称禾山，有些难以分辨到底属于哪个禾山，故于此不录。从这几条来看，禾山也是属于机锋峻疾的禅师。

① 《卍新纂续藏经》第80册，第272页下。

第六章 云居道膺及其法系

第一节 云居道膺生平事迹

云居道膺（？—902）为洞山良价门人，唐代著名禅师。与其生平有关的资料主要有《祖堂集》、《宋高僧传》、《景德传灯录》等。

据《宋高僧传》卷十二《唐洪州云居山道膺传》：

> 释道膺，姓王氏，蓟门玉田人也。生而特异，神彩朗然，处于重丱，崆峒禀气。宿心拔俗，争离火宅之门；拭目寻师。遂播锻金之子。师授经法，诵彻复求。年偶蹉跎，二十五方于范阳延寿寺受具足戒，乃令习声闻律仪。膺叹曰："大丈夫可为桎梏所拘邪！"由是拥线衲、振锡环，诣翠微山问道三载。宴居，忽睹二使者，冠服颇异，勉膺曰："胡弗南方参知识邪？"未几有僧自豫章至，盛称洞上禅师言要。膺感动神机，遂专造焉。如是洞上垂接，复能领会。曾问曰："我闻思大禅师向倭国为王，虚耶？实耶？"对曰："若是思师，佛亦不作，况国王乎？"自尔洞上印许。初住三峰，后就云居提唱。时唐之季，钟氏据有洪井，倾委信诚。每一延请入州，则预洁甘子堂以礼之。乃表于昭宗，赐紫袈裟一副并师号焉，都不留意。所化之徒，寒暑相交，不下一千余众。牛头香树，围绕者皆是栴檀；金翅鸟王，轩翔者不齐尺鷃。四方馈供，千里风从。如荆南帅成汭，遣赍檀施，动盈钜万。以天复元年辛酉秋示疾，至明年正月三日而化焉。豫章南平王钟氏供其丧葬。时诸道禅子，各依乡土所尚者，随灵龛到处，列花树帐幔粉面之馔，谓之"卓祭"。一期凶礼之盛，勿过于时也，猗欤！膺出世度人，满足三十年，遗爱可知也。①

① 《大正藏》第50册，第781页中下。

《祖堂集》卷八、《景德传灯录》卷十七与之大同，可能资料来源相近。如此道膺二十五岁于范阳延寿寺受具，此后西行，到终南山参翠微无学，晏居三载，始闻洞山之名，乃南下参访，更不他游。

道膺何时到洞山不详，他为洞山早期门人，当在大中年间造访。赵州从谂（778—898）与道膺的关系值得研究。据《赵州录》，赵州从谂于大中十一年（857）八十岁时始定居赵州城东观音院，二人相见当在此前。

据《祖堂集》卷十八赵州和尚：

> 三峰见师，云："上座何不住去?"师云："什么处住好?"三峰指面前山。师云："此是和尚住处。"①

又据《古尊宿语录》卷十四：

> 师到云居，云居云："老老大大，何不觅个住处?"师云："什么处住得?"云居云："前面有古寺基。"师云："与么即和尚自住取。"师又到茱萸，茱萸云："老老大大，何不觅个住处去?"师云："什么处住得?"茱萸云："老老大大，住处也不识?"师云："三十年弄马骑，今日却被驴扑。"②

据《景德传灯录》卷十：

> 赵州谂和尚先到云居，云居问曰："老老大大汉，何不觅个住处?"谂曰："什么处住得?"云居曰："山前有古寺基。"谂曰："和尚自住取。"后到师处，师曰："老老大大汉，何不住去?"谂曰："什么处住得?"师曰："老老大大汉，住处也不知?"谂曰："三十年弄马伎，今日却被驴扑。"③

---

① 《祖堂集校注》，第452页。
② 《卍新纂续藏经》第68册，第88页上中。
③ 《大正藏》第51册，第278页下。

由于多种记载他曾到过云居山，如此最晚在此年造访。若然，则道膺大中十一年（857）前就已经住山，其到洞山当在大中之中，即良价初开法时。

虽然三种早期史料均称道膺出世三十年，但出处可能一样，不排除原作“五”十年，因抄写之误，少了两竖，变成“三”十年的可能。如此则他当于大中七年（853）初开法，其到洞山，当在大中年初。《祖堂集》称洞山开法于大中末，恐怕迟了。

如果道膺于大中初年到洞山，从之三年得法，则应于大中四年（850）始至。假如这一假设成立，则大中四年（850）他二十八岁，应生于长庆三年（823）。这一假设差不多是道膺生年的上限，他的年龄应该不超过八十。

据《天圣广灯录》卷十二《魏府兴化存奖禅师》：

> 师到云居，问：“权借一问，以为影草时如何？”云居道不得。师三度举话头，云居无语。师云：“情知和尚道不得，且礼三拜。”
>
> 云居一日上堂，云：“我二十年前兴化问，当时我机思迟钝，道不得。为他致得问头奇特，不敢辜他。如今秖消一个‘何必’。”
>
> 后有僧举似师，师云：“二十年秖道得个‘何必’，兴化即不然，不消一个‘不必’。”
>
> 后三圣拈云：“二十年道得底是云居，如今商量，犹较兴化半月程。”①

又据《联灯会要》卷二十二：

> 示众，云：“老僧二十年前，住三峰庵时，有魏府兴化长老来，问：‘权借一问、以为影草时如何？’老僧当时机思迟钝，道不得。为伊致得个话头奇特，不敢辜负伊。他云：‘想和尚答这话不得，不如礼拜了退。’如今思量，当时不消道个‘何必’。”
>
> 后遣化主，到魏府兴化。化问：“和尚住三峰庵时，老僧问伊话，对不得。如今道得也未？”主举前话。化云：“云居二十年，只

① 《卍新纂续藏经》第78册，第477页中。

道得个何必。兴化即不然，争如个道不必。”

三圣云：“云居二十年道得底，犹较兴化半月程。”①

这一传说后见于《万松老人评唱天童觉和尚颂古从容庵录》卷四等。兴化存奖（830—888），据公乘亿《魏州故禅大德奖公塔碑》，大中五年（851）受具，九年（855）卢龙节度使张允伸起戒坛于涿州，众请存奖说法，六年之中，三主讲筵，之后于咸通元年（860）参临济义玄得旨。不久辞师游方，西历京华，南到水国，经吴会，下金陵，又到江西钟陵，恰遇仰山慧寂（807—883）在石亭观音院开法，受到仰山赞叹，其时应当是咸通二年（861）下半年。存奖在江西时间不久，后来听说本师义玄受蒲相（河中节度使、同中书门下平章事）蒋伸之邀，到河东传法，便前往服侍。蒋伸于咸通二年（861）至四年（863）在蒲州，义玄当于此时前来。

如果存奖与道膺相见，肯定是在这一阶段，最有可能是在咸通三年（862）。此事若然，则道膺于咸通三年（862）时已经开法了。如此道膺最迟于大中末或咸通初来洞山，其生年则不迟于大和七年（833）。总之，道膺的寿命当在七十、八十之间。

诸书皆称道膺二十五岁时于幽州延寿寺受戒，然未明何年。可以肯定，道膺受戒是在大中年间（847—859），因为会昌之时武宗不断毁佛，没有可能开戒坛。武宗毁佛至酷，遍及天下，然许多学者据圆仁《行记》，以为河北四镇由于处于半独立状态，又都信仰佛法，因此未受影响，“佛法之事一切不动之”。其实圆仁之说并不可全信，武宗是一个强势的皇帝，四镇的独立只能是相对的，并非完全不听中央号令，圆仁亦言“频有敕使勘罚”，他们护佛面临了很大的压力，“一切不动”是不可能的，只能是阳奉阴违，虚与委蛇，执行不力而已。

据《全唐文》卷987《重藏舍利记》，“会昌乙丑岁，大法沦坠，佛寺废毁，时节制司空清河张公，准敕于封管八州内寺留一所，僧限十人”，此张公即张仲武，因此他也是被迫执行限佛号令的，虽然有“固护释门”之心。当时宰相李德裕也是一个既不喜佛、又很强硬的人物，由于僧尼北逃，他为之大怒，责问张仲武，“仲武惧，以刀授居庸关吏，曰：

① 《卍新纂续藏经》第79册，第192页中下。

'僧敢入者斩'"[①]。因此个人信仰必须服从政治要求，张仲武不能例外，后来"僧添二十"，并置胜果寺，度尼三十人，也是遵从宣宗再崇释教之制。如此张仲武是比较听从中央号令的，其限佛与崇佛都是依照皇帝意志。

宣宗恢复佛教是一个渐进的有秩序的过程，大中五年（851）正月，才下诏正式允许民间建寺，但也遇到了不少阻力。大中十年（856）十一月，又下诏于灵感、会善二寺置戒坛。因此戒坛恢复是较晚的，受具是比较困难的。张仲武当政之时，即大中三年（849）五月之前，既无明诏，他是不会贸然设立戒坛的。

张仲武去世之后，始以其子张直方知留后事，大中三年（849）十一月，幽州军乱，逐张直方，推衙将周綝为留后，四年九月，周綝卒，又推牙将张允伸为留后，十一月，张允伸正式任命为卢龙节度使。张允伸任职二十三年，直到咸通十三年（872）病逝。因此大中三四年间，幽州政局不稳，主事屡易，此时是不大可能设立戒坛的。

然而雪峰义存（822—908）亦于幽州受戒。据《祖堂集》卷七雪峰和尚，道"自大中即位，佛宇重兴，即四年庚午，诣幽州宝刹寺受戒"，又称其"春秋八十七，僧夏五十九"。黄滔《雪峰真觉大禅师碑铭》，道其"北游吴楚梁宋燕秦，受具足戒于幽州宝刹寺"，"俗寿八十有七，僧腊五十有九"，按照普通的算法，其应于大中三年（849）二十八岁时受具，是故《语录》所附《年谱》作二十八岁受具。不过"七"与"九"容易混淆，如碑称咸通九年，师归芙蓉之故山，九应作七，《祖堂集》雪峰自称水牯牛公案作"七十七"，《语录》却作七十九。因此僧腊五十九，实为五十七，由于《碑铭》、《祖堂集》错了，其他资料便以讹传讹。

《祖堂集》言大中四年（850），前往幽州宝刹寺受戒，从福州到幽州，迢迢万里，到达时恐怕已经是五年了。可能四年十一月张允伸上任不久，便有意置戒坛，上合天心，下顺民情，故上书朝廷，请许传戒，这一消息传到福州，雪峰便闻风前往。

据《雪峰义存禅师语录（真觉禅师语录）》卷二《幽州未得授戒》：

一十出家未是时，二十出家正是时。今遇官坛缘未合，跳踵且作

① 《新唐书》卷一八〇，第5342页。

老沙弥。①

这首诗值得琢磨，为什么一十岁出家不是时，二十出家却是时呢，早出家难道不好吗？雪峰显然是在发牢骚，说自己十二出家，反而错了，不如二十岁出家的人有资格。强调是“官坛”，表明就是由卢龙节度使奏准设置的戒坛，非佛教内部私设。官坛得戒，应当是既能受具，又得度牒，机会难得，竞争激烈。雪峰在资格选拔方面遇到了障碍，也可能是他万里来赴，身份不明，故虽然出家很早，年龄也大，还是被拒之门外，只好继续当老沙弥了。

此诗收入《语录》，自然非虚，若然，则他在幽州根本没有机会受具，五十九夏当然不可能了，五十七夏也难保证，因为下次设立戒坛是在大中九年（855），而且雪峰也无法一直等下去，后来究竟在何时何地受戒就不知道了。

总之，雪峰于大中三年或四年在幽州受戒是不可能的，当时根本没设官坛。不过其称授戒是在幽州宝刹寺，值得重视，因为这是出于碑铭，比较可靠，而且据《宋高僧传》卷二十八，后来投子大同（819—914）门人蓟门（今北京）人师会（880—946）亦是于光化二年（899）“受具于金台宝刹寺坛”②。

据前引存奖之碑，大中五年（851），“伏遇卢龙军节度使张公奏置坛场，和尚是时戒相方具”，大中九年，“又遇侍中张公重起戒坛于涿郡”。此张公即张允伸，他对佛教很有信仰，又是实力派人物，故率先奏置戒坛，亦是迎合宣宗崇佛之意，宣宗当然会准奏，于是就有了当时难得的两次设置戒坛。

如此道膺于幽州延寿寺（或宝刹寺）受具，肯定是在大中五年（851）。他和存奖同时同寺受戒，或许当时已经结识。道膺受具时二十五岁，则应生于大和元年（827），卒于天复二年（902），寿七十六，由于其卒于正月三日，假如不是此前出生，实际寿命当为七十五岁。

道膺大中五年（851）受具，当年便到长安参翠微无学，在此三年，大中七年（853）到达洞山，不久即为室中领袖，深受洞山赞许，乃于山

① 《卍新纂续藏经》第69册，第85页中。

② 《大正藏》第50册，第885页上。

后留云峰（据《禅林僧宝传》）庵居，号三峰庵，时有天人供养。

道膺虽然于大中七年（853）出世庵居，但还不算正式开法，数年之后，洞山见其纯熟，便令其独立开法。据《禅林僧宝传》，道膺还每月一来谒师，洞山呵其未能忘情，无法做到纯一无杂。他便焚其庵，登欧山，就大树缚屋而住，号称“云居”。

道膺到达云居山，最迟是在大中十一年（857），因为是年赵州北归。

应当承认，道膺虽然开法很早，但他在早年的影响并不大，也没有出色的门人。咸通十年（869）前，曹洞宗的核心人物为洞山，天下望风奔走；十年之后，则是石霜庆诸（807—888）。石霜之后，道膺成为曹洞宗的核心人物，影响力很大。

无论如何，由于道膺在洞山在世时就已经住山，其开法肯定不止三十年。所谓三十年，也有可能是指他最辉煌的时期，即影响极大、门人常年不减千人的时期。

第二节　云居道膺的禅法思想

云居道膺是曹洞宗的核心人物之一，虽无专门的著作传世，然机缘语句留存不少，可以从中窥见其禅法心要。

据《宗镜录》卷九十八：

> 先云居和尚云：佛法有什么多事，行得即是。但知心是佛，莫愁佛不解语。欲得如是事，还须如是人，若是如是人，愁个什么？若云如是事即不难，自古先德，淳素任真，元来无巧。设有人问，如何是道，或时答甎砖木头，作么皆重。元来他根本脚下实有力，即是不思议人，把土成金。若无如是事，饶尔说得蔟华蔟锦相似，直道我放光动地，世间更无过也，尽说却了，合杀头，人总不信受，元来自家脚下虚无力。释曰：云居和尚，乃物外宗师，此土七生为善知识。道德孤迈，智海泓深，具大慈悲，常盈千众。所示徒云“但知心是佛，莫愁佛不解语”者，此为今时学人，一向外求，但学大乘之语，不能返本，内自观心，明见天真之佛。若了此心佛，即自然智、无师之智现前，何烦外学？如云“从门入者非宝”，又云“从天降下即贫穷，从地涌出却富贵。若从心地涌出智宝，有何穷尽，故云无尽之

藏。但若得心真实去，根脚下谛去，自然出语尽与实相相应，言下救人生死，变凡为圣，捉砾成金，道有亦得，道无亦得，句句悉成言教。若也心中未谛，圆信不成，空任虚浮，只成自诳。直饶辩说纵横，只增狂慧。设或说得天华坠、石点头，事若不真，总成妖幻。所以志公见云光法师讲《法华经》，感天华坠，云是咬蚤之义。”是以先圣诚言，实为后学龟镜。可以刻骨，可以书绅。今遍搜扬，深有意矣。①

这是《宗镜录》所收集的云居道膺法语。道膺反对把佛法复杂化，认为佛法其实很简单，只要能行即是。自古以来，先德古圣，都是淳素天真，不弄机巧，简单直接，不绕圈子。有人问如何是道，则答砖头木头。这是因为他脚下有力，立足稳实，故能把土成金，成不思议人。假如立足未稳，不是如是人，但说如是事，即便说得天花乱坠，道自己放光动地、天下第一，也无人信受，因为他脚跟不实。

据《景德传灯录》卷十四《石头希迁》：

问：“如何是禅？”师曰：“碌砖。”又问：“如何是道？”师曰：“木头。”②

如此道膺所推崇的先德即是石头希迁。然而此事亦有可疑者，因为类似的说法不见于《祖堂集》卷四《石头和尚》和《宋高僧传》本传以及《宗镜录》等更早史料，只见于《景德传灯录》。

道膺认为，修行先要知心是佛，一得心真实，二得脚跟实，真悟真修，即能相应，若非如此，只是说得天花乱坠、顽石点头，也是毫无意义，自诳诳人。

又据《祖堂集》卷八《云居和尚》：

师每上堂云：“夫出家人，但据自己分上决择，切不得分外。到者里合作么生行李，身上被什么衣服，吃什么饭食，合作什么声音？

---

① 《大正藏》第48册，第947页上中。

② 《大正藏》第51册，第309页下。

身被高上衣，须取高事。道尔千乡万里行脚来，为个什么事？更向这里容易过，则知不得。莫为小小因缘妨于大事，大事未办，日夜故合叵修。所以道：如对尊严长，须得兢兢底。决择之次，如履轻氷[冰]；勤求至道，如救头然，更有什么馀暇？如火逼身，便须去离。一切事来，惣须向这里荡罗取。头头上须及，物物上须通，若有毫发事乃不尽，则被沉累，岂况于多？道你一步才失，便须却回一步，若不回，冥然累劫。便是隔生隔劫、千生万生事，只为一向，若向这里不得，万劫千生著钝。"①

这是《祖堂集》中所录的比较完整的法语。道膺强调，出家人须知本分事，但根据自己分上抉择，不可追求分外。身披法王高尚衣，必须行高尚事。千乡万里，辛苦行脚，为明大事，不可因小失大，为了衣食小事妨道。大事未办，必须日夜苦修，"履践玄途"，勤求至道，如救头燃，何来余暇顾及他事。

道膺强调头头上现、物物上明，无事不及，无物不通，有毫发事不能了，则被牵连，不能解脱。此说实有出处。

据《（重编）曹洞五位显诀》卷一：

又问："返本还源时如何？"山云："如一片雪从天降下，若丝发大物挂著，则终不到地。"②

洞山的比喻十分生动形象，指出返本还源之时，必须一物不违，有如一片雪花从天而降，被丝发之物挂著，则无法落地。

道膺认为，若有过失，当即改正，一步失则一步回，若不能回，则累劫轮回。万劫千生之事，也只是一向，若不能到此，则万劫千生受累。

此说亦有出处。据《祖堂集》卷五《云岩和尚》：

师与道吾、舡子三人，受山下人请斋。一人云："斋去！日晚。"一人云："近那！动步便到。"师云："有一人不动步便到，作么生？"

① 《祖堂集校注》，第215页。

② 《卍新纂续藏经》第63册，第202页下。

寻后，洞山闻举，云："此语最著力，如入（人）入镬汤垆炭，不被烧煑始得。这里得永劫不失，余处得暂时间。切嘱第一莫向舌头上取办，记他了事言语有什么用处？这个功课从无人边得，不由聪明强记，莫向闲处置功，一步不回，冥然累劫。所以云嵒云：'向这个相皃［貌］中失却人身最苦，无苦于此苦'。"①

三人受斋，各有机语，云岩"不动步即到"，耐人寻味。洞山道此语最有力，并非虚誉。明得此语，入火不热，永劫不失。洞山强调莫向舌头上取办，莫记他人言语，莫向闲处用功，这些也都是前引云居法语中所强调的。一步不回，冥然累劫；一失人身，万劫不复。

据《景德传灯录》卷十七：

一日上堂，因举古人云"地狱未是苦，向此衣服下，不明大事，失却，最苦。"师乃谓众曰："汝等既在遮个行流，十分去九，不较多也。更著些力，便是上坐不屈平生，行脚不孤负丛林。古人道'欲得保任此事，须向高高山顶立，深深水底行'，方有些子气力。汝若大事未办，且须履践玄途。"②

道膺所说的古人是谁呢？

据《祖堂集》卷五《云岩和尚》：

师问众："世间什么物最苦？"云："地狱是最苦。"师云："地狱未是苦，今时作这个相貌中失却人身最苦，无苦过于此苦。"③

《祖堂集》两处说到此说出自云岩，一是此处，一是前引洞山评点云岩"有一人不动步便到"之语。

据《大慧普觉禅师普说》卷一：

① 《祖堂集校注》，第147页。

② 《大正藏》第51册，第335页上。

③ 《祖堂集校注》，第148页。

> 老汉庚午年过来梅州，才到兴宁县，便见有人说：今日来一见他，果是个勤苦修行底人。因说：道人得在袈裟下，岂是容易！不见洞山问僧：世间何物最苦？僧云：地狱最苦。山云：地狱未是苦。僧云：地狱既未是苦，未审甚么是苦？山云：向袈裟下，失却人身是苦。所以道袈裟难得披。[①]

如此绍兴二十年（1150）庚午大慧宗杲到梅州时，提起古德公案，将此归于洞山名下。《五灯会元》卷十三亦称“举，先师道地狱未是苦”[②]，亦归洞山。

据理言之，始创者当归于云岩，道膺称之为“古人”，不似举洞山，当然父唱子和，洞山另有发挥，亦有其事。人身难得，袈裟难披，出家修行，便是最大的福报。于此不加珍惜，不努力办道，非但不能解脱，反而易失人身。在此衲衣下，不明大事，失去人身，有苦于地狱之苦。今或不惜福报，反以袈裟为累，号称出家，却著俗装，不爱法王之衣，师子反披狗皮，无苦于此苦，无痴于此痴。

道膺称当时衲僧，十分有九，难免此过。更加著力，体味玄微，始得不负平生。如何行履，亦须依古德之教。

据《祖堂集》卷四《药山和尚》：

> 师垂语曰：“是你诸人，欲知保任，向高高山顶立，向深深海底行，此处行不异，方有小许些子相应之分。”[③]

见识须高，行履须深，于上理明，于下行实，有目有足，始得相应。大事未办，必须履践玄路，不可轻忽。

又据《景德传灯录》卷十七：

> 师谓众曰：汝等师僧家，发言吐气，须有来由。凡问事，须识好恶、尊卑、良贱，信口无益。傍家到处，觅相似语。所以寻常向兄弟

---

① 《卍正藏》第59册，第799页中。

② 《卍新纂续藏经》第80册，第266页下。

③ 《祖堂集校注》，第137、138页。

道，莫怪不相似，恐同学太多去。第一莫将来，“将来不相似”。八十老人出场屋，不是小儿戏，一言参差，千里万里，难为收摄。直至敲骨打髓，须有来由。言语如钳夹钩锁，相续不断，始得头头上具、物物上新，可不是精得妙底事！道汝，知有底人终不取次。十度拟发言，九度却休去，为什么如此，恐怕无利益。体得底人，心如腊月扇，口边直得醭出。不是汝强为，任运如此。欲得恁么事，须是恁么人，既是恁么人，何愁恁么事。学佛边事，是错用心。假饶解千经万论，讲得天华落、石点头，亦不干自己事，况乎其馀，有何用处？若将有限心识，作无限中用，如将方木逗圆孔，多少差讹。设使攒花簇锦，事事及得，及尽一切事，亦只唤作了事人、无过人，终不唤作尊贵。将知尊贵边，著得什么物，不见从门入者非宝，棒上不成龙，知么？①

这段法语与前引有类似及重复之处。道膺强调不相似，亦有出处。

据《宗镜录》卷六：

先洞山和尚偈云：者个犹不是，况复张三李。真空与非空，将来不相似。了了如目前，不容毫发拟。②

将来不如目前，相似不如真实，因此莫求相似。老是希望与别人一样，以为与人相似才是对的，这是缺乏自信和个性的表现。此事如八十翁翁出（后世亦引作“入”）场屋，不是儿戏小事，一言有错，谬之万里，则名落孙山。出言须如锁链，环环相扣，相续不断，头头是道，物物常新，始得精妙。

据《宗镜录》卷十四：

洞山和尚云：“学得佛边事，犹是错用心。”③

---

① 《大正藏》第51册，第335页下。

② 《大正藏》第48册，第445页上。

③ 同上书，第493页下。

又据《祖堂集》卷五《云岩和尚》：

> 师示众云："从门入者非宝，直饶说得石点头，亦不干自己事。"又云："拟心则差，况乃有言，恐有所示转远。"①

"虽然学得佛边事，亦是行脚人错用心"②，故拟心即差，动念则乖，"但有言说，都无实义"。是以有言即转远，即使说得顽石点头，亦与己事无干，白费工夫。

道膺强调应当多行少言，因为多言无益，言多必失，纵然解得千经万论，说得花团锦簇，也是于事无补，是以"十度拟发言，九度却休去"。体得的人，心如腊月之扇，贵得无用；口边生出白醭，合取无言。若将有限心识，作无限中用，则吾生也有涯，而知也无涯，方枘圆凿，多少差讹；物物上通，亦不识宗。若是尊贵人，当自内生，外边一物著不得。从门入者，自是外来之物，不可为宝。须知瀚海藏巨鳌，棒上不成龙。

《禅林僧宝传》卷六《云居宏觉膺禅师》载有道膺数段法语，有的与前引类似，但文句又不尽同，有的则始见于此。

据《禅林僧宝传》卷六：

> 差之毫厘，过犯山岳。不见古人道，学处不玄，尽是流俗，闺阁中物舍不得，俱为渗漏。直须向这里及取去，及去及来，并尽一切事，始得无过。如人头头上了，物物上通，只唤作了事人，终不唤作尊贵。将知尊贵一路自别，便是世间极重极贵物，不得将来，向尊贵边。须知不可思议，不当好心。所以古人道，犹如双镜，光光相对，光明相照，更无亏盈，岂不是一般！犹唤作影像边事。如日出时，光照世间，明朗是一半，那一半唤作什么？如今人未认得光影，门头户底，粗浅底事，将作屋里事又争得？③

《信心铭》道"毫厘有差，天地悬隔"，此处或是意引《信心铭》。

① 《祖堂集校注》，第149页。

② 《荐福承古禅师语录》卷一，《卍新纂续藏经》第73册，第47页下。

③ 《卍新纂续藏经》第79册，第504页上。

“闺阁中物舍不得”出自药山，言“学处不玄，尽是流俗”的古人或许也是药山，前后之语相连。中间数句，已见前引。称“犹如双镜”的古人不知何人，这数句则是意引《楞严经》。

据《大佛顶如来密因修证了义诸菩萨万行首楞严经》卷八：

> 觉明保持，能以妙力回佛慈光，向佛安住，犹如双镜，光明相对，其中妙影重重相入，名回向心。①

不可将影像作实体，以虚为实；亦不可将门头户下粗浅的事误认作是屋里事，将外作内，以途为家。

据《禅林僧宝传》卷六：

> 又曰：得者不轻微，明者不贱用，识者不咨嗟，解者无厌恶。从天降下即贫穷，从地涌出即富贵。门里出身则易，身里出门则难。动则埋身千尺，不动则当处生苗。一言迥脱，独拔当时。语言不要多，多则无用处。僧问："如何是从天降下即贫穷?”曰："不贵得。”又问："如何是从地涌出即富贵?”曰："无中或有。”②

得者、明者、识者、解者，都是指觉悟之人，悟者不轻贱一切，不厌恶众生，不因物喜，不为己悲。从天降下，不贵所得，故贫穷；从地涌出，无中生有，故富贵。从天降下，由他而得，总有尽时，故贫穷；从心地涌出，由己而生，无穷无尽，故富贵。

据《禅林僧宝传》卷六：

> 又曰：了无所有，得无所图，言无所是，行无所依，心无所托，及尽，始得无过。在众如无众，无众如在众，在身如无身，处世如无世，岂不是无娆其德，超于万类，脱一切羁锲！千人万人得，尚道不当自己，如今若得，共起初一般。古人曰：体得那边事，却来这边行李。那边有什么事，这边又作么生行李？所以道，有也莫将来，无也

① 《大正藏》第19册，第142页上。

② 《卍新纂续藏经》第79册，第504页上中。

莫将去，现在底是谁家事？①

大悟的人，如行鸟道，一切无依，虽了而无所有，虽得而无所图，言无所是非，行无所依凭，心无所寄托，一切净尽，始得无过。如此之人，在世出世，在有如无，故超越万类，脱离羁锲，自由自在，不落有无。

据《抚州曹山元证禅师语录》卷一《四种异类》：

二者菩萨同异类，谓失（先）明自己，然后却入生死异类中摄他。已证涅槃之果，不舍生死之类，自利利他，愿一切众生悉皆成佛，我从末后成佛。所以大权菩萨若不先化众生，己事无由得成办。故南泉曰："先过那边知有，却来这边行李。"②

此指菩萨同中异类，即是大悲菩萨，不舍众生，先过那边知有，再到这边行履，方便度化众生。四种异类之说本来源自南泉，故亦引南泉之言以证其说。

据《禅林僧宝传》卷六：

又曰：欲体此事，直似一息不来底人，方与那个人相应。若体得这个人意，方有少许说话分，方有少许行李分。"暂时不在，如同死人"，岂况如今，论年论月不在！如人长在，愁什么家事不办。欲知久远事，只在如今，如今若得，久远亦得。如人千乡万里归家，行到即是。是即一切总是，不是即一切总不是，直得顶上光焰生，亦不是。（道）能为一切，一切不为道。终日贪前头事，失却背后事，若见背后事，失却前头事。如人不前后，有什么事？③

一息不来，方与那边相应；体得这个，始得说话行履。这个"暂时不在"，便无气息，如同死人，岂可长时不在！这个常在，无事不办。到家即是，在途则不是，是则一切是，不是则一切皆不是，即使顶有瑞光亦

① 《卍新纂续藏经》第79册，第504页中。
② 《大正藏》第47册，第534页中。
③ 《卍新纂续藏经》第79册，第504页中。

不是。若分别心重，贪得一切，便顾前失后，顾后失前，若一切放下，无前无后，则本来无事，无事不办。

据《景德传灯录》卷十四《潭州云岩昙晟禅师》：

问："暂时不在，如同死人，如何？"师曰："好埋却。"①

又据《（重编）曹洞五位显诀》卷一：

借过明功者，僧问洞山："暂时不在，如同死人，如何？"山云："好埋却。"又云："臰（《洞山语录》作'臭'）也。"又云："命绝也。"②

此则机缘，究竟始自云岩还是洞山不明，不过后者更加可靠，且有《洞山语录》为证，始自洞山的可能性更大。一灵真性，不可暂无，更不可长离，否则丧身失命，或如行尸走肉，虽活如死。

据《禅林僧宝传》卷六：

乃曰：若有一毫许，去及不尽，即被尘累，岂况更多！不见寻常道，"升天底事，须对众掉却；十成底事，须对众去却！掷地作金声，不须回头顾著"，自余有什么用处？不见二祖当时，诗书博览，三藏圣教，如观掌中，因什么更求达磨安心！将知此门中事，不是等闲。所以道，智人不向言中取，得人岂向说中求！不是异于常徒，息一切万累道，暂时不在涂路，便有来由。非但恶眷属，善眷属也觅不得。甚处去？通身去，归家去，省觐去，始脱得诸有门去。去得牢笼，脱险难，异常徒。③

此中数句，亦为曹洞后辈引用，信有出处。

据《丹霞子淳禅师语录》卷二：

---

① 《大正藏》第51册，第315页上。

② 《卍新纂续藏经》第63册，第202页下。

③ 《卍新纂续藏经》第79册，第504页中下。

上堂：宝月流辉，澄潭布影，水无蘸月之意，月无分照之心。水月两忘，方可称断。所以道“升天底事，直须扬却；十成底事，直须去却，掷地金声，不须回顾”，若能如是，始解向异类中行。诸人到这里，还相委悉么？良久，曰：“常行不举人间步，披毛戴角混泥尘。”①

丹霞子淳（1064—1117）在惠洪之前，他所引文字微有不同，但意思完全一样，一看便知同一来源，因此这段法语并非惠洪编造。

道膺强调，一法不立，特别是所谓的净法善缘，必须排除净尽，一丝不去，便受拖累。所以升天的事、十成的事，都不可留，掷地金声，亦不回头。智者不可向言说中求取，直须通身去，归家去，脱诸有，绝牢笼。

据《禅林僧宝传》卷六：

又曰：如掌中观物决定，决定方可随缘。若一如此，千万亦然。千万之中，难为一二，一二不可得。不见道，显照底人即易得，显己底人即难得，不道全无，即是希有。若未得如此，不受强为，强为即生恼，生恼即退道，退道则罪来加身，即见不得。说什么大话！汝既出家，如囚免狱，少欲知足，莫贪世荣，忍饥忍渴，志存无为，得在佛法中。十生九死，也莫相抛；出生入死，莫违佛法；斩钉截铁，莫负如来。事宜无多，各自了取，有事近前，无事莫立。②

这一段法语应当是其最后微言，值得重视。最后数句见于《祖堂集》③，为其临终所述。先得决定，不会动摇退转，方可方便随缘。若到此地，不可强求，强求无益。出家脱于世网，如囚出狱，应当少欲知足，能忍饥渴，志求无为。出家学道，得闻佛法，这是最大的福报，因此即使十生九死，出生入死，历尽艰辛，也绝不能抛弃佛法，辜负如来。

除上述比较集中的大段法语外，《祖堂集》等还记载了道膺的许多机

① 《卍新纂续藏经》第 71 册，第 762 页上。

② 《卍新纂续藏经》第 79 册，第 504 页下。

③ 《祖堂集校注》，第 219 页。

缘语句。

据《祖堂集》卷八：

> 俗士问僧："某甲家中有一个铛子，寻常煮饭，三人吃不足，千人食有余，上座作么生?"僧无对。师代曰："争则不足，让则有余。"①

此俗士实非凡俗，当是有道居士。道膺以俗语说佛法，十分善巧。有欲则争，争则不足；无求则让，让则有余，要想天下太平，世界得安，须"待将军心足"。

据《祖堂集》卷八：

> 有尚书问："古人有言：'世尊有密语，迦叶不覆藏。'如何是世尊有密语?"师唤："尚书!"尚书应喏。师云："还会么?"尚书云："不会。"师曰："汝若不会，世尊有密语；汝若会，迦叶不覆藏。"②

据《大般涅槃经》卷五《四 如来性品》：

> 尔时迦叶菩萨白佛言："世尊，如佛所说，诸佛世尊有秘密藏，是义不然。何以故?诸佛世尊唯有密语，无有密藏。譬如幻主机关木人，人虽睹见屈伸俯仰，莫知其内而使之然。佛法不尔，咸令众生悉得知见。云何当言诸佛世尊有秘密藏?"③

这是"世尊有密语，迦叶不覆藏"的原始出处。迦叶认为诸佛唯有密语，无有密藏，因为诸佛正法具足，清净无染，人所共见，无密可言，故"无所覆藏"。

此来问的尚书，《景德传灯录》称是荆南节度使成汭所派入山送供的大将④，不知姓名。道膺的回答非常巧妙，若不会则如来有密语，若会则

① 《祖堂集校注》，第215页。
② 同上。
③ 《大正藏》第12册，第390页中。
④ 《大正藏》第51册，第335页下。

迦叶不在覆藏，密与非密，不在世尊迦叶，全在众生自己。迷则是密，悟则非密，"汝若返照，密在汝边。"①

据《祖堂集》卷八：

> 师示众云："如人将一百贯钱买得猎狗，只解寻得有踪迹底，忽遇灵羊挂角，莫道踪迹，气也不识。"僧便问："灵［羚］羊挂角时如何？"师云："六六三十六。"又云："会么？"对云："不会。"师云："不见道：无踪迹？"僧举似赵州，赵州云："云居和尚犹在。"僧便问赵州："灵［羚］羊挂角时如何？"州云："六六三十六。"②

羚羊挂角，实无踪迹。此公案亦有出处。

据《天圣广灯录》卷八《筠州黄檗鹫峰山断际禅师》：

> 一日，五人新到，同时相看，四人礼拜，一人不礼拜，以手画一圆相而立。师云："还知道好只猎犬么？"云："寻羚羊气来。"师云："羚什（羊）无气，汝向什么处寻？"云："寻羚羊踪来。"师云："羚羊无踪，汝向什么处寻？"云："与么则死羚羊也。"师便休。
>
> 来曰（日）升座，退问："昨日寻羚羊僧出来。"其僧便出。师云："老僧昨日后头未有语在，作么生？"其僧无语。师云："将谓本色衲僧，元来秖是义学沙门。"③

此僧虎头蛇尾，本谓好只猎犬，实则眼花鼻塞，假使碰到一只死羚羊，也是瞎猫撞着死耗子，若由此守株待兔，自然盲龟木孔，难有遇期。

又据《雪峰义存禅师语录（真觉禅师语录）》卷一：

> 师垂语云："我若东道西道，汝则寻言逐句。我若羚羊挂角，你向什么处摸索？"④

① 《六祖坛经》，中州古籍出版社 2008 年版，第 14 页。

② 《祖堂集校注》，第 215 页。

③ 《卍新纂续藏经》第 78 册，第 452 页中。

④ 《卍新纂续藏经》第 69 册，第 76 页下。

六六三十六，九九八十一，鱼行则水浊，偷香徒掩鼻。若遇真猎犬，直得无逃避。

据《祖堂集》卷八：

> 问："大肯底人与大舍底人是一是二？"师云："是二。"僧曰："阿那个是轻？阿那个重？"师云："太［大］肯是重，大舍是轻。"僧曰："大肯底人为什么却重？"师云："此人见自己，向上事似不净物，所以不落功勋边；大舍底人则不见有身，则是也，所以属向去，功勋边事，岂不是轻？"①

大肯大舍，自有轻重。大肯的人，但知自己本分，向上之事，视之如不净物，故不落功勋，不起修证，则重。大舍的人，不见有身，属于向去，落在功勋边，故轻。大肯无为，大舍有为，轻重自分。

据《祖堂集》卷八：

> 问："古人道：'佛不会道，我自修行。'如何是佛不会道？"师云："佛与众生惣不会。"进曰："是什么人会？"师云："是阇梨会？"僧云："和尚道阇梨是什么人？"师云："非佛不众生者。"②

道膺所说的古人，实指南泉普愿。

据《景德传灯录》卷二十八《池州南泉普愿和尚语》：

> 师曰："遮汉，向尔道不会，谁论善知识？莫巧黠！看他江西老宿在日，有一学士问：'如水无筋骨，能乘万斛舟，此理如何？'老宿云：'遮里无水亦无舟，论什么筋骨。'兄弟，他学士便休去，可不省力。所以数数向道，佛不会道，我自修行，用知

---

① 《祖堂集校注》，第216页。

② 《祖堂集校注》，第217页。

作么？”①

又据《古尊宿语录》卷十二：

从上已来，只教人会道，更不别求。若思量作得道理，尽属句义。三乘五性义理，无不唤作行履，处处受用，具足即得。若论道，即不是，一向耽著，被他识拘，亦云世间智。教云：一向耽著三藏学者，为田猎渔捕，为利养故，杀害大乘，亦云贪欲成性。所以云：佛不会道，我自修行。我自有妙用，亦云正因，了六波罗密空，即物拘我不得。②

南泉两处提及“佛不会道，我自修行”，足见对此十分重视。他引马祖化庞居士的故事，说明这是省力休歇之要方，但要实证，不须知解。世间知见，种种道理，都是世间之智，不可贪执，若一向耽著，贪欲成性，如同贪执三藏的小乘学者，会杀害大乘，因此绝对不能心生贪执，否则就会有害大道。

道膺称与佛与众生皆不会道，唯有“非佛不众生”的阿阇梨会，则别有见解。

据《祖堂集》卷八：

问：“‘相逢欲相识，脉脉不能言’时如何？”师云：“适来泊道得。”③

这是引寒山诗《昨日何悠悠》，原作“相逢欲相唤，脉脉不能语”④。看来洞山门下喜欢寒山诗的不只曹山与龙牙。

据《祖堂集》卷八：

师临顺世时，师问侍者：“今日是几？”侍者云：“三日。”师云：

① 《大正藏》第51册，第445页下。
② 《卍新纂续藏经》第68册，第71页中。
③ 《祖堂集校注》，第219页。
④ 见《寒山诗注》，第338、339页。

“三十年也，只这个是。”①

道膺临终之时强调“只这个是”，这正是南岳门风。

第三节 云居道膺门下

道膺开法四十余年，其中“十五余年，春秋不减千有余众”②，门下弟子极多，影响很大。

《祖堂集》录其门下二人，一为佛日和尚，一为水西南台和尚，表明当时他的法系尚不为时人所重，《景德传灯录》录其门下二十八人，说明到了宋代，其法系成为曹洞宗力量最大的一支。

据《景德传灯录》卷二十：

洪州云居山道膺禅师法嗣二十八人
杭州佛日和尚
苏州永光院真禅师
洪州同安丕禅师
庐山归宗淡权禅师
池州广济和尚
潭州水西南台和尚
歙州朱谿谦禅师
扬州丰化和尚
云居山道简禅师
庐山归宗怀恽禅师
洪州大善慧海禅师
朗州德山第七世和尚
南岳南台和尚
云居山昌禅师
池州嵇山章禅师

① 《祖堂集校注》，第217页。
② 《祖堂集校注》，第214、215页。

晋州大梵和尚

新罗云住和尚

云居山怀岳禅师

昤（与岭同）珽和尚（已上一十九人见录）

潭州龙兴寺悟空大师

建州白云灭禅师

潭州幕辅山和尚

舒州白水山玮禅师

庐山冶父山和尚

南岳法志禅师

新罗庆猷禅师

新罗慧禅师

洪州凤栖山慧志禅师（已上九人无机缘语句，不录）①

杭州佛日是道膺门人中出名较早的一位，其事迹见《祖堂集》、《景德传灯录》等。

据《祖堂集》卷八《云居和尚》：

> 佛日问："二龙争珠，谁是得者？"师云："舍却业身来。"佛日云："业身已舍。"云居便云："珠在什么处？"佛日无对。佛日别时，依前举："某甲比来问和尚，'业身已舍，珠在什么处？'与么排批，和尚便夺，某甲道不得。忽有人问：'业身已舍，珠在什么处？'和尚作么生道？"师云："转头则不得。"又云："更有嗦路作么生？"佛日无对。师云："谁求珠者？"②

这是佛日与云居的一段对话。若非舍却业身，纵有骊龙之珠，向什么处著？佛日只在言语上争胜负，转头转脑，啰里啰嗦，是以不得。云居夺得其机，故佛日礼拜为师。

据《景德传灯录》卷二十《杭州佛日和尚》：

① 《大正藏》第51册，第360页中下。

② 《祖堂集校注》，第218页。

后参夹山，才入门见维那，维那曰："此间不著后生。"师曰："某甲暂来礼谒和尚，不宿。"维那白夹山，夹山许见，未陞阶，便问："什么处来?"师曰："云居来。"曰："即今在什么处?"师曰："在夹山顶上。"曰："老僧行年在坎，五鬼临身。"师乃上阶礼拜。夹山又问："阇黎与什么人为同行?"师曰："木上座。"曰："他何不来相看?"师曰："和尚看他有分。"曰："在什么处?"师曰："在堂中。"夹山便共师下到堂中，师遂去取得拄杖，掷于夹山面前。夹山曰："莫从天台得来否?"师曰："非五岳之所生。"曰："莫从须弥山得来否?"师曰："月宫亦不逢。"曰："恁么即从他人得也?"师曰："自己尚是冤家，从人得堪作什么?"曰："冷灰里有一粒豆子爆。唤维那来，令安排向明窓下著。"师却问："灯笼还解语也无?"夹山曰："待灯笼解语，即向汝道。"

至明日，夹山入堂问："昨日新到上座在么?"师出应诺。夹山曰："子未到云居前在什么处?"对曰："天台国清。"夹山曰："天台有潺潺之瀑，渌渌之波。谢子远来，子意如何?"师曰："久居岩谷，不挂松萝。"夹山曰："此犹是春意，秋意如何?"师良久。夹山曰："看君只是撑船汉，终归不是弄潮人。"

一日大普请，维那请师送茶，师曰："某甲为佛法来，不为送茶来。"维那曰："和尚教上座送茶。"曰："和尚尊命即得。"乃将茶去作务处，摇茶碗作声。夹山回顾，师曰："酽茶三五（《祖堂集》夹山章作'两'）碗，意在镢头边。"夹山曰："瓶有倾茶意，篮中几个瓯?"师曰："瓶有倾茶意，篮中无一瓯。"便倾茶行之。时大众皆举目，师又问曰："大众鹤望，乞师一言。"夹山曰："路逢死蛇莫打杀，无底篮子盛将归。"师曰："手执夜明符，几个知天晓。"夹山曰："大众，有人，归去归去。"从此住普请，归院，众皆仰叹。师后回浰西，住佛日而终。①

这段记载又见于《祖堂集》卷七《夹山和尚》，内容文字略有差别。佛日始往天台国清寺，后到云居，再参夹山，具体时间不详。然夹山入灭

① 《大正藏》第51册，第361页下、362页上。

于中和元年（881），佛日来参，当在此前，由于乾符年间王仙芝、黄巢扰乱江西湖南，佛日咸通末年（873）前后来参的可能性更大。其参云居，当在咸通年间（860—873），属于云居早期门人。其到天台国清，或在大中末年到咸通初年间，其生年有可能在开成五年（840）前后。

据《祖堂集》卷十五《五洩和尚》：

越州观察使差人问师："依禅住持？依律住持？"师以偈荅曰：
寂寂不持律，滔滔不坐禅。
俨茶三两垸，意在镢头边。①

如此佛日引用祖师五洩之语，不忘根本。

据《祖堂集》卷十一：

佛日和尚，嗣云居，在越州。

师到俓［径］山，俓［径］山问："伏承长老独处一方，何得再游峰顶？"师云："朗月当空挂，氷［冰］雪不自寒。"俓［径］山云："莫是长老家风也无？"师云："峭峙万重山，此中含宝月。"俓［径］山曰："此犹是文言，长老家风作么生？"师云："今日敕遇佛日。"师别申一问："隐密全生，时人知有道得；大省无辜，时人知有道不得。于此二途，犹是时人升降处。未审长老亲道、自道、云何道？"俓山云："我家道处无可道。"师云："如来路上无私曲，更请玄音和一场。"俓山云："任你二轮更互照，碧霄云外不相干。"师云："为报白头无限众，此中年少莫归乡。"俓山云："老少同轮无向背，我家玄路莫参差。"师云："一言已（《景德传灯录》无'已'）定天下，四句为谁留？"俓山云："汝道有三四，我道其中一亦无。"俓山回此偈曰：

东西不相顾，南北与谁留？
汝则言三四，我道其中（《景德传灯录》无"其中"）一也无。

师颂曰：

遍学穷切（张注，当作"劫"）抱死尸，出身不得病难治。

① 《祖堂集校注》，第387页。

> 任汝入海常献宝，不如自治剑轮飞。①

此径山，指沩山门人、径山第三世法济大师洪諲（？—901）②，其事迹见《景德传灯录》卷十一及《祖堂集》卷十九，不过《祖堂集》所载编造之迹过甚，不可轻信。

由于洪諲曾参云岩，属于本宗前辈，故佛日来参。洪諲一再启发，告之“我家玄路莫参差”，也是前辈婆心。不过机轮一发，当仁不让，刀光剑影，锋不可当。佛日固守曹洞家风，强调偏正主从，故言隐显、二途、老少、一四等，洪諲则一切破之，道一也无。二人交锋，可谓斗转星移，玉转珠回，虽然招招致命，终也把手共行。

佛日最后之颂，是言遍学知见，执佛著法，是历劫守尸鬼，因不肯放下，故出头不得，身患佛病，最是难医，即使入海献宝，富于法财，不如自治剑轮，能杀能活。

据《景德传灯录》卷二十：

> 洪州凤栖山同安丕禅师，问：“如何是无缝塔？”师曰：“吽，吽。”曰：“如何是塔中人？”师曰：“今日大有人从建昌来。”问：“一见便休去时如何？”师曰：“是也，更来遮里作么？”问：“如何是点额鱼？”师云：“不透波澜。”曰：“惭耻时如何？”师曰：“终不仰面。”曰：“恁么即不变其身也？”师曰：“是也，青云事作么生？”
>
> 问：“如何是和尚家风？”师曰：“金鸡抱子归霄汉，玉兔怀儿向紫微。”云：“忽遇客来，将何秖待？”师曰：“金果朝来猿去摘，玉花晚后凤衔归。”问：“路逢达道人，不将语默对，未审将什么对？”师曰：“要踢要拳。”
>
> 问：“不伤王道如何？”师曰：“吃粥吃饭。”曰：“莫便是不伤王道也无？”师曰：“迁流左降。”问：“玉印开时，何人受信？”师曰：“不是恁么人。”曰：“亲官事如何？”师曰：“道什么？”
>
> 问：“如何是毗卢师？”师曰：“阇梨在什么处出家？”问：“如何是触目菩提？”师曰：“面前佛殿。”问：“片玉无瑕，请师不触。”师

① 《祖堂集校注》，第313页。

② 《大正藏》第51册，第285页上。

曰："落汝后。"问："玉印开时，何人受信?"师云："不是小小。"问："如何是妙旨?"师曰："好。"

问："迷头认影如何止?"师曰："告阿谁。"曰："如何即是?"师曰："从人觅即转远也。"曰："不从人觅时如何?"师曰："头在什么处?"

问："如何是同安一只箭?"师曰："脑后看。"曰："脑后事如何?"师曰："过也。"问："亡僧衣众人唱，祖师衣什么人唱?"师曰："打。"问："将来不相似，不将来时如何?"师曰："什么处著?"问："未有遮个时，作么生行履?"师曰："寻常又作么生?"曰："恁么即不改旧时人也?"师曰："作何行履?"①

此中运用多个禅门典故。

据《景德传灯录》卷十《池州灵鹫闲禅师》：

明水和尚问："如何是顿获法身?"师云："一透龙门云外望，莫作黄河点额鱼。"仰山问："寂寂无言，如何视听?"师云："无缝塔前多雨水。"②

灵鹫闲禅师为南泉门人。点额鱼即不能透过波澜、跳过龙门之鱼，故心怀惭耻，不敢仰面，然终有身登青云、化为鱼龙之时。无缝塔之典，始自南阳慧忠国师，其侍者耽源应真有偈述之，仰山曾师从耽源，故闲禅师以此答之。

"路逢达道人，莫将语默对"，出自香严《谭道》颂，常为后世提举。"触目菩提"，始见于《宝林传》第十卷，后多为归宗智常一系所提唱，云门文偃答僧问如何是触目菩提，答以"与我拈却佛殿"③，与此有似。"迷头认影"出自《楞严经》卷十，曹山《五位颂》有"争奈迷头还认影"④一句。"将来不相似"，出自洞山偈。

同安丕为道膺最重要的门人之一，曹洞宗后世法系全赖这一支的传

① 《大正藏》第51册，第362页上中。

② 同上书，第278页中。

③ 《大正藏》第47册，第546页下。

④ 《卍新纂续藏经》第63册，第205页中。

承。诸书皆未言其前字，唯《五家正宗赞》卷三作“道丕”①。其机缘语句《联灯会要》、《嘉泰普灯录》、《五家正宗赞》等都有补充，至《五灯会元》较为完备。

由于当时号为“同安”者还有九峰普满门人“同安威”、九峰道虔门人同安常察等，其事迹往往混为一谈。《景德传灯录》记事比较混乱，将不同的“同安”胡乱记载，致使后世难以分辨。

据《景德传灯录》卷十六：

> 洪州建昌凤棲山同安和尚（第一世住），僧问：“如何是和尚家风?”师曰：“金鸡抱子归霄汉，玉兔怀胎入紫微。”僧曰：“忽遇客来，将何只待?”师曰：“金果早朝猿摘去，玉华晚后凤衔来。”问：“终日在潭，为什么钓不得?”师曰：“玄源不隐无生宝，莫谩垂钩向碧潭。”问：“澄机一句，晓露不逢时如何?”师曰：“太阳门下无星月，天子殿前无贫儿。”问：“如何是同安转身处?”师曰：“旷劫不曾沈玉露，目前岂滞太阳机。”问：“险恶道中如何进步?”师曰：“玄身透过千差路，碧海无波往即难。”问：“如何是衲衣下事?”师曰：“一片玉轮今古在，岂同渔父夜沈鉤。”问：“如何是大勿惭愧底人?”师曰：“空王不坐无生殿，迦叶堂前不点灯。”②

一看便知，此同安和尚就是同安丕，然而此处又说是夹山善会法嗣。这个问题太大了，假如其为夹山法嗣，那么后世曹洞宗传承就是夹山一系，与洞山云居无涉，能不能叫曹洞宗就是问题。

同安第一世，实为夹山门人同安威，同安威又嗣洞山，与云居、钦山同辈③，且与云居同年即天复二年（902）示寂④。同安威下出九峰普满，《景德传灯录》将师弟关系弄颠倒了。

同安丕为同安第二世，其下出同安志，即洪州凤栖山慧志，为同安第三世，其下出梁山缘观，缘观出大阳警玄。同安常察或为第四世。

道膺重要门人，还有云居第二世道简。

---

① 《卍新纂续藏经》第78册，第602页上。

② 《大正藏》第51册，第333页中。

③ 《嘉泰普灯录》卷一，《卍新纂续藏经》第79册，第291页上。

④ 《释氏通鉴》卷十一，《卍新纂续藏经》第76册，第126页下。

据《景德传灯录》卷二十：

云居山昭化禅师道简（第二世），范阳人也。久入云居之室，密受真印，而分掌寺务，典司樵爨。以腊高，居堂中为第一座。属膺和尚将临顺寂，主事僧问："谁堪继嗣?"曰："堂中简。"主事僧虽承言而未晓其旨，谓之"拣选"，乃与众僧佥议，举第二座为化主。然且备礼先请第一座，必若谦让，即坚请第二座焉。时简师既密承师记，略不辞免，即自持道具，入方丈摄众演法。主事僧等不惬素志，罔循规式。师察其情，乃弃院，潜下山。其夜山神号泣。诘旦，主事大众奔至麦庄，悔过哀请归院。众闻山神连声唱云："和尚来也。"

问："如何是和尚家风?"师曰："随处得自在。"问："维摩岂不是金粟如来?"师曰："是。"曰："为什么却预释迦会下听法?"师曰："他不争人我。"问："横身盖覆时如何?"师曰："还盖覆得么?"问："蛇子为什么吞却蛇师?"师曰："在里不伤。"问："诸圣道不得处，和尚还道得么?"师曰："汝道什么处诸圣道不得?"问："路逢猛虎时如何?"师曰："千人万人不逢，偏汝便逢?"问："孤峰独宿时如何?"师曰："闲著七间僧堂不宿，阿谁教汝孤峰独宿?"师示灭后，庐州帅张崇施财建石塔于本山，至今存焉。①

又据《禅林僧宝传》卷九：

禅师名道简，其先范阳人，史失其氏。天姿粹美，闲静寡言。童子剃落，受满分戒。偏游丛席，造云居，谒膺禅师。膺与语连三日，大奇之，而诫令刻苦事众。于是简躬探井臼，司樵爨，偏掌寺务，不妨商略古今，众莫有知者。以腊高为堂中第一座，先是高安洞山，有神灵甚，膺公住三峰时受服役。既来云居，神亦从至，舍于枯树之下而树茂，号"安乐树神"……问："古人云'若欲保任此事，直须向高高山顶立，深深海里行'，意旨如何?"曰："高峰深海，迥绝孤危，似汝闺阁中软暖么?"又问："丛林多好论尊贵边事，如何?"曰："要汝知大唐天子不书断，会么?"简契悟精深，履践明验，而

① 《大正藏》第51册，第362页下、363页上。

对机应物，度越格量，天下宗之。师寿八十余，无疾而化。庐州帅张崇为建塔于本山。

赞曰：大阳明安，尝疏药山之语，曰“高高山上标不出，深深海底藏不没。”其儿孙遵承之，以为妙得其旨。及闻云居之言，则如真虎踞地而吼，百兽震恐。乃悟明安所示，盖裴旻之虎也。予为作偈曰：高高山上立，深深海底行。道人行立处，尘世有谁争？无间功不立，渠侬尊贵生。詸君颠倒欲，枯木一枝荣。①

道简以腊高为第一座，则道膺入灭之时，其寿数非小，主事僧等欲请第二座继席，恐是嫌其年老，因此当时他至少已过六十，也有可能年近七十。庐州帅张崇为其建塔，而据《资治通鉴》卷二六九，贞明二年即吴天祐十三年（916），吴光州将王言杀刺史叛乱，庐州观察史张崇不俟命便进讨之，言弃城走，因此此年张崇便为庐州帅。后武义元年（919）张崇西讨安州，十一月过庐山，有题记②。因此道简很有可能卒于吴天祐末年（913—919）。

道简之后住持云居者为昌禅师（第三世），又有达空禅师怀岳（第四世），怀岳门人云居住缘、住满相继住持，使得云居山长期成为曹洞宗的祖庭。后来清凉文益门人云居清锡住持此山，报慈行言门人义能（第九世住）、清凉泰钦门人道齐（929—997）（第十一世）相继住持，南唐至宋初时期非常兴盛的法眼宗占据了云居山。

云居道膺在海外的影响很大，他有利严（870—936）、丽严（862—930）、迥微（864—917）、庆猷（871—921）、云住和尚、慧禅师等六位新罗门人，其中前四人号称“海东四无畏大士”，对于朝鲜佛教发展贡献相当大。

据《有唐高丽国海州须弥山广照寺故教谥真澈禅师宝月乘空之塔碑铭》③，利严俗姓金，生于咸通十一年（870），年十二即中和元年（881）往迦邪岬寺投德良法师，半年之内，三藏备探，中和六年（886）受具足戒于本寺道坚律师，此说可能有问题，一则中和无六年，二则其四十八

① 《卍新纂续藏经》第79册，第511页下、512页上。
② 《庐山记》卷五，《大正藏》第51册，第1051页上。
③ 李智冠《校勘译注历代高僧碑文高丽篇1》，第12—18页。

夏，当于龙纪元年（889）冠岁受具。乾宁三年（896）过海到浙，后附崔艺熙大夫之舟西行，得抵鄞江，闻云居道膺之名，不远千里而至，道膺谓曰“曾别匪遥，再逢何早”，他对曰“未曾亲侍，宁道复来”。道膺是说灵山一别非遥，他当时不明其义。后服勤六载，默契玄旨，道膺告之：“道不远人，人能弘道，东山之旨，不在他人，法之中兴，唯我与汝。吾道东矣，念兹在兹。”道膺入灭之后，他巡礼六代祖师之塔，遍参诸善知识，于天祐八年（911）归国。

他得到高丽王朝的创建者王建的崇奉，并告之“道在心不在事，法由己不由人”，王者之仁与匹夫有异，得到王建礼赞。长兴三年（932），教建灵峰（须弥山）广照寺，为禅门九山之一。清泰三年（936）入灭，四年立碑。利严传业门人有处光、道忍、贞朏、庆崇等，又有元照请撰碑文，在家弟子有左丞相皇甫悌恭、前王子太相王儒、前侍中太相李陟良、广评侍郎郑承休。

据《高丽国弥智山菩提寺故教谥大镜大师元机之塔碑铭并序》①，丽严俗姓金，咸通三年（862）生，九岁削染，往无量寿寺，投住宗法师，习《华严经》，广明元年（880）受具，后到嵩严山投广宗大师，大师许其入室。光启三年（887）冬，广宗入灭，又至灵觉山，礼广宗师兄深光和尚，服勤数载，后西行入唐，礼见云居大师，大师谓曰“戏别匪遥，相逢于此。运斤之际，犹喜子来”，以其为知音，后于其临行之际，告之“飞鸣在彼，且莫因循。所冀敷演真宗，以光吾道，保持法要，知在汝曹”，对其期望甚深。丽严“传大觉之心，佩云居之印”，于天祐六年（909）归国，后受王建之崇，住持菩提寺，同光七年（929）示疾，长兴元年（930）入灭，时门人融阐、昕政等五百人，上表请谥。后十年，崔彦㧑为其撰碑铭，天福四年（939）立碑。

据《晋高丽先觉大师遍光灵塔碑》②，迥微俗姓崔，咸通五年（864）生，志学之年出尘，谒体镫禅师，中和二年（882），受具于华严寺官坛，其夏又往“度□山礼见融坚长□（老）”，大顺二年（891），随入朝使入唐，维舟镜水，指路钟陵，参见道膺大师，升堂入室，尽窥其室家之美，大明其禅教之宗，如阿难之独步释门，颜子之称雄孔室。景福三年

① 李智冠《校勘译注历代高僧碑文高丽篇 1》，第 64—68 页。

② 上书第 262—270 页。

(894)，“覃州节帅马公□（殷）、节度副使金公夐，闻风钦仰，拂雾敬（佩）”，其为时贤名公所重，可见一斑。天祐二年（（905）归国，知州王池请住无为岬寺八年。天祐九年（912），受新罗王崇奉。后因奸人谗构，以“崔皓怀奸”，受玄高之祸，于天祐十四年（917）舍寿。高丽定宗早年曾归依门下，故于其登基之年即开运二年（945），便谓群臣“早披瞻仰，恭□归依，顾思有得之缘，常切亡师之痛”，明年召其门人闲俊、化白为其修寺建塔，赐谥“先觉大师”、“遍光灵塔”，寺号“太安”，开运三年（946）立碑。

据《有晋高丽国踊岩山五龙寺故王师教谥法镜大师普照慧光之塔碑铭并序》①，庆猷俗姓张，咸通十二年（871）生，十五出家，光启四年（888）受具于近度寺灵宗律师。后遇朝天之使，同舟西向，闻云居道膺道冠十地，功高三乘，乃至参礼，与“迥微、丽严、利严共，海东谓之四无畏大士也”。道膺谓之“吾道衰矣，庆猷一人。起予者商，于是乎在”，碑文又称“所谓广宏佛道，何论贵贱之家；遐演禅□（宗），□□□□□□。□□□（但凭自）力，何假他心！闲睹此门，本离文字，每思心境，终拂客尘。愍彼偏方，迷于得理。好佩云□（居）之印，期苏日域之流。”天祐某年归国，达于武州会津。后受王建崇奉。贞明七年（921），示灭于日月寺法堂，谥“法镜”，塔名普照慧光。天福九年（944）立碑。

海东四无畏大士，利严、丽严寿命较长，影响更大，属于高丽时期，而且二人之碑，都明确强调上代宗承属于青原石头一系。迥微、庆猷去世较早，寿命皆短，属于新罗时期，而其碑文中并未明示上代宗承。同为道膺门人，而其所说不一，表明在新罗时期尚未有改宗之说，而且道膺后世意见并不统一，至少迥微与庆猷的门人并未明确改宗青原。

① 李智冠《校勘译注历代高僧碑文高丽篇1》，第210—216页。

第七章　疏山匡仁及其法系

第一节　匡仁生平与禅法

疏山匡仁禅师为洞山嫡子，影响很大，然其机缘终始不见于禅史，故有必要予以考察。有关匡仁的资料最早是澄玉的《疏山白云禅院记》，今据《全唐文》本予以标点如下：

且夫疏山者，贯造化之工，为而有矣。分地镜而插天心。用之则圆盖方舆，共为覆载；摄之则横河石阜，饶借其形。嵂峙堞而吹浮云，列澎流而走洪浪。龙涡凤翼，万象含虚；牛首蛇冈，千峰簇翠。昔是周迪王分霸之场，畚锸基垒尚在。连漪巴徼，控截郡城，襟带七闽，奇分五岭。

自大中之初，有儒士何仙舟，弃爵藏名，隐乎此地。钓台书榭，基址箕笃。有猛兽时来，樵人惧矣。荒榛之后，立为道观。观将圮坠，延至僧居。僧则未详其字也，道孤性静，茅室草庵，独而住矣。

时遇白丁攘辟，鲸鳄相吞，四海沸腾，诸藩蚁聚。郡无苛政，民绝憀生。至中和之初，搀抢方定，随土所立，为主帅矣。掌领郡印，贵在安民。上贡不停，乃有敕下封官，宠优其爵，令知郡矣，即汝南危公也（曰讽）。公乃宽而得众，强而有谋，一镇临川，三十余载。销剑戟而为短耜，化箭镞而作长炉，赋税薄施，俗无饥色。

至大顺元年，我大师领徒而至。太守危公见而深加敬仰，乃令都押衙前江州刺史曾公（曰徒），于阜郭山林佥居。曾公遂骤驷而巡，到兹山回，对曰："去此六十里，有山曰书山，是周迪王匡霸之地，古儒读书之场，因而俗号也。极而胜概，堪作禅居。"汝南危公坚请而住，大师允而居焉。后改为"疏山"也。

师则庐陵郡淦阳人也，俗陇西李氏，其父在仕。师自诞生之时，紫胞异瑞，龙章凤质，颇峻灵仪，凡是俗茹，不惬其情。年至八岁，乃于一日而告亲曰："且夫云罗雾縠，痴爱著身；银箭金壶，生死之本，安能解脱矣！"乃往投于政禅师出家，禅师则薯山大师上足弟子也。师为立号"匡仁"。自剃度给侍，三五年间，凡是教文，深达其理。后年登（阙，当作"戒"）品，至于东都钵塔院，集毗尼藏三年，观其文义，洞达指归。乃叹曰："吾闻先德云，离文字学，吾今何滞乎?"遂以布毳芒鞋，巡游请益。乃闻高安之西，有山曰"洞"，即"新丰"是也，有大善知识，众五六百，而可往之。师以言险路峻，凡有问者，失其机矣。我大师此时遂扣之，故知道合符契，一闻十悟，得大总持。譬如两镜对明，终无异照，锋铓相摧，彼亦何亏！乃驻泊法筵，累经炎燠。至咸通十有一载，方乃出山。南造大沩，又成淹泊。

至干符岁属庚子，闻庐陵有山号"严田"，遂往开辟。时禅侣相依，乃告檀越李公曰："众既聚而山又薄，居必难乎！吾闻巴山耸峻，贯属临川，可往而游乎?"至中和三年，方开巴山白云禅院。檀越朱公为遏边使，师又告曰："山深地冷，时植不收，僧众渐多，难为供馈。"遂出山见太守危公，公乃延请而住兹山矣。师退而让之，公曰："佛尚不违众生之愿，师何得让乎?"乃允而住焉。遂以芟剃蒿芜，基平峙渎，剪擎云之杞梓，斫嶰谷之琅玕，重檐将凤翅而齐飞，叠石与龙头而并举。峥嵘宝殿，疑从兜率飞来；精粹金容，真似天宫降下。窗连碧岫，时跨虹霓；门枕邮亭，日明䗖蝀。宵扃户牖，闻疏磬之三声；晓卷帘栊，见长江之一带。奇分阆苑，壮若蓬莱。麻姑之仙鹤时来，乳洞之灵香不散。名花异草，四季长存；高节禅流，五湖并集。汲用既广，事有阙缘。水磨山泉，久销人力。众议取备，乃就其工。鹫管流通，走归阜栈；灵材筑险，势截秋江。铿輷而斗转轮飞，岌嶪而雷奔电卷。枕椰（阙）色，不异苏山。

诸缘且置，饘馈尚微。师曰："秋稼如云，自乏东皋之分。"故知水月相映，啐啄同时。干宁甲寅岁春，乃有上饶郡太守汝南危公（曰昌），公即临川刺史之季子也，隼旗（□）笔，尽掌虎符，乃心舍禄下水田庄一所，并火幕牛犊等，永充常住，为供众僧之斋粥矣。

师曰："如来出世，道盖恒沙。吾今资生，未闻帝耳。"时有京堂后官虞公，武夷人也，自闽回，归京朝觐，因假道歇驾，而来礼敬师焉。公寻便结驷而辞曰："师之所住，院额何无？"师曰："茅屋草庵，逐时难拟。"公曰："到京之日，专为奏置焉。"后乃有敕下，赐为疏山白云禅院额，并隶僧一七人。住持贵在焚修宝刹，转正法轮。沐浴皇风，永延国祚。师曰："人无心于物，万物未尝无。符契之缘，自然而已。"

时有袁州牧钟公（曰时），即洪州廉使之子也。公以怀善心在，求因于佛。乃舍洪钟一口入院，莫不鈚铮簨虡，振海上之清音；跷躩蛟龙，（□）天边之落月。又浔阳太守颍川陈公（曰卓），公以身居王务，无暇礼延，乃素幅写师真，用饰瞻敬。并舍俸禄之财，于江之西南隅，去院各十里，置庄两所，一曰"西庄"，南号"佐俄"是也。后以风俗所谭，闻而益敬。乃有军事押衙李勋，常来请问。师曰："凡俗进修，且以福智二严，得为释梵报矣。"后忽言："弟子有小庄，近院之北，愿舍入常住。"师乃受矣。

无何，否泰不时，星临郡壁，秣马利兵之众，强敌而来。师尝欲游山，果惬行止。此时遂往福船，南连岭界，渐远旧址。声彻闽城，廉使琅琊王公（曰知），望风而敬，乃以差僧三人，赍持笺疏虔请。众欲就，而师曰："临川太守危公，特遣军将，随行侍卫，又安能就请矣？"天祐五年春，师却返故山。绿萝青霭，早拂檐楹；禅径苔阴，欲平履迹。至天祐六年，淮海统兵，收复当郡危公，公既陷而军将散矣。师端居丈室，不欲离云，左右侍众，坚升而去。师曰："且释迦遇金锵马麦之难，复何往乎？"乃悯众而出，曰："数半旬便回归院矣。"

自郡城部属淮南，除替官资不停。周至孙，孙至刘，刘至陇西李公，尽申虔敬，并为外护檀主。李公曰"德诚"，舍俸禄之财，于山之东，置庄一所，永充常住之斋粥矣。师其年七十有三，化缘将盛，僧匡七百众矣。其有扣敌者如攘芥投锋，承机者若澄油泻铤。其有所主张院事，尽是挺持之人。前替后来，无非强干。众多德行，不可一一标名。时有僧可珪，杖锡离云，循环梁苑。旋之东洛，谒见前建州刺史陇西李公（曰肃）。公乃建安人也，以文华居身，进士及第，累迁官品。敕与郡符，公不副任，后转为检校司空，知租庸发运使矣。公闻师道化，如蜂聚王。乃问僧可珪曰："山门事力，有何阙乎？"对曰："知识所居，山记塔铭，二俱未备。"公曰："愿为置矣。"遂舍帑藏之财，与僧归山而置之矣。师令余为文。澄玉才非刻鹤，艺拙雕龙，无愈头五十纸之书，乏洗眼一千行之颂。所冀年移代寝，勒为不朽之工；乌日元霜，永镇莲宫之界。乃为记矣。①

此篇既是当时实录，弥足珍贵。后来禅宗史料皆不载其史事，此记可补其缺。匡仁的生卒年无考，是记则提供了一条线索，道是抚州为吴占据之后，刺史李德诚为其置庄一所，是年匡仁七十三岁。李德诚知抚州的时间难以完全确定，其言自淮南部署，周、孙、刘、李相继为刺史，周即周本，天祐六年（909）六月，抚州危全讽举兵叛吴，七月，淮南大将周本讨平之，故周本由此知抚州是合乎情理的。刘即大将刘信，据《十国春秋》卷二，天祐九年（912）冬十一月，淮南节度副使陈璋破楚岳州，进攻荆南，吴王隆演遣抚州刺史刘信将五州兵屯吉州，为璋声援。其时抚州为重镇，故镇守者如周本、刘信、李德诚均为朝廷大臣，当时名将，而其间孙氏不明何人，其时大将并无孙姓者，抑或有鲁鱼之误。

刘信天祐九年末尚为抚州刺史，是故李德成知是州当在十年之后。据《资治通鉴》卷二百七十，天祐十五年（918），徐知训求威武节度使、知抚州李德诚家妓，德诚不与，表明是年李德诚已知抚州。据《新五代史》卷六十一，《十国春秋》卷七本传，天祐十六年（919）改元之时，以抚州李德诚加平南大将军、中书令，顷之，改百胜军节度使，是故李德诚知抚州，应在天祐十年（913）至武义元年（919）间。其间匡仁七十三岁，则应生于会昌元年（841）至大中元年（847）年间。

当时诸州镇使相互替代，李德诚接替刘信任抚州，刘信接替刘威任洪州。刘威为淮南功臣宿将，杨行密将卒，判官周隐建议以时任庐州节度使的刘威代之，可见刘威在当时的威望地位，后来徐温当政，镇南节度使刘威、宣州观察使李遇、歙州观察使陶雅、常州刺史李简等元老旧将不服，徐温攻杀李遇，刘威、陶雅乃于天祐九年（912）七月入觐，徐温待之如故，故表面上尽释前嫌，遣之归镇，刘威还镇数年而卒。刘威何时去世不见史传，然天祐十一年（914）四月其子袁州刺史刘崇景叛乱，这可能是刘威去世之时。从情理上讲，若刘威尚在世，其子必不敢陷父于罪，或许刘崇景欲继父职，任镇南节度使，徐温不允，故引楚叛变。是故很可能十

① 《全唐文》卷921，上海古籍出版社1990年版，第4252—4253页。

一年初刘威卒，刘信继任镇南节度使，李德诚亦于是年任抚州刺史。

又据前文，匡仁先受教于薯山大师上足证禅师，年登戒品，至东都钵塔院习律三年，后从洞山良价（807—869），盘泊数载。年登戒品，即应在二十岁时，先习律三年，再从学洞山数年，则其在洞山去世时至少已经二十五六岁。如此匡仁应生于会昌四年（844）前。

是记作于大师生时，故未明其卒年。《祖堂集》卷十二后疏山和尚机缘载有抚州李太傅请师疏：

> 伏以法眼髻珠，微妙乃明于佛日；心灯祖印，传来别在于人间。得之者瓦砾成金，悟之者醍醐灌顶。一乘良玉，叮咛来自于双林；六祖传衣，血脉广流于百代。只将烦恼，便证菩提；讵可智知，良难拟议。先踈山大师，以水中之月，物外谈四十余年。百千徒众，日东者沧溟浩渺，岱北者巇崿齐攀。四远参寻，一言道断。今则光流异代，月照别天，故踈岭之萧条，望连云之霞盖。长老和尚，玄珠自晓，慧剑方新，能令滋想之源，便证真如之地，愿将法雨，普润人天，冀凭最胜之缘，上荐皇王之福。幸徒（从）众请，勿阻人心。谨疏。①

这是抚州李太傅请后疏山证和尚升座传法疏。李太傅当指李德诚父子，二人先后镇抚州，然究竟是德诚还是建勋，还须探究。从职衔来看，据李德诚本传，南唐受禅，拜太师，封南平王，进封赵王；而李建勋以司徒致仕，卒赠太保。太师、太傅、太保为三师，皆正一品，位高望重，不轻授人，而又以太师为尊。李德诚生前已为太师，又有王爵，不必降称太傅；李建勋卒后方赠太保，以太傅称之，当为尊礼。因而李太傅更有可能是指李建勋。从时间上看，其谓先疏山大师“物外谈四十余年”，若以咸通十一年（870）出山为计，则其入灭时当在十世纪二十年代初，即天祐十年（913）前，如此则嫌太早；若以乾符庚子岁（880）聚徒严田始，则应卒于武义二年（920）后。由于其南造大沩时尚在求学阶段，并未正式开法，因而当以广明元年庚子岁（880）为始。武义元年（919）末李德诚可能已经离任，不再镇抚州，而是改任百胜军节度使，镇虔州。如此李太傅当为李建勋。从疏文来看，其时匡仁已经入寂，故有“光流异代，

① 《祖堂集校注》，第321页。

月照别天”之句；又言疏岭之萧条，似有匡仁辞世已久，山中无人主持，不复旧观之意。

李建勋以保大元年（943）至保大四年（946）间任昭武节度使，镇抚州，是疏当作于此时。其时上距匡仁入灭已经二十多年，故有疏岭萧条之叹。

依照前文，匡仁七十三岁受李德诚田庄时应在其上任之初，很有可能是在天祐十一二年，如此则匡仁生年当在会昌三年（843）左右。匡仁传法四十余年，故应卒于武义二年（920）。据《白鸡山玉龙寺洞真大师碑》，匡仁弟子庆甫（869—948）于景福元年（892）西行求法，诣疏山匡仁座下，得其心印，又参江西老善和尚，后于天祐十八年（921）归国。庆甫归国，或与其师辞世有关。如此匡仁很有可能生于会昌三年（843），卒于武义二年（920），世寿约七十八岁。

匡仁的师承，最早是从学于薯山大师的弟子证禅师（《五灯会元》卷十三作“元证”），此薯山当为东寺如会弟子薯山慧超。据《景德传灯录》卷九：

> 吉州薯山慧超禅师。洞山来，礼拜次，师曰：“汝已住一方，又来这里作么？”对曰：“良价无奈疑何，特来见和尚。”师召良价，价应诺。师曰：“是什么？”价无语。师曰：“好个佛，只是无光焰。”①

如此洞山曾经从学过薯山，这大概是后来匡仁从学洞山的原因之一。匡仁八岁（约大中初年）时从证禅师，其法号便是证禅师所起，他随之禅教俱学，深达文理，这为他日后达于上乘奠定了基础。约二十岁受具之年（约咸通初年），他到东都钵塔院习律。

据白居易《东都十律大德长圣善寺钵塔院主智如和尚荼毗幢记》，智如（749—834），俗姓吉，十二授经于僧皎，二十二受具戒于僧晤，“学四分律于昙濬律师，通《楞伽》、《思益》心要于法凝大师”，大和八年（834）卒，“明年正月十五日，合都城道俗万数具涅槃仪窆于龙门祖师塔陂，又明年某月日，用阇维法迁祔于奉先寺祖师塔西而建幢焉”，临灭

① 《大正藏》第51册，第269页上。

“告弟子言我殁后，当依本院先师遗法，勿塔勿坟，唯造佛顶尊胜陀罗尼经一幢”，上首弟子振公。[①]

匡仁习律的东都钵塔院可能就是智如所在的圣善寺钵塔院，智如既是四分律大德，又是禅宗北宗传人，也是禅律互传。匡仁到来时智如已经去世，但其上首弟子振公等可能依然在世。匡仁在东都习律三年，洞达律藏，虽然没有成为专门的律师，但也打下了很好的律学根基，为其后来的发展奠定了基础。

和大多数禅师一样，匡仁最终走上了游方参禅之路。他从学的第一个大禅师即是洞山，此时已值洞山晚年。从时间上看，匡仁参学之时与曹山相近，二人应当是见过面的。洞山去世，匡仁在咸通十一年（870）离开洞山，再次游方。碑文称其“南造大沩”，此“大沩”，可能指潭州大沩山，更有可能是指大安（792—882），大安长期住持沩山，亦以大沩为号。沩山在湖南长沙，从方位上讲，在洞山的西边，不应言“南造”。咸通十一年（870）时沩山灵祐（771—853）早已去世，大安继之主持沩山之时也在咸通元年（860）至七年间[②]，大安去后沩山不知何人主持法席。

自咸通十一年（870）至广明元年（880）十余年间，匡仁四处游方参学。其间最主要地是从学于大安，也曾参访过香严智闲和夹山善会（805—881）。在这方面，《祖堂集》卷八疏山和尚机缘的记载最为可靠。《传灯录》未载其求学经历，《五灯会元》所举甚多，然不免杂乱。《五灯会元》所列疏山参访过的禅师有元证、洞山、沩山、香严、大安、明招德谦、夹山善会、岩头全豁（826—885）、石霜庆诸（807—888）等，其中将沩山与大安混杂在一起，其时沩山灵祐早已去世，大安也已经离开，疏山若前来求学，只能是跟从继之传法的沩山一脉的禅师，当时香严也不在沩山，故其所谓与沩山和香严相涉的机缘只能是编造。岩头为其同辈而年高，石霜乃其同门前辈，匡仁从之问道是可以理解的，而其中最可怪者，是将罗山道闲的弟子明招德谦作为匡仁之师。从辈分上讲，明招德谦为其法孙；从时间上讲，将德谦与大安同时，不

① 引自徐文明《禅宗第八代北宗弘正大师》，《敦煌学辑刊》1999年第2期，第38页。

② 参见王荣国《唐大安禅师生平考》，载《中国佛教史论》，宗教文化出版社2008年5月版，第145—146页。

可思议，大安是否知道罗山也是问题，怎么可能得值罗山弟子呢？德谦曾经到招庆参访，而长庆慧稜始住招庆是在天祐三年（906），其时大安已经去世二十多年，匡仁也已到了晚年。即使真有疏山参明招之事，也只能是后疏山或第三疏山。

匡仁于广明元年庚子岁（880）正式传法，始住庐陵严田；中和三年（883）住巴山，建白云禅院。大顺元年（890），受抚州太守危全讽之请，始住疏山。乾宁元年（894），危全讽之子上饶刺史危仔昌献水田庄一座，充常住斋饭。后钟传之子钟匡时献洪钟一口，浔阳刺史陈卓、军事押衙李勋皆献田庄，永充常住。

从大顺元年（890）到天祐三年（906），匡仁得到钟传、危全讽的外护，度过了一个稳定的发展阶段。天祐三年（906），钟传去世，二子相争，淮南乘机入寇，江西为杨吴所并。大概就在此年，匡仁率众离开疏山，南行靠近福建之地，闽王王审知闻之，前来迎接，弟子欲行，匡仁叹息道："危太守派兵护卫，如何可行？"看来准备起兵的危全讽还是想以匡仁为己援，不愿放他前去，也有可能是匡仁自己还感念危氏多年护法之情，故于天祐五年（908）危氏将要起兵之时又回到了疏山。天祐六年（909）六月，危全讽自称镇南节度使，率抚、信、袁、吉等州之众，兵号十万，攻洪州，但在七月就被吴大将周本击败，危全讽被俘，其子危仔昌逃奔吴越。

虽然失去了危氏的外护，但继之镇守抚州的淮南诸将继续支持疏山，特别是李德诚。李德诚代刘信镇抚州，后来其子李建勋又于保大元年（943）至四年（946）为昭武节度使，守抚州，其婿齐王景达复于中兴元年（958）至开宝四年（971）为抚州大都督，是故李氏一家与抚州特别有缘，这对于疏山一系及整个曹洞宗的发展是十分有利的。

疏山虽然历事多门，但洞山无疑是其最重要的老师。《祖堂集》卷八疏山和尚机缘及《传灯录》皆未载其从学洞山的机缘语句，唯《五灯会元》卷十三言之最详：

> （匡仁）遂造洞山。值山早参，出问："未有之言，请师示诲。"山曰："不诺无人肯。"师曰："还可功也无？"山曰："你即今还功得么？"师曰："功不得即无讳处。"山他日上堂曰："欲知此事，直须枯木生花，方与他合。"师问："一切处不乖时如何？"山曰："阇梨，此是功勋处事。幸有无功之功，子何不问？"师曰："无功之功，岂

不是那边人?"山曰:"大有人笑子恁么问。"师曰:"恁么则迢然去也。"山曰:"迢然非迢然,非不迢然。"师曰:"如何是迢然?"山曰:"唤作那边人,即不得。"师曰:"如何是非迢然?"山曰:"无辨处。"山问师:"空劫无人家,是甚么人住处?"师曰:"不识。"山曰:"人还有意旨也无?"师曰:"和尚何不问他?"山曰:"现问次。"师曰:"是何意旨?"山不对。①

这段对话,《祖堂集》洞山机缘载有中间一段,只是未明言是疏山所问。未有之言,示之则非,不示则无以为人天师,疏山此问,自有陷虎之机。洞山久经战阵,岂不知这种把戏,一句汝自不诺、何人肯信便轻轻避过,意思是说你并非诚心请教、何人愿意真心示诲。疏山又问既然不可示诲,还可以之为功勋么,意思是不可言、还可行么,洞山则反问莫道未有之事,你如今还能功得么?疏山则言既然不能为功,就没必要避讳。后来洞山上堂,重举此事,道是欲得明了其事。

须得枯木生花,才能与之相合。枯木生花,死中得活,自然一切自在,可示未有之言,能为无功之功。疏山问处处不乖时如何,处处不乖,即一物不违,于物自在,疏山以为此即枯木生花,能与他合。洞山告之此乃有修有证,是功勋边事,有为功德,不足为法,为何不问无功之功。疏山言无功之功,难道不是那边人之事吗,这边人如何有份?洞山道你这么问话,让人笑话。疏山道如此就迢然去了,洞山云迢然去可以,但要明白什么是迢然,迢然离四句,绝百非,凌虚而行,解会不易。疏山还不明白,再问如何是迢然,洞山告之如果是那边人,即不得迢然。疏山问如何是非迢然,洞山言无有辨处,不可问答。

在这段对话中,洞山老婆心切,一再暗示这边与那边无别,众生与诸佛何异,引领疏山直达上乘,会取无功之功,疏山却不肯承当。洞山要人做得自家主人翁,不薄这边,不重那边,不与物为奴,不为佛所使,疏山虽有所体会,却不敢自承,心中尚有分别。

洞山反问疏山,空劫无人住处,住者何人,这一提问如同疏山问洞山的话头,回答不易。此时疏山已非吴下阿蒙,一句不识便轻轻避过。洞山再问那里住的人还有没有意旨,若有意旨,即是分别,非那边人;若无意

① 《卍新纂续藏经》第80册,第268页上中。

旨，即是无知，亦非那边人。疏山知道洞山又设机关，便反问你为何不去问那边人，把皮球又踢了回来。洞山教子心切，步步进逼，道是现在正问那里人。疏山伏兵大出，道是你既问那里人，那里人告诉你是何意旨。洞山老人好心教子，不防中了暗算，只好就此收兵。看来此时疏山已经有所觉悟，机锋过人，就连洞山老人都中了埋伏，诸方畏惧矬师叔自有其理。

《祖堂集》洞山机缘载有疏山数语。一是洞山示众云“吾有闲名在世，谁人与我除得”，疏山云“龙有出水之机，人无辨得之能”；二是雪峰在洞山搬柴，洞山问重多少，雪峰道尽大地人提不起，洞山问怎得到这里，雪峰无对，云居代云“到这里方知提不起”，疏山代云“只到这里，岂是提得起么”；三是洞山问雪峰做什么，雪峰道是斫槽，洞山问几斧斫成，雪峰答一斧便成，洞山又问那边事如何，雪峰答无下手处，洞山谓此犹这边事，那边事如何，雪峰无对，疏山代云“不堕无斩斧”。

善行无辙迹，无功方为功，若有行迹，则非洞山；若无机用，亦非洞山。洞山便有闲名，又有何人能知！是以疏山言洞山犹龙，虽然出水离位，显示大机大用，却无人能够辨得，因为无迹可寻。雪峰虽在洞山多年，却与洞山无缘，故每不契机，洞山问柴重多少，暗含机锋，故雪峰用大庾岭头提不起故事，颇为自负，然洞山一句怎得到这里，便让他无言以对。云居代云到这里方知提不起，是说到和尚这里，方知提不起，也是用大庾岭头故事，只是角色有变，用惠明代替了惠能。疏山则谓若提得起，怎得到这里，既然到这里，就表明提不起，六祖衣钵，惠明提不起，洞山衣钵，何人提得起！一斧斫成，不算好手，直饶无下手处，犹是这边事。那边事离分别，绝是非，会大不易。那边之事，浑然天成，本自无缺，何劳斤斧！

除洞山外，大安便是其最重要的老师。据《五灯会元》卷十三，疏山上堂时云：“病僧咸通年前，会得法身边事。咸通年后，会得法身向上事。”然而他曾就此向大安请教。据《五灯会元》卷十三：

> 沩山次日上堂，师出问：“法身之理，理绝玄微，不夺是非之境，犹是法身边事，如何是法身向上事？”沩举起拂子。师曰：“此犹是法身边事。”沩曰：“如何是法身向上事？”师夺拂子，摺折掷向地上，便归众。沩曰：“龙蛇易辨，衲子难瞒。”①

① 《卍新纂续藏经》第80册，第268页下。

疏山先就大安参“有句无句，如藤倚树”，言道“忽遇树倒藤枯，句归何处”，大安呵呵大笑，疏山不解。大安又上堂，辩说法身向上事。若是疏山就大安明得法身向上事，则是锦上添花，然《五灯会元》所载这则因缘颇为后出，真伪相杂。据《祖堂集》卷八《疏山和尚》：

师行脚时到大安和尚处，便问：“夫法身者，理绝玄微，不夺是非之境，此是法身极则，如何是法身向上事?”安云：“只这个是。”师云：“和尚与么道，还出得法身也无?”安云:“不是也是。”①

这一记载远不如后说生动有趣，但可能更加可靠。大安的回答很简捷，而且是马祖门下惯用的机锋。识得自家主人翁，不用东寻西觅，了得自身，便是法身，过法身者，无非此身，离却这个，百事不成。明得法身向上事，于疏山是锦上添花，这对于他日后传法度人是至关重要的。

总之，疏山向大安参学一事非虚，并在大安门下待了相当长一段时间，备尝其法味。

疏山是否参香严智闲也值得探讨。前述《疏山白云禅院记》未言此事，然《祖堂集》、《景德传灯录》皆载，当有所据。

据《祖堂集》卷八：

又到香严，问：“不从自己、不重他圣时如何?”答：“万机休摆(罢)，千圣不携。”师不肯，便下来吐出，云肚里吃不净洁物。有人报和尚处，和尚便唤来，师便上来。香严云：“进问着。”师便云：“万机休摆（罢）则且置，千圣不携是何言?”香严云：“是也，你作么生道?”师云：“肯重不得全。”香严云：“你不无道理也。虽然如此，向后若是住山，则无柴得烧；若是住江边，则无水得吃；欲临说法时，须得口里吐出不净!”后住踈山，如香严谶。②

又据《景德传灯录》卷十一：

① 《祖堂集校注》，第233页。
② 《祖堂集校注》，第234页。

僧问："不慕诸圣、不重己灵时如何？"师曰："万机休罢，千圣不携。"此时疎山在众作呕声，曰："是何言欤？"师问："阿谁？"众曰："师叔。"师曰："不诺老僧耶？"疎山出曰："是。"师曰："汝莫道得么？"曰："道得。"师曰："汝试道看。"曰："若教某甲道，须还师资礼始得。"师乃下坐礼拜，蹑前语问之。疎山曰："何不道，肯重不得全。"师曰："饶汝恁么，也须三十年倒屙。设住山无柴烧，近水无水吃，分明记取。"后住疎山，果如师记。至二十七年病愈，自云："香严师兄记我三十年倒屙，今少三年在。"每至食毕，以手抉而吐之，以应前记。（疎山后问道忞长老："肯重不得全，汝作么生会？"忞云："全归肯重。"疎山云："不得全又作么生？"忞云："个中无肯路。"疎山云："始惬病僧意。"）①

两相对照，可知前者更加可靠。前者没有"师叔"之说，可知二人并非同辈。香严智闲生卒年不详，《宗统编年》作光化元年（898）卒，不知何据。②《中国佛教通史》作"香严智闲（810—898）"③，亦未示出处，不过若仰山慧寂（807—883）为其师兄，其生于仰山之后合乎情理，而《潭州沩山灵祐禅师语录》卷一却道："师一日问香严：'我闻汝在百丈先师处，问一答十，问十答百，此是汝聪明灵利，意解识想，生死根本。父母未生时，试道一句看！'"④ 如此似乎百丈怀海（749—814）在世时智闲已经来参，那么其生年当在贞元十六年（800）前，光化元年（898）时可能已过百岁。诸说矛盾，难以取舍。无论如何，疏山无法师从沩山灵祐（771—853），与智闲也相差一辈，二人是师生关系，并非同门。

值得注意的是，《传灯录》言香严谶疏山三十年倒屙，果然他住疏山二十七年时始愈，为了应其前记，每次饭后还故意以手抉出。匡仁以大顺元年（890）始住疏山，三十年则恰好到了贞明五年（919），其卒年与此前所推贞明六年（920）基本一致。至少在他住山二十七年，即贞明二年

① 《大正藏》第51册，第284页上中。

② 参见陈垣《释氏疑年录》，中华书局1964年版，第164页。

③ 赖永海《中国佛教通史》第7卷，江苏人民出版社2010年11月版，第280页。

④ 《大正藏》第47册，第580页中。

(916) 时还在世。

此段问答亦有典故，实是出自希迁参怀让故事。

据《景德传灯录》卷五行思机缘：

> 师令希迁持书与南岳让和尚，曰："汝达书了速回，吾有个鉳斧子，与汝住山。"迁至彼，未呈书便问："不慕诸圣、不重己灵时如何?"让曰："子问太高生，何不向下问?"迁曰："宁可永劫沉沦，不慕诸圣解脱!"让便休。①

外不慕诸圣，内不重己灵，无内无外，无自无他，无轮回无解脱，体现了石头一系以自性般若为本、万法皆空、不必外求的宗风。香严答万机休罢、千圣不携，是说外不理万机、上不求千圣，无内无外，无上无下，无人无物，无凡无圣。疏山对此不肯，道是虽然不理万机，犹有物在，不携千圣，犹有人在，此说类似僧肇批评心无论，无心于外物，外物未尝无，无意于人物，人物未尝空。疏山认为不如说肯重（诺）不得全，似乎是说诸圣与己灵不可全得，不能都肯定。多年之后，镜清道怤来参，疏山与之商量此旧公案，镜清以为若全则归（偏向）于肯重，不得全是因为其中没有肯路，无可肯定者，无能肯定者，疏山对此回答十分满意，以为如此才真正理解了自己的用意。无论如何，当时疏山对香严的批评是缺少根据的，他的回答也没有得到香严的认可，因其错下名言，故香严谶其受苦三十年。此时疏山还在求学的阶段，故其不敌香严是可以理解的。

据《祖堂集》卷八：

> 夹山到，问："阃阈不点，请师不傍。"夹山云："不似之句，目前无法。"师云："不似之句则且置，目前无法是何言?"夹山云："更添三尺，天下人勿奈何。"师云："只今还奈何也无?"②

如此匡仁还参访过夹山善会，虽然书中称"夹山到"，似乎是说夹山到访，但匡仁广明元年（880）始住山，次年夹山便去世，因此夹山来访

① 《大正藏》第51册，第240页中。

② 《祖堂集校注》，第234页。

的可能性很小，还是匡仁参访夹山更为合理。

虽然二人问答只是寥寥数语，却不好理解。

据《天圣广灯录》卷十四第二宝寿禅师：

> 问："不占阃阈，请师不谤。"师云："莫。"又云："不得。"又摇手。又云："野狐精！"①

此句与前问最为相似，只是不点变为"不占"，不傍说成"不谤"。不占与不点意思相近，不谤则不如不傍，可能是错字。不占则是不涉，不在其中，不傍则是不近，不在其外，既不在其内，又不在其外。第二宝寿的回答都是否定性的，因为这似乎是一个陷阱和圈套，也是一种考验和试探，唯有过量人才能化解。

夹山的回答也是耐人寻味，而且确有出处。

据《景德传灯录》卷十六乐普元安禅师机缘：

> 十二月一日告众曰："吾非明即后也。今有一事问，汝等若道遮个是，即头上安头；若道遮个不，即斩头求活。"时第一坐对曰："青山不举足，日下不挑灯。"师曰："遮里是什么时节，作遮个语话！"时有彦从上坐，别对曰："离此二途，请和尚不问。"师曰："未在更道。"曰："彦从道不尽。"师曰："我不管汝尽不尽。"曰："彦从无侍者只对和尚。"师乃下堂。至夜令侍者唤彦从入方丈，曰："阇梨今日只对老僧，甚有道理，据汝合体先师意旨。先师道：目前无法，意在目前。不是目前法，非耳目之所到。且道那句是主句？若择得出，分付钵袋子。"曰："彦从不会。"师曰："汝合会，但道。"曰："彦从实不知。"师喝出，乃曰："苦，苦！"（玄觉云："且道从上坐实不会，是怕见钵袋子粘着伊？"）二日午时，别僧举前语问师，师自代曰："慈舟不棹清波上，剑峡徒劳放木鹅。"便告寂。②

又据《景德传灯录》卷十六：

① 《卍新纂续藏经》第78册，第484页下。

② 《大正藏》第51册，第332页上。

江西逍遥山怀忠禅师，僧问："不似之句，还有人道得否?"师曰："或即五日斋前，或即五日斋后。"①

乐普元安（834—898）与逍遥怀忠都是夹山门人，看来"不似之句"与"目前无法"都是夹山平常示人机语。

再据《祖堂集》卷七《夹山和尚》：

师有时曰："夫有佛有法有祖已来，时人错会，谓言佛边、祖边、法边，递代相承，至于今日，须依佛祖法句意与汝为师，言方是。因此天下出无眼狂人，却成无智。不然他只如无法，本来是道，无一法当情，没佛可成，没道可修，没法可舍，故目前无法，意在目前，他不是目前法，非耳目之所到。"②

不似之句，即是不点不傍、超越内外、前后一切分别的活句。时人执著于佛、祖、法，却成无智，若知一切皆无，万法尽空，则自有自在分。匡仁对此似乎不大认同，不大理解目前无法，因其个子矮小，故夹山讥之更添三尺，则天下人不奈何。

据《五灯会元》卷五潭州石霜山庆诸禅师：

示众："初机未覯大事，先须识取头，其尾自至。"疎山仁参，问："如何是头?"师曰："直须知有。"曰："如何是尾?"师曰："尽却今时。"曰："有头无尾时如何?"师曰："吐得黄金，堪作甚么?"曰："有尾无头时如何?"师曰："犹有依倚在。"曰："直得头尾相称时如何?"师曰："渠不作个解会，亦未许渠在。"③

又据《宗镜录》卷四十：

① 《大正藏》第51册，第332页中。

② 《祖堂集校注》，第192页。

③ 《卍新纂续藏经》第80册，第118页下、第119页上。

若宗门中，从上亦云：先须知有，然后保任。又云：头尾须得相称。不可理行有阙，心口相违。入我宗中，无有是处。①

虽然《宗镜录》未明言从上宗门先德是谁，但从《五灯会元》所引来看，很可能就是指石霜庆诸。如此疏山参石霜，很可能实有其事。修行人必须头尾相称、因果一致、理行俱圆、心口无违，始得入门。首先必须知头，所谓纲举目张，首至尾随，即明了本心，然后实际践行，知有本净心，尽了今时事。若是有头无尾，有心无事，言行不一，则即使口吐黄金、花言巧语，也是毫无意义。

据《祖堂集》卷七《岩头和尚》：

踈山参见师，师才见，却低头佯佯而睡。山近前立久，师并不管。踈山便以手拍禅床，引手一下。师回头云："作什么？"山云："和尚且瞌睡。"师呵呵大笑，云："我三十年弄马骑，今日被驴子扑。"②

又据《雪峰慧空禅师语录》卷一：

上堂，举踈山一日访岩头，头见来，乃佯睡。山立地良久，拍绳床一下。岩头云："作甚么？"山云："和尚且瞌睡。"拂袖便行。岩云："三十年弄马骑，今日被驴子扑。"

后来死心道：岩头水泄不通，被踈山轻轻一拶，直得瓦解冰消。

大众，大小死心，只具一只眼，殊不知，踈山这手藏之怀袖，佛眼看不见，及乎忍俊不禁，却被瞌睡汉觑破。③

这一故事后又收入《联灯会要》与《五灯会元》。雪峰慧空（1096—1158）为草堂善清（1057—1142）门人，善清曾于建炎末（1130）至绍兴五年（1135）避居临川，先住曹山，又迁疏山。慧空于疏山参善清，

---

① 《大正藏 48 册》，第 653 页下。

② 《祖堂集校注》，第 201 页。

③ 《卍新纂续藏经》第 69 册，第 250 页上。

服勤有年，得其法要。因此这一记载或许在疏山亦有出处，可以信赖。慧空道死心悟新（1043—1114）曾对此公案进行评价，表明其自五代至宋朝，一直流传。

这是匡仁在参学过程中唯一得胜的记载，虽然岩头失于大意，雪峰慧空对此又别有解释，但还是体现了他的境界步步提高。

匡仁得法于洞山，又参访大安、香严、夹山、岩头、石霜等，尽是禅门宗匠，其中大安、香严属沩仰宗，岩头属德山，夹山、石霜则是本宗。经过十多年的参学，匡仁终于成为一代大师，在长达四十余年的弘法传禅中远近闻名，诸方畏服，有“矮师叔”之称。匡仁为洞山传人，其法系也成为曹洞宗的重要组成部分，对于中国禅宗的发展也有很大贡献。

第二节　疏山匡仁门下

疏山匡仁开法四十余年，门下弟子众多，其法系远传至新罗，影响很大。

据《景德传灯录》卷二十：

> 抚州踈山匡仁禅师法嗣二十人
> 踈山证禅师第二世　洪州百丈安禅师
> 筠州黄檗慧禅师
> 随城山护国守澄禅师
> 洛京灵泉归仁禅师
> 延州延庆奉璘禅师
> 安州大安山省禅师
> 洪州百丈超禅师
> 洪州天王院和尚
> 常州正勤院蕴禅师
> 襄州后洞山和尚
> 京兆三相和尚（已上一十二人见录）
> 筠州五峰山行继禅师
> 商州高明和尚
> 华州西豁道泰禅师

抚州踈山和尚
筠州黄蘗山令约禅师
扬州祥光远禅师
安州大安山传性大师
筠州黄蘗山嬴禅师（已上八人无机缘语句，不录）①

如此《景德传灯录》列其门人二十人，仅次于云居道膺门人的数量（二十八人），说明其门下相当兴旺。

据《景德传灯录》卷二十：

踈山证禅师（第二世住），初参仁和尚得旨。后游历诸方，谒投子同禅师。投子问曰："近离什么处？"曰："延平来。"投子曰："还将得剑来么？"曰："将得来。"投子曰："呈似老僧看。"师乃指面前地上，投子便休，师遂去。三日后投子问主事："新到僧在什么处？"曰："当时去也。"投子曰："三十年学马伎，昨日被驴扑。"师住后，僧问："如何是就事学？"师曰："著衣扫地。"曰："如何是就理学？"师曰："骑牛去秽。"曰："向上事如何？"师曰："溥际不收。"问："如何是声色中混融一句？"师曰："不辨消不及。"曰："如何是声色外别行一句？"师曰："难逢不可得。"②

疏山证为疏山第二世，《祖堂集》卷十二有传，称其为"后疏山"，且为疏山门下唯一在《祖堂集》有传者。据上节所述，证禅师虽为第二世，却并非于其师入灭后便继任住持，而是过了二十多年后，在李建勋保大元年（943）至四年任昭武节度使、镇抚州时，方应其请住山。

疏山证其他事迹不详，在参匡仁得旨后，又遍历诸方，到投子大同（819—914），一场法战，投子老汉认栽。在与投子问答时，他自称从延平来，即曾经入闽。延平属于福建剑州，故禅门常以"延平剑"为话头。穿衣扫地，日用之事，为就事学；骑牛自适，莫忘去粪，为就理（礼）学。向上之事，千圣不传，莫如习水之德，就下即是向上，已溥不可再

① 《大正藏》第51册，第361页上中。
② 同上书，第367页下。

收。声色中混融，若不能辨，怕是难消；声色外别行，难逢难遇，实不可得。

据《五灯会元》卷十三：

问："亲切处乞一言。"师以拄杖敲之，僧曰："为甚么不道?"师曰："得恁么不识好恶。"①

这是《五灯会元》所增补的一则机缘。证禅师一片婆心，如此亲切，这僧尚不领情，若是临济德山，当下痛棒老拳，打入涅槃堂中，令其稍知痛痒，以免不识好恶。

据《景德传灯录》卷二十：

洪州百丈安和尚，号"明照禅师"（第十世住）。问："一藏圆光，如何是体?"师曰："劳汝远来。"曰："莫是一藏圆光么?"师曰："更吃一椀茶。"问："如何是和尚家风?"师曰："手巾寸半布。"问："万法归一，一归何处?"师曰："未有一个不问。"问："如何是极则事?"师曰："空王殿里登九五，野老门前不立人。"问："随缘认得时如何?"师曰："未认得时作么生?"

师本新罗国人，自百丈统众，所度弟子道亘等凡七人，各从参嗣，佥化一方。师灭后，门人写影，法眼赞曰：对目谁写蟾辉，碧池日面月面。轮圆须弥须弥，一指月面豪芒。明照禅师讵曰，违方方尘不指。大悲何起我谓，玄功胡是非是。②

百丈安为新罗人，何时来华不详，后住百丈山，为第十世，弟子道亘等七人，各为一方宗主。其入灭后，门人写真，法眼文益（885—958）为作《真赞》，这表明他入灭在显德五年（958）前。东禅道齐（929—997）幼年从之得度，后从法灯泰钦（？—974）悟道。

一藏圆光，本来是体，更问如何是体？故百丈言远来辛苦，意思是不自返本，徒劳远行。此僧似有所觉，不过形之言语，离体万里，故百丈称

① 《卍新纂续藏经》第80册，第279页中。

② 《大正藏》第51册，第367页下。

再吃一碗茶，若是临济门下，恐怕会再吃一顿棒了。有问家风，百丈道一个手巾半寸布，俭而又简。若是极则之事，空王殿里至尊，三家村里野老，自在即是主，无事是贵人。

据《祖堂集》卷一《摩拏罗尊者》：

> 心随万境转，转处实能幽。
> 随流认得性，无喜复无忧。①

这是西天二十二祖摩拏罗尊者的传法偈，始见于《宝林传》，又为后世《禅林僧宝传》、《景德传灯录》等沿用。临济义玄以下诸大禅师对此偈十分重视，引用发挥者不计其数。

曹洞宗对此偈也非常重视，百丈安同门守澄同样回答了“随缘认得时如何”的问题，道是“错”。石霜系大光居诲门人潭州伏龙山第二世回答是“汝道兴国门楼高多少”②。

心随万境转，即随方就方，随圆就圆，随顺世间，不与物违。若于转处留心，实得其幽微。随缘并非随波逐流，而是不昧因果，时时认得本性，故远离分别，出离烦恼，无爱无憎，何喜何忧。认得性时，无喜无忧，却道未认得时如何，此时还有忧喜么？于此辨得，许汝具眼。

据《五灯会元》卷十三《洪州百丈明照安禅师》：

> 问：“如何是毗卢师？”师曰：“人天收不得。”曰：“如何是一代时教？”师曰：“义例分明。”③

这是《五灯会元》增收的机缘。既是毗卢师，人天中自然收不得。一代时教，义例分明，一切具足，问个什么？

据《景德传灯录》卷二十：

> 筠州黄檗山慧禅师，洛阳人也。少出家，业经论学，因增受菩萨

① 《祖堂集校注》，第51页。

② 《大正藏》第51册，第342页上。

③ 《卍新纂续藏经》第80册，第279页中。

> 戒而叹曰："大士摄律仪与吾本受声闻戒，俱止持作犯也，然于篇聚增减、支本通别、制意且殊，既微细难防，复于摄善中未尝行于少分，况饶益有情乎？且世间泡幻，身命何可留恋哉？"由是置讲课，欲以身捐于水中，饲鳞甲之类。念已将行，偶二禅者接之款话，谓南方颇多知识，师何滞于一隅也？师从此迴志参寻。属关津严紧，乃谓守吏曰："吾非玩山水，誓求祖道。他日必不忘恩也。"守者察其志，遂不苛留，且谓之曰："师既为法忘身，迴时愿无吝所闻。"师欣谢，直造疎山。时仁和尚坐法堂受参，师先顾视大众，然后致问曰："刹那便去时如何？"疎山曰："畐塞虚空，汝作么生去？"师曰："畐塞虚空，不如不去。"疎山便休。师下堂，参第一座，座曰："适观座主秖对和尚语甚奇特！"师曰："此乃率尔，实自偶然，敢望慈悲，开示愚迷。"座曰："一刹那间还有拟议否？"师于言下顿省，礼谢，退于茶堂，悲喜交盈，如是三日。寻住黄檗山，聚众开法（第二世住），终于本山。今塔中全身如生。①

匡仁于大顺元年（890）始居疏山，慧禅师来参当在此后。他少年出家，熟悉经论，具戒后又精研律仪，故前来疏山时年龄当在三十岁以上，且到山之后，便蒙疏山及首座启发得悟，不久即住持黄蘗，为第二世，因此当时可能将近四十岁，资历较深，故很快便担任住持。如此他生于咸通元年（860）前后的可能性较大，约于光化年间（898—901）到疏山。

刹那便去，顿悟顿修，然而法身遍及虚空，向何处去？慧禅师于此不省，道不如不去，自相矛盾。下堂参首座，首座告以刹那去时、还有拟议么，他言下有省，顿明玄旨，由此悲喜交际，至于三日。悟者悲欣交融，悲于前时之迷，欣于此刻之悟；悲于众生长迷，欣于自己得悟，故此时百味具足。惠洪《智证传》卷一引此故事，并作偈曰"逼塞虚空，不行而至。而刹那中，宁容拟议？直下便见，不落意地。眼孔定动，则已不是。"②

据《五灯会元》卷十三：

> 住后，僧问："黄檗一路荒来久，今日当阳事若何？"师曰："虚

① 《大正藏》第51册，第367页下、第368页上。

② 《卍新纂续藏经》第63册，第172页上。

空不假金钟錬，日月何曾待照人。”①

这是《五灯会元》增补的一则机缘，表明黄檗自希运禅师入灭之后，后继乏人，直到慧禅师到来之后，才有中兴的气象。慧禅师之答，是说黄檗宗风，不假锻炼，亘古长存，我本无意传法，日月何曾有照人之意？只此一句，谦虚中不乏自信，足以表明其境界。慧禅师中兴黄檗，其后又有同门黄檗令约、黄檗赢等相继住持，使黄檗成为曹洞宗的道场，对于本宗发展很有价值。

据《景德传灯录》卷二十：

隋州隋城山护国院守澄净果大师，问："如何是佛？"师曰："遮驴汉！"问："尽大地是一只眼底人来，师如何？"师曰："阶下汉。"问："诸佛不倒（到）处，什么人履践？"师曰："聃耳鬅头。"曰："何人通得彼中信？"师曰："驴面兽腮。"问："随缘认得时如何？"师曰："错。"问："如何是西来意？"师曰："一人传虚，万人传实。"问："不落于（干）将手，如何是太阿？"师曰："七星光采耀，六国罢烟尘。"②

又据《联灯会要》卷二十五：隋州护国净果守澄禅师（凡二）

同演化大师，在湖南报慈。值慈升堂次，演化出问："如何是真如佛性？"慈云："谁无？"化不契。

请益师，师云："汝但问来。"化理前问，师云："谁有？"化于言下契悟，乃云："首座或在众，或住持，某甲誓终身相助。"后化亦继师住护国。

僧问："诸佛不到处，是甚么人行履？"师云："耽耳搴头，驴面兽腮。"

问："如何是祖师西来意？"师云："一人传虚，万人传实。"

问："百了千当时如何？"师云："阶下汉。"

---

① 《卍新纂续藏经》第80册，第279页下。

② 《大正藏》第51册，第368页上。

问："鹤立枯松时如何？"师云："地下底，一场摩罗。"[①]

《景德传灯录》未载其经历史事，《联灯会要》有所补充。据后者，净果守澄曾经在湖南报慈担任首座，其时住持应当是龙牙居遁门人藏屿匡化大师。当时演化大师护国第二世知远亦在报慈，问答不契，后因参首座净果得旨，便发愿终身相助，后来辅佐其开法隋城山护国院，并继其接任住持。

守澄开法时间不详，净果大师为其后来师号，可见他在当时有相当大的影响。观其机语，简洁明快，单刀直入，甚有启发。

据《佛果圆悟禅师碧岩录》卷五：

又僧问净果大师："鹤立孤松时如何？"果云："脚底下，一场懡罗。"又问："雪覆千山时如何？"果云："日出后，一场懡罗。"又问："会昌沙汰时，护法神向什么处去？"果云："三门外两箇汉，一场懡罗。"诸方谓之"三懡罗"。[②]

此"三懡罗"，在后世影响很大，与"禾山四打鼓"、"保福四瞒人"、"雪峰四漆桶"等并行。"懡罗"者，惭愧、羞惭之意[③]。

独立高危，高则高矣，未免孤寒，脚跟站稳不易，若不能了，强自挣扎，到头来恐怕未免一场狼狈。雪覆千山，滴水成冰，日出之后，也是一场狼藉。若非真修实证，脚跟稳便，久经考验，绝不退转，不可妄夸海口，自居危险，不然到头来未免一场羞惭。

据《景德传灯录》卷二十三：

隋州护国守澄禅师法嗣八人
随州智门守钦大师
护国第二世知远大师
安州大安山能和尚
颍州荐福院思禅师

① 《卍新纂续藏经》第79册，第221页上中。
② 《大正藏》第48册，第181页上。
③ 《祖庭事苑》卷一、六，《卍新纂续藏经》第64册，第326页上、第398页中。

潭州延寿和尚

护国第三世志朗大师（已上六人见录）

舒州香炉峰琼和尚

京兆盘龙山满和尚（已上二人无机缘语句，不录）①

守澄出色的门人很多，各为一方宗主，其法系在当时影响很大，为洞山法孙中的杰出者。

据《景德传灯录》卷二十三：

隋城山护国知远演化大师（第二世住），僧问："举子入门时如何？"师曰："缘情体物，是作么生？"问："乾坤休驻意，宇宙不留心时如何？"师曰："总是战争收拾得，却因歌舞破除休。"问："'直截根源佛所印，摘叶寻枝我不能'，意旨如何？"师曰："罢攀云树三秋果，休恋碧潭孤月轮。"②

护国知远，号演化大师，为护国第二世，其得法故事颇有趣味，常为后世提唱。"乾坤休驻（著）意"一句，洞山守初（910—990）门下亦曾问及，守初答"岘山亭起雾，滩峻不留船"③。知远借用历代兴亡之事回答，道是祖先征战所得天下，却因后世歌舞而失去，意指应当善始善终，恒久如此，方可得悟。又引《永嘉证道歌》问其意旨，答道且无攀援，始得根源。

知远有门人开宝常普和云顶德敷二人。

据《嘉泰普灯录》卷一：

怀安军云顶德敷禅师（嗣护国远）

尝问护国："'直截根源佛所印，摘叶寻枝我不能'时如何？"曰："罢攀云树三秋果，休弄碧潭孤月轮。"师乃顿释所疑，遂返云顶。众请住持，成都帅请就衙升座。时有乐营使礼拜起，回顾阶前下

① 《大正藏》第51册，第388页下、第389页上。

② 同上书，第396页中下。

③ 同上书，第389页下。

马台云："一口吸尽西江水净且置，请和尚吞却阶前下马台。"师展两手，唱曰："细抹将来。"营使猛省。①

如此前问乃是云顶德敷所发，他后于蜀中云顶山开法，成都帅请其开法，有乐营使请其吞却阶前下马台，他则道"细抹"之后拿过来，待老僧吞却，乐营使于此有省，故后世将其列为德敷门人。

据《大慧普觉禅师普说》卷一：

国初时，蜀中怀安军云顶山有个德敷禅师，得大明悟，智慧辨才，经律论无所不通，未说儒典，至于道藏，举起便滔滔诵将去。云顶旧是仙人修行处，法堂阶前有一大石，谓之"仙人台"，后来改作下马台。敷禅师开堂日，拈香祝圣罢，有个乐营将，也是个参禅人，为他曾看庞居士问马大师："不与万法为侣者，是甚么人？"马大师云："待汝一口吸尽西江水，我即向汝道。"庞居士忽然大悟，有颂云：十方同聚会，个个学无为。此是选佛场，心空及第归。乐营将便引这个，来问敷禅师云"一口吸尽西江水即不问"，遂指下马台云："请师吞却下马台。"敷禅师放下拂子，展两手云："细抹将来。"这个事上也合理，上也合方，始谓之应机说法。乐营将者，豁然有省。②

这表明德敷禅师开法时已到宋初。《景德传灯录》卷二十九还录有《诗十首》，颇有意趣，耐人寻味。

据《景德传灯录》卷二十：

洛京长水灵泉归仁禅师，问："如何是祖师意？"师曰："仰面独扬眉，迴头自拍手。"问："如何是祖师西来的的意？"师曰："洛河水逆流。"问："如何是和尚家风？"师曰："骑牛戴席帽，过水著靴衫。"③

---

① 《卍新纂续藏经》第79册，第291页下。

② 《卍正藏经》第59册，第824页中至825页上。

③ 《大正藏》第51册，第368页上。

又据《五灯会元》卷十三《洛京灵泉归仁禅师》：

初问疎山："枯木生花，始与他合，是这边句，是那边句？"山曰："亦是这边句。"师曰："如何是那边句？"山曰："石牛吐出三春雾，灵雀不栖无影林。"住后，僧问："如何是灵泉家风？"师曰："十日作活九日病。"曰："此病如何？"师曰："回避不得。"曰："还疗得也无？"师曰："耆婆稽首，医王皱眉。"问："祖意教意，是同是别？"师曰："牛马同群放。"曰："还分不分？"师曰："夜半昆仑穿市过，午后乌鸡带雪飞。"问："急切相投时如何？"师曰："见佛似冤家。"问："如何是灵泉竹？"师曰："不从栽种得。"曰："还变动也无？"师曰："三冬瑞雪应难改，九夏凝霜色转鲜。"问："如何是灵泉心印？"师曰："不传不受。"曰："或遇交代时如何？"师曰："淮南船子看洛阳。"问："六国未宁时如何？"师曰："作乱者谁？"问："如何是祖师西来意？"师曰："仰面独扬眉，回头自拍手。"问："如何是和尚家风？"师曰："骑牛戴席帽，过水著靴衫。"问："如何是无问而自说？"师曰："死人口里活人舌。"曰："未审是何人领会？"师曰："无角水牯牛。"问："如何是灵泉活计？"师曰："东壁打倒西壁。"曰："凭个甚么过朝夕？"师曰："折腰铛子无烟火。"曰："二时将何奉献？"师曰："野老共炊无米饭，溪边大会不来人。"问："如何是灵泉境？"师曰："枯桩花烂熳。"曰："如何是境中人？"师曰："子规啼断后，花落布阶前。"问："如何是沙门行？"师曰："恰似个屠儿。"曰："如何行履？"师曰："破斋犯戒。"曰："究竟作么生？"师曰："因不收，果不入。"俗士问："俗人还许会佛法否？"师曰："那个台无月，谁家树不春？"①

灵泉归仁生卒年不详，据《惠广碑》（详见下章），归晓惠广约于开运三年（946）到洛阳长水参之，问无云还有雨也无，对云有，归晓良久，礼拜辞别。这表明至少开运三年（946）左右时归仁仍住世，此时上距疏山入灭将近三十年，归仁或许已到晚年。

归仁机锋过人，确为一代宗匠。枯木生花，是疏山请益洞山的公案，

① 《卍新纂续藏经》第80册，第278页下、第279页上。

也是曹洞宗经常讨论的问题。“枯木生花，方与他合”，为洞山之语。归仁以此问疏山，疏山道亦是这边句，有超师越祖之风，但并非是对洞山之句的否定，石牛吐春雾，枯桩花烂漫，与枯木生花何异？无影树下，永劫清凉，怎奈灵雀不栖，因为灵木迢然，凤无依棲。灵泉家风，多疾多病，吾有大病，非世所医，众生病尽，我病自愈。祖意教意，是同是异，牛马同放，悟者自知，夜半黑昆仑，穿市而过无人见；乌鸡雪上行，午后分明天下识。洞山云，祖佛言教，似生冤家，始有参学分，若透不得，即为祖佛谩去（始见《祖堂集》卷八《龙牙和尚》，又见《洞山语录》等），此句颇为后世所重，五祖法演、芙蓉道楷、圆悟克勤、大慧宗杲、密菴咸杰等皆用之，归仁亦引之。急切相投，抱璞寻师，怎奈佛祖是冤家，宗教难依持，冷眼瞧得破，撒手端的去。灵泉之竹，本来无根，遇雪不改，经霜更新。释迦不说，迦叶无闻，若有传受，则非心印，淮南船子看洛阳，三祖不负二祖心。五根未净，六国不宁，一心不生，天下太平。祖师西来有何意，禅客闻之笑呵呵，仰面扬眉我独尊，回头拍手自得乐。灵泉家风，任运自由，穿靴过水，冠冕骑牛。僧问洞山，如何是玄旨，山答如死人舌。枯木之中龙吟盛，骷髅里面眼睛明，死人口里活人舌，无问自说演真经，欲知何人能领会，无角水牛会心听。灵泉生计实不堪，家徒四壁无一钱，破锅终日无烟火，煮得寒泉度余年，早晚二时怎奉献，野老共享无米餐。灵泉境色新，枯木又逢春，子规啼断后，自有归乡人。沙门之行，屠刀纵横，破斋犯戒，五逆毕逞，究竟如何，因果超升。佛法遍在，何论俗僧，台台见月，树树春风。

灵泉归仁下出石门山遵和大阳慧坚，慧坚出北禅契念，有说又出石门聪（蕴聪），误，蕴聪为首山省念门人，传临济宗。灵泉归仁法系也传到宋代，比较久远。

第八章　龙牙居遁及其法系

第一节　龙牙居遁生平事迹

龙牙居遁（835—923）为洞山良价门人，唐代著名禅师。

有关居遁事迹的原始资料主要有《祖堂集》卷八、《宋高僧传》卷十三、《景德传灯录》卷十七等。

据《宋高僧传》卷十三：

> 龙牙山释居遁，姓郭氏，临川南城人也。年殆十四，警世无常，而守恬淡，白亲往求出家于庐陵满田寺。于嵩山受具戒已，思其择木，乃参翠微禅会。迷复未归，莫知投诣。闻洞上言玄格峻，而躬造之。遁少进问曰："何谓祖意？"答曰："若洞水逆流，即当为说。"而于言下体解玄微，隐众栖息。七八年间，孜孜戢曜。时不我知，久则通矣。天策府楚王马氏，素借芳音，奉之若孝悌之门禀毗长矣。乃请居龙牙山妙济禅院，侁侁徒侣，常聚半千。爰奏举诏，赐紫袈裟，并师号"证空"焉，则梁贞明初也。方岳之下，号为禅窟，窥其室、得其门者亦相继矣。至龙德三年癸未岁八月，遘疾弥留，九月十三日归寂。遁出世近四十余龄，语详别录。①

僧传虽然文字简短，但也明白道出其一生主要经历。居遁生于大和九年（835），大中二年（848）十四岁时知世无常，辞亲出家于庐陵满田寺。他后于嵩山受具戒，时间不详。《祖堂集》称"依年具戒于嵩岳"，所谓依年，一般当指年满二十，即大中八年（854），《禅林僧宝传》卷九便称其二十岁受具，夏六十九。然而由于当时佛教还处在渐次恢复阶段，

① 《大正藏》第50册，第785页下。

立坛授戒并非容易。据《资治通鉴》卷二四九，大中十年（856）十一月，宣宗下诏于灵感（西京）、会善（东都）两处设坛，令东西两京各选大德十人主之。这是大中年间有记载的全国范围的开坛授戒，受戒人必须由有缺额的寺院长老选择，给予公凭，才能前来，而且优先旧僧，因此能够受具很不容易。居遁于嵩山会善寺受戒，十年（856）这次应该是最好的机会。

如此居遁很有可能是在大中十年（856）在嵩山会善寺受具，当年他只有二十二岁，应该是很年轻、很幸运了。据《祖堂集》，他受具之后“初参翠微、香严、德山、白马，虽请益已劳而机缘未契，后闻洞山言玄格外，语峻时机，遂乃策筇而造其席”。

翠微无学为丹霞天然（738—823）门人，居于终南山，是他参学的第一站。

据《景德传灯录》卷十七：

> 因参翠微和尚，问曰：“学人自到和尚法席一个余月，每日和尚上堂，不蒙一法示诲，意在于何？”翠微曰：“嫌什么！”（有僧举前语问洞山，洞山云：“阇梨争怪得老僧！”法眼别云：“祖师来也。”东禅齐云：“此三人尊宿语，还有亲疎也无？若有，阿那个亲？若无亲疏，眼在什么处？”）①

若是佛法，本无示诲，无言无示，方是真示。居遁乍入宗门，不明其理，也可理解。

据《景德传灯录》卷十七：

> 师在翠微时，问：“如何是祖师意？”翠微曰：“与我将禅板来。”师遂过禅板，翠微接得便打。师曰：“打即任打，要且无祖师意。”又问临济：“如何是祖师意？”临济曰：“与我将蒲团来。”师乃过蒲团，临济接得便打。师曰：“打即任打，要且无祖师意。”后有僧问：“和尚行脚时问二尊宿祖师意，未审二尊宿道眼明也未？”师曰：“明即明也，要且无祖师意。”（东禅齐云：“众中道，佛法即有，只是无

① 《大正藏》第51册，第337页中。

祖师意。若恁么会，有何交涉！别作么生会无祖师意底道理？”)①

看来是法无异味，居遁在翠微挨禅板，在临济挨蒲团，居遁虽受钳锤，却是不肯自屈，体现了他的个性。

如此看来，居遁离开翠微，便到河北参临济义玄（？—866）。在临济也是机缘不契，只好再次南行，到南阳参香严。

香严智闲为沩山灵祐（771—853）门人，在南阳慧忠国师旧居开法。居遁究竟在他那里参学多长时间，有什么佛法机缘，都不知悉，只知道他参过香严。

白马寺有很多，从时间地点来看，此白马可能是指荆州城西白马寺昙照，他是南泉普愿（748—834）门人。

据《景德传灯录》卷十：

荆南白马昙照禅师，常云快活快活，及临终时叫苦苦。又云：“阎罗王来取我也。”院主问曰：“和尚当时被节度使抛向水中，神色不动，如今何得恁么地？”师举枕子云：“汝道当时是，如今是？”院主无对。(法眼代云：“此时但掩耳出去”)②

白马昙照的事迹后来成为天王道悟的故事，在辈分上沾了光。看来他曾经触怒过荆州节度使，被抛向水中，但神色不动，平时也常常喊快活，临终却叫苦，这都是示化机缘，不可执著。从时间上讲，当时他应当在世；从地点来看，从南阳到江陵很近。

居遁参白马的机缘也无记载，他由此再次南下到湖南朗州，参德山宣鉴（782—865）。宣鉴于咸通初年（或860）受刺史薛廷望之请住德山，居遁来此可能在二年（861）。

据《筠州洞山悟本禅师语录》卷一：

龙牙谒德山，问云：“远闻德山一句佛法，及乎到来，未曾见和尚说一句佛法？”德山曰：“嫌什么！”牙不肯。乃造师法席，如前问

① 《大正藏》第51册，第337页中下。

② 同上书，第276页上中。

> 之。师曰："争怪得老僧。"龙牙又举，"某甲日前问德山：'学人仗镆鎁剑，拟取师头时如何？'……龙牙云：'头落也。'山微笑。"师曰："德山道什么？"云："德山无语。"师曰："莫道无语，且将德山落底头呈似老僧。"牙省过忏谢，遂止于师席，随众参请。①

看来在居遁在德山时间也不长，主要原因是机缘不契。居遁公然弑师，德山心毒手辣，只有洞山老人慈悲为怀，肯救死人。据说后来德山听说后，道是洞山不知好恶，这汉死了多时，救得有什么用处？因果不失，善有善报，洞山老人大发慈心，收得一员战将，对于曹洞宗的发展意义重大。

据《筠州洞山悟本禅师语录》卷一：

> 龙牙问："如何是祖师意？"师曰："待洞水逆流，即向汝道。"牙始悟厥旨。②

龙牙念念不忘祖师意，见其恒心，然而祖师西来意，岂从人得！洞山一句子，与马祖"待汝一口吸尽西江水"有似，使龙牙顿悟玄旨。

龙牙悟道后，又服勤八载，直到洞山老人去世后，才离开。

史载居遁正式开法，是由于受到楚王马氏邀请，住龙牙山妙济禅林。据《旧唐书·昭宗纪》，乾宁三年（896）四月，湖南军乱，三军杀其帅刘建锋，立其部将权知邵州刺史马殷为兵马留后。如此居遁住龙牙山最早在乾宁三年（896），然而《祖堂集》称其出世近四十年，则应于光启年间（885—888）开法。由于乾符年间王仙芝、黄巢犯湖南，此后主者屡易，争抢相继，一片混乱，似乎并不适合开法，然而其间中和元年（881）十二月至光启二年（886）二月，闵勗（项）占据潭州③，他原为安南守将，实力较强，故这段时间潭州相对稳定。居遁当时不知是否在此地，若在，则有可能此时开法，然而不一定是在龙牙山。既称"出世近四十年"，则其开法最早当在光启元年（885），由于次年又有兵乱，因此

① 《大正藏》第47册，第513页下、第514页上。

② 同上书，第514页上。

③ 《唐刺史考全编》，第2429页。

他在此年开法的可能性最大。

闵勗之后，周岳居潭州八年，又为邓处讷取代。乾宁元年（894）五月，孙儒部将刘建锋（封）、马殷陷潭州，此后刘建锋占据三年，又为马殷取代。马殷占据湖南三十多年，后号楚王，从此湖南进入一个相对稳定的时期。马殷对龙牙居遁的长期支持，是曹洞宗在湖南发展的一个至关重要的因素。

龙牙于梁贞明初年（915 或 916）赐紫袈裟，敕号“证空大师”，门下五百余人。龙牙是洞山门下最为长寿的禅师，福德深厚，富于文才，门人众多，他在云居、曹山入灭之后传法二十余年，成为曹洞宗最为重要的代表人物，对于本宗在唐末五代的发展起了至关重要的作用。

第二节　龙牙禅法思想与所作歌行偈颂

龙牙居遁得洞山真传，深通曹洞法门，又喜作歌行偈颂，流传天下，影响深远。

有关龙牙的禅法，由于没有语录传世，直接的资料不是很多。

据《祖堂集》卷八：

> 师示众曰：“夫参学者，须透过祖佛始得。所以新豊和尚道：‘佛教、祖教如生怨家，始有学分。’汝若秀过祖佛不得，则被祖佛谩。”有人问：“祖佛还有谩人之心也无？”云：“汝道江湖还有碍人之心也无？”师又云：“江湖虽无碍人之心，为时人透过不得，所以成碍人去，不得道江湖不碍人；祖佛虽无谩人之心，为时人透过祖佛不得，所以成谩人去，不得道祖佛不谩人。若与么透过得祖佛，此人却体得祖佛意，方与向上人同；如未透得，但学佛祖，则万劫无有得期。”①

龙牙依照洞山的教导，强调“透得过佛祖”，即超越佛祖，只要超佛越祖，才能成佛成祖，因此对佛祖不可依恋执著，念念不忘，否则便生佛病，产生“净障”，反而成为修行障碍。假如透不过佛祖，就会被佛祖

① 《祖堂集校注》，第 236 页。

谩，虽然佛祖本无谩人之心，但只要学人自己产生执著，在客观上就会导致这样的结果。就如江河湖海，虽然本无碍人之心，但若自己不能度过，就会为其所碍。因此，只有超越佛祖，才能了知佛祖之意，才能成为与之相同，直须自悟，始不被佛祖谩，否则万劫不能成就。

据《宗镜录》卷九十八：

> 龙牙和尚云：夫言修道者，此是劝喻之词，接引之语。从上已来，无法与人，只是相承种种方便，为说出意旨，令识自心。究竟无法可得，无道可修，故云“菩提道自然”。今言法者，是轨持之名。道是众生体性，“未有世界，早有此性”，世界坏时，此性不灭。唤作随流之性，常无变异，动静与虚空齐等，唤作“世间相常住”，亦名第一义空，亦名本际，亦名心王，亦名真如解脱，亦名菩提涅槃。百千异号，皆是假名，虽有多名，而无多体。会多名而同一体，会万义而归一心。若识自家本心，唤作“归根得旨”。譬如人欲得诸流水，但向大海中求；欲识万法之相，但向心中契会。会得玄理，举体全真；万像森罗，一法所印。①

这段话引用了多种经论及祖师语录，显示了其对经教禅理的熟悉。

据智升《集诸经礼忏仪》卷二：

> 初夜偈云：
>
> 烦恼深无底，　生死海无边。
> 度苦船未立，　云何乐睡眠！
> 勇猛勤精进，　摄心常在禅。
> 勤修六度行，　菩提道自然。②

又据《景德传灯录》卷二十八《赵州示众》：

> 未有世间时，早有此性，世界坏时，此性不坏。从一见老僧后，

① 《大正藏》第48册，第945页下、946页上。

② 《大正藏》第47册，第468页下。

更不是别人，只是一个主人公。遮个更用向外觅物作什么？正恁么时，莫转头换脑，若转头换脑即失却去也。时有僧问："承师有言：世界坏时，此性不坏，如何是此性？"师曰："四大五阴。"僧曰："此犹是坏底，如何是此性？"师曰："四大五阴。"（法眼云："是一个两个，是坏不坏，且作么生会？试断看。"）①

龙牙强调，所谓修道，指是劝喻众生修行的方便之说，实则无法可得，无道可修，此说见于其前多位禅师、如青原行思、大珠慧海、丹霞天然、黄蘗希运等。龙牙虽用忏仪中"菩提道自然"中一句，意思却与之相反，原文是说通过用功修行，菩提之道自然成就，此处却说不修而成，无道可修，体现了禅师活用经典、自由转经的作风。

值得注意的是，他还引用《赵州语录》，表明他有可能到过赵州，既然他参过临济，往参赵州是完全可能的。此性即是自家主人公，虽有多种名字，其实则一。此性不变异，如《法华经》所言"世间相常住"。明了此性，即识取自性本心，如同《信心铭》所言"归根得旨"。赵州和尚最喜欢引用《信心铭》，看来龙牙也得其真传。最后又引《法句经》"森罗及万像，一法之所印"，这也是众多禅师及华严学者特别喜欢引用的一句话，以此来说明了得此心，万事俱足，万像森罗，皆归一心。

据《祖堂集》：

问："一心不生时如何？"师荅曰："什么时不生心？"进曰："与么时鸟道何分？"师云："正伊么时行鸟道。"曰"如何弁［辨］？"师曰："却须行鸟道。"②

"一心不生，万法无咎"，也是源自《信心铭》，看来当时《信心铭》非常流行，龙牙对之也很重视。将"不生心"与洞山的"行鸟道"联系起来，行鸟道，即是心无挂碍，即是"一心不生"，体现了曹洞宗的理论特色。

据《景德传灯录》卷十七：

---

① 《大正藏》第51册，第446页下。

② 《祖堂集校注》，第236、237页。

问："如何是道？"师曰："无异人心是。"又曰："若人体得道无异人心，始是道人，若是言说，则勿交涉。道者，汝知打底道人否？十二时中，除却著衣吃饭，无丝发异于人心，无诳人心，此个始是道人。若道我得我会，则勿交涉。大不容易。"①

如此龙牙强调道即是人心，人心与道，无丝毫差异，这和马祖道一的"平常心是道"实无差别。据《宗镜录》卷九十八，黄檗门人千顷楚南亦云"汝今但能绝得见闻觉知，于物境上莫生分别。随时著衣吃饭，平常心是道。"② 这与龙牙所说基本一样。所谓道不远人，道心即是人心，人心道心不二，不可强加分别，不必向外寻觅。

龙牙创作了大量歌行偈颂，其中包含了丰富的禅学思想，值得发掘。《禅门诸祖师偈颂》卷一载齐已《龙牙和尚偈颂序》：

禅门所传偈颂，自二十八祖止于六祖已降则亡，厥后诸方老宿亦多为之，盖以吟畅玄旨也，非格外之学，莫将以名句拟议矣。洎咸通初，有新丰、白崖二大师，所作多流散于禅林。虽体同于诗，厥旨非诗也。迷者见之而为抚掌乎！近有升龙牙之门者，编集师偈，乞余序之。龙牙之嗣新丰也，凡托像寄妙，必含大意，犹夫骊颔蚌胎，炟耀波底。试捧玩味，但觉神虑澄荡，如游寥廓，皆不若文字之状矣。且曰鲁仲尼与温伯雪子，扬眉瞬目示其道，而何妨言语哉！乃为之序云耳。③

齐已指出，禅门所作偈颂，历史悠久，但西方二十八祖及东土六祖之作，亡而不传（此说实不符合事实，六祖偈颂便有很多保存在《坛经》之中），其后诸方老宿，亦多为之。咸通之初，新丰洞山、白崖香严两位大师作了大量偈颂，流传禅林，影响极大。这类作品，文体与诗不二，但意旨不同于诗，因为其目的是引导学人转迷为悟，不是一般的文学作品。

① 《大正藏》第51册，第337页下。
② 《大正藏》第48册，第945页中。
③ 《卍新纂续藏经》第66册，第726页下。

龙牙得洞山真传，其作品的特点是“托像寄妙”，其中蕴含佛法大意，如同骊龙之颔、巨蚌之胎，包含了无价明珠。读之心澄神清、如游太虚，非是文字。齐己对龙牙的偈颂评价很高，因为龙牙之作文意俱佳，为禅门偈颂中的上品。

《祖堂集》收其偈颂六首，《景德传灯录》收录十八首，《禅门诸祖师偈颂》则收九十五首，相当丰富。

在其作品中，劝人学道的部分很多，单是诗中有“学道”一词的就有多篇，这表明他作偈颂的主要目的之一就是引导学人学道。例如：

> 夫人学道莫贪求，万事无心道合头。无心体得无心道，体得无心道也休。
>
> 学道先须且学贫，学贫贫后道方亲。一朝体得成贫道，道用还如贫底人。
>
> 学道蒙师指却闲，无中有路隐人间。直饶讲得千经论，一句临机下口难。
>
> 学道先须立自身，直教行处不生尘。僧真不假居岩室，到处无心即在人。
>
> 学道先须有悟由，还如曾斗快龙舟。虽然旧阁闲田地，一度赢来方始休。
>
> 学道先须息万机，将机学道转生疑。此门广大无遮障，学者虽多达者稀。
>
> 学道如钻火，逢烟且莫休。直待金星现，归家始到头。

其中第一首强调学道要不学而学、无求而求，越是有心学道，离道愈远，越是无心合道，越能与道相应。这是因为道本无心，佛自无求，有学有求，等于南辕北辙。无心方能体得无心之道，体得无心之时道也不存。

第二首学道必须首先学会安贫乐道，出家人自称“贫道”，是因为道非富贵，贫才能得道。富贵不仅学道难，而且得道更难。这如同基督教中流行的谚语：富人要想进入天堂，比骆驼穿过针眼还难。药山一系，一直特别强调节俭守贫，反对铺张浪费。这是因为富贵者老想享受，享受必然纵欲，纵欲自然背离大道。因此要想了解一个禅僧或者法师修行如何，只要看他是否注重个人享受就够了。贫与道亲，富与道远，一旦体会此理，修成贫道，自然道用自在，如同无欲无求的圣贤贫人。

第三首号称龙牙的悟道偈，意义重大。

据《祖堂集》卷八：

> 师问曰："有人持镆铘之剑拟取师头时如何？"洞山云："取即且从，阇梨且唤什么作老僧头？"师持此问，在处不契其机，忽闻洞上斯言，当时失对，遂有抠衣之意，不慕他游，既罢禅征，宁有请益。洞山问："阇梨名什么？"对云："玄机。""作么生是玄底机？"又无对。洞山放三日，无对，师回此造偈：
>
> 学道蒙师指却闲，无中有路隐人间。
>
> 时人尽讲千经论，一句临时下口难。
>
> 洞山改末后语云："一句教并下口难。"从此改名也。①

这里有一个奇特的说法，道是居遁原名"玄机"，经过洞山指点后改名，此说不见于其他资料。此处所载与前引文字略有不同，《祖堂集》本不如前引可靠。《祖堂集》道是洞山改末后句为"一句教併（张美兰认为当作'伊'）下口难"，而前引未改，而且从意思上讲还是不改为好，可见《祖堂集》并不可靠。

居遁首先感谢其师洞山的指点，使其看到了一条隐在人间的无路之路。下两句说明禅宗强调的是智慧心法，纵然讲得千经万论，说得天花乱坠，临机一句，无尔下口处。因此单纯地积累学问、多学知解，是无法解脱生死的。真正高明的宗师，不是让人广学知见，而是单传直指，在关键时略加点拨，便能使学人顿见本性。

第四首，所谓立身行道，学道先须立身，身之不修，心之不正，意之不诚，所谓治国平天下都是妄言。那么怎样立身呢？即身无点污，行不生尘，如入蛊毒之乡，水也沾不得一滴。所谓步步生莲花，终日行，未曾蹋着一片地。是真僧还是假僧，也不是完全看他是否身居山林岩室，而是看他是否真正达到了无心，若能无心，则随处行履，自由自在。

---

① 《祖堂集校注》，第 236 页。

第五首，学道必须得个入处，有个悟由，犹如进行龙舟比赛，必须全力进取，力争第一，赢得比赛，不能懈怠。虽然佛性都是自家宝藏、旧院闲田，本来属于自己，但既然早就遗失了，必须全力再度赢回来，才能真正属于自己。

第六首，学道必须休息万机，若以机心学道，反而会产生更多的疑惑。《祖堂集》卷八《疏山和尚》载有疏山问香严问不从自己、不重他己圣时如何，香严答“万机休罢，千圣不携”的故事，看来居遁也可能与疏山一样，受到香严的影响。万机休罢，才能入门悟道。此门虽然广大无碍，真正能入者却是少数，就是因为学人分别执著太盛，不肯休歇，不能绝言绝虑。

第七首，学道如同钻木取火，等到生烟时还不能停止，直到火星出现、火真着之后才算大功告成，才是真正还乡到家，不能半途而废。

这首诗在后世影响很大，为神鼎洪諲、圆悟克勤、大慧宗杲、普庵印肃等提举。

据《古尊宿语录》卷二十四《潭州神鼎山第一代諲禅师语录》：

> 小参，举古金峰颂云：学道如钻火，逢烟未可休。直待金星现，归家始到头。师云：“神鼎即不然。学道如钻火，逢烟即便休。莫待金星现，烧脚又烧头。且道神鼎恁么道，为当违古人、顺古人？别有道理。汝道入么去底人好，入么来底人好？到这里，须具衲僧眼始得。莫受人瞒，珍重。”①

这里有两个问题，一是作“金峰”即金峰从志之颂，二是“切莫”作“未可”。那么这到底是龙牙之作，还是金峰之颂呢？《嘉泰普灯录》卷一《洪諲禅师》称“龙牙颂曰（一云金峰）”②，卷三《隆兴府翠岩可真禅师》作“龙牙颂云”③，《圆悟佛果禅师语录》卷九作“龙牙亦云：学道如钻火，逢烟未可休。直待金星现，烧燃始到头。”④ 大慧宗杲两次提及此诗，文句与现存本完全一致，只是作“古德云”，未明言作者，普

① 《卍新纂续藏经》第68册，第158页下、159页上。

② 《卍新纂续藏经》第79册，第292页中。

③ 同上书，第304页下。

④ 《大正藏》第47册，第753页中。

庵印肃也是如此（唯“直待”作“直得”）。

综上所述，此诗属于龙牙之作的可能性更大，或许金峰亦曾引用，故《洪逦录》有版本误引作“金峰颂”。所传文句微有不同，意思差别不大，当在今本为正。

居遁强调学道的偈颂当然不只这七首，可以说大部分都是劝人修道或者指导修行的。其中劝人及时修行、不虚度光阴的也不少。例如：

> 此生不息息何时，息在今生共要知。心息只因无妄想，妄空心息是休时。
>
> 何事朝愁与暮愁，少年不学老还羞。骊珠不是骊龙惜，自是时人不解求。
>
> 临腮不觉寸阴移，火急修行早是迟。白日只陪人事过，园林那得道成时。
>
> 昔生未了今须了，此生度取累生身。古佛未悟同今者，悟了今人即古人。
>
> 朝看花开满树红，暮观花落树还空。若将华比人间事，花与人间事一同。
>
> 柳色含烟花笑枝，莺啼林下几人知。后生正好寻玄路，莫弃光阴虚度时。
>
> 志慕空门誓不休，莫将闲事挂心头。白云便是修行伴，从听时光去不留。
>
> 知身是幻不求名，浮沤出没几时生。借问云山学道者，此去修行早晚成？
>
> 备米柴茶是事殷，茅茨蓬户不惊人。晨朝有粥斋时饭，资我如常任运身。冬至息心随分过，春来量力事须勤。支持若得今生度，来世还如无事人。

这些偈颂表达了一个共同的主题，即人生苦短，光阴易逝，必须抓紧一切时间，不废寸阴，努力修行，否则后悔莫及，老无所成。

第一首，强调今生之事今生了，不必蹉跎待来生，要想此生心息，必须除去妄想，妄去心息，自然休歇。

第二首，少年不学道，老大徒羞愧，与其无事强说愁，不如卖力将道求。骊龙之珠非难得，只是时人不肯求。

第三首，临窗顾盼，不觉日影已移，光阴早逝，即使火急修行，也早已迟了。白天只知道陪人闲逛，在园林游玩，是绝对不可能成道的。因此必须抓紧用功，绝对不能闲逛度日。

第四首，前生未了，故有今生，今生努力，便可度脱千劫万生之业身。是佛是众生，是古是今，关键在于迷悟，迷则佛是众生，悟则众生是佛。迷时古佛同今，悟后今即是古。

第五首，人无千天好，花无百日红，朝看红艳艳，暮观却成空。将花比人事，花与人事同。何必待零落，然后始知空。

第六首，柳色如烟花满枝，正是男儿用功时。寻得玄路行鸟道，别有春色几人知。

第七首，志慕空门，心期玄路，不能证道，誓不罢休，为此须得心空，莫将无关的闲事挂于心头。修行人白云作伴，青山为侣，洒洒脱脱，随缘度时。

第八首，知身是幻，何必求名？浮沤出没，泡影灭生。识得此理，不与身为奴，不为物所役，置身云山，努力用功，无论早晚，修行必成。

第九首，虽然茅屋蓬户，却也事事具足，日用有粥有饭，足以资养幻躯。冬至随分息心，春来用功殷勤，今生度得此身，来世还成闲人。

修行要想成功，除了个人努力、不废寸阴之外，还需明师指点。例如：

> 向前吴氏学丹青，不体僧瑶事不精。画马不成驴亦失，时人尽笑枉平生。
>
> 迷人未了劝盲聋，土上加泥更一重。了人有意如迷意，只在迷中迷不逢。
>
> 未了及时亲遍礼，不须端坐守清贫。直似罗睺罗密行，争如迦叶不闻闻。

第一首，学画须拜明师，如吴道子，不拜僧瑶，画事不精。画马不成，连驴也改没了，只能被人耻笑。这表明没有高明的画师指点，是不可能获得成功的。同理，要想得道证果，同样离不开大善知识的指导。

第二首，迷人自己未悟，却好为人师，喜欢劝导盲聋，结果只能是土上加泥，更与一重枷锁，甚至有“一盲引众盲，相牵入火坑”之忧。已了的悟者，为了度化群迷，和光同尘，常在世间，只是迷人当面错过，遇而不遇，逢而不逢。所谓“弥勒真弥勒，分身千百亿。时时示时人，时人自不识”①，自是时人无缘无眼，非大士之过。

第三首，未了之时，应当及时寻访知识，遍礼宗匠，不要一味盲修瞎练，白费工夫，只是端坐不动，固守清贫，幽居守拙，面墙自闭，是没有意义的。即使修到罗睺罗那样的密行第一，也不如大迦叶那样得到佛的传授。“不闻闻”，出《大涅槃经》。

据《大般涅槃经》卷二十一《十光明遍照高贵德王菩萨品》：

> 善男子，闻所不闻，亦复如是。有不闻闻，有不闻不闻，有闻不闻，有闻闻。云何不闻闻？善男子，不闻者，名大涅槃。何故不闻，非有为故，非音声故，不可说故。云何亦闻，得闻名故。所谓常乐我净，以是义故，名不闻闻。②

无上大涅槃，非有为法，非是音声，本不可说，故不得闻，然而又可闻其名，故常乐我净，名为不闻闻。经文说得很清楚，涅槃体不可得，故不闻，名可得闻，故亦闻，是故名为不闻闻。

居遁称“迦叶不闻闻”，意义与此略有不同，实谓迦叶不闻而闻世尊妙法。

据《玄沙师备禅师语录》卷一：

> 夫为人师匠，大不容易，须是善知识始得。知我如今恁么方便助汝，犹尚不能构得，可中纯举宗乘，是汝向甚么处安措！还会么，四十九年是方便。只如灵山会上有百万众，惟有迦叶一人亲闻，馀尽不闻。汝道迦叶亲闻底事作么生？不可道“如来无说说，迦叶不闻闻”，便当得去，不可是汝修因成果、福智庄严底事，知么？且如道“吾有正法眼藏，付嘱大迦叶”，我道犹如话月；曹溪竖拂子，还如指月。所以道，大唐国内，宗乘中事，未曾见有一人举唱。设有人举

① 《大正藏》第51册，第434页中。

② 《大正藏》第12册，第491页下。

唱，尽大地人失却性命，如无孔铁钟相似，一时亡锋结舌去。[①]

玄沙师备强调为人师表，极不容易，必须是大善知识才行。大唐国内，无有一个宗匠纯举宗乘，否则尽大地人全都解脱成佛了。宗师不举，是因为学人根器不行，无法承受。正如灵山法会上，虽有百万之众，却只有迦叶一人亲闻。所谓亲闻之事，不可以“世尊无说说，迦叶不闻闻”搪塞，也不是修因证果、福德庄严。佛与曹溪，尽是话月指月，不可实以为月。可见在玄沙、龙牙的时代，“世尊无（后世多作‘不’）说说，迦叶不闻闻”已经非常流行了。世尊不说说，故说法四十九年，未曾道得一字；虽未道得一字，说法四十九年。迦叶不闻闻，虽未听得一字，亦未漏失一字。正是有佛这样的大导师，迦叶才能成就。

学道除了明师指点，还必须有方法，有诀窍。居遁最为强调的方法便是“无心”。在居遁的偈颂中，无心一词出现了二十一次，其中一首出现了四次，两首出现了两次，一共有十七首偈颂中有这一词（其中有几首虽有“无心”一词，却不是指修行方法）其出现频率不可谓不高，足见他对这一词的重视。例如：

一得无心便道情，六门休歇不劳形。有缘不是余朋友，无用双眉却弟兄。

一得无心便豁空，只因先圣祖门通。个中若向三乘学，万劫无因得遇逢。

自小从师学祖宗，闲花犹似缠人蜂。僧真不假栖云外，得后无心色亦空。

缘觉声闻未尽空，人天来往访真宗。争如佛是无疑士，端坐无心只么通。

人若无心称道情，觑见无明道已明。人能弘道道能显，道在人中人自宁。

粉壁朱门事岂繁，高墙扃户住如山。莫言城郭无休士，人若无心在处闲。

或居城郭或居山，得道无心在处闲。实似小儿归父母，身衣随分

① 《卍新纂续藏经》第73册，第32页上中。

补遮寒。

俭用贵图延日月，补衣还免到人间。无心道者方如此，未得无心也大难。

寻牛须访迹，学道访无心。迹在牛还在，无心道易寻。

守道无干意，化缘如响音。大凡成佛者，一一尽无心。

第一首，一得无心，便合道情，关键是六根门头，一切休歇，不随境转，不劳身形。因此要万缘放下，有缘不如无缘，两目不如双眉。

第二首，一得无心，豁然畅通，这是由于祖宗先圣的法门殊胜，最上一乘，若是向三乘中学道，则万劫无缘得逢正宗。

第三首，实是自述经历，自道从小便出家学道，从师习禅，然而各种杂念就像闲花野蜂一样纠缠不休，因此真僧假僧也是全看是否栖居山间云外，关键是看他是否达到无心，若得无心，即色是空，在污不染。

第四首，声闻、缘觉之空，实是小乘之空，并非真空，故往来人天，寻访真宗。佛则自信不疑，只须端坐无心，便得真空，无所不通。

第五首，即第一首相近，一念无心，便称道情，识得无明，道眼自明。人能弘道，道能显人，心中有道，人自安宁。

第六、第七首，意思相近。朱门蓬户，城郭山林，无关其表，而在乎心。人若无心，朱门即蓬户，庙堂即山林；人若有心，林间正闹，住山亦喧。“见道忘山者，人间亦寂也；见山忘道者，山中乃喧也。”① 得道返本，如小儿还家，自有父母照看，依其尺寸随分补衣，无饥寒之忧，故随缘度日，处处得闲。

第八首，节衣俭食，实非小事，不仅是爱惜福报，延年益寿，而且能够出离轮回，免到人间。节俭即是修行，无心才能节俭。无心则无欲，无欲自节俭。

第九首，欲寻大白牛，由迹则可求。若欲真求道，无心即是道。一念得无心，真道自易寻。

第十首，守道须守贫，无有干求心。化缘随缘化，得失如响音。多求失道情，日久事不成。所有成佛者，一一尽无心。

---

① 《大正藏》第48册，第394页中。

其实倡导“无心”者，远不只这些，除了前面已述的“学道”诗外，还有很多讲“息心”、“休心”、“心空”、“心无”之作，也有不少虽无“无心”之词、全是“无心”之义的作品。因此，“无心”是修行的关键，是最为重要的法门。

要想修行成功，除了无心无求，还要充满自信。例如：

> 凡有含生共一尘，先圣精勤早出伦。彼既丈夫我亦尔，谁遣他春我不春。

含生之类，性本无二，同一法身，亦共一尘。先圣精勤用功，故早已解脱出尘，彼此皆为丈夫，他能做到，我何不然！

据《摄大乘论释》卷六：

> 如有颂言：
> 无量十方诸有情，念念已证善逝果。
> 彼既丈夫我亦尔，不应自轻而退屈。[①]

此颂影响很大，《宗镜录》卷七十六称之为《佛诫罗睺罗颂》[②]，果然如此，则是佛教子之颂，更应重视。后世禅门对此颂非常关注，经常以之激励学人奋发图强，是佛教著名的励志诗。

作为一个禅宗大师，居遁当然不会忘记强调宗门的殊胜，他认为宗门心法才是修行成佛的要道，其他方法都不如禅宗。例如：

> 成佛人稀念佛多，念来岁久却成魔。君今欲得易成佛，无念之心不较多。

如此公开批评念佛的实不多见，而且言辞犀利，毫不留情。念佛人多，成佛人少，念来时久，不仅无所成就，还会执著成魔，因此念佛不如无念，无念才是念佛。无念念即正，有念念成邪，悟者达此理，长御白牛车。

---

① 《大正藏》第31册，第414页中。

② 《大正藏》第48册，第839页上。

居遁还强调三乘不如一乘，知见不如心悟，这都是赞叹禅宗的殊胜，维护宗门的地位。

居遁还有不少偈颂描述禅僧的生活，意趣盎然，活灵活现。例如：

自体如如任运常，因兹行歇住三湘。双眉无用是毫相，说处无分舌广长。

扫地煎茶及针把（当作“把针”），更无余事可留心。山门有路人皆到，我户无门那畔寻。

僧房阒寂夏修持，闭户踈人怪亦知。侬家自有同风事，千里无来却肯伊。

冷月霜天道者孤，一堂禅侣守寒炉。衲衣穿处冰侵骨，夜坐更深炭也无。

膝袴斑阑火炙成，浑身破碎不能惊。山房独坐观极乐，豁然无事畅人情。

一室一床居物外，一缾一钵寄生涯。门前纵有通村路，是我何曾识一家。

木食草衣心似月，一生无念复无涯。时人若问居何处，绿水青山是我家。

拟住城隍守不非，见云生处又思归。三间茅舍喜犹在，九带青萝尚绕围。松栢近我方始盛，槿花秋首未尝萎。山云叆叇虽垂布，承揽不知谁复谁。

新葺三间舍，多泥虑有风。门前无贵客，拙意懒迎逢。
饭吃随时食，衣穿独自缝。若人来问我，招手报伊聋。
拄杖行低道，逢溪澡漱多。平田偏乐坐，人命可经过。
守道身心息，资缘岂挠他。除非僧次外，归寺补袈裟。
觉倦烧炉火，安铛便煮茶。就中无一事，唯有野僧家。

这些诗表现了禅僧充满野趣的日常生活，他们一方面从事劳动，扫地、煎茶、把针，一方面过着十分俭朴甚至清苦的生活。冷月霜天，寒炉无炭，衣衫破碎，茅舍简陋，虽然一室一床，一瓶一钵，却也潇洒自在，无送无迎，无往无来，更有绿水青山，清风明月，山云野溪，碧萝红花，故而闲来无事，自得其乐。这些诗体现了居遁对山居生活的热爱，虽然他也多处强调住在城郭也不妨碍修行。

居遁诗中也有对现实的批判。例如：

人情浓厚道情微，道用人情世岂知。空有人情无道用，人情能得几多时。

二时粥饭随长短，三界休求也大精。世间大有多求者，直至无常不称情。

若教求道似求名，世上无人道不成。心静道场何曾到，世间尘路等闲行。

岂是无干意，多求失道情。我见多求者，年高事不成。

人心惟危，道心惟微。世人只知人情，不了道情，人情浓厚，道情淡薄。然而，如果空有人情，没有道用，人情又能够存在多久呢？因为人情是依赖于道情的，只有得道的人才有真正的慈悲爱心，慈悲爱心才是一切人情的根基，世间人情只是流于表面，都是建立在欲望与利益等靠不住的基础之上，穷在闹市无人问，富在深山有远亲，富贵之时车水马龙，失势之时门可罗雀；年轻貌美之时追者盈门，年老色衰之时无人理睬，世间贪爱根本就靠不住。只有一心求道，具备了智慧与爱心，才会关爱众生，才会有无缘大慈，同体大悲。因此有了道情，自有人情，只论人情，人情亦无。

世人缺乏智慧，不知“有求皆苦，无求乃乐，判知无求，真为道行”，故而欲望炽盛，要求太多，甚至连出家人也不能免，其实人只要有了二时粥饭疗饥、三衣蔽体御寒，就已经足够了。要求越多，越难满足，有求不得，自然痛苦。多求之人，到了晚年也不能称心如意，甚至到死也无法满足。

有人求利，有人求名，求名之人，为数极多，用心极重。如果将用来求名之心求道，道业早就成就了，世间之人全都成佛了。名与道孰重，世人多生颠倒，只求一时浮名，不思历劫利益。其实有道胜有名，有道则有名，有道之人，千古传颂，名在其中；有名则未必有道，甚至离道愈远，而且大多有名无实，虽得一时之利，付出代价极大，终究得不偿失。

居遁偈颂中最有特色的部分是对眉毛的描述与赞美，且为数不少。例如：

一得无心便道情，六门休歇不劳形。有缘不是余朋友，无用双眉却弟兄。

自体如如任运常，因兹行歇住三湘。双眉无用是毫相，说处无分舌广长。

道情六用如眉用，用处如眉始可观。人见道时如寂寞，人情全是道情安。

世人心下不能治，致祸愁生累及眉。一朝体得心无事，眉放毫光自不知。

家具扒扒一老翁，眉间长发白忽忽。心休意息从何有，只为心头万事空。

眉间毫相焰光身，事见争如理见亲。事有只因于理有，理慈方便化天人。一朝大悟俱消却，方得名为无事人。

居遁强调无用之用，无用即是没有世间之用，没有世间之用才会有道用。道情与人情，道用与世用，是相反的。修行人不同于世俗，不能追求有缘的世用，而应万缘放下，守得住寂寞，才得无用之用，无功之功，无用的双眉才会产生白毫光相。牵挂太多，心生愁闷，累得双眉紧锁，只有一念不生，心中无事，自然双眉舒展，毫光湛然。

眉间长发，其实是指白毫相，老翁喻修行日久。心休意息，一切放下，逍遥自在，这种境界从何而有，只是因为心头万事空，无有闲事挂心头。

人情不如道情，有用不如无用，事见不如理见。触事必须明理，明理方与道亲。“事有只因于理有”，事因理有，这在现代恐怕会被认为是典型的唯心主义观点，但居遁的用意在于修行观，不是论证心生万物。马祖道“顺理为悟，顺事为迷”①，与此全同。明理则明心，明心则见性，见性则成佛，这才是佛教的根本目标，因此不能在事相上打转转。执事元是迷，契理方得悟，契理则得智慧，有了智慧就会产生慈悲，有了智慧慈悲，则能方便度化众生，此即“理慈方便化天人”。一朝大悟之后，理事俱泯，无人无我，才得休去歇去，到此方知无事是贵人。

① 《大正藏》第51册，第440页中。

曹山也喜欢说眉毛，不仅仔细分说了眉与目分与不分，有人问语类时，他还道“曹山只有一双眉”，或许这是曹洞宗最有趣的家风。

居遁强调禅僧修行必须过丛林集体生活，不能离开师友的帮助。例如：

> 沙门莫苦远只桓，身四威仪且自观。蓬若出麻终不直，僧离清众太无端。从前上古诸先德，尽向丛林里获安。

蓬生麻中，不扶自直，僧在清众，其行自清。因此僧伽就应当是一个集体，不能脱离僧众，不能逃避监督，丛林生活对于禅僧修行是十分必要的。

据《禅门诸祖师偈颂》卷一《沩山大圆禅师警策》：

> 远行要假良朋，数数清于耳目；住止必须择伴，时时闻于未闻。故云“生我者父母，成我者朋友”。亲附善者，如雾露中行，虽不湿衣，时时有润。①

相同的话又见于《祖堂集》卷六《洞山和尚》，且又据《大戴礼记》加了“蓬生麻竹，不扶自直；白砂在涅，与之俱黑”之句。曹洞宗的这种思想应当是受到沩仰宗的影响。杜继文称之为“师友伦理学”②，对之十分重视，认为其影响深远、意义重大。

居遁偈颂风格独特，继承了曹洞宗一贯的宗风。其来源除洞山偈颂外，还可能受到香严的影响。

如《劝学颂》曰：

> 出家修道莫求安，失念求安学道难。
> 未得直须求大道，觉了无安无不安。

这种风格与样式和居遁之作非常接近，显然为其前导。

---

① 《卍新纂续藏经》第66册，第734页中。

② 《中国禅宗通史》，第336页。

居遁之作，特别是五言诗，和寒山诗非常接近，应该说是拟寒山之作，其部分诗篇还被后世误认为是寒山之作，收入寒山集中。例如：

西来意未明，徒学诸知见。不识本真性，契道即悬远。
若能明实相，岂用陈知见。一念了自心，开佛诸知见。
寄语诸仁者，复以何为怀。达道见自性，自性即如来。
天真元具足，修证转差回。弃本却逐末，只守一场呆。

前两首与寒山集中第168首大同小异。

据《寒山诗注》：

世有多事人，广学诸知见。不识本真性，与道转悬远。若能明实相，岂用陈虚愿。一念了自心，开佛之知见。(一六八)①

寄语诸仁者，复以何为怀。达道见自性，自性即如来。大真元具足，修证转差回。弃本却逐末，只守一场呆。(二三九)②

这四首诗，前两首大同小异，后两首完全一样。那么到底是寒山诗误入龙牙之集，还是龙牙诗误成寒山之作？项楚认为实为寒山诗，特别是后两首，又引《宗镜录》为证。

据《宗镜录》卷十九：

寒山子诗云：寄语诸仁者，复以何为怀。达道自见性，见性即如来。天真元具足，修证转差回。弃本却逐末，只守一场呆。③

《宗镜录》确实称这是寒山诗，但这只能说明到了永明延寿的时代已经被认为是寒山诗且收入其诗集中，不能证明真是寒山诗。

从这几首诗的风格以及流传情况等来看，属于居遁的可能性更大。

---

① 项楚：《寒山诗注》，第436—440页。

② 同上书，第615、618、619页。

③ 《大正藏》第48册，第523页上。

据《普庵印肃禅师语录》卷二：

> 玄沙云“切忌知有之人见。”这里若不会，便唤作“西来意未明，徒学多知见。不识本（真）性，契道则悬远”是也。①

普庵印肃是两宋之际禅师，他引这首诗，用的还是居遁的版本，这表明他认为其作者是居遁，不是寒山。

就前两首而言，还是居遁的版本更加合理。禅修的关键是明了西来意，广学知见是没有意义的。这里事实是讲到两种知见，一是众生知见，一是佛知见，开众生知见，则是众生；开诸佛知见，则见性成佛。识本真性，明实相，了自心，才能获得解脱，才能开佛知见。

现存寒山诗与居遁之作略有不同，从意旨上看是差了些，但从文学的角度上看显然有所提高，这表明经过修饰与加工，一则与寒山诗的整体风格与表达方式更加接近，二则文学色彩更加浓厚，符合一般读者的口味。

后两首诗表达的主题是南岳系本来具足、不假修证的思想。开悟的关键是识自本心，见自本性，见自本性，则证道成佛，即与如来无别，这是六祖南宗一贯强调的思想。后者则强调道不用修，但莫污染，“本有今有，不假修道坐禅”②。自性本心，本来具足，天真常在，清净无染，不需修证，若起修证心，即是造作趣向，即是污染，非但于事无补，还有失真害性之忧。

如此，洞山门下注对寒山诗、拟作寒山诗的不只曹山一人，还包括龙牙居遁等。假如如某些论者所言，寒山诗作者不只一人，而是一个群体，那么龙牙居遁也是这个群体中非常重要的一员。更为重要的是，居遁之诗保存下来的较多，可资研究，而曹山之作则流传很少，或者已经融入寒山诗中，无法分辨。

总之，居遁偈颂是研究其禅法思想及曹洞宗理论体系的重要资料，值得不断深入发掘。

---

① 《卍新纂续藏经》第 79 册，第 397 页下。

② 《大正藏》第 51 册，第 440 页中。

第三节　龙牙门下

龙牙传法四十多年，盛时“玄徒五百余人”，前后门人自然很多。据《宋高僧传》卷二十八《宋西京宝坛院从彦传》：

> 释从彦，姓米氏，燕人也。始自识环，寻知跪橘，颙昂挺质，豁达为襟。年距十五，父母听许，出家于并部慧觉禅院也。受戒后，经江鼓枻，论海化鲲，流辈畏之，咸知宗奉。乃怀心于祖教，望攻玉于他山。由是北别冰天，南观桂海，不虞恶瘴，唯慕丛林。欣遇龙牙山禅师，为决所疑，蔚成达者。后唐清泰丙申岁，还游嵩少。洛中始安，人情辑睦。彦营构禅坊，延聚缁侣而供养之。历晋汉周三朝，皆加恩命。乃曰：“宠辱若惊，吾无惊久矣。然俗谛门中感世主，以绨绣缘饰朽木者哉！”以开宝二年八月三日示疾而终。四年辛未，改权从久瘗于层塔焉。①

从彦入灭于宋开宝二年（969），寿命不详。他十五岁出家于并州慧觉禅院，受戒之后，勤习经论，学者畏之。其后留心宗门，参学访道，来到南方，遇龙牙居遁，决其所疑。从彦始至龙牙山的时间不详，然肯定是在龙德三年（923）龙牙去世之前。由于他到龙牙之前已对经论非常精通，自然经过较长时间的学习，因此他在龙牙去世时至少在二十四五岁以上，他的生年也不会迟于光化三年（900），故其寿命当在七十岁以上。龙牙为其决所疑，在其精心培养下蔚成禅门达者，因此至少也有数年的时间，因此他于贞明年间（915—920）前来的可能性最大，此时他已经二十几岁，又由于他的事迹不见于《景德传灯录》等禅门史传，则其在龙牙门下的时间也不会很久，不属于长老派，因此很可能生于乾宁二年（895）前后，寿命在七十五岁上下。

从彦于后唐清泰三年（936）北还，游于嵩山少林一带。不久后晋建立，洛中安定，他便营构禅坊，安置禅子，檀信归心，学徒远至，受到晋、汉、周三朝的崇敬尊礼，以宋开宝二年（969）入灭，此时距离龙牙

① 《大正藏》第50册，第886页中。

去世已经将近五十年了。

从彦历受三朝恩命，活到了宋初，应当是龙牙门下福德深厚的佼佼者，但其机缘语句不存，也无从分析其思想。从其所存唯一一句来看，他属于历经兴衰而又宠辱不惊的大师，其定力之深、见地之明可想而知。

《祖堂集》载其弟子一人，即报慈和尚。据《祖堂集》卷十二：

> 报慈和尚，嗣龙牙，在潭州。师号藏屿屿，镇州人也。
>
> 初参赵州，次礼龙牙，密凑玄闸，便驻湘江，更无他往。楚王钦敬，请住报慈，敷杨［扬］妙旨，赐紫，号匡化大师矣。
>
> 僧问："心眼相见时如何？"师云："心向汝道什么？"
>
> 问："如何是实见处？"师云："丝毫不隔。"僧曰："与么则见也。"师云："南泉甚好处去。"
>
> 问："如何是学人自己？"师云："耳里风雷，眼中星月。"僧云："学人会也。"师云："汝道释迦老子眉毛长多少？"①

又据《景德传灯录》卷二十：

> 潭州报慈藏屿匡化大师，僧问："心眼相见时如何？"师曰："向汝道什么？"问："如何是实见处？"师曰："丝毫不隔。"曰："恁么即见也。"师曰："南泉甚好去处。"问："如何是西来意？"师曰："昨夜三更送过江。"问："临机便用时如何？"师曰："海东有果树头心。"问："如何是真如佛性？"师曰："阿谁无！"问："如何是向上一路？"师曰："郴连道永。"问："和尚年多少？"师曰："秋来黄叶落，春到便开花。"师尝著《真赞》，曰"日出连山，月圆当户。不是无身，不欲全露"，一日师在帐内坐，僧问："承师有言，'不是无身，不欲全露'，请师全露。"师乃拨开帐（法眼别云："饱丛林。"）问："如何是湖南境？"师曰："楼船战棹。"曰："还许学人游玩也无？"师曰："一任阇梨打僜。"问："和尚百年后，有人问，如何秖对？"师曰："分明记取。"问："如何是龙牙山？"师曰："益阳那边。"曰："如何即是？"师曰："不拟。"曰："如何是不拟去？"师

① 《祖堂集校注》，第320页。

曰："恁么即不是。"问："古人面壁意如何?"师良久，却唤"某甲"，学人应诺，师曰："尔去，别时来。"师垂语曰："一句遍大地，一句才问便道，一句问亦不道。"问："如何是遍大地句?"师曰："无空缺。""如何是才问便道句?"师曰："低声，低声。""如何是问亦不道句?"师曰："便合知时。"①

如此藏屿住潭州报慈，镇州人，生卒时间不详，"匡化大师"为其师号，楚王马氏所请。他初参赵州和尚，其时肯定在光化元年（898）前。按照常理，他参赵州时当在二十岁以上，因此应生于乾符六年（879）前。他为镇州人，初参赵州，很可能在赵州入灭之后再参龙牙，深得二师之旨。他应于光化年间（898—901）间到龙牙山，属于居遁在妙济禅院的最早门人之一，故被推为长老，是龙牙门下最为出色且最有影响的门人之一。

由于他得赵州、龙牙之旨，故深受楚王马殷钦敬，请住潭州报慈，敷演宗旨，后又奉表为其请紫衣师号，其时当在马殷号称楚王之时，即后唐明宗天成二年（927）至五年（930）间。

藏屿开法时间不详，但肯定在龙牙入灭之前，也有可能始于唐末。他最著名的是所作《真赞》，《景德传灯录》认为是"自赞"，并引法眼文益之"别"为证，其实不然。

据《云门匡真禅师广录》卷二：

举，报慈赞龙牙偈，云：日出连山，月圆当户。不是无身，不欲全露。有僧问："请师全露。"龙牙拨开帐子云："还见么?"僧云："不见。"牙云："将眼来。"后报慈闻举，云："龙牙只道得一半。"师令僧举，"我与尔道"，其僧便举，师云："我不妨与尔道。"②

后世禅门引此，也多作赞龙牙之偈。云门文偃与藏屿同时，且亦曾参龙牙，其参学之时，或稍后于藏屿，故二人很可能当时便结识，是以云门之说应当是非常可靠的。

① 《大正藏》第 51 册，第 365 页上中。
② 《大正藏》第 47 册，第 559 页下。

此偈非常出色，广为禅门引用评唱。

据《林间录》卷一：

> 龙牙和尚作半身写照，其子报慈匡化为之赞曰：日出连山，月圆当户。不是无身，不欲全露。二老洞山悟本儿孙也，故其家风机贵回互，使不犯正位；语忌十成，使不堕今时。而匡化匠心独妙，语不失宗，为可贵也。①

惠洪称此为龙牙和尚半身写照，或许他见过原本。他对报慈之赞赞不绝口，称其匠心独妙，非常可贵，虽古今赞偈甚多，而独爱此与余杭政禅师自赞二篇。

从现在藏屿机缘语句来看，他也确实是一个难得的宗匠。有问心眼相见时如何，他反问向你道什么，又问如何是真实见处，他答丝毫不隔，又问那么则见道了吗，他答南泉去处甚好，若以此为见道，则作驴作马去、山下作牛去。整个答问，不触不背，答而非答，言而无言，实见功夫。

有问如何是学人自己，他答耳里风雷，眼中星月，其僧道会也，恐怕是向声色处会，故他再反问释迦老子眉毛长多少，识得诸佛眉毛，才不会向声前色后会取。

西来之意，昨夜三更已经遣送过江了，暗用五祖送六祖过江故事，意味深长。向上一路，郴州与道州永州相连；年龄多少，但见秋叶春花，哪管岁月推迁。问如何是龙牙山，答益阳那边，表明当时藏屿已于报慈开法，未住在龙牙，问如何即是，答曰不拟，因为拟则不似，趋向则乖。此僧又生执著，道如何得不拟去，答不拟则不是，若得不拟去，则背，若拟则触，离此二途，方见龙牙。

情生智隔一则，也是藏屿最有名的公案之一，后世举唱者众多。“情生智隔，想变体殊，达本情忘，知心合体”②，出自李通玄《新华严经论》卷一之首，后来澄观引之，禅门临济义玄等亦引之。贪爱一起，则与智慧万里；妄想一生，则与本体殊异。非但情生，情未生时，早已隔也，此僧不能解会，道是未生隔个什么（岂止情生，更增想变），藏屿道这个梢郎

① 《卍新纂续藏经》第87册，第252页下。

② 《大正藏》第36册，第721页上。

子（船工），未遇真师，生死海中漂荡，无由度脱。

报慈三句，耐人寻味。一句遍覆大地，函盖乾坤，无有空缺。一句才问便道，开口见胆，切莫高声，切忌问著。一句问亦不道，合知时节，闭取狗口。

据《五灯会元》卷十三：

> 问僧："甚处来？"曰："卧龙来。"师曰："在彼多少时？"曰："经冬过夏。"师曰："龙门无宿客，为甚么在彼许多时？"曰："师子窟中无异兽。"师曰："汝试作师子吼看。"曰："某甲若作师子吼，即无和尚。"师曰："念汝新到，放汝三十棒。"①

这是《五灯会元》增收的一则机缘，可知来者不善，彼此作家，大好一场法战。不过《五灯会元》卷八又把这则机缘置于长庆慧稜门人福州报慈院光云慧觉名下，看来是把后世福建报慈事迹误置于湖南报慈名下。

《景德传灯录》卷二十三载藏屿有法嗣一人，即益州圣兴寺存和尚，然无机缘语句，不录。

然据《五灯会元》卷十三《西川存禅师》：

> 僧问："学人解问諸讹句，请师举起讶人机。"师曰："巢父不牵牛，许由不洗耳。"问："具足底人来，师还接否？"师便打。②

此西川存，当即益州存，益州即是西川。《五灯会元》将其列为龙牙门人，有可能是他先跟龙牙，后从藏屿。此僧所问也是禅门惯用的话头，讶人机，即奇特之机、惊人之语，故答以巢父不牵牛、许由不洗耳，有违常识，不妨奇特。既是具足的人，棒下无血，故不得不打。

西川存之后，传承不明。虽然如是，藏屿在后世影响不小，仍是龙牙最为重要的门人之一。

据《景德传灯录》卷二十：

① 《卍新纂续藏经》第 80 册，第 282 页上。

② 同上书，第 282 页中。

潭州龙牙山居遁禅师法嗣五人
潭州报慈藏屿禅师
襄州含珠山审哲禅师（已上二人见录）
凤翔白马弘寂禅师
抚州崇寿院道钦禅师
楚州观音院斌禅师（已上三人无机缘语句，不录。）①

如此《景德传灯录》所载龙牙门人只有五位，且三人无机缘语句。据《景德传灯录》卷二十《襄州含珠山审哲禅师》：

僧问："如何是深深处？"师曰："寸钉入木，八牛拽不出。"问："如何是正法眼？"师曰："三门前神子。"问："如何是佛法大意？"师曰："贫女抱子渡，恩爱竟随流。"师问僧曰："有亦不是，无亦不是，不有不无俱不是。汝本来名个什么？"曰："学人已具名了。"师曰："具名即不无，名个什么？"曰："只遮莫便是否？"师曰："且喜没交涉。"曰："如何即是？"师曰："亲切处更请一问。"曰："学人道不得，请和尚道。"师曰："别日来与汝道。"曰："即今为什么不道？"师曰："觅个领话人不可得。"师又问一僧曰："姓王姓张姓李俱不是，汝本来姓个什么？"曰："与和尚同姓。"师曰："同姓即且从，本来姓个什么？"曰："待汉水逆流，即向和尚道。"师曰："即今为什么不道？"曰："汉水逆流也未？"师乃休。②

审哲喜欢问人姓名，一得一失且不论，其门下喜欢"只这个是"，又爱引马祖、龙牙故事，看来宗风未失。

据《五灯会元》卷十三：

问："随缘认得时如何？"师曰："是甚么？"问："如何是无位真人？"师曰："别安排，又争得。"曰："不安排时如何？"师曰："无

① 《大正藏》第51册，第360页下。
② 同上书，第365页中下。

位真人。”问：“如何是真经？”师曰：“阿弥陀。”①

这是《五灯会元》增补的审哲机缘。“随缘认得”，是引二十二祖摩拏罗尊者“心随万境转，转处实能幽。随流认得性，无喜复无忧”之偈，此偈始见《宝林传》卷四，临济义玄亦引之。只说随缘认得，不说性字，亦是回互之意。无位真人，亦是始见于临济义玄，既是无位真人，至高无上，不得别处安排，也是无处安排，始为无位真人。真人无位，真经无言，且道阿弥陀佛有言无言？

审哲最大的贡献应当是培养了许多门人并且开创了含珠山法派。

据《景德传灯录》卷二十三：

襄州含珠山审哲禅师法嗣六人
洋州龙穴山和尚
唐州大乘山和尚
襄州延庆归晓大师
襄州含珠山真和尚（已上四人见录）
含珠山璋禅师
第二世含珠山偃和尚（已上二人无机缘语句，不录）②

偃和尚为含珠山第二世，当为此门长老，可惜机缘语句不存，璋禅师亦住含珠山，不知是否是四世。

据《景德传灯录》卷二十三：

前襄州含珠山审哲禅师法嗣

洋州龙穴山和尚，僧问：“如何是祖师西来意？”师曰：“骑虎唱巴歌。”问：“大善知识，为什么却与土地烧钱？”师曰：“彼上人者，难为酬对。”

唐州大乘山和尚，问：“枯树逢春时如何？”师曰：“世间希有。”问：“如何是四面上事？”师曰：“升子里踍跳，斗子内转身。”

① 《卍新纂续藏经》第80册，第282页中。

② 《大正藏》第51册，第388页下。

襄州凤山延庆院归晓慧广大师，僧问：“言语道断时如何？”师曰：“两重公案。”曰：“如何领会？”师曰：“分明举似。”洞山问：“如何是凤山境？”师曰：“好生看取。”曰：“如何是境中人？”师曰：“识么？”

襄州含珠山真和尚（第三世住），僧问：“师唱谁家曲，宗风嗣阿谁？”师曰：“含珠密意，同道者知。”曰：“恁么即不假羽翼，便登翠岭也。”师曰：“钝！”问：“古镜未磨时如何？”师曰：“昧不得。”曰：“磨后如何？”师曰：“黑如漆。”①

身为大善知识，号称人天师表，却与土地烧钱，这是为何，龙穴山和尚引《维摩诘经》卷中《文殊师利问疾品》中文殊对维摩诘的赞语，道是土地神虽为居士，却是一方神灵，县官不如现管，得罪不得。问答巧妙，颇具意味。

大乘山在河南，后世到明朝仍为禅宗道场。枯木逢春，世间稀有；四面上事，却是升斗之间，游刃有余。

归晓惠广应当是审哲门下最为有名的宗师，据《大宋襄州凤山延庆禅院传法惠广大师寿塔碑铭并序》（东海潘平撰文，北岳信天书）②，师名归晓，字信天，后唐同光元年（923）癸未岁诞生，六岁父令诵诗，幼不食肉，随母斋戒。后唐清泰三年（937）四月八日，年十五，礼栾城延寿禅院清遇和尚，发心出家，后晋天福五年（940），马氏按语称六年（941），暮春十六日于邢州开元寺受具，在此五年习律。后约于开运二年（945）辞师参学，渡水穿云，游东洛，入西秦。后约于开运三年（946）至洛阳长水（今在河南洛宁县），参疏山匡仁门人灵泉归仁和尚，问无云还有雨也无，对云有，沉思良久，乃礼三拜，遂辞行，来到襄阳。到襄阳后，他西至广德，南到含珠。此时广德住持应当是青林师虔门人第一世义禅师，但他在广德时间不长，便到含珠山参龙牙居遁门人审哲禅师。其首参审哲当在天福十二年（947），奉事六年，至后周广顺二年（952）辞别，到随阳护国、安陆竺乾等处参访，参疏山匡仁门人护国净果大师守澄、安州白兆山竺乾院显教大师志圆等。广顺三年（953），回到襄阳凤

① 《大正藏》第51册，第395页下、396页上。

② 《湖北金石志》卷七，第708—712页。

山，挂锡延庆院，此时延庆住持为青林师虔门人、来自郢州芭蕉山的通性大师，依之八载，至宋建隆元年（960）初，通性大师（？—960）入灭，归晓本来得到付嘱，但他谦让，由首座惠超开堂，半年之后，惠超入灭，十二月十九日，惠崇院主、守旻维那等上疏王溥太尉，请归晓院主开堂说法。开宝二年（969），南阳侍中张永德表奏，赐紫衣。太平兴国三年（978）寿州太尉王溥表奏“惠广大师”之号。端拱元年（988），师寿六十六，天水赵普为造寿塔。淳化五年（994）立石。由于立石之时他仍在世，因此其卒年当在此之后，寿命超过七十二岁。

含珠山真和尚为本山第三世，亲得含珠密意。不假羽翼，便登高山，依然是钝。古镜虽未磨，光耀昧不得，磨后却黑如漆，虽黑如漆，照天照地。

真和尚生卒年不详，可能已到宋代，他应当是龙牙系最后的传承，其后传承不明。云门文偃门人双泉山郁禅师有弟子“襄州含珠彬禅师”①，可能后来含珠山也和其他曹洞宗寺院一样，逐渐沦为云门宗的道场。

龙牙其他门人如抚州崇寿院道钦事迹不详，但他曾住曹山所建抚州崇寿院，时间不详。

据《禅宗颂古联珠通集》卷三十：

> 【增收】龙牙因韶国师问：“天不能盖，地不能载时如何？”师曰：“道者合如是。”累经十七次问，师曰：“若为你说，恐尔后骂我去在。”韶后住通玄峰，因澡浴次，忽省前话，具威仪望龙牙礼拜曰：“当时若与我说破，我今日定骂他。”②

这表明天台德韶（891—972）亦曾来参并有所得。龙牙经德韶十七次问也坚持不为其说破，体现了曹洞宗“不说破”的宗风。

据《建中靖国续灯录》卷二：

> 韶州云门山文偃匡真禅师法嗣
> 成都府香林澄远禅师

① 《卍新纂续藏经》第78册，第533页上。

② 《卍新纂续藏经》第65册，第659页下。

姓上官氏，汉州绵竹人也。投成都真相院出家，十六岁圆具。后离蜀入秦，登青峰，蹑子陵。旋之荆湘，参后龙牙，有发机之地。寻过岭，抠衣云门匡真禅师，请益祖意，大豁所疑。侍奉十有八载，日探玄旨。①

香林澄远（908—987）所参之“后龙牙”不知何人，有可能为龙牙门人。

澄远于龙德三年（923）十六岁受戒后离蜀入秦，又到荆湘，再过岭参云门文偃（864—949）。他侍奉云门十八载，始到则在长兴三年（932）前。后来他归蜀传法，自道开法四十年，则于乾祐元年（948）时开法，即在云门生前离法。因此，他离开云门不迟于乾祐元年（948），始到参时约在长兴二年（931），于荆湘参后龙牙当在长兴元年（930）左右，上距龙牙居通入灭不过七年，此后龙牙当为居遁门人。澄远说法，多引马祖道一、盘山宝积、百丈怀海等法语，强调本来解脱、不假功成，又道令心休歇，其中也可以看到曹洞宗的影子，不违参后龙牙而发机之载。

据《人天宝鉴》卷一：

（吕洞宾）谒龙牙和尚，问佛法大意，牙与偈曰：“何事朝愁与暮愁，少年不学老还羞。明珠不是骊龙惜，自是时人不解求。”②

如此吕洞宾亦参龙牙，此事不知真伪。

---

① 《卍新纂续藏经》第78册，第647页中。

② 《卍新纂续藏经》第87册，第12页中。

第九章　曹山本寂与曹洞宗理论的成熟

第一节　曹山生平事迹

曹山本寂为洞山最重要的门人，是曹洞宗的创立者之一。关于其生平经历，有《祖堂集》卷八、《宋高僧传》卷十三、《景德传灯录》卷十七、《五灯会元》卷十三等所收传记等史料。

据《宋高僧传》卷十三《梁抚州曹山本寂传》：

> 释本寂，姓黄氏，泉州莆田人也。其邑唐季多衣冠，士子侨寓，儒风振起，号“小稷下”焉。寂少染鲁风，率多强学。自尔淳粹独凝，道性天发，年惟十九，二亲始听出家，入福州云名山。年二十五，登于戒足，凡诸举措，若老苾刍。咸通之初，禅宗兴盛，风起于大沩也，至如石头、药山，其名寖顿。会洞山悯物，高其石头，往来请益，学同洙泗。寂处众如愚，发言若讷。后被请住临川曹山，参问之者，堂盈室满，其所酬对，邀射匪停，特为毳客标准。故排五位以铨量区域，无不尽其分齐也。复注对寒山子诗，流行寓内。盖以寂素修举业之优也，文辞遒丽，号富有法才焉。寻示疾终于山，春秋六十二，僧腊三十七。弟子奉龛窆而树塔。后南岳玄泰著《塔铭》云。①

如此《宋高僧传》本传但称“寻示疾终于山，春秋六十二，僧腊三十七”，未言卒于何年，然又称“梁抚州曹山本寂”，似乎暗示他卒于梁代，即天祐四年（907）四月唐亡之后。

据《祖堂集》卷八：

---

① 《大正藏》第50册，第786页中下。

师自天复元年辛酉岁夏中，……至闰六月十五日夜，问主事曰："今日是何日月?"对云："闰六月十五日。"师云："曹山一生行脚，到处只管九十日为一夏。"至来日辰时，师当化矣。春秋六十二，僧夏三十七。敕谥元证大师矣。[①]

如此《祖堂集》、《景德传灯录》均称其卒于唐天复元年（901）辛酉夏，寿命、僧腊与僧传同，其中关键是提到此年闰六月，与《二十四史朔闰表》相合，故应非杜撰，后世一般皆用此说。由于《宋高僧传》称南岳玄泰撰塔铭，一般认为此传基于塔铭，应当更加可靠，是故还须探讨曹山是否有卒于梁代的可能。由于诸书皆称曹山二十五岁受具之后始到洞山，假如曹山卒于梁初开平元年（907），则应生于会昌六年（846），二十五岁即在咸通十一年（870），洞山已经去世，无从参学，因此曹山没有卒于梁代的可能。

《宋高僧传》一般认为比较客观，很受重视。贾晋华认为，"关于曹山，基于南岳玄泰所撰塔铭的《宋高僧传》本传最为重要"[②]。然而，此本传实非依玄泰塔铭而撰，进而言之，赞宁只是听说有玄泰所撰塔铭而已，未曾目睹，不然就不会不明其生卒年，误以为梁代之人了。

僧传对泉州蒲田儒风兴盛、士子云集、号称"小稷下"的记载值得重视，这对曹山强学多闻、文辞遒丽、富有法才有直接的影响。

本寂俗姓黄，诸书多同，唯《联灯会要》卷二十二作"莆田张氏子"，可能有误。

曹山大中十二年（858）十九岁时出家，据王荣国考证，其出家于福州福唐县（今福建福清市）灵石山翠石院，正式名称为"灵石俱胝院"。其剃度师，当为翠石院的开创者元修。自大中十二年（858）至咸通五年（864）间，他在闽中参学，主要是在本院师从元修禅师，也曾到黄蘗参黄蘗希运门人乌石灵观（？—878）。

据《祖堂集》卷十九《观和尚》：

洞山又问："什么处人?"对云："莆田县人。"洞山云："什么处

① 《祖堂集校注》，第229页。
② 《古典禅研究》，第294页。

出家?”对云:“碎石院。”山云:“碎石院近黄蘖,你曾到不?”对云:“曾到。”洞山云:“有什么佛法因缘?”对云:“某甲自问:‘如何是毗虑(卢)师、法身主?’云:‘我若向你道,则别更有也。’”洞山闻此语,便合掌云:“你见古佛,虽然如此,只欠一问。”

曹山礼拜,便请问头,曹山再三苦切问,三度方得问头。入岭参师,举前话,进问:“为什么故不道?”师云:“若道我不道,则哑却我口;若道我道,则秃却我舌。”曹山便归洞山,具陈前事,洞山执手抚背云:“汝甚有雕啄之分。”便下床,向黄蘖合掌云:“古佛!古佛!”①

这是曹山初参洞山时的机缘。曹山称曾到黄蘖参问灵观,洞山赞灵观为古佛,并谓曹山尚欠一问,曹山便重新入岭再参灵观。这里还有疑问,灵观明明是住在乌石山,又称丁墓山,为什么又言其住黄蘖,难道两地相去不远?当然有可能是《祖堂集》叙述不严密,后来的《景德传灯录》等便不说曹山到黄蘖礼拜老观了。

雪峰咸通七年(866)初归岭时,也到老观处参礼,被推出庵。雪峰与曹山一样,和老观、大安有缘,同时同地参游,可能相识。

诸书皆载曹山二十五岁受具,然未言是在何地。按照当时习惯,他有可能是在江西受戒。

据《玄沙师备禅师广录》卷三《唐福州安国禅院先开山宗一大师碑文(并序)》:

五年春正月,辞师诣钟陵开元寺道玄律师受具足戒。其年秋,骤别龙沙,却回瓯越。②

玄沙师备(835—908)亦是于咸通五年(864)受具,而且他服膺于芙蓉灵训大师,无意别处参学,只是受戒,还专门到江西洪州,这可能表明当时闽中缺乏律学大师,只能到外地受具。曹山和玄沙同年受具,都是从福州出发,因此很有可能都是到江西洪州受具。曹山后来参学传法皆在

① 《祖堂集校注》,第486、487页。

② 《卍新纂续藏经》第73册,第25页中下。

江西，因此于江西受具的可能性也相当大。

洞山无疑是曹山最重要的师傅，但曹山何时来参，史无明载。从情理上讲，假如他在江西受具，由洪州直接到洞山的可能性很大，但有可能并非如此。

据《祖堂集》卷十九《观和尚》：

> 曹山到洞山，洞山问："近离什么处？"对云："近离闽中。"洞山云："有什么佛法因缘？"对云："某甲问西院：'如何是大人相？'西院云：'安三藏时则有。'"洞山向西院合掌云："作家。"洞山又云："某甲行脚时遇着南泉，南泉也有似这个因缘。有僧问：'如何是大人相？'南泉答曰：'王老师三岁时则有，如今无。'"①

如果这一记载无误，则曹山参洞山前到闽中参西院，此西院则是大安禅师（793—883）。据《唐福州延寿禅院故延圣大师真身记》，大安"懿过丙戌岁春离沩水，秋到福州，居府西八里怡山"，即于咸通七年（866）秋始居怡山，因其在府城之西，号称西院。曹山问大安如何是大人相，大安称"安三岁（原作'藏'，形误）时则有"，洞山赞之为作家，道是与南泉所答一样。

若然，则曹山参洞山，最早在咸通七年（866）冬。

据《祖堂集》卷八：

> 师讳本寂，泉州莆田县人也，俗姓黄。少习九经，志求出家。年十九，父母方听，受业于福唐县灵石山。年二十五，师方许受戒，而举措威仪皆如旧习，便云游方外。
>
> 初造洞山法筵，洞山问："阇梨名什么？"对曰："专甲。"洞山云："向上更道。"师云："不道。"洞山曰："为什么不道？"师云："不名专甲。"洞山深器之。盘泊数年，密室承旨。
>
> 因一日辞去，洞山问："什么处去？"师曰："不变异处去。"洞山曰："不变异处岂有去也？"师云："去亦不变异。"自尔之后，兀兀延时，依依放旷，非其道友，无得交言，稳不自由，化缘将至。初

① 《祖堂集校注》，第486页。

> 住曹山，后居荷王。①

如此曹山在洞山时间不长，“盘泊数年，密室承旨”后便辞去。《禅林僧宝传》卷一称“咸通初，至高安，谒悟本禅师价公，依止十余年”②是错误的。曹山辞去的时间，可能在咸通九年（868）。

洞山于咸通十年（869）三月去世，曹山辞别时洞山尚健在，肯定在此之前。

据《汾阳无德禅师语录》卷二：

> 曹山令僧驰书，到虔州李侍中处，接书了，云：“书已领得，请取信物。”代云：“莫怪轻黩。”③

如此曹山初住山时，虔州刺史姓李。据《全唐文》八百六蔡词立《虔州孔目院食堂记》，“咸通七年夏，前太守陇西公遇时之丰，伺农之隙，因革廨署，爰立兹堂”，此陇西公必是陇西李氏，即是后来所说的李侍中。此人在虔州任期不详，但在咸通十三年（672）五月三日作记时早已离任。按照惯例，他可能于咸通九年（868）离任，故曹山住山当在此年。

据《五灯会元》卷十三：

> （曹山离开洞山后）遂往曹溪礼祖塔，回吉水，众向师名，乃请开法。师志慕六祖，遂名山为“曹”。寻值贼乱，乃之宜黄。有信士王若一，舍何王观请师住持。师更“何王”为“荷玉”。由是法席大兴，学者云萃，洞山之宗，至师为盛。④

如此曹山到曹溪礼拜祖塔后，回到吉州吉水，众请开法，他因志慕六祖，便“拟曹溪，凡随所居，立‘曹’为号”⑤。因此，他最初所住，是

---

① 《祖堂集校注》，第222页。

② 《卍新纂续藏经》第79册，第292页中。

③ 《大正藏》第47册，第618页上。

④ 《卍新纂续藏经》第80册，第264页上。

⑤ 《万松老人评唱天童觉和尚颂古从容庵录》卷三，《大正藏》第48册，第259页下。

吉州吉水的曹山。《僧宝传》亦称“自螺川还”[1]，螺川在吉安北，与吉水所指无别。《祖堂集》但称“初住曹山，后住荷王”，有“二处法席”，只是未明言曹山本在吉州。《景德传灯录》作“初受请止于抚州曹山，后居荷玉山，二处法席，学者云集”[2]，不够准确，因为其初受请是在吉州曹山。

本寂在吉水曹山住了较长时间，可能直到乾符五年（878）。乾符五年（878）三月，黄巢引兵渡江，攻陷虔、吉、饶、信等州[3]。因遇此乱，本寂离开吉州，前往抚州。后到宜黄，信士王若一舍何王观于师，乃更名为“荷玉”，此后法席大兴，学者云集。

如此“曹山”有三个，先在吉州吉水，后是抚州，最后是宜黄“荷玉”。本寂喜欢以“曹山”命名所居，故改寺名为“荷玉”改山名为“曹山”。由于他在抚州时间更长，影响更大，后人只知道抚州曹山，不知道吉州曹山了。

曹山开法时间较长，《祖堂集》道“如是二处法席，咸二十年，参徒冬夏盈于二百三百”[4]。言两处法席皆二十年，有点夸张，因为他不可能开法四十年，但一共超过三十年是肯定的。

据《联灯会要》卷二十二：

> 僧问：“日未出时如何？”师云：“三十年前，曹山也曾恁么来。”云：“日出后如何？”师云：“犹较曹山半月程。”[5]

日出有多种含义，有开悟及度众弘法等义，曹山显示了很高的自信，表示即使你觉得自己明白了、可以出山弘法了，离我的境界还相差很远。这也表明曹山开法超过三十年。

据《佛祖统纪》卷四十二：

> 光化二年，抚州言：曹山有梵僧群集山顶，乡民追之，皆飞行而

---

① 《卍新纂续藏经》第79册，第493页上。
② 《大正藏》第51册，第336页上。
③ 《资治通鉴》卷二百五十三，第8202页。
④ 《祖堂集校注》，第222页。
⑤ 《卍新纂续藏经》第79册，第191页中。

去，遗其笠，制甚奇古。勅于其地建荷玉禅寺。[①]

光化二年（899）时，抚州刺史为危全讽，他上奏朝廷，道是曹山峰顶有梵僧群集，因此有诏于其地建荷玉禅寺。这并不意味着本寂于此年始居止建寺，而是其年才得到朝廷正式承认并得以敕名，可能还有扩建。

《祖堂集》与《景德传灯录》均言本寂在抚州有两处法席，表明曹山与荷玉并非一寺。荷玉在山顶，而曹山则在城中。

据《景德传灯录》卷二十四《绍修禅师》：

问："如何是学人常在底心？"师曰："还曾问荷玉么？"曰："学人不会。"师曰："不会，夏末问曹山。"[②]

这足以证明曹山与荷玉为两个寺院，并非一处。

据《景德传灯录》卷二十五：

金陵报恩院法安慧济禅师，太和人也，印心于法眼之室，初住抚州曹山崇寿院，为第四世。[③]

法安慧济为大法眼文益之门人，他住持曹山崇寿院，为第四世，表明崇寿院即是曹山。此第四世，是从法眼为始，因为法眼之后，继之者为休复悟空禅师，为第二世，慧济同门崇寿契稠（？—992）或为第三世。

崇寿院，据大愿法师考证，遗址在今抚州市第一医院[④]，此说可能取资于陈志平《抚州城的奠基人——危全讽》（见抚州史志网），然而他们并未说明此崇寿院即是曹山开创的曹山寺，后名崇寿院。

曹山在抚州得到地方官员的大力支持。自中和五年（885）三月始至天祐六年（909），危全讽占据抚州二十余载，他对洞山一门曹山、疏山都非常支持，对于曹洞宗在江西的发展贡献很大。

曹山无意于结交王侯，据《祖堂集》，钟陵大王即江西的实际统治者

① 《大正藏》第49册，第390页上。

② 《大正藏》第51册，第401页上。

③ 同上书，第415页下。

④ 释大愿：《重走江湖》，大乘佛刊杂志社2011年版，第206—211页。

镇南节度使、南平郡王钟传（？—906），他自中和二年（882）占据江西三十多年，其间三度降使迎曹山入洪州府城，都被拒绝了，最后书大梅法常一首偈，表达自己的决心，钟传只得望山而拜，为今生不得见曹山大师而遗憾不已。曹山不愿到洪州，可能有多种原因，其中之一或许是不想让危全讽不快。危全讽与钟传的关系比较特殊，一方面他是钟传的部下；另一方面也处于半独立状态，是抚州的实际占据者，他对曹山是真心支持的，曹山当然也投桃报李，不忍弃之而奔钟传。后来疏山于危全讽将败时不肯离去，也是同样原因。

在有关曹山的史料中，各有得失，《祖堂集》、《景德传灯录》基本可靠，但也有失误。《宋高僧传》本传记事缺略，错误较多，不可轻信。《禅林僧宝传》多有杜撰，如谓本寂名“躭章”，不知何据，言曹山在洞山十余年，与史不合，又编造了洞山密付、疏山偷听的故事，实是小说家言。《五灯会元》虽是后出，却集诸说之长，又有新史料发现，值得重视。

第二节　曹山的思想及其对曹洞宗理论的创建

曹山学识渊博，思想深刻，是曹洞宗的实际创建者之一，对于本宗理论的完成有很大的贡献。

有关曹山思想及曹洞理论资料，以曹山门人慧霞等所编《重编曹洞五位显诀》最为重要，虽然此书经元代晦然等重编，杂入他篇，非全原貌，然不失其本，值得特别重视。

根据此书，洞山有《五位显诀》，但很简短，曹山有《洞山五位显诀拣出语要》，其中对元真的《五位拣》有批评，还有《先曹山本寂禅师逐位颂（并）注别拣》。

现存《（重编）曹洞五位显诀》卷一中附有广辉之“释”及晦然之“补”，后来日本僧人慧印所编《抚州曹山证禅师语录》，附有其门人本光重编之《显诀》等，内容一致，亦是自前编摘出，文字稍有出入，互有得失。今为研究方便，仅述洞山五位显诀及曹山拣词：

正位却偏，就偏辨得，是圆两意。

曹山拣云：正位却偏者，为不对物。虽不对物，却具。别时（本光本无“时”字，于义无碍，下不具述）拣云：正中无用为偏，全用为圆，是两意。问："如何是全？"云："不顾（本光本误作'顽'）者，得底人也。此正（本光本无'正'字）位，不明来也。若佛出世也恁么，若佛不出世也恁么。所以千圣万圣，皆归正位承当。"又别拣云：夫先师所明偏正与兼带等，用先师本意，不为明功进修之位兼涉教句，直是格外玄谈，要绝妙旨，只明从上物体现前，冥叶古圣之道。今见诸学士诠拣先师（本光本作"人"）意度，似有误彰，不免聊为敘其差当，媿在不混其功。于中或有借位明功，借功明位，缘绪多端，功在临时，看语来势，不负来机，妙在佳致尔。拣云：正中偏却具，此一位，第一不得动着。拣云：如学士拣"独脱物外，起众圣之前"，云是正位却圆，其实屈正位也。此例语是古人道，过迹尚存，犹未得语中无语，此复呼为非正位也，为语中有语。故此可呼为有病兼带，不得呼为相兼带来耳。（此段拣文，本光本置于最后相兼带部分）

偏位虽偏，亦圆两意。缘中辨得，是有语中无语。

拣云：为用处不立的（本光本作"的的"），不立的（不立的，本光本作"的的"）则真，不常用也。又拣云：偏位虽偏亦圆者，用中无物不（本光本作"无"）触是两意。虽就用中明，为语中不伤，此乃竟日道如不道。一般又云（一般又云，本光本作"别时拣出"）：偏位却圆，亦具缘中不触。

或有正位中来者，是无语中有语。

拣云：正中来者，不兼缘。如药山云"我有一句子，未曾向人说"，道吾云"相随来也（本光本无'也'）"，此是他妙会得。如湖南观察使语，此例甚多。事（本光本无"事"）须合出，不得混尊卑，呼为无语中有语。又"我有一句子，未曾向人说"，此问（本光本作"句"）答家须就出，不得乖角（原作"乘角"，依本光本改。按：自相矛盾，谓之乖角），乖角则不知有故。又拣云：句句无语，不立尊贵，不落左右，故云正中来也。正位来，明正位不涉缘。文引语例者，如"黑豆未生芽时作么生"，又如云"有一人无出入息"，又云"未具胞胎时还有言句也无"，"十方诸佛出身处也"。此例唤作无语中有语。又拣云：又有借事正位中来者。此一位答家须向偏位中明其体物，不得入正位明也。此一句要知，先师问新罗僧，"未过海时在什么处"，无对，自代云"只今过海也在什么处"。又如先师代慎微（原作征，依本光本改）长老出柱杖语，云："如今出也，有人辨得么?"此例虽缘中认得，不同向去辨不得。恐后人收落功勋，将为向上事。

或有偏位中来者，是有语中无语。

拣云：偏位中来者，则兼缘。如云"即今往来底，唤作什么即得"，无对，洞山自代云"不得不得"。此例亦多，呼为有语中无语也。又拣云：语从四大声色中来，不立处所是非，故云缘中辨得，是偏位中来也。引语例者，云如"什么物，恁么来"，亦云"光境俱忘，复是何物"，亦云"定慧等学，明见佛性"。此例亦多，唤作有语中无语。又拣云：偏位来，明偏位涉缘，缘性无体，皆同正位。又拣云：偏位中来者，就物明体。如云"什么物，恁么来"，又"光境俱忘，复是何物"。此一例语寄功明位，亦是予旧举例。"什么物恁么来"，此一例语，虽缘中认得，不同向去。又"定慧等学，明见佛性，此理如何"，此一例语，亦予初举例语。又如"光境俱忘"，为是教中之则，不同玄学，只要于他教，则出宗门中玄学外事也。又拣云：只如"出息不依众缘，入息不居蕴界而住"，此语全是功，不同缘中认得，亦是余旧举例。主家抽入正位，云"有一人无出入息"，令渠知有正位。又拣云：如学士拣，僧问洞山"如何是玄旨"，山云"如死人舌"，又问"十二时中将何奉献"，云"无物"，云是偏位中来。此二例语，不得呼为偏位中来，须各拣。若是玄旨一例语，可同于祖师意。如"十二时中将何奉献"，云"无物"，此一例语可同于功勋也。此二例语并不得呼为偏位及兼带也。前已明破了，是借功明位，借位明功同于此也。

或有相兼带来者，这里不说有语无语语。这里直须正面而去，这里不得不圆转，事须圆转。

拣云：相兼带来者，为语势不偏不正，不有不无，如全不全，似亏不亏，唯得正面而去也。去则不立的，不立的则至妙之言境，不圆常情之事也。如先师代文殊吃茶话云"惜取这个看得么"，亦如翠微云"每日噇什么"。（此下一段原文无，依本光本补）亦有功勋中兼带，似向上事，临时辨取。如落净妙之处，则须知有事在。要去则去，要止则止，千万圆转，不得莽卤。如大无明底人为全体，不同阐提。阐提则知有事却靴，虽靴却成孝养。靴者，不存祖佛及自己本分父母也。红烂底人为不归，全担荷，不立至尊。大保任底人为刺脚入泥里，非小小护持。

然在途之语总是病。夫当人先须辨得语句，正面而去。有语是恁么来，无语是恁么去。作家中不无言语，不涉有语无语，这个唤作兼带语，兼带语全无的的也。他智上座临迁化时向人道："云岩不知有，我悔当时不向伊说。虽然如是，且不违于药山蔡子。"看他智上座合作么生老婆也！南泉唤作异类中行，且密阇黎不知有。

拣云：相兼带来者，不落有语无语。如药山带刀语，此是兼带语。临时看语来势，或当头正面而去，或异中虚此，若不妙会，则千里万里也。又拣云：引相兼带来语例者，如文殊吃茶语，及"这个人如今什么处去也"，云岩云"作么作么"，又云"即今作么生"，此例甚多。又拣云：相兼带来，不涉偏正二途。此一位奇绝，妙旨难辨，号为兼带，皆为明这个一段事，况复偏正不同。又拣云：夫相兼带来者，直须似文殊吃茶语，及先师答云岩钽姜语，并安和尚法堂语，及药山淳布衲洗佛语。于中最妙兼带，无过（原注称"旧本欠'此也'二字"，今依旧本）药山答道吾带刀语及百丈下堂、大众欲散未散时、问云"是什么"，药山遥闻此语，云"在也"（一作此），便道暗头兼带，借功明物，借物明功，借过明功，借功明过等来。若是药山与新丰并前诸德所出，超过入正位，是玄谈奇特句。已次到小小得力者，则（本光本作"即且"）抽入正位，此例吾（原作语，依本光本改）常用也。

吾缘住持多绪（原用结，依本光本改），不及子细，略明少分许。汝等诸人，不须容易轻慢。若更有疑滞，旋当决了。直须励力修行，令未来际不断。此事不得慢泄，或值纯朴（本光本作"忖"）者，是奇器也（原无"也"，依本光本加），亦不可隐耳。

偏正五位是曹洞宗的核心理论，虽为"洞山大师之所作"，却也有曹山"制颂排章，若获神珠入海；随文解释，如窥明镜照人"的功劳。从曹山拣文来看，洞山之时的偏正五位比较古朴，"不为明功进修之位兼涉教句"，就是说没有"功"与"位"的说法。曹山并非仅仅是一个解释者，还是一个创造者。《洞山五位显诀并先曹山拣出语要》下所附的《六借》当出自曹山，因为《拣出语要》中已经有"借功明物，借物明功，借过明功，借功明过”等说法。

五位颂，即《逐位颂》为曹山所作，非是洞山。

曹洞宗以偏正、君臣、宾主、内外、理事、功位等来说明一心之体用本末，强调从有分别到无分别，此与南岳一系强调修证之次第、重视自性本我的门风相同，而与青原一系凡圣俱泯、“不落阶级”的宗风有别。曹洞宗认为自与他、形与影是有主从之别的，故以偏正、君臣喻之。所谓偏正五位，正位即空界，即体，即君，偏位即色界，即用，即臣。

正中偏，即体多用少，黑主白从，君重臣轻，失之于践履不深，于事不明，颂云“三更初夜月明前，莫怪相逢不相记，隐隐犹怀旧时妍”，是说黑多白少，故相逢不相见，体用失度，故君臣揆离；偏中正，即体少用多，白主黑从，臣重君轻，失之于昧于本来，于理不了，颂云“失晓老婆逢古镜。分明觌面别无真，争奈迷头还认影”，是说有用无体，虽有古镜可鉴，恰逢老婆失晓，是故虽然分明觌面，却不见本来面目，前颂云有眼无镜，此颂称有镜无眼，均有偏失，故不得见。正中来，即由体起用，以君视臣，用由体生，色依空立，故虽有而无，虽见非见，颂云“无中有路隔尘埃。但能不触当今讳，也胜前朝断舌才”，是说体无用有，依空寂之体而有出世绝尘之功用，洞山一系特别强调自悟亲证，反对自外而得，因为“从门入者非宝”，在师授方面也注重启发诱导，即便弟子一时不能理解也不说破，洞山欲从沩山明无情说法义，机缘不契，沩山不欲说破，令其转事云岩，云岩不明南泉“异类中行”之义，南泉、药山皆不为说，道悟为之咬指血出，亦终不说破，洞山初不会云岩之意，云岩令其自觉，后临水睹影而大悟，人问其初见南泉，为何为云岩设斋，洞山却道我不重先师道德佛法，只重其不为我说破，可见“不说破”已经成为此派的门风。洞山以“不犯讳”重申“不说破”之义，说明直言无益，说食难饱，故曲折回互以为说，终令学者自悟。是以“回互”成为曹洞宗的特色，故言偏正、君臣，广取诸譬以喻之，不敢犯讳，以免有断舌之忧。偏中至，后作兼中至，即从用归体，臣奉于君，如此有体有用，有君有臣，体用俱备，君臣协力，只是欲到未到，将合未合，故宾主历然，法境相敌，颂云“两刃交锋不相避。好手还同火里莲，宛然自有冲天意”，是说二者如同两刃交锋，然意在相合而非相伤，真正的作家应当不怕矛盾，如火中生莲，水底扬尘，夜半正明，天晓不露，如此用中显体，体中显用，须是好手始得。兼中到，即体用一如，君臣道合，此即兼带，为最高境界，颂云“不落有无谁敢和。人人尽欲出时流，折合还来炭里坐”，是说到此不落有无，不存两边，宛然中道，凡圣不能明，诸佛不得辨，故黑似炭，暗若漆，修行至此，方称究竟，出得常流，总归这里。

五位颂义理深邃，文字巧妙，值得重视。前人指出，其中文句宛转回互，不犯不触，有语中无语，无语中有语，体现了自家宗旨。如“三更、初夜、月明前”，都是说黑说暗，却又始终不言黑字；“失晓老婆逢古镜”，意在说明说白，老婆头白，古镜澄明，而又不终不道白字；“折合还来炭里坐”，以纯黑之炭比喻无上涅槃，亦终不言黑字。这种解释或许有穿凿之嫌，故受大慧之讥，但也不无道理。①

除《五位颂》之外，《六借》也是曹山创立的重要理论。

据《（重编）曹洞五位显诀》卷一：

> 借物明功者，沩山云：“有句无句，如藤倚树。”云岩无对，却举似道吾。吾特上来问沩山：“见说师有此语是否？”山云：“是也。”吾云：“请师举。”沩山问道吾，吾云：“树倒藤枯时作么生？”山云：“此人较些子。”又夹山云：“倒树无根则不活。”举问寂住，住云：“不许用功。”此例非一。②

借是假借之意，所谓借物明功，是指假借物相来揭示显明功勋作用。如所举例，是借用树与藤这些物相来说明修行的功夫。沩山强调的是树与藤的依存关系，道吾则言树倒藤枯，一法不立。

据《（重编）曹洞五位显诀》卷一：

> 借功明物者，洞山游田次，朗上座指牛云：“这个须得看，恐吃稻去。”山云：“若是好牛，不吃稻。”又问：“返本还源时如何？”山云：“如一片雪从天降下，若丝发大物挂着，则终不到地。”此例语，子细看寻。③

① 参见《妙喜示众》，《卍新纂续藏经》第63册，第207页中至第208页上。

② 《卍新纂续藏经》第63册，第202页下。

③ 同上。

借功明物，则是不直言物相，而是通过其作用来显现。不吃稻，不食他人苗稼，只用本分水草，方是好牛。返本还原，即是修证用功，如何用功呢，一则仅守本分，不食人家水草，二则一丝不挂，一念不生，如同一片雪花从天而降，中途遇到丝发细物挂着，则生执著，不能落地，功夫不能落堂，难以到家。通过一物不违、一念不生、一法不立的功夫，体现了修行者的境界。不吃稻，即是好牛；不挂物，即是好雪。好雪，则片片不落别处；好牛，则时时谨守本分。通过不食稻、不挂物来说明好牛和好雪，即是借功明物。

据《（重编）曹洞五位显诀》卷一：

> 借过明功者，僧问洞山："暂时不在，如同死人如何？"山云："好埋却。"又云："［自/宛］也。"又云："命绝也。"又洞山云："知有底人解入地狱，不知有底人门外走过。"此例甚多，就过明功也。①

功之与过，相去几何？在禅者看来，二者能够相互借用，相互说明，都是悟道方便，并无实义。死人却有生气，芸芸众生，满街上都是行尸走肉，虽活如死。知有的人，能入地狱；不知有的人，门前错过。入地狱者，却是大自在人；门外走过者，却是当面蹉跎。入地狱去，异类中行，名过实功，不可错认。

据《（重编）曹洞五位显诀》卷一：

> 借功明过者，问苕溪："如何是修行路？"溪云："好个阿师，莫客作！"南泉问陆亘大夫："十二时中作么生？"夫云："寸丝不挂。"泉云："犹是阶下汉。"夫云："弟子恁么道，过在什么处？"泉云："还知道，有道之君不纳有智之臣？"此例甚多，一一证之。②

修行是功，有功不如无功，因为道不用修，修即离道愈远。故有为有求，名功实过。若是真正修行人，识得自家主人公，无为无求，不修不

---

① 《卍新纂续藏经》第63册，第202页下。

② 同上。

染，天然自在。若起修道心，即是造作，即是客作汉，所谓客作，即是被雇佣、不自由的民工，禅宗经常以之比喻没有觉悟、不得自在的人。寸丝不挂，犹是阶下汉，阶下汉，即是臣僚，不是君主，未曾达到最高境界。寸丝不挂，也是用功，也是有智，不过用功不如无功，有智不如无智。有智之臣，有功之臣，其处境危如累卵，因为有道之君不纳有智之臣，有智之臣师心自用，自以为有智，上者骄傲，下者谋逆，实不可用。有功有智，不如无功无智，有功实则为过，此乃借功明过。禅宗经常以此表明修行求佛的造作有为，说明有功不如无功，无功之功，才是真功。

据《（重编）曹洞五位显诀》卷一：

> 借位明功者，有问药山："请和尚吃药食。"山云："不吃。"云："为什么不吃?"山云："消他底不得。"云："还有能消得底也无?"山云："有。"云："是什么人?"山云："不抱优婆夷者。"云："和尚为什么消他底不得?"山拈起针线卷子，云："争奈者个何?"（补曰：学论优婆夷者，取处尘不染之意，言随染大悲大行。）
>
> 又僧问曹山："眉与目还相识也无?"山云："不相识。"云："为什么不相识?"山云："为同在一处。"云："恁么则不分也。"山云："眉且不是目，目且不是眉。"云："如何是目?"山云："端的去。"云："如何是眉?"山云："曹山却疑。"云："和尚为什么却疑?"山云："若不疑，则端的去。"此例就本位明功也。[①]

借位明功，即就体显用，虽然说体，用在其中。不抱优婆夷者，即不近女色、不犯戒者，如此之人，能够消受一切供养。药山自称消受不得，按照《补》之解释，取处尘不染之意，乃随缘大悲之行。

曹山对眉与目的解释堪称经典，体现了曹洞宗对分与不分的特殊理解。因为同在一处，距离太近，故不相识，此中包含了深刻的道理，有近有远，有同有异，才可能相识。同是相识的可能性，异是相识的必要性，二者具足，才会相识。由于离得太近，反而距离更远。眉与目也是有一有异，虽然同在一处，却不得混同。有目，即是具眼的人，自然端的去，直达彼岸。眉的作用则更加特殊，似乎无用，实则大用，龙牙居遁在偈颂中多处提到

---

① 《卍新纂续藏经》第63册，第202页下、203页上。

眉毛，看来是同气相求。曹山是大悟的人，为何不识眉毛，心中有疑，其实曹山不是有疑，不是不能端的去，而是在尘不染，为度众生方便示疑。

据《（重编）曹洞五位显诀》卷一：

> 借功明位者，洞山问云岩："拟写和尚真，得也无？"岩云："几得成？"山云："寻常写真得七八。"岩云："犹是失在。"山云："不失时如何？"岩云："直得十成。"山云："古人道'直得十成不似'时如何？"岩云："他无成数。"又洞山勘僧云："心法双忘性即真，第几座？"僧云："第二座。"山云："因什么不与他第一座？"无对。有一人代云："非心非法。"山云："心法双亡，即是非法，何更如是道？"无对。山自代云："真不得座。"又问曹山："教云，一句能吞百千万义，如何是一句？"山云："针劄不入。"此例亦多，细详之。①

借功明位，即由用显体。写真，即画真像，与时下的用法一致。能够画得七八成，已经不错了，然云岩道不可，必须十成。洞山道，古人云即使十成还是不似，是什么意思，云岩称他无所谓成数、不能以几成论之。这是借画像成数（修行程度，功）来显现其境界地位的例子。洞山引《永嘉证道歌》中"心法双亡性即真"一句来勘验僧人，问如此该当第几座，僧人称第二座，再问为何不与第一座，无对。有一人代云"非心非法"，洞山道心法双亡即是非心非法，为何无谓重复，又无对。洞山自己代云"真不得座"，意思是说若得性真，即是无位真人，超越一切，无处安排，哪论座次？心法双亡，即是功用，由此无功之功，显现无位之位。有人问曹山，教中道"一句能吞百千万义"，一句具无量义，如何是一句，曹山云若是一句子，针扎不得入，水泼不能进，蚊子上铁牛，无你下口处。由具足无量义之用，说明无可倾动之位。

后世曹洞宗对于"六借"特别是"借功明位"、"借位明功"有所解释发挥。

据《嘉泰普灯录》卷三《芙蓉道楷禅师》：

> 大观改元，敕移天宁。上堂曰："唤作一句，已是埋没宗风。曲

① 《卍新纂续藏经》第63册，第203页上。

为今时，通途消耗。所以借功明位，用在体处；借位明功，体在用处。若也体用双明，如门扇两开，不得向两扇上著意。不见新丰老子道‘峰峦秀异，鹤不停机。灵木迢然，凤无依倚’？直得功成不处，电火难追；拟议之间，长途万里。”①

芙蓉道楷（1043—1118）为投子义青门人，是宋代曹洞宗再兴的关键人物，他的解释当然具有权威性。他强调，借功明位时，用包含在体中；借位明功时，体蕴含于用中。如果体用双明，如何两扇大门一齐打开，然而不得向两扇门（体与用）上产生执著。他还引《玄中铭》，表明虽然峰峦秀异，鹤却不会止步；灵木备列，凤凰也不会依倚，外境虽好，本心也不会在意，不会执著牵挂。即便功成不居，也是差之万里，强说一句子，也是埋没宗风。

又据《宏智禅师广录》卷一《泗州大圣普照禅寺上堂语录》：

遂指法座，云：“征兆未兴，会要借功明位；影响才露，还须借位明功。诸人还相委悉么？跨足已超凡圣表，通身不滞有无功。”便就座。②

天童正觉（1091—1157）是南宗曹洞宗最为杰出的代表人物。他指出，征兆未起、本体不彰之时，必须借功明位；影响已露、名著位高之时，还要借位明功。当然超越凡圣、不滞有无，才是体用双明的最高境界。

据《（重编）曹洞五位显诀》卷一：

便道暗头兼带。借功明物，借物明功，借过明功，借功明过等来。若是药山与新丰并前诸德所出，超过入正位，是玄谈奇特句。③

这是曹山对五位的《拣》语，其中言“六借”即是兼带，而且是最

① 《卍新纂续藏经》第79册，第309页中下。

② 《大正藏》第48册，第1页中。

③ 《卍新纂续藏经》第63册，第202页上。

高的暗头兼带，如若举药山及洞山等上代诸德所述，属于最高的玄谈奇特句，超过入正位。所谓“借”，即是回互兼带，不触不犯，旁敲侧击，不直言其事，体现了曹洞宗婉转绵密、迂回善巧的宗风。

《重编曹洞五位》卷下还录有曹山《三种堕》和《四种异类》。三种堕，“披毛戴角是沙门堕，不断声色是堕类（堕），不受食是尊贵堕。”① 披毛戴角，即是异类中行，作水牯牛，向异中行，始出得类，即有语中无语，此则不处正位，不求胜报。不断声色，即是于一切声色物物上转身去，不随阶级，无有分别，不断不失，不除不受，不断即是能转，能转一切声色，始终作得主人翁。尊贵堕，即了达正因，不存胜解，对于法身法性等尊贵之事亦须转却，不受其惑，不受正命之食，知有不取。

据《（重编）曹洞五位显诀》卷三：

四种异类

一者往来异类者，如今一切声色言语、阶级地位，舍父逃逝，尽背却向上父，又得为异类。又天堂、地狱、饿鬼、畜生、修罗等皆是异类。

二者菩萨同异类者，先明自己，然后却入生死异类中摄他。已证涅槃之果，不舍生死类，自利利他，愿一切众生皆成佛，从末后成佛。所以大权菩萨若不先化众生，己事无由得成办。故南泉云：“先过那边知有，却来遮边行李。”菩萨具六度万行。教云：若有一众生未度者，吾终不成正觉。誓愿无边，众生无边。如是誓愿，故名菩萨同异类。

三者沙门异类者，先知有本分事了，丧尽今时一切凡圣因果功行，始得就体。一般名为独立底人，亦名沙门，称断事始得。表里情忘，三世事尽，得无遗漏，得名佛边事。亦云一手指天地，亦云具大沙门，转却沙门，称断边事，不入诸圣报位始得。名为沙门行，亦云沙门转身，亦云披毛戴角，亦唤作水牯牛。恁么时节，始得入异类，亦云色类边事。所以古人道“头长三尺，项短二寸”，只是这个道理，不得别会。

四者宗门中异类者，如南泉云“智不到处，切忌道著，道著则

① 《卍新纂续藏经》第63册，第213页下。

> 头角生”，“唤作如如，早是变也，直须向异类中行”，道取异类中事。洞山云：“此事直须妙会，事在其妙，体在妙处。”曹山自道：“此事直须虚一位，全无的的也，觌面兼带始得。”若是作家语，不偏不正，不有不无，呼为异中虚。此事直须作家横身，逢木著木，逢竹著竹，须护触犯，嘱嘱嘱嘱！①

异类中行，主要是继承发挥南泉普愿的思想。往来异类，是“未知有自己”、不明自性的六道众生，也包括一切有为法。同中异类，指知有自己、己事已明，但为利益众生而不取正觉、“不择其身”的大权菩萨。曹山的重点，是放在后两种异类上。沙门异类，即“不惧业”，不怕生死，不触不净，“遇触则触，遇净则净”，故“触处得自由”，始终不变易。宗门异类，“直须向异类中行”，始得通身，一切物不得比况，佛祖不得计较，天人不可测度，故为胜妙之句。宗门异类，包含着将菩萨同中异类与沙门异类合在一起的意味，代表了禅宗修行的最高境界。

曹山还指出，所谓不变易，有两种，一是人人皆有的本分事，二是知有的人，不舍一切声色是非，一法不舍，一物莫违，于一切物上不滞，物物不间断，步步无处所，称为一切处不易。亦是入泥入水，逢草吃草，逢水饮水，自由自在。

曹山三种堕及四种异类，虽然出现较晚，其真实性不容怀疑。

如《（重编）曹洞五位显诀》卷三：

> 云：“如何是宗门中异类?”师云：“要头则斫将去。”得无遗漏，始得通身。始唤作一尘一念，十方婆伽梵，一路涅槃门。到恁么时节，不处正位，不择其身，却入异类中，披毛戴角无异念。故云一切物类比况不得，诸佛诸祖计校不成。所以古人道，沙门边语，不得将尺寸语与人，故唤作胜句妙句。此是色类边语。三者一切所有底物比不得，始呼为胜句妙句。所以古人道：千般比不得，万物况不成。智者不能知，上根亦不识。亦云本来无相似。②

---

① 《卍新纂续藏经》第63册，第214页中下。

② 同上书，第214页下、215页上。

又据《宗镜录》卷九十八：

先曹山和尚云：古佛心，墙壁瓦砾是者，亦唤作性地，亦称体全功，亦云无情解说法。若知有，这里得无辩处。十方国土，山河大地，石壁瓦砾，虚空与非空，有情无情，草木丛林，通为一身。唤作得记，亦云一字法门，亦云总持法门，亦云一尘一念，亦唤作同辙。若是性地不知有，诸佛千般喻不得，万种况不成。千圣万圣尽从这里出，从来不变异。故云“十方薄伽梵，一路涅槃门。”①

两相对照，可知其思想宗旨、语言风格完全一致，甚至许多关键词都一样，可见同出一人。

据《宗镜录》卷二十九：

先德云：第一不得于一机一教边，守文作解，实无有定法如来可说。我宗门中不论此事，但知自心即休，不更用思前虑后。又偈云：千般比不得，万种况不成。智者不能知，上贤亦不识。②

又据《黄檗山断际禅师传心法要》卷一：

第一不得于一机一教边，守文作解。何以如此？实无有定法如来可说。我此宗门不论此事，但知息心即休，更不用思前虑后。③

可见《宗镜录》所说的先德，就是指黄蘗希运，其所引偈，和曹山所引古人偈也是一样，此偈有可能就是黄蘗之作，《传心法要》漏载。总之，《四种异类》所引确有出处，内容可靠。

由此可知，《重编曹洞五位》的相关记载是可靠的，足以信赖，可以作为研究曹山禅法思想的原始资料。

从现存几种资料来看，曹山的基本思想和说法是一致的。

---

① 《大正藏》第48册，第946页下。

② 同上书，第586页上。

③ 同上书，第382页下、383页上。

据《祖堂集》卷八：

师每上堂示诲云："诸人莫怅［怪］曹山不说，诸方多有说成底禅师在，你诸人耳里惣满也。一切法不接不借，但与么体会，他家差别知解无奈阇梨何。天地洞然，一切事如麻、如苇、如粉、如葛，佛出世亦不奈何，祖出世亦不奈何。唯有体尽，即无过患。你见他千经万论说成底事，不得自在，不超始终，盖为不明自己事。若明自己事，即转他一切事为阇梨自己受用具；若不明自己事，乃至阇梨亦与他诸圣为缘，诸圣与阇梨为境。境缘相涉无有了时，如何得自由？若体会不尽，则转他一切事不去；若体会得妙，则转他一切事向背后为僮仆著。是故先师云：'体在妙处。'莫将作等闲。到这里不分贵贱，不别亲疎，如大家人守钱奴相似，及至用时，是渠惣不得知东西。这里便是不辩［辨］缁素，不识清浊，若是下人出来着衣，更胜阿郎，奈何缘被人识得伊。专甲向诸人道：向去语则净洁，事上语却不净洁。且唤什么作事上语？这里没量大人弁［辨］不得。"①

据《禅林僧宝传》卷一：

示众曰：僧家在此等衣线下，理须会通向上事，莫作等闲。若也承当处分明，即转他诸圣向自己背后，方得自由。若也转不得，直饶学得十成，却须向他背后叉手，说什么大话！若转得自己，则一切粗重境来，皆作得主宰，假如泥里倒地，亦作得主宰。如有僧问药山曰："三乘教中，还有祖意也无？"答曰："有。"曰："既有，达磨又来作么？"答曰："只为有，所以来。"岂非作得主宰，转得归自己乎！如经曰"大通智胜佛，十劫坐道场。佛法不现前，不得成佛道"，言劫者，滞也，谓之十成，亦曰断渗漏也。只是十道头绝矣，不忘大果，故云守住耽著，名为取次承当，不分贵贱。我常见丛林好论一般两般，还能成立得事么？此等但是说向去事路布。汝不见南泉曰"饶汝十成，犹较王老师一线道"？也大难事，到此直须子细，始得明白自在。不论天堂地狱，饿鬼畜生，但是一切处不移易。元是旧

① 《祖堂集校注》，第222、223页。

时人，只是不行旧时路。若有忻心，还成滞著。若脱得，拣什么？古德云“只恐不得轮回”，汝道作么生？只如今人，说个净洁处，爱说向去事，此病最难治。若是世间粗重事，却是轻，净洁病为重。只如佛味祖味，尽为滞著。先师曰：“拟心是犯戒，若也得味是破斋。”且唤什么作味？只是佛味祖味，才有忻心，便是犯戒。若也如今说破斋破戒，即今三羯磨时，早破了也。若是粗重贪嗔痴，虽难断却是轻；若也无为无事净洁，此乃重，无以加也。祖师出世，亦只为这个，亦不独为汝。今时莫作等闲，黧奴白牯修行却快，不是有禅有道。如汝种种驰求，觅佛觅祖，乃至菩提涅槃，几时休歇成办乎！皆是生灭心，所以不如黧奴白牯，兀兀无知，不知佛，不知祖，乃至菩提涅槃及以善恶因果，但饥来吃草，渴来饮水。若能恁么，不愁不成办。不见道“计较不成，是以知有”，乃能披毛戴角，牵犁拽耒，得此便宜，始较些子。不见弥勒阿闳，及诸妙喜等世界，被他向上人唤作无惭愧懈怠菩萨！亦曰变易生死，尚恐是小懈怠，在本分事，合作么生？大须子细始得。人人有一坐具地，佛出世侵他不得。恁么体会修行，莫趁快利。欲知此事，饶今成佛成祖去，也只这是；便堕三途地狱六道去，也只这是。虽然没用处，要且离他不得，须与他作主宰始得。若作得主宰，即是不变易；若作主宰不得，便是变易也。不见永嘉云“莽莽荡荡招殃祸”！问：“如何是莽莽荡荡招殃祸？”曰：“只这个总是。”问曰：“如何免得？”曰：“知有即得，用免作么？”但是菩提涅槃，烦恼无明等，总是不要免。乃至世间粗重之事，但知有便得，不要免，免即同变易去也。乃至成佛成祖，菩提涅槃，此等殃祸，为不小。因什么如此，只为变易。若不变易，直须触处自由始得。①

这段《示众》非常重要，其中义理语句，与《三种堕》、《四种异类》非常接近。如言“黧奴白牯，兀兀无知”和“百无所解”、“朦朦瞳瞳”、“但念水草，余无所知”一致，又如“若不变易，直须触处自由始得”，与“触处得自由，始得不变易”意思一样。

综合以上诸说，曹山强调“明自己事”，明得己事，即转一切事（包

① 《卍新纂续藏经》第79册，第493页上中。

括佛祖诸圣）向自己背后，为自己受用奴仆，如此则作得主宰，转一切归自己。作得主宰，则始终不变易，不变易，则触处自由，能够入泥入水，轮回六道。

曹山认为，天下病，唯佛病、净洁病最难治，佛病，即执著于成佛，对于净洁处、向上事念念不忘、恋恋不舍。这种执著，比执著于世间万法的贪欲更为可怕。

据《天圣广灯录》卷九《洪州大雄山百丈怀海禅师》：

> 心若不乱，不用求佛、求菩提涅槃。若著佛求，属贪，贪变成病。故云佛病最难治。谤佛谤法，乃可取食。食者是自己灵觉性无漏饭、解脱食。此语治十地菩萨病，是从初至十地也。
>
> 秖如今但有一切求心，尽名破戒比丘、名字罗汉，尽名野干，灼然销他供养不得。①

如此这一思想源于百丈怀海，但有求心，皆是破戒，求佛求法，更是破戒。洞山道“拟心是犯戒，得味是破斋”，也是说拟心求佛即是犯戒，得佛味祖味，便是破斋。这些都是为了破除对佛祖净法的执著贪爱，因为这是出家人修行的最大障碍，虽是净障，其过远超于染障，不得不破。

《禅林僧宝传》虽时有造作之嫌，然亦不可全然不信。其述曹山之传，虽《宝镜三昧》及疏山偷听事可疑，然其他部分多有可取。其中如《五位君臣旨诀》，明白易晓，可能实为曹山所作。

据《禅林僧宝传》卷一：

> 僧问五位君臣旨诀，章曰：正位即空界，本来无物；偏位即色界，有万形象（《五灯会元》作“万象形”）；偏中至（《五灯会元》作“正”）者，舍事入理；正中来（《五灯会元》作“偏”）者，背理就事；兼带者，冥应众缘，不随（《五灯会元》作“堕”）诸有，非染非净，非正非偏，故曰虚玄大道，无著真宗，从上先德，推即一位最妙最玄，要当审详辨明。君为正位，臣为偏位，臣向君是偏中正，君视臣是正中偏，君臣道合是兼带语。问：“如何是君？”师曰：

① 《卍新纂续藏经》第78册，第461页上。

“妙德尊寰宇，高明朗太虚。”问：“如何是臣？”师曰：“灵机弘圣道，真智利群生。”问：“如何是臣向君？”师曰：“不堕诸异趣，凝情望圣容。”问：“如何是君视臣？”师曰：“妙容虽不动，光烛不（《五灯会元》作‘本’）无偏。”问：“如何是君臣道合？”师曰：“混然无内外，和融上下平。”又曰：“以君臣偏正言者，不欲犯中，故臣称君，不敢斥言是也，此吾法之宗要。”乃作偈曰：学者先须识自宗，莫将真际杂顽空。妙明体尽知伤触，力在逢缘不借中。出语直教烧不着，潜行须与古人同。无身有事超歧路，无事无身落始终。①

此说与《五灯会元》卷十三所载，文字偶有出入，互具得失。
此说并非始见于《禅林僧宝传》，前人亦有引用。
据《嘉泰普灯录》卷五：

西京天宁禧诵禅师

蔡之西平人，族宋氏，龆龀辞亲，师开元继平。熙宁六年，中经选，下发受具。初游讲聚，洞究入微，学徒宗之。一日罢讲，浮食方外。仅二十年，始蒙记于芙蓉。自振法天宁，继徙韶山、观音、丹霞。　上堂，曰：“韶山近日没巴鼻，眼里闻声鼻尝味。有时一觉到天明，不在床上不落地。大众且道在甚么处？诸人于斯下得一转语，非唯救得韶山，亦乃不辜行脚。其或未然，三级浪高鱼化龙，痴人犹戽夜塘水。”　上堂，拈起拄杖曰：“混然无内外，和融上下平，唤作清净法身。”以拄杖横按曰：“天台榔栗木，南岳万年藤，唤作圆满报身。”卓拄杖一下曰：“敲空作响，击木无声，唤作千百亿化身。”遂倚拄杖曰：“三名一体，座主家风；靠在虚堂，俗流见解；总不恁么，如何商量？”掷下拄杖曰：“惊起木鸡啼子夜，能教刍狗吠天明。”僧问：“如何是君？”曰：“宇宙无双日，乾坤只一人。”云：“如何是臣？”曰：“德分明主化，道契物情机。”云：“如何是臣向君？”曰：“赤心归舜日，尽节报尧天。”云：“如何是君视臣？”曰：“玄眸凝不瞬，妙体鉴旁来。”云：“如何是君臣合？”曰：“帐符尊贱隔，潜信往来通。”政和五年九月四日，忽召主事，令以楮囊分

① 《卍新纂续藏经》第79册，第493页下、494页上。

> 而为四，众僧、童行、常住、津送各一。既而复曰："丹霞有个公案，从来推倒扶起。今朝普示诸人，且道是个甚底?"顾眎左右曰："会么?"云："不会。"师曰："伟哉大丈夫，不会末后句。"遂就寝右胁而化。寿五十九，夏三十九。①

天宁禧诵（1057—1115）为芙蓉道楷（1043—1118）门人，其所传当得之于道楷，因此《五位君臣旨诀》早就在曹洞宗中流传了，肯定不是出于惠洪的编造。此外，《人天眼目》卷三引有大阳警玄（943—1027）《五位君臣颂》，更证明北宋初年此说便流行了，警玄师承云居系的梁山缘观和疏山系的大阳慧坚两家，对曹洞宗上代传承非常熟悉，其说很具有权威性。

《五位君臣旨诀》借用君臣关系，对禅宗修行境界进行了通俗易懂的解释。曹山指出，虽言五位，其实以三位为本，一者色界，为事，为用，二者空界，为理，为体，三者兼带，理事双融，体用无滞，君臣道合，最妙最玄。三者既有分别，又无分别。从境界来论，兼带最高，空界其次，色界最低，然而虽然空界高于色界，臣从于君，子顺于父，却不能重体轻用，有理无事，若有空无色，有体无用，则落顽空，反成陷堕。故对于理事、体用、本末、空色，既不可昧其分别，又不可执其尊卑，迷其分殊则父子不分，宾主不辨，执其尊卑则有取有舍，陷于边见。故兼带最是难得，先德推尊，上贤莫识，欲得兼带，须不昧因果，不落有无。

曹洞宗从有分别到无分别，不昧两边，不立两边，与中观派从性空、假有到中道实相的理论相应，但中观派的性空是说自性空，并非实有空界，而且是从否定意义上立说，而曹洞宗则以本来无物为空界，是从肯定方面立论。曹山认为，己宗的宗要是直显真际，不落顽空。妙明之体，尽而非尽，无而非无，虽然无形无象，无思无为，却是不可毁伤，不得触犯，譬如君王，虽不离宫门，玉殿苔生，不治事，不受礼，却不敢不朝，有违则斩。力用是有，不离因缘，却又不借外缘，借亦不得，逢而不借，故有而不执，有而不执，故有而非有。不欲犯中，故不犯虚玄，回互旁参，虽非无语，却不得犯讳，不可说破，凡有所说，皆是回互，故有句而无句，有说而非说。潜行密用，如愚如鲁，修行为本分事，须脚踏实地，

① 《卍新纂续藏经》第79册，第323页上。

深深海底行，不可虚浮，不必外眩，但自潜修即得。无身有事，即体无用有，体无即空界，本来无物，五蕴非有，用有即色界，有修有证，有位有功，体性空寂，而有弘法利生之用，此乃正理，若舍凡取圣，沉空守寂，直是好无，非但无身，亦言无事，以为如此方可悟道，其实转入顽空，陷于始终。

据《五灯会元》卷十三，曹山还作有《五相偈》，然此事真假，难以定论。其中“白衣拜相”、“积代簪缨，暂时落魄”等说法见于洞山与神山的对话，亦有出处，未必全假，大慧宗杲时已见黑白五相流行，但前代引用乏例，未敢定为曹山之作。

据《祖堂集》卷八：

> 问：“教中有言：‘杀一阐提，获福无量。’如何是阐提？”师云：“起佛见、法见者。”云：“如何是杀？”云：“不起佛见、法见是杀。”师却问僧：“是明阐提？是暗阐提？”僧无对。师代云：“白裹肚，着皂袄。此意者，起见是明，故云白；不起见是暗，故云墨。”①

如此《祖堂集》中有曹山以黑白比喻明暗的例子，然并未明言五相，这一例证还嫌不足。

总之，曹山对于曹洞宗理论完善贡献很大，后世将其与洞山并列为曹洞宗创始人是有根据的。

第三节 曹山与寒山诗

曹山生于诗书之乡，早年曾习举业，工于诗文，长于偈颂，故僧传赞其文辞遒丽，富于法才，是禅僧中不可多得的博学能文者。

曹山曾著《注对寒山诗》，所谓“注对”，前人有多种解释，当以余嘉锡、张伯伟之说为佳，即“以诗注诗”。“对”当为应对、唱和之意，有如少数民族流行的“对歌”，未必是与佛教的“对法”有关。

贾晋华兼为古典文学与禅宗研究者，对寒山诗有独到的心得，她作有《传世〈寒山诗集〉中禅诗作者考辨》，其中提出了一些大胆的新观点，

---

① 《祖堂集校注》，第225页。

本节即在其研究基础之上进行进一步的探讨，主要涉及杂在寒山诗中的曹山诗偈及其表达的禅学思想。

贾晋华提出，曹山本寂为《寒山诗集》中禅诗的真正作者，这是因为曹山的注诗混入原集，成为寒山诗集的组成部分，也就是她所分出的五十四首禅诗。①

这些禅诗中，有的是对祖师思想的直接阐释。例如：

> 自古多少圣，叮咛教自信。人根性不等，高下有利钝。
> 真佛不肯认，置功枉受困。不知清净心，便是法王印。(217)

这首诗，实际是《坛经》思想的诗化。六祖惠能本人是一个高度自信的人，也经常教人自信，尤其是相信自性是佛，自身具足自性三身佛。次句亦由《坛经》“正教无有顿渐，人性自有利钝”、“法无顿渐，人有利钝”化来。“真佛”即自性，即“自心归依自性，是归依真佛”、“我心自有佛，自佛是真佛”，“真如自性是真佛”。“置功”，即造作用功，即六祖批评的“又有人教坐，看心观静，不动不起，从此置功。迷人不会，便执成颠。如此者众。如是相教，故知大错”。如此用功，非但不能觉悟，反而更加迷惑。法海《略序》载梁朝智药三藏预言“后一百七十年，有肉身菩萨于此树下开演上乘，真传佛心印之法主也”，即指惠能为“传佛心印之法王”，此印即“法王印”，而此印不假外求，实是自性“清净心体”。

又如：

> 我见人转经，依他言语会。口转心不转，心口相违背。心真无委曲，不作诸缠盖。但且自省躬，莫觅他替代。可中作得主，是知无内外。

这是对《坛经》机缘品六祖化导法达一事的引用说明。六祖指出：“口诵心行，即是转经；口诵心不行，即是被经转。”口诵心不行，是依文解义，依言语会，如此心口相违，不能转经。心真即是直心，直心无委

① 《古典禅研究》，第402、403页。

曲，直心是道场。若要转经，必须自省己躬，反身而诚，自修自证，他人替代不得。“须作得主宰”，则无有内外，心无分别，永不变易。

有的是对禅宗公案的直接引用和说明。例如：

> 蒸砂拟作饭，临渴始掘井。用力磨碌砖，那堪将作镜。
> 佛说元平等，总有真如性。但自审思量，不用闲争竞。(97)

熟悉禅宗史者都会知道怀让以“磨砖不能成镜”来点化马祖的故事。砂不是米，砖非为铜，其中本来无性，故不能作饭成镜。佛说众生平等，皆有佛性，即真如自性，自性自足，丝毫也不欠少，故不用与外人争竞，但思自性，不必外求。这首诗一方面表达了南宗自性自足、不用外觅的思想，另一方面也体现了对南岳系的认同。

又如：

> 报汝修道者，进求虚劳神。人有精灵物，无字复无文。
> 呼时历历应，隐处不居存。叮咛善保护，勿令有点痕。(179)

这首诗也是讲怀让参六祖的故事。

据《坛经》：

> 怀让禅师，金州杜氏子也。初谒嵩山安国师。安发之曹溪参扣。让至礼拜。师曰：“甚处来?”曰：“嵩山。”师曰：“什么物恁么来?”曰：“说似一物即不中。”师曰：“还可修证否?”曰：“修证即不无，污染即不得。”师曰：“只此不污染，诸佛之所护念。汝既如是，吾亦如是。”让豁然契会。①

次句用“吾有一物，无头无尾，无名无字，无背无面”的典故，即是一灵真性，无字无文。此物用时历历分明，隐即无有踪迹。末句即是六祖叮咛怀让如诸佛“护念”之，不令点痕“污染”。此诗还加入了马祖后来的发挥，马祖强调无修为修，但自任运，不假修证，故真修道人，只须

① 徐文明：《坛经的智慧》，吉林出版集团2010年版，第176页。

保护，不必雕琢，若有进求，徒自劳神，还有画蛇添足、造作损伤之忧。

寒山诗中有不少引用《坛经》的例子，如“不自知己过”、“不假寻文字”、“不念《金刚经》”、“直心无背面”，“照见晴空一物无”、“说食终不饱”等，这类诗是否和曹山有关呢？因为曹山“志慕六祖”，所居之处，皆以“曹山”命名，故他对《坛经》特别重视。

寒山诗中对自性本心特别重视，有多首诗篇述之。例如：

> 可贵天然物，独立无伴侣。觅他不可见，出入无门户。促之在方寸，延之一切处。你若不信受，相逢不相遇。(161)

此诗通篇说心，可又不直接道及，符合曹洞宗婉转回互、不触不犯的风格。对于本心，又常以“天真佛”、“灵台”、“真源”、“心王”、“衣中宝”、“布里真珠”、“水晶珠”、“么尼”等形容之。

寒山诗对修行方法亦有论及，强调回心返本。例如：

> 说食终不饱，说衣不免寒。饱吃须是饭，着衣方免寒。不解审思量，只道求佛难。回心即是佛，莫向外头看。(213)

说食不饱，据《坛经》：

> 善知识，世人终日口念般若，不识自性般若。犹如说食不饱，口但说空，万劫不得见性，终无有益。[①]

回心即是佛，据《寒山诗注》：

“回心即是佛”，则谓回向自心，向心求佛，心即是佛，如《大珠禅师语录》卷下：“心是佛，不用将佛求佛。”《景德传灯录》卷七《明州大梅山法常禅师》：“汝等诸人，各自回心达本，莫逐其末。”所云“回心达本”，亦谓向心求佛，心即佛本也。[②]

同样，“莫向外头看”，如同“直取菩提路”、“不要求佛果”，也是

---

① 《六祖坛经》，第15页。

② 项楚：《寒山诗注》，第546页。

《坛经》“不假外求”之意。

又如：

> 我见利智人，观者便知意。不假寻文字，直入如来地。心不逐诸缘，意根不妄起。心意不生时，内外无余事。（298）

利智人，即利根，利根之人，顿悟佛法，故一观便知，不假文字，“一超直入如来地”。外不逐缘，内不起心，于外离相，于内不乱，无相无念，故入禅定。此诗多引《坛经》及《永嘉证道歌》，而于《坛经》多为意引，或显回互之意。

寒山诗对《坛经》福德与功德之分际亦有论及。

> 可畏三界轮，念念未曾息。才始似出头，又却遭沉溺。假使非非想，盖缘多福力。争似识真源，一得即永得。（215）

出离三界，实非易事，始出又溺，永无了期。即使上升非非想处天，亦是福德所致，不算解脱。只有识真源，才是真得解脱，且一得永得，不会退转。正如《永嘉证道歌》所言：“住相布施生天福，犹如仰箭射虚空。势力尽，箭还坠，招得来生不如意。争似无为实相门，一超直入如来地。”①

一得永得，就是六祖强调的顿悟顿修。只要识得真源，“识取心王”，做个“无为无事人”，自然逍遥快乐，随处自在。

总之，现存寒山诗是经过曹山注释或改编过的作品，其中肯定有曹山的影响，甚至还有一部分禅诗就是曹山之作。分析寒山之诗，也可以从中窥见曹洞宗的禅法。

又如《宗镜录》卷四十一：

> 先曹山和尚偈云：从缘荐得相应疾，就体消机道却迟。瞥起本来无处所，吾师暂说不思议。②

---

① 《大正藏》第48册，第396页上。

② 同上书，第655页下。

《祖堂集》二十《隐山和尚》：

> 因此，曹山大师造颂曰：
> 今年田不熟，来年种有期。
> 爱他年少父，须得白头儿。①

这两首偈颂都有寒山诗的风格，特别是后一首。可见曹山喜欢寒山诗，并且拟作了不少，这些诗有一部分混入到寒山诗中，也有一部分在禅门广为流传。

第四节　曹山门下

曹山开法三十多年，门下弟子众多，杰出者也为数不少。

据《景德传灯录》卷十二：

> 抚州曹山本寂禅师法嗣一十四人
> 抚州荷玉光慧禅师
> 筠州洞山道延禅师
> 衡州育王山弘通禅师
> 抚州金峰从志禅师
> 襄州鹿门处真禅师
> 抚州曹山慧霞大师
> 衡州华光范禅师
> 处州广利容禅师
> 泉州庐山小谿院行传禅师
> 西川布水岩和尚
> 蜀川西禅和尚
> 华州草庵法义禅师
> 韶州华严和尚（以上一十三人见录）

① 《祖堂集校注》，第509页。

庐山罗汉池隆山主和尚（一人无机缘语句不录）①

《祖堂集》则录有曹山门人五人，有中曹山慧遐（霞）、金峰从志、鹿门真禅、荷玉匡慧、育王弘通，在洞山一门中收录最多，其他如云居、华严门下收录二人，龙牙、疏山、云盖门下各一人。因此至少在《祖堂集》作者看来，当时曹山一门属于洞山系中最为重要的一支，为曹洞宗正传。

据《祖堂集》卷十一：

中曹山和尚，嗣曹山，在抚州，师号慧遐，姓黄，泉州莆田县人也。自造漕［曹］源法席，密契玄道，更无他往，而居荷王矣。

僧问："抱璞投师时如何？"师云："不是自家珎。"僧曰："如何是自家珎？"师云："不啄不成器。"

问："佛未出世时如何？"师云："曹山不如。"曰："佛出世后如何？"师云："不如曹山。"

问："四山相逼时如何？"师云："曹山在里许。"僧曰："还求出离也无？"师云："若在里许，则求出离。"②

又据《景德传灯录》卷二十《抚州曹山慧霞了悟大师》：

僧侍立，师曰："道者，可杀炎热。"曰："是。"师曰："只如炎热，向什么处回避得？"曰："向镬汤炉炭里回避。"师曰："只如镬汤炉炭，作么生回避得？"曰："众苦不能到。"师默置。③

慧霞号称"中曹山"，为曹山第二世，他初继曹山住持荷玉，后住持曹山，其地位之重要自不待言。然而其生平事迹记录很小，机缘语句所存不多，《景德传灯录》只增加了上述一条。他俗姓黄，与曹山本寂同为泉州莆田人，又是同族，或许有亲属关系。他继曹山住持，则于天复元年

① 《大正藏》第51册，第360页下。
② 《祖堂集校注》，第314页。
③ 《大正藏》第51册，第364页下。

(901) 接掌法席，其年龄不应太小，当时应在四十岁以上，生于咸通元年（860）前的可能性较大。“了悟大师”为其师号，不知得之于杨吴或是南唐哪个时期的敕封，表明他在当时影响也相当大。晦然及林泉从伦皆以“白眉”称之，这表明他一方面是曹山门下大弟子，另一方面寿命较长。假如他是曹山最早门人之一，则生年会更早，当在大中四年（850）前后。

他的卒年难以考知，可能在南唐建国之前。

据《释氏稽古略》卷三《文益》：

> 时唐潞王清泰二年也，辞行至江西抚州。州牧重师之道，请住崇寿院。①

地藏桂琛（867—928）门人清凉文益（885—958）于后唐清泰二年（935）行至江西抚州，州牧请住曹山崇寿院，这表明其时原来住持曹山的慧霞已经去世了。因此清泰二年（935）是慧霞卒年的下限，假如他活到此年，其寿命当在八十岁以上。

据《天童山景德寺如净禅师续语录》卷一：

> 上堂，举曹山因慧霞参，问：“如何是佛袈裟？”山云：“汝披得始得。”霞云：“学人披得时如何？”山云：“非公境界。”霞云：“还和尚境界也无？”山云：“老僧又不得披得。”霞云：“与么则无方便乎？”山云：“从无相田披得始得。”霞云：“从无相田披得时如何？”山云：“生下还有一句子。”霞拟进语，山乃打。霞礼拜退山后，令侍者唤慧霞。霞乃来，山画“米”字与之。霞受之捧云：“大好大好，无相福田衣。”山云：“如是如是。”师云：一粒曾生无相田，异苗繁茂试机先。庄严劫佛借他力，双树荫凉本自然。②

这是曹洞宗后世南宋天童如净（1163—1228）所述慧霞得法于曹山的故事，非常珍贵。米字佛袈裟，从无相田始得，心若无相，自然佛衣加

① 《大正藏》第49册，第854页上。

② 同上书，第135页下、136页上。

身。此衣不从他披，非从外来，弥纶三界，荫覆大千。慧霞自此得悟，后来绍续大法，自然成就。

从现存寥寥数语，亦可略见慧霞禅学境界。若是自家之珍，不从人得，亦不求他雕琢。据《抚州曹山本寂禅师语录》卷一：僧问："抱璞投师，请师雕琢。"师曰："不雕琢。"僧云："为甚么不雕琢?"师曰："须知曹山好手。"① 因此好手不雕琢，自珍不成器，既不雕琢，又不成器，才是大器，不见道，大器免成。②

佛未出世，无法可说，无生可度，无朕无兆，无迹可寻，所以曹山不如。既出世后，显三十二相，说十二分教，虽然惊天动地，也只是一场闹剧，所以不如曹山。法演老人，无端下一注脚，道是佛未出世，大憨不如小憨，佛出世后，小憨不如大憨，也是平地吃跤，一场懡罗。

生老病死，四山相逼，曹山且在里许，自由自在。这僧不知好歹，又问还求出离也无，曹山道若尔在里许，则求出离；若求出离，自在里许。且道哪个是四山，又唤什么叫里外!

只如炎热，向何处回避?僧答向镬汤炉炭里。这是因为其中炎热不能到，众苦不得及。这一问答，可谓父唱子和，妙曲共谱。

据《筠州洞山悟本禅师语录》卷一：

> 僧问："寒暑到来如何回避?"师曰："何不向无寒暑处去?"云："如何是无寒暑处?"师曰："寒时寒杀阇黎，热时热杀阇黎。"③

寒时寒死，热时热死，便是无寒暑处，因此镬汤炉炭，便是无热恼处，也是众苦不能到处。此僧可谓得父祖之风，可惜名字不传。

慧霞最大的贡献，便是整理编辑曹洞纲宗，刊布《洞山五位显诀并先曹山拣出语要》等。

据《（重编）曹洞五位显诀》卷一：

> 《洞山五位显诀并先曹山拣出语要序》

---

① 《大正藏》第47册，第538页下、539页上。

② 业师楼宇烈先生认为，大器晚成，本作"免"成。

③ 《大正藏》第47册，第509页下。

门人后曹山了悟大师　慧霞　述

西祖持来花，一真而截名相；南华圆去果，五叶以散师承。迨及新丰，宏提纲要，圆融一句，分列五门。洎曹山大师乃新丰嫡嗣，将明五位，颂出五篇。兼举一例之言，以显五门之旨。一者正位为之主，二者偏位为之宾，三者正中却偏，是恁么来而显位，四者偏位却正，是恁么去以明宗，五者相兼带来，不涉有无，顿亡宾主，不偏不正，至妙至玄。或当头而来，宁从语默；或正面而去，岂在言诠！如药山带刀、布衲洗佛，迥绝教中之则，卓然格外之机，诚出常途，全超异路，永言宗旨，此位最玄。其有借位明功，备功明位，从缘辨正，体妙知归，廼至玄谈，咸标位次。因披旨要，敢有序题矣。①

此中明言，五位出自洞山，曹山颂出五篇，师徒各有贡献，共立格外玄谈。通过慧霞的努力，使得曹洞宗的根本理论得以传世，也使此宗发展史上的一些谜团得以澄清。

据《景德传灯录》卷二十三，慧霞有门人嘉州东汀和尚、雄州华严正慧大师、泉州招庆院坚上座，唯东汀的非常简单的一两则机缘传世。

金峰从志亦为曹山知名弟子，《祖堂集》卷十一、《景德传灯录》卷二十《联灯会要》卷二十五等有传，其中《联灯会要》搜罗最广，值得重视。

又据《祖堂集》卷十一：

金峰和尚，嗣曹山，在杭州。师讳从志，福州古田县人也。自离闽越，便造曹源，顿契玄猷，更不他往。初住金峰山，后住报恩寺，师号玄明禅师矣。②

又据《景德传灯录》卷二十：

抚州金峰从志，号“玄明大师”。有进上座问：“如何是金峰正主？”师曰：“此去镇县不遥，阇梨莫造次。”进曰：“何不道？”师

① 《卍新纂续藏经》第63册，第196页下。

② 《祖堂集校注》，第314、315页。

曰："口如磉盘。"问："千峰万峰，如何是金峰?"师乃斫额而已。问："千峰无云、万里绝霞时如何?"师曰："飞猿岭那边，何不猛吐却!"问："如何是西来意?"师曰："壁边有鼠耳。"问："如何是和尚家风?"师曰："金峰门前无五里牌。"师后住金陵报恩院，入灭，谥"圆广禅师"，塔曰"归寂"。①

如此金峰本为福州古田县人，法名从志。自从离开闽越，便到曹源（曹山），此后更不他游。他后来开法，初住抚州金峰山，后住金陵报恩，号玄明禅师。

金峰生年无考，但他作为曹山的大弟子之一，其生年也不宜太迟，当在咸通年间（860—874）。前来向他问道（其实是挑战）的进上座，当为地藏桂琛门人襄州清谿山洪进，当时桂琛一系由于受到鼓山神晏（863—939）的压制，不得不转向他方，洪进便带领文益、绍修、休复等师弟到江西发展，其时当在清泰二年（935）十二月为其师桂琛建塔之后。洪进等自闽入赣，故行由飞猿岭。如此清泰三年（936）时从志尚在金峰，不久迁居金陵报恩禅院。南唐昇元元年（937）建国之后不久，他可能就入灭了，故文益继之住持金陵报恩。

据《五灯会元》卷十三：

问金峰志曰："作甚么来?"曰："盖屋来。"师曰："了也未?"曰："这边则了。"师曰："那边事作么生?"曰："候下工日白和尚。"师曰："如是，如是。"②

这是金峰从志与其师曹山的一段对话，十分珍贵。所谓盖屋，当然是一个比喻，这边易了，那边难成，若问那边事，有口道不得，故道待开工日再来相告。由此一则，可知金峰悟性之高。

后世所传的金峰公案故事甚多。兹不备举。

据《林间录》卷二：

---

① 《大正藏》第51册，第364页中。

② 《卍新纂续藏经》第80册，第264页下。

金峰玄明禅师，曹山耽章禅师之嗣，道貌奇古，机辩冠众。一日升座曰："事存函盖合，理应箭锋拄。若人道得，我分半院与伊。"时有僧出众，明下座约住曰："相见易得好，共事难为人。去！"①

此则始见于《林间录》真伪莫辨，其中关键，是提到金峰引用《参同契》"事存函盖合，理应箭锋拄"一句，这是曹洞宗最早引用《参同契》的记录，此说不见于早期史料，然亦见于与惠洪同时的怀深（1077—1132）之《慈受怀深禅师广录》卷一。

据《拈八方珠玉集》卷三：

举，金峰问僧："发足何处？"僧云："赵州。"峰云："赵州法嗣何人？"僧云："南泉。"峰云："你何曾离赵州！"僧云："未审和尚尊意如何？"峰云："赵州定嗣南泉！"其僧至晚，又请益云："今日蒙和尚慈悲，某甲未会，请和尚再指。"峰云："若到别处，莫道后语是金峰底。"僧云："为什么如此？"峰云："恐辱他赵州。"

佛果拈云："这僧虽从赵州来，当面蹉却赵州机，空使金峰费许多钳钟。要且只与赵州相见，不干这僧事。大众还知落处么，'分明箭后路。'"②

这一公案既然佛果克勤（1063—1135）曾经拈提，则至少流传于北宋之末。这表明从志在赵州和尚（778—898）去世之前就已经在金峰开法了，是曹山门下开法较早的禅师。因此他生于咸通初年的可能性更大，其寿命至少在七十岁以上。

金峰从志有法嗣二人，一为洪州大宁神降，一为澧州药山彦（有可能与云居怀岳门人药山忠彦为一人），然皆无机缘语句存世，但他在后世影响很大，其公案一再为宋代许多著名禅师拈提评唱。

荷玉匡慧亦为曹山门人，《祖堂集》卷十二、《景德传灯录》卷二十等有传。

---

① 《卍新纂续藏经》第 87 册，第 260 页下。

② 《卍新纂续藏经》第 67 册，第 685 页上中。

据《祖堂集》卷十二：

荷玉和尚，嗣曺［曹］山，在抚州。师讳匡慧，俗姓高，福州福唐县人也。出家于罗汉院，具戒，造曺［曹］源。

因一日参次，曺［曹］山乃问师："大人还在也无?"对云："在。"曺［曹］山云："略要相见，还得么?"对云："请和尚进。"曺［曹］山乃倒卧，师便珍重而出。于时却来，曺［曹］山云："曺［曹］山适来问，阇梨与么祇对曺［曹］山，是什么时节，但触道，触道。"师云："却是相见时节。"曺［曹］山深器之。自尔任性逍遥，化缘将至，初住龙泉，后居荷玉。于辛亥岁敕诏，再三辞免，赐号"玄悟禅师"矣。

师有时上堂云："诸兄弟！莫只是走上为言为句，漭漭荡荡地大难得相应。如今欲得省心力么？不如直下休歇去，剥却从前如许多不净心垢，附托依解，回头看汝自家本分事，合作么生著力?"①

《祖堂集》收录匡慧机缘在曹山诸弟子中最多，可见他在当时影响很大。匡慧俗姓高，福州福唐县人，于罗汉院出家，具戒之后，造曹山参问。如此其生年当在广明元年（880）前，到曹山时乃冠岁受具之后。他于辛亥岁蒙诏赐号为"玄悟禅师"，此辛亥岁，当为南唐保大九年（951）。因此《祖堂集》于保大十年（952）完成之时，他可能仍然在世。如此他当为曹山晚子，寿命也相当长，肯定在七十岁以上，也很有可能超过八十。

据《景德传灯录》卷二十：

抚州荷玉山玄悟大师光慧，初住龙泉，上堂谓众曰："雪峰和尚为人，如金翅鸟入海取龙相似。"时有僧问："和尚如何?"师曰："什么处去来?"问："如何是西来的的意?"师曰："不礼拜更待何时。"问："如何是密传底心?"师良久。僧曰："恁么即徒劳侧耳!"师唤侍者云："来，烧火着。"②

① 《祖堂集校注》，第316页。

② 《大正藏》第51册，第363页下。

这一公案值得寻味，首先表明匡慧亦曾参过雪峰，故对其境界也十分景仰。匡慧强调直下休歇，做自家本分事，莫造作，主张我自修行我自知，又经常以良久沉默来回答学人提问，表明默然无语、忘言绝待之意。

据《五灯会元》卷十三《抚州曹山羌慧智炬禅师》：

> 初问先曹山曰："古人提持那边人，学人如何体悉？"山曰："退步就己，万不失一。"师于言下，顿忘玄解。乃辞去，遍参，至三祖。因看经次，僧问："禅僧心不挂元字脚，何得多学？"师曰："文字性异，法法体空，迷则句句疮疣，悟则文文般若。苟无取舍，何害圆伊！"后离三祖到瑞州，众请住龙泉。①

其下机缘，竟然和《景德传灯录》中光慧机缘一样，这表明羌慧智炬并非另有其人，就是匡慧。"智炬禅师"，应当是他入灭后的敕封，因为他生前号"玄悟"。如此匡慧还非常喜欢读经，并且曾到淮南三祖寺参学。

智炬参曹山问答见于两种《曹山语录》及《佛果克勤禅师心要》卷二《示净禅人》，可见确有出处。所谓退步就己，芙蓉道楷解释为"从来不出户，折屋觅应难"②，即是直截根源，返身而诚，明自己事，做本分事，如此自然万不失一。

另外《重编曹洞五位》有"广辉"释，号称"门人广辉"，他与慧霞一样，以曹山门人自称，此广辉是否就是匡慧呢？匡慧之名，在宋代为避国讳，必须改名，因此后世多作"光慧"，但避讳改字并不统一，如匡沼改名延沼，匡慧，《五灯会元》改作"羌慧"，因此改"匡"为"广"也是可能的，慧与辉也是同音，《祖堂集》中同音字通假很多，不排除其原名"匡辉"、《祖堂集》称作"匡慧"的可能。

广辉有《重集洞山偏正五位曹山拣语序》，其中称"广辉南北寻参二十余载，每因师友仰访真宗。忽披偏正之文，稍识先贤之迹"③。从释文来看，所引例语都是晚唐及五代之时，因此广辉应当为五代时人。

---

① 《卍新纂续藏经》第80册，第275页中。

② 《卍新纂续藏经》第78册，第799页上。

③ 《卍新纂续藏经》第63册，第197页上。

匡慧在后世影响不大，其机缘语句罕有道及，唯一的门人荷玉山福禅师也无机缘语句传世。

鹿门和尚处真，《祖堂集》卷十一作“真禅”，亦为曹山门人。

据《景德传灯录》卷二十：

> 襄州鹿门山华严院处真禅师，问：“如何是和尚家风?”师曰：“有盐无醋。”问：“如何是道人?”师曰：“有口似鼻孔。”曰：“忽遇客来时将何秖对?”师曰：“柴门草户，谢汝经过。”问：“祖祖相传是什么物?”师曰：“金襕袈裟。”问：“如何是函中般若?”师曰：“佛殿挟头六百卷。”问：“和尚百年后向什么处去?”师曰：“山下李家作牛去。”曰：“还许学人相随也无?”师曰：“汝若相随，莫同头角。”曰：“诺。”师曰：“合到什么处?”曰：“佛眼辨不得。”师曰：“若不放过，亦是茫茫。”问：“如何是鹿门高峻处?”师曰：“汝曾上主山也无?”问：“如何是禅?”师曰：“鸾凤入鸡笼。”曰：“如何是道?”师曰：“藕丝牵大象。”问：“劫坏时此个还坏也无?”师曰：“临崖觑虎眼，特地一场愁。”问：“如何是和尚转身处?”师曰：“昨夜三更失却枕子。”问：“一句下豁然时如何?”师曰：“汝是谁家生?”师有一偈示众，曰：
>
> 一片凝然光灿烂，拟意追寻卒难见。
> 炳然掷著豁人情，大事分明皆总办。
> 是快活，无系绊，万两黄金终不换。
> 任他千圣出头来，从是向渠影中现。①

有盐无醋，家风惨淡，若遇客来，自有柴门草户。道人活计，有口道不得。祖祖相传，不过是金襕袈裟，有衣无法；函中般若，堆于佛殿，共六百卷，除此之外，何来内里般若。百年之后，山下作牛，此一段问答，与南泉故事相似。不同头角，方得相随，所到之处，莫道佛眼难辨，若不放过，也是业识茫茫。主山未登，何知鹿门高峻。鸾凤入鸡笼，垢中自得净；藕丝牵大象，大象自随行。莫道劫坏之时，这个（法身）不坏，临崖投身、舍身饲虎之时，这个（色身）敢说不坏吗？转身退步，移形换

① 《大正藏》第51册，第364页中下。

体，灵动自如。三更失却枕头，自然转身。莫道一句下豁然大悟，还知你本生父母么？此三句都是以平实对玄远，令学人脚踏实地。灵珠一颗光灿烂，刻意追寻不可见。豁除人情去妄想，得珠所作皆已办。自快活，无羁绊，万两黄金亦不换。纵然千圣出头来，也是此珠影中现。

鹿门处真回答学人，简明有趣，意味深长，实是高明禅师。其生缘族姓一无所知，生卒年也难以确定。处真门人行因，《宋高僧传》卷十三有传，其于庐山北佛手岩石室住止，有异鹿卧于室侧，初传法于襄阳鹿门山，后又为南唐元宗李璟请住棲贤，不久便归岩窟。《释氏通鉴》卷十二置其事迹于烈祖李昪昇元四年（940）庚子，并称出自《五灯》。然《五灯会元》并未明言其入灭时间。此年若道是从处真得法之时尚可，但不可能是入灭之时，因为僧传明言其下床行数步立化，元宗李璟为之建塔。行因春秋七十许，入灭于元宗之时（943—961），则应生于乾符元年（874）至景福元年（892）间。

行因初传法于鹿门山，后为李璟坚请到庐山棲贤住持。行因到庐山，最有可能是在保大九年（951）时，因为是年楚内乱，为南唐所并，湖南全境纳入南唐版图，为南唐全盛之时。行因入灭，可能在保大十三年（955）左右，其生年或在光启二年（886）前后。

据《庐山记》卷二：

> 由净居五里，至下五峰延福院，有南唐所赐达观禅师智筠手制三十道，三道元宗所署，余皆后主。智筠河中人，保大中住棲贤院。开宝中诏住清凉寺，后归五峰。①

智筠（906—969）为法眼门人，其于保大中（943—957）住持棲贤，肯定是接替行因，因此行因肯定入灭于保大十五年（957）前。

曹山生于开成五年（840），按照惯例，处真有可能生于咸通元年（860）前后，介于其师与门人之间。

行因住鹿门为三世，其前还有鹿门二世，因此处真应当入灭于南唐立国即昇元元年（937）之前。据《禅林僧宝传》卷三，风穴延沼（896—973）初参镜清（864—937），机缘不契，北游襄沔间，止鹿门华严，为

① 《大正藏》第51册，第1036页上。

维那，与守廓侍者交游，后于同光三年（925）到南院（《宗统编年》称是龙德二年922）参慧颙（860—930）。延沼离开华严时，鹿门处真尚在世。由于此后二十年间还有二世三世住持，因此可以判定长兴元年（930）为处真入灭的下限。

据《天圣广灯录》卷十四《守廓侍者》：

师在鹿门和尚会下。一日在僧堂后架坐，鹿门下来，见楚禅和便问："终日披披搭搭作什么？"楚云："和尚见某甲披披搭搭耶？"门便喝，楚亦喝，两家便休。

师云："看者两个瞎汉，一场败阙！"随后便喝。门便归方丈，遂令侍者下来唤师。门云："适来楚禅和与老僧宾主相见，什么处败阙？"师云："转见病深。"门云："老僧昔日见兴化来。"师云："和尚见兴化时，某甲在彼为侍者，记得此时语。"门云："你试举看。"师便举，兴化问鹿门："什么处来？"门云："五台山来。"化云："还见文殊么？" 门便喝。化云："我问你见文殊，又喝作什么？"门又喝，化不语。

"至来日，兴化教某甲来唤，待问当，早已去也。化上堂云：'大众，你看者个师僧，担一条断贯索向南方去也。已后也道我见兴化来。'

和尚今日公案，恰似恁么时底。"门云："兴化恁么时为什么不语？"师云："兴化知道和尚不会。"门方省悟。

来日特为师煎茶。晚后上堂，告众云："夫参学龙象，直须子细，入室决择，不得容易。绰得个语，便为极则，即道我钤利。我当初见兴化时，认得个转动底，见人一喝两喝便休，以为佛法。今日被明眼人觑著，却成一场笑。且徒什么？只为我慢无明，不能回转亲近上流。赖得明眼道人不惜身命，对众出来，为鹿门老证据，实为此恩难报。何以如此？无（兴）化云：'直饶你喝得化在虚空里住，扑下来，一点气也无。待我苏息起来，向你道未在。何故如此，兴化未曾向紫罗帐里撒真珠兴（与）你诸人，乱喝作什么？'道流，如今明解取去，岂不是庆快平生、参学事毕？"①

① 《卍新纂续藏经》第78册，第488页上中。

这段记载十分重要。守廓侍者初参德山，后参兴化（830—888），晚岁寓居鹿门，号为当时作家。如此处真很可能为北方人，说话也是北方方言，故先到五台，后来兴化。他在兴化处弄得一喝两喝，自以为得法，便向南方，后来又参曹山。他虽传曹洞之法，但也兼传临济，故与楚禅师（可能是白兆怀楚，亦有可能是乐普门人青锋传楚）以喝分宾主，然实未得临济心法，故为守廓点破，终得明解。不过鹿门老开口见胆，不将此事盖覆，反而自扬家丑，足见其光明磊落。

鹿门处真有门人益州崇真、第二世志行大师谭和尚、襄州谷隐悟空大师智静、庐山行因、襄州灵豁山明禅师、洪州大安寺真上座六人，其中鹿门二世志行、三世行因及智静影响较大。另外天台德韶（891—972）等也曾来参。

据《景德传灯录》卷二十三：

> 襄州谷隐智静悟空大师，僧问："如何是和尚转身处？"师曰："卧单子下。"问："如何是道？"师曰："凤林关下。"曰："学人不会。"师曰："直至荆南。"问："如何是指归之路？"师曰："莫用伊。"曰："还使学人到也无？"师曰："什么处著得汝？"问："灵山一会，何异今时？"师曰："不异如今。"曰："不异底事作么生？"师曰："如来密旨，迦叶不传。"①

又据《古尊宿语录》卷四十六《滁州瑯琊山觉和尚语录》：

> 举，僧问广德："如何是佛？"德云："画戟门开见坠仙。"僧驰此语，至州中悟空处，便问："画戟门开见坠仙，意旨如何？"空云："直饶亲见释迦来，智者咸云不是佛。"广德后闻，遥望城中礼拜云："悟空古佛，岂止羊二十口！"②

如此谷隐智静见识过人，号称古佛。"悟空大师"为封号，不知是哪

① 《大正藏》第51册，第395页中。

② 《卍新纂续藏经》第68册，第320页下、321页上。

朝所封，有可能是在后周世宗之前。

谷隐智静下传谷隐知俨，知俨又传谷隐契崇、谷隐法海等，谷隐一系传承较长，在宋代还有影响。

又有育王弘通，《祖堂集》卷十二、《景德传灯录》卷二十有传。

据《祖堂集》卷十二：

> 育王和尚，嗣曹山，在衡州。师号弘通，洪州高安县人也。出家青林寺，依年具戒。
>
> 参见曹山，曹山问："近离什么处？"师云："近离明水。"曹山云："作么生得到这里？"师云："遇明则行，遇暗则止。"曹山肯之。自尔逍遥云水，后棲衡岳，育王匡化。楚王钦仰，三降使人迎请，师誓不从，愿处林峦，寄安光景矣。
>
> 师有时上堂云："释迦如来在灵山会上四十九年说不到底句，今夜某甲不避羞耻，与诸尊者共谈。"师倾间云："莫错道者，珍重！"①

弘通为洪州高安县人，出家于青林寺，当依青林道虔（？—904）。道虔于中和年间（881—884）至乾宁元年（894）居随州青林，弘通从之出家，当在此间，冠岁依年具戒后，参见曹山。如此他应生于咸通元年（860）至广明元年（880）间，更有可能生于咸通六年（865）至十五年（874）间。他很有可能跟随道虔自青林到洞山，又从洞山到抚州参学。他自抚州明水院（雪峰有门人明水怀忠，不知其时是否已经住持）来参曹山，答对巧妙，受到曹山器重。

据《景德传灯录》卷二十：

> 衡州常宁县育王山弘通禅师。僧问："混沌未分时如何？"师曰："混沌。"僧云："分后如何？"师曰："混沌。"上堂，示众曰："释迦如来出世四十九年说不到底句，今夜某甲不避羞耻，与诸尊者共谭。"良久，云："莫道错，珍重。"僧问："学人有病请师医。"师曰："将病来，与汝医。"曰："便请师医。"师曰："还老僧药价钱来。"问："曹源一路即不问，衡阳江畔事如何？"师曰："红炉焰上

① 《祖堂集校注》，第319页。

无根草，碧潭深处不逢鱼。”问：“心法双忘时如何?”师曰：“三脚虾蟇背大象。”问：“如何是西来意?”师曰：“老僧毛竖。”问：“如何是佛法大意?”师曰：“直待文殊过，即向尔道。”曰：“文殊过也，请和尚道。”师便打。问：“如何是和尚家风?”师曰：“浑身不直五分钱。”曰：“太恁贫寒生。”师曰：“古代如是。”曰：“如何施设?”师曰：“随家丰俭。”①

灯录所载机缘语句较多，体现了弘通的思想。既是混沌，说什么分与未分。释迦说不到的，莫过无言，仅防道错，知羞惭好。“将病来，与汝医”与“将心来，与汝安”无二，病相本空，如何将来，这僧不知好歹，看来确实病得不轻，因此弘通痛下针砭，再索药费，使其稍知痛痒。不论曹源一路，要知衡阳风光么，无根草茂红炉上，碧潭至清不生鱼。古人有言，心法双亡性即真，到此境界，略无奇特，三脚蛤蟆背大象，一跃跳过衡阳江。西来之意，佛法大意，闻之心惊，寒毛倒竖，这僧不知痛痒，若不吃棒，则无天理。育王家风至俭，只因自古如是，随分丰俭，有盐有醋。

据《五灯会元》卷十三：

问：“如何是急切处?”师曰：“针眼里打筋斗。”问：“如何是本来身?”师曰：“回光影里见方亲。”②

这是后世所补的两则机语。针眼里翻跟头，自然急切。求本来身，自然要回光返照，而自回光影里所见，更加亲切。这两则体现了曹洞宗出语回互、委婉曲折的语言风格。

弘通受楚王钦仰，不知是哪位楚王，但他愿处林峦，不乐世荣，三次迎请，他都拒绝了，这和其师曹山的个性一样。马殷称楚王在天成二年(927)，如此弘通应当活到长兴元年（930）前后。

洞山道延也是曹山重要门人，虽然《祖堂集》中无传。

据《景德传灯录》卷二十：

---

① 《大正藏》第51册，第364页上中。

② 《卍新纂续藏经》第80册，第275页下。

筠州洞山道延禅师（第四世住，时号“鹿头和尚”），始因曹山和尚垂语云：“有一人向万丈崖头腾身掷下，此是什么人？”众皆无对。师出对曰：“不存。”曹山曰：“不存个什么？”曰：“始得扑不碎。”曹山深肯之。僧问：“请和尚密付真心。”师曰：“欺者里无人作么！”①

又据余靖《筠州洞山普利禅院传法记》：

“悟本又传曹山寂，寂传道延，居鹿头，及道虔卒，鹿头又续之。鹿头延卒，其门人惠敏袭之。惠敏卒，嗣和尚自净业来继之。”……“鹿头延姓刘氏，福州长乐人，江南武义二年，自鹿头至，凡三年而示寂，全身瘗于寺南，赐谥‘洪果大师’，塔曰‘惠光之塔’。敏姓李氏，蜀之华阳人。从洪果来，及其终而代焉，保大六年迁化。嗣姓周氏，同郡高安人。金陵召见，深加信重。乾德二年顺寂，塔于‘惠光’之北”。

如此道延俗姓刘，福州长乐人。他始居鹿头，吴武义二年（920）来洞山，在此住持三年，顺义二年（922）入灭，谥“洪果大师”、“惠光之塔”。

道延与曹山问答契旨，深得曹山厚爱。后来住持鹿头，他居洞山只有三年，但其子孙却由此长期住持祖山。道延入灭后，门人惠敏（？—948）继之住持二十多年，至保大六年（948）而终。惠敏卒后，门人嗣禅师（？—964）继任，至乾德二年（964）入灭。此后法眼、云门二宗盛行，洞山亦由两宗占据。

① 《大正藏》第51册，第364页上。

第十章　青林师虔法系与曹洞宗北渐

青林师虔为洞山主要门人之一，他不仅后来住持洞山，复兴祖庭，还广收门徒，其门人多住于襄州一带，使得曹洞宗渐次北上，恰好与自北而南的临济宗在五代至宋初时相遇，促成了后来两宗的繁荣。

第一节　青林师虔生平与禅法

青林师虔为洞山嫡传，深得洞山赏识。有关青林的主要资料有《祖堂集》、《景德传灯录》、《武溪集》等。

据《祖堂集》卷八：

> 青林和尚，嗣洞山，在江西。师讳师虔，初住青林，后住洞山。平生住持高节，宇内声扬。
>
> 师在先师法席时，栽松树后，造一首颂：
>
> 短短一尺余，纤纤覆绿草。
>
> 不知何世人，得见此松老。
>
> 先师见此偈后云："此人三十年后来住此山，香饭供养师僧。"果然是三十年后住洞山，每日细飦食供养师僧也。
>
> 问："卷尽森萝［箩］不逢师时如何？"师云："孤峰独秀。"僧云："彼彼事如何？"师云："两人掴大沩。"①

又据余靖《洞山普利禅院传法记》：

> 青林虔，姓陈氏，杭州余杭人。初谒悟本，悟本曰："此子向后，

---

① 《祖堂集校注》，第232页。

走杀天下人。"广初抵南郑，遇贼巢之乱，驾幸梁洋。时有中贵人姓第五者，见师瞻视良久，曰："此是法王，非同龙象也！"自汉东之青林，亦钟镇南召之。天祐元年灭度，门人录其语三百节，为《玄机示诲集》。

再据《景德传灯录》卷十七：

后洞山师虔禅师（第三世住也，亦号"青林和尚"）初自夹山来参，先洞山价和尚问曰："近离什么处？"师曰："武陵。"曰："武陵法道何似此间？"师曰："胡地冬抽笋。"价曰："别甑炊香饭，供养于此人。"师乃出去。洞山曰："此子向后走杀天下人在。"师在洞山栽松，有刘翁者从师求偈。师作偈曰：

长长三尺余，欝欝覆荒草。
不知何代人，得见此松老。

刘翁得偈呈于洞山，洞山曰："贺翁翁喜，只此人是第三世也。"师先住隋州土门小青林兰若，后果回洞山接踵。凡有新到僧。先令搬柴三转，然后参堂。有一僧不肯，问曰："三转内即不问，三转外如何？"师曰："铁轮天子寰中旨。"僧无对。师便打，令去。僧问："昔年疾苦又中毒，请师医。"师曰："金鎞拨破脑，顶上灌醍醐。"曰："恁么即谢师医。"师便打。问："久负不逢时如何？"师曰："古皇尺一寸。"问："请师答话。"师曰："修罗掌于日月。"师上堂谓众曰："祖师宗旨今日施行，法令已彰复有何事？"时有僧问："正法眼藏，祖祖同印，未审和尚传付何人？"师曰："灵苗生有地，大悟不存师。"问："如何是道？"师曰："回牛寻远涧。"曰："如何是道中人？"师曰："拥雪首扬眉。"问："千差路别，如何顿晓？"师曰："足下背骊珠，空怨长天月。"①

如此师虔俗姓陈，杭州人，生年不详，卒于天祐元年（904）。他自夹山来参，当先参善会。他又自武陵而来，并深通武陵法道，故也有可能参过德山（782—865）。他始到洞山之时不详，然洞山见其偈，预言他三

① 《大正藏》第51册，第338页中下。

十年后来住，可以由此判定作偈之时为咸通五年（864）。

师虔在洞山时，当过园头，负责在后园栽松，也当过茶头，负责烧水。《祖堂集》记载了一个有趣的故事，道是当时有位轨辩上座问一色后有还向上事吗，洞山道无。轨辩不解，便回到僧堂，鼓动僧众离去，洞山令锁僧堂门，并到烧茶阁对师虔说他们还会回来，果然不久那些人又都回来了，并请洞山责罚，洞山慈悲，原谅了他们。这表明师虔是坚定不移地跟随洞山的，并深得信任。

师虔到达洞山可能是在咸通之初或大中之末。他是杭州人，却先到湖南，后到江西，看来是因为当时湖南禅宗特别是沩仰宗的影响更大，尤其是在灵祐（771—853）在世之时。如此师虔开始参学，可能是在大中之中，其生年或许在大和四年（830）左右。

师虔在洞山门下数载，尔后辞别。

据《五灯会元》卷十三：

> 师辞洞山，山曰："子向甚么处去？"师曰："金轮不隐的，遍界绝红尘。"山曰："善自保任。"师珍重而出。洞山门送，谓师曰："恁么去一句作么生道？"师曰："步步踏红尘，通身无影像。"山良久。师曰："老和尚何不速道？"山曰："子得恁么性急？"师曰："某甲罪过。"便礼辞。师至山南府青铿山住庵，经十年，忽记洞山遗言，乃曰："当利群蒙，岂拘小节邪！"遂往随州，众请住青林。后迁洞山。①

又据《万松老人评唱天童觉和尚颂古从容庵录》卷四：

> 林辞悟本，之山南府青铿山，住庵经十载。忽忆悟本遗言，乃曰："当利群蒙，岂拘于小节哉！"遂至随州，缘会众请，住土门小青林兰若，故号"青林"。②

如此师虔是在洞山晚年时辞别的，其时可能是在咸通八年（867）左右。

① 《卍新纂续藏经》第80册，第269页下。

② 《大正藏》第48册，第264页中。

据《方舆纪胜》卷六十六：

> 青锉山。在南郑县西南五十里，山顶一石如锉。

又据《明一统志》三十四：

> 青锉山。在府城西南五十里。山多杉桧，顶有一石如锉，及有立化童真身。相传如观师示寂，令童子煎茶。茶次中路，师已寂，童子亦执茶立化。

青锉山，在汉中南郑县西南五十里。师虔为什么来到此地，难知其详。他在此地庵居，其实不止十年，因为据《旧唐书》卷十九下，广明元年（880）十二月，黄巢进逼长安，僖宗避至兴元，二年（881）六月才幸蜀。师虔可能并非广明初年抵南郑，而是此时仍然在南郑，故遇到避难的僖宗及中贵人第五氏，此第五氏对师虔十分敬重，以其为法王。此第五氏当为后来昭宗时任御食使的第五可范，天复三年（903）升任左军中尉，不久便被朱温所杀。

当时长安蒙尘，兴元亦非可居，师虔便离开青锉山，他在此地当超过十二年，不止十载。他很可能于中和元年（881）到随州，直至乾宁元年（894），居土门青林。中和四年（884）后，随州在赵德諲、赵匡凝父子统治下，比较安定。据《明一统志》卷六十一，青林山，在随州东南七十里，山林远望蔚然而青。

景福元年（892），孙儒为杨行密所破，其部将刘建锋、马殷率残部入江西，二年进入袁州，故洞山道全避乱于分宁，并于此灭度。乾宁元年（894），钟传将刘建峰、马殷逐出江西，以子匡时为袁州刺史。此时洞山虚席，师虔便应钟传之请到洞山住持。他在洞山十余年，直到天祐元年（904），实现了洞山的预言。

师虔开法数十年，门人曾录其机语三百节，为《玄机示诲集》，可惜这一著作不存于世，现在能够看到的只是其中极少一部分。

师虔初见洞山，便以“胡地冬抽笋”大受赏识。此句颇受后世重视，引述者很多，有超宗慧方、云盖智本、偃溪广闻、介石智朋、了庵清欲等。

据《超宗慧方禅师语录（黄龙四家录第四）》卷一：

> 师云："百发百中，虔禅师有啮镞之机。验人底眼目，须是洞山老汉。然虽如是，三十年后，此话大行。"①

北方胡地又寒冬，抽笋自然不可能，此事如火中生莲花，极是希有。会得此理，则枯木生花，顽石点头。洞山百发百中，怎奈师虔有啮镞之机，不过辨金别玉，验人耳目，还须洞山老人。洞山道以香饭供养，还赞其将来走杀天下人，这种待遇和评价相当难得。

师虔辞别一则，唯见于《五灯会元》，不见早期记载，但也未必不可靠。

据《天圣广灯录》卷十九《法球禅师》：

> 有僧出来，便问："西天与东土，诸佛亦复然。师登师子座，一句为谁宣？"师云："金轮不隐的，木马正当轩。"进云："恁么则人天皆有庆，樵子处处歌也。"师云："鸟道无迂曲，行人有短长。"②

法球继云门文偃住持云门寺，自然非同小可。由于文偃参过不少的曹洞宗大师，因此也继承了曹洞宗旨，法球亦然，他强调"鸟道"，又引师虔的"金轮不隐的"，表明对曹洞宗是十分熟悉的。

金轮一句，师虔暗示向京师去，因为金轮代表统治四天下的轮王，同时还有表示了强烈的自信，因为人王不及法王，金轮也是师虔自喻，表明已得觉悟，力能转境，所到之处，红尘绝迹。后来中贵人第五可范尊之为法王，表明他确实有法王的气度和风范，洞山赞其走杀天下人，也是由此而发。

师虔辞别洞山到长安，应当是怀着政治抱负而来。当时懿宗最为好佛，因此咸通年间是唐朝佛教最兴盛的时期之一，胸怀大志的师虔自然想有更大的作为，但他本人当时还很年轻，可能缺乏机遇，因此长安数载，难有所为，便退居山南府青锉山，其时可能在咸通十三（872），距最后

① 《卍新纂续藏经》第69册，第238页下、239页上。

② 《卍新纂续藏经》第78册，第513页下。

离开恰好十年。

洞山又问其恁么去一句，他答道虽然步步踏红尘，怎奈通身无影像，意思是虽在尘中，不受污染。通身有二义，一是浑身、全身，二是获六神通身，师虔在此兼用二义。

据《汾阳无德禅师语录》卷一：

上堂云："一切诸法，本来解脱，无有系缚。故经云无系缚者，无解脱者。"僧问："如何是解脱智？"师云："无人伏得伊。""如何是解脱慧？"师云："通身无影像，遍界不曾藏。""未审此理如何？"师云："待尔悟始得。"问："如何是毗卢师、法身主？"师云："毗卢华藏海，法界不思议。""恁么则识得和尚也。"师云："千光不照处，万象岂藏机！"①

汾阳善昭得师虔法孙石门慧彻真传，深通曹洞法门。"遍界不曾藏"是引石霜之说，"通身无影像"则引师虔之语。千光不照，通身无影；万象无隐，遍界不藏，此则是毗卢师、法身主境界，彻悟之后始得。

又据《虎丘绍隆禅师语录》卷一：

上堂："渠无面目底，千圣不敢近。方解'入林不动草，入水不动波'，变大地作黄金，搅长河为酥酪。寸丝不挂，'通身无影像'。便能'入荒田不拣'，信手拈来，头头上显，物物上明，收放临时，更无渗漏。"②

绍隆引用了洞山（雪峰、宝寿亦然）、师虔、道膺、洛浦等人的语句，说的还是曹洞的宗旨。入林不动草一句始见于雪窦重显（980—1052）语录，出处应当更早。

据《古尊宿语录》卷三十《佛眼和尚语录》：

妙容非睹

① 《大正藏》第47册，第602页上。
② 《卍新纂续藏经》第69册，第500页下。

通身无影像，脱体露堂堂。不话非声色，何曾有短长？
河沙恒遍现，故号法中王。优昙花正开，嗅着不闻香。[①]

佛眼清远亦以“通身无影像”来形容“法中王”，因此师虔确实如洞山等所言，有金轮法王气度，只是不逢其时。

师虔任住持时，凡是新到，都要令其搬柴三转，有说运土，与木平事迹相混，然后才能参堂。有一僧人不服气，道是三转内不问、三转外如何，师虔答以“铁轮天子寰中旨”，其僧无对，师虔便打。此中依然体现了师虔法王的气度。

据《罗湖野录》卷二《佛眼远禅师》：

圆悟因诣其寮，举青林搬土话验之，且谓古今无人出得。远曰：“有甚么难出？”圆悟曰：“只如佗道‘铁轮天子寰中旨’，又作么生出？”远曰：“我道帝释宫中放赦书。”圆悟退而语朋旧曰：“喜远兄便有活人句也。”[②]

如此佛眼以“帝释宫中放赦书”对“铁轮天子寰中旨”，确实是妙对，其中豪气逼人，非俗辈所能出。

铁轮天子一句亦为后世所重，大沩怀秀、大慧宗杲、石溪心月等亦曾引述。

有问正法眼藏传付何人，师虔答“灵苗生有地，大悟不存师”，若得无师智、自然智，大悟之后，独立自在，何处有师！正如曹山所言，若真师子儿，能吞父母，一声啸吼，祖父俱尽。若是灵苗瑞草，野父愁芸，本来缘有地，因地种花生，自然花开世界起，菩提果自圆。

据《五灯会元》卷十三：

问：“如何是道？”师曰：“回头寻远涧。”曰：“如何是道中人？”师曰：“拥雪首扬眉。”问：“千差路别，如何顿晓？”师曰：“足下背骊珠，空怨长天月。”问：“学人径往时如何？”师曰：“死蛇

① 《卍新纂续藏经》第68册，第195页下、196页上。
② 《卍新纂续藏经》第83册，第393页上。

当大路，劝子莫当头。”曰：“当头者如何？”师曰：“丧子命根。”曰：“不当头者如何？”师曰：“亦无回避处。”曰：“正当恁么时如何？”师曰：“失却也。”曰：“向甚么处去？”师曰：“草深无觅处。”曰：“和尚也须堤防始得。”师拊掌曰：“一等是个毒气。”①

这是一段完整的问答，核心是探讨大道，也包括道中的死蛇。后世引者大多只从学人径往开始，实是断章取义。欲知大道，先须回头，苦海无边，回头是岸。人若无心，才能合道，欲识道中人，雪首扬眉老。透过千差路，超越无波海，信步险恶道，回光百万程。足下自有骊龙珠，空怨长天月不普，不知长天月兮遍溪谷，不断风兮偃松竹，心光照天地，何处有歧路。学人不知深浅，却欲径往。师虔告之当路有死蛇，千万莫出头，若是当头，命根恐断，即使不出头，也是回避不得。一人发真归元，十方虚空消殒。灵蛇一出，遍界尽亡。当头是死，不当亦亡，此僧急中生智，恶向胆生，却生降龙之心，敢行捉蛇之策。师虔早有准备，道是正当恁么之时，死蛇早已失却，只在此山中，草深无觅处。学人让和尚小心提防，蛇师被蛇吞，玩火或自焚。师虔早知不是好心，道是一等是个毒气，其毒胜过死蛇。

这段问答，十分精彩，宏智赞其“虚玄不犯，回互旁参”，招招把定咽喉，看取好手；步步不触毒气，不负作家。

这段回答，虽然《五灯会元》完整收录，但前代引述者很多，特别是师虔法孙广德延和尚，表明确有出处，非后人杜撰。另外还有丹霞子淳、别峰云、林泉从伦、万松行秀等。

据《正法眼藏》卷三：

青林虔和尚示众云：“祖师门下，鸟道玄微，功穷皆转，不究难明。汝等诸人直须离心意识参，出凡圣路学，方可保任。若不如是，非吾子息。”

妙喜曰：“饶你离心意识参得透，出凡圣路学得成，也是雪峰道底。”②

---

① 《卍新纂续藏经》第 80 册，第 269 页下、270 页上。

② 《卍新纂续藏经》第 67 册，第 617 页上。

这是师虔仅存的数句法语。玄微之理，不究难明，欲参此事，直须离心意识；鸟道玄路，功穷方行，欲行此道，必须出凡圣路学。这是因为禅非意想，道绝功勋，拟心即差，趣向则乖，拟将心意学禅宗，大似西行却向东。

妙喜的评价，所谓“雪峰道底”，似乎是老生常谈、并不稀奇之义。

由于资料不足，对师虔的禅法思想很难进行整体的评价，但从现在的只言片语之中，可以看出他是继承了洞山的禅法，且境界超妙，气度过人，确实是一代宗师。

第二节　师虔门下及其法系

师虔在青林、洞山二处法席，住持高节，海内称扬，因此出色的门人很多。

据《景德传灯录》卷二十：

> 韶州龙光和尚。僧问：“人王与法王相见时如何？”师曰：“越国君王不按剑，龙光一句不曾亏。”师上堂，良久云：“不烦珍重。”问：“如何是西来意？”师曰：“胡风一扇，汉地成机。”问：“拨尘见佛时如何？”师拊掌顾视。问：“如何是龙光一句子？”师曰：“不空羂索。”曰：“学人不会。”师曰：“唵。”问：“如何是极则为人处？”师曰：“殷勤付嘱后人看。”问：“宾头卢一身，为什么赴四天下供？”师曰：“千江同一月，万户尽逢春。”师有偈曰：
>
> 龙光山顶宝月轮，照耀乾坤烁暗云。
> 尊者不移元一质，千江影现万家春。①

龙光和尚，《五灯会元》作龙光諲禅师，看来其法名为某諲，失前字。韶州龙光寺，当在大庾岭附近。

据曾敏行《独醒杂志》卷三：

> 东坡北归，至岭下，偶肩舆折杠，求竹于龙光寺，僧惠两大竿，且延东坡饭。时寺无主僧，州郡方令往南华招诸，未至。公遂留诗以

① 《大正藏》第51册，第365页下、366页上。

寄之，诗云：斫得龙光竹两竿，持归玂北万人看。竹中一滴曹溪水，涨起江西十八滩。谓赣石也。东坡至留数日，将发舟，一夕江水大涨，赣石无一见。越日而至庐陵，舟中见谢民师，因谓曰："舟行江涨，遂不知有赣石。此吾龙光诗谶也。"民师问其故，东坡举以诗之本末。

又据《苏轼年谱》，建中靖国元年（1101）正月初，苏轼至大庾岭，登龙光寺，时南华珪首座方受请做方丈，尚未到任，苏轼留诗一首赠之。①

龙光寺不知始建于何时，临济义玄南行时，曾先参龙光和尚，后参三峰平和尚。云门文偃亦有门人韶州龙光禅师。

有僧问龙光人王与法王相见事，可能龙光曾与刘岩相见。刘岩于贞明三年（917）取韶州，上表梁请封南越国王，梁不许，遂与之绝，并于是年自立为王，建元乾亨，贞明四年（918）十一月改国号为汉。因此二人相见，当在三四年间，改国号前，故龙光称"越国君王"。这表明乾亨元年（917）时諲禅师已经开法。人王法王，各自称尊，虽然人王按剑，法王一句，亦不曾亏。

拨尘见佛，是当时禅门惯用的机锋，先德用者不少。

据《古尊宿语录》卷十四《赵州语录之余》：

问："拨尘见佛时如何？"师云："拨尘即不无，见佛即不得。"②

又据《宏智禅师广录》卷二：

举僧问夹山："拨尘见佛时如何？"山云："直须挥剑，若不挥剑，渔父棲巢。"后僧举问石霜："拨尘见佛时如何？"霜云："渠无国土，何处逢渠？"僧回举似夹山。山上堂云："门庭施设，不如老僧；入理深谈，犹较石霜百步。"③

---

① 孔凡礼：《苏轼年谱》下册，中华书局1998年，第1375页。

② 《卍新纂续藏经》第68册，第85页中。

③ 《大正藏》第48册，第24页下。又见《丹霞子淳语录》、《正法眼藏》。

拨尘见佛，除染显净，犹是功勋边事，先德对此多是否定的，赵州称由此不能见佛，神鼎洪諲道“佛亦是尘”。夹山道见佛必须挥剑，石霜道佛无国土，何处得见，说明曹洞宗对此的见解。龙光抚掌顾视，暂露半身，汝还见么？

有问龙光一句，龙光竟答以密教真言“不空罥索”，其首即“唵”字。这并非意味着龙光重视密教，而是说明他方便多门，禅机灵活。夹山门人逍遥怀忠亦曾以此示人，看来曹洞宗惯用此一机缘。

宾头卢尊者一身同时受四天下供养，此其神通分身之力，龙光以千江一月、万户同春答之，也体现了高度的自信。

据《五灯会元》卷十三：

定州石藏慧炬禅师

僧问：“如何是西来意？”师曰：“树带沧浪色，山横一抹青。”问：“如何是伽蓝？”师曰：“只这是。”曰：“如何是伽蓝中人？”师曰：“作么，作么？”曰：“忽遇客来，将何只待？”师曰：“吃茶去。”①

定州石藏院，可能是由普寂门人定州大像山定真院石藏禅师（718—820）而得名。慧炬机缘语句不多，他与龙光和尚相反，是师虔最北边的门人。

据《景德传灯录》卷二十：

郢州芭蕉和尚。僧问：“十二时中如何用心？”师曰：“栊槵一木盆。”②

又据《五灯会元》卷十三：

问：“如何是道？”师曰：“或横三，或竖五。”曰：“如何是道中人？”师曰：“罢举云中信，半夜太阳辉。”③

① 《大正藏》第48册，第281页上。

② 《大正藏》第51册，第366页中。

③ 《卍新纂续藏经》第80册，第281页上。

郢州芭蕉山，为禅宗名刹，前后住持者很多。《景德传灯录》载有石霜门人郢州芭蕉和尚，又有师虔门人芭蕉和尚，二人相差一辈，有可能前后相承。又有南塔光涌（850—938）门人芭蕉慧清，号称芭蕉山第一世，其门人继之住山，直至五世。看来慧清之后，芭蕉山长期属于沩仰宗。作为师虔门人的芭蕉和尚，应当是在慧清之前住山，时在五代初期。

芭蕉和尚机缘语句不多，其问道与道中人与前述师虔机缘有似，或许宗风使然。半夜太阳辉，如同“夜半正明”。

师虔的主要门人大多在襄州，其中延庆通性大师无机缘语句，然而《景德传灯录》卷二十六又将其归到清凉文益门下，二者辈分年龄相差太大，必有一误。

襄州延庆院在凤山，位于府南，有阳广洞、道安岩，下临凤林关。据《舆地纪胜》卷三十二，凤山，在襄阳东南，梁韦叡立寺，可见历史之悠久。沩山灵祐门人法端大师居此，入灭后谥绍真大师，塔曰明金，可见影响很大。咸通九年（868）时裴光远书《唐襄州延庆院经藏记》，可见此寺置有经藏。据前述《惠广大师寿塔碑》，通性大师至少于广顺三年（953）便住持延庆院，建隆元年（960）入灭，门人有惠超、惠崇等。他来自郢州芭蕉山，与师虔门人芭蕉和尚当为一人。通性入灭之时，上距乃师灭度已经五十六年，当为师虔晚子。依常理，他在师虔入灭（904）时当在二十岁以上，因此其生年当在光启元年（885）前，寿命或超过八十。他生年不迟于文益，不大可能为文益门人。他在郢州芭蕉山住持时间更长，故也被称为芭蕉和尚。虽然其他事迹不详，但既有师号，影响也不会小。

据《景德传灯录》卷二十：

> 襄州万铜山广德和尚（第一世住），僧问：“如何是和尚家风？”师曰：“山前人不住，山后更茫茫。”问：“如何是透法身句？”师曰：“无力登山水，茅户绝知音。”问：“如何是佛法大意？”师曰：“始嗟黄叶落，又见柳条青。”问：“尽大地是一个死尸，向什么处葬？”师曰：“北邙山下，千丘万丘。”师因不安，僧问：“和尚患个什么，太羸瘦生？”师曰：“无思不坠的。”曰：“恁么即知和尚病源也。”师曰：“尔道老僧患什么？”曰：“和尚忌口好。”师便打。①

① 《大正藏》第51册，第366页中。

广德第一世，即义禅师。据《大清一统志》二百七十卷，万铜山，在穀城县东南九十里，俗传唐时山有广德寺，尝铸万斤铜钟于此。

《景德传灯录》以广德义为第一世，延为第二世，《嘉泰普灯录》却反之，以道延为第一世，《五灯会元》亦然，师徒不可颠倒，须得辨析。

据《丹霞子淳禅师语录》卷二：

> 广德延禅师，僧问："如何是透法身句?"师曰："无力登山水，茅户绝知音。"
>
> 体妙探玄尽涉程，争如野老异中行。功忘日用平怀稳，免事君王宠辱惊。①

透法身句在《景德传灯录》中被列在第一世名下，看来丹霞认为广德延才是第一世。

又据《丹霞子淳禅师语录》卷二：

> 广德义禅师。僧问："古人云'言语道断，非去来今'，此理如何?"师曰："弥勒涅槃知几劫，护明犹未降迦维。"
>
> 妙湛圆明第一机，降生成道涅槃时。迦维么竭双林树，认着元来不是伊。
>
> 广德义因僧问："久负不逢时如何?"师曰："扇开人不遇，陋巷莫能收。"
>
> 妙体堂堂相好全，青霄独步蹑金莲。千华台上犹慵坐，弊垢襕衫岂肯穿!②

虽然后世大多数资料都将广德延列为第一世，其始作俑者看来是丹霞子淳。

《景德传灯录》现存本目录有些混乱，依《传法正宗记》卷八，第一世义和（此字为衍文）禅师，下出广德第二世延和尚，荆州上泉和尚，

① 《卍新纂续藏经》第 71 册，第 768 页中。

② 同上书，第 768 页下。

广德延下出广德周禅师。

据《天圣广灯录》卷一：

> 襄州广德山第二世延禅师法嗣（一人见录）
> 荆门军上泉院吉禅师①

这表明李存勗也把延禅师列为广德第二世。李存勗与杨亿为至交，杨亿曾任汝州刺史，对汝阳、襄州一代的禅宗史事相当清楚，并有《汝阳禅会集》。《天圣广灯录》补充了不少《景德传灯录》没有的资料，如上泉院吉禅师机缘，表明确有新的发现，因此其记载值得重视。虽然丹霞子淳为曹洞宗传人，但毕竟属于后世之人，因此还是把义禅师列为第一世。

襄州广德寺，在历史上并不知名，义禅师应当是开山祖师。后世传说唐代便有万斤铜钟，故号万铜山，若然，则义禅师开法比较早。能有万斤铜钟，其福慧影响自然非同小可。他应当是师虔在青林时的早期门人，可能属于一闻便悟的上智利根，开法当在僖宗之末或昭宗之初，并且得到地方的大力支持，故有此福报。

有问家风，答前面不住，后面更荒，自家不识，问他家风。时人多是好高骛远，法身不得见，就想透法身，故答无力登山水，不历他门户，独居茅室，万缘放下，独立自在，故并汾绝信，无有知音。丹霞之颂，体妙探玄，即登山水，涉途程，不如野老异类中行，一种平怀，泯然自尽，免得高攀君王，自取其辱。佛法大意，何处不是，何时不有，始嗟秋至黄叶落，又见春来柳条青，人命呼吸间，何暇从他觅。北邙山是唐朝东都最著名的墓地，王公贵人，多葬此地，千金易得，一穴难求。既是死尸，何处不得埋，北邙山下，千丘万丘之中，复是何物？

义禅师身体不安，学僧探问，道是和尚如此羸瘦、身患何病，虽是探病，也是暗藏杀机。师答心中无思（《五灯会元》作“私”），自不坠的，切莫玩火弄巧，免得自取其辱。此僧知难而上，道是如此即知和尚病源，无思岂不是病，早被射中，还道不坠的。师问你道老僧是什么病，是佛病众生病、示疾真疾，也是做贼心虚，明知故问。僧道和尚忌口好，病入膏肓，尚敢逞强，不知忌口，胡吃乱语，岂不雪上加霜！师便打，也是恼羞

① 《卍新纂续藏经》第78册，第423页中。

成怒，贼过后张弓。

从上述机缘来看，义禅师追求的是一种平常自然的禅风，同时也可知他身体不是很好，可能寿命不长，大概五代之初便去世了。

据《景德传灯录》卷二十三：

> 襄州广德延和尚（第二世住），初谒广德义和尚，作礼而问曰："如何是和尚深深处？"曰："隐身不必须岩谷，阛阓堆堆睹者希。"师曰："恁么即酌水献华也。"曰："忽然云雾霭，阇梨作么生？"师曰："采汲不虚施。"曰："大众，看取第二代广德。"师次踵山门，聚徒开法。僧问："如何是祖师西来意？"师曰："鱼跃无源水，莺啼万古松（《五灯会元》作'枯木花'）。"问："如何是常在底人？"师曰："腊月死蛇当大路，触着伤人不奈何。"问："如何是大通智胜佛时？"师曰："盛夏日轮新霁后，汝莫当辉瞪目观。"曰："如何是大通智胜佛后？"师曰："孤轮罢照鹫峰顶，汝报巴猿莫断肠。"问："如何是作得无间业？"师曰："猛火然铛煮佛喋。"师因事有颂曰：
>
> 才到洪山便垛根，　四平八面不言论。
> 他家自有眠云志，　芦管横吹宇宙分。①

延和尚，《嘉泰普灯录》作"道延"，与曹山门人洞山道延同名，不知何据。他初见义和尚，便问深深处，欲知其极则事，义师之答句，意味深长，虽然遍界不曾藏，怎奈大地无人知。延道如此当汲水献花，供养于师，表明心领神会。义师道忽然云生雾起、障碍重重，又当如何。延道如此则采莲汲水，功不虚施，献花拜师，正当其时。这段问答，父唱子和，此呼彼应，如函得盖，义禅师大为赞赏，对大众宣布他为第二代广德住持。

有问西来意，答道鱼跃无源水，莺啼万年松，如同后世神鼎所举先德"地涌无源水，石人驾慈舟"一样，都是不可思议、不合常理的。问如何是常在的人，答云腊月死蛇当大道，正是引用师虔之说，寒冬死蛇最狠毒，当路伤人不奈何。大通智胜佛，即《法华经》中所述古佛，正当其时，如同盛夏雨后之太阳，不可仰视；其佛之后，则如日落峰顶，猿啼声

---

① 《大正藏》第51册，第396页中。

哀。有问如何是作无间业，答曰猛火煮佛吃，极重最恶业。

延和尚之颂，表明他曾经到随州大洪山参访，不知当时住持者为谁。

据《嘉泰普灯录》卷一：

> 襄阳府广德第二代义禅师（嗣广德延，《传灯》误综其名）
>
> 僧问："如何是古佛心？"曰："千年历日虽无用，犯着依前总灭门。"问："如何是广德境？"曰："清流无间断，碧树不曾凋。"问："不阐三乘教，如何话祖宗？"曰："诞生王子非修进，判断山河自有人。"问："如何是学人相契处？"曰："方木逗圆孔。"问："时人有病医王医，医王有病甚人医？"师展手曰："与我诊候。"云："不会。"曰："须弥徒作药，四海谩为汤。"问："如何是出家幽畅处？"曰："瑞草为毡不觉秋。"问："向上一路，千圣不传，和尚还传否？"曰："铁丸蓦口塞，难得解吞人。"问："如何是宾中宾？"曰："荡子无家计，飘蓬岁不知。"云："如何是宾中主？"曰："茆户挂珠帘。"云："如何是主中宾？"曰："龙楼铺草座。"云："如何是主中主？"曰："东宫虽至嫡，不面圣尧颜。"问："如何是不昏底事？"曰："夜半无灯烛，家书历历宣。"问："如何是蓬门生贵子？"曰："襕衫不自遮。"问："体妙玄玄，为甚么今人不晓？"曰："四足踞地，乾坤黯黑。"问："有室女未尝嫁娉，生得一子，姓个甚么？"曰："偶然衫子破，阃外没人踪。"问："悬崖峭峻，还具得失也无？"曰："忻逢良便，好与一推。"问："如何是不睡眠底眼？"曰："昨夜三更擘不开。"问："如何是密室？"曰："茆茨当大道。"云："如何是密室中人？"曰："历劫没人敲。"问："众星攒夜月时如何？"曰："互影不交光。"①

古佛之心，日久人忘，虽然如此，其力未失，有如千年历日，表面上已然无用，然而如果犯着上面忌讳，依然有灭门之祸。广德之境，历劫清净，清流无间断，碧树不凋零。不得教意，怎论宗门？诞生王子，天然贵种，本源佛性，不假修行，若能直会其道，何必拐弯抹角，但得君临天下，自有人辅助治国，判断山河。有心相契，则成方枘圆凿。有问医王有

① 《卍新纂续藏经》第 79 册，第 291 页上中。

病，何人能医，师顺势展手，请其诊候，学人道是不会，师道吾有大病，非世所医，即使须弥作药、四海为汤，亦是枉然。出家自得其乐，瑞草为毡，白云作盖，恒得春意，不觉秋来。向上一路，千圣不传，并非诸圣不传，只是学人不受，即使将铁丸塞入其口，也难得解吞之人。宾中宾，荡子无家，人物俱乏；宾中主，贫室茅庐，帘挂珍珠；主中宾，龙楼凤阁，却铺草座；主中主，帝尧位上圣，尊贵实无比，太子虽至嫡，无由得见之。心无昏沉，觉性圆满，夜半无烛，家书照宣。蓬门生贵子，淤泥出清莲，垢衣遮不住，荆钗显玉颜。体妙玄玄，无人得见，四棱踏地（异类中行），乾坤黑暗。处女未嫁，有子自生，有可能是暗示五祖弘忍的故事，传说弘忍即是如此，长大随母姓，又号无姓儿。此子尊贵，无姓无名，虽因衫子破，偶尔露峥嵘，实是无人识，阃外不得踪。有问悬崖峭峻，孤峰独立，是得是失，师道不如趁机一推，好叫落地，七间僧房不住，偏要孤峰独宿。昨夜三更掰不开的，便是不睡的眼。要卧即卧，要眠即眠，心光独耀，寤寐恒灿，何必苦熬夜半，要一双不睡的眼。茅庐当大道，即是密室，虽然当大道，历劫无人敲，门户尚未知，其中人谁晓？众星攒夜月，灿烂闪光芒，互影如珠网（回互），自在不交光（不回互）。

这些机缘不知道究竟属于哪个，《嘉泰普灯录》肯定有新的发现，上述机缘不见于以前的任何记载，也不知道其原始出处。《五灯会元》将其全归到第二世门下，和《景德传灯录》的机缘合在一起，恐怕也是问题。其中谈到医王之病，与前述义禅师患病机缘相应，应当属于第一世义禅师。

据《古尊宿语录》卷四十六《滁州琅玡山觉和尚语录》：

举，僧问广德："如何是佛？"德云："画戟门开见坠仙。"僧驰此语，至州中悟空处，便问："画戟门开见坠仙，意旨如何？"空云："直饶亲见释迦来，智者咸云不是佛。"广德后闻，遥望城中礼拜云："悟空古佛，岂止羊二十口！"

师拈云："广德脑后添钉，悟空眼中拔楔。虽然善顺机宜，敢保他家未彻。"①

① 《卍新纂续藏经》第68册，第320页下、321页上。

琅玡慧觉所举的这一机缘,《五灯会元》置之广德第一世延禅师名下,可能有误,当属于第二世。

据《景德传灯录》,襄州谷隐智静悟空大师,为鹿门处真门人,和广德第二世为同辈。悟空虽然境界很高,但广德第一世时未必已经开法,何况称法侄为古佛,礼拜顶戴,不合常理。因此此则机缘应当属于广德第二世。

据《景德传灯录》卷二十四:

> 襄州广德周禅师,僧问:"见话不学时如何?"师曰:"遍界没聋人,谁是知音者?"曰:"如何是知音者?"师曰:"断弦续不得,历劫响泠泠。"僧问:"承教有言,阿逸多不断烦恼、不修禅定,佛记此人成佛无疑。此理如何?"师曰:"盐又尽,炭又无。"曰:"盐尽炭无时如何?"师曰:"愁人莫向愁人道,向道愁人愁杀人。"①

广德周禅师,肯定是广德第三世。大音希声,无人得闻。阿逸多事出《弥勒上升经》,不断不修,天真自然,周禅师的回答耐人寻味。

据《嘉泰普灯录》卷二十六《国清简堂机禅师》:

> 师曰:"这老子艰难起家,至老悭涩。虽然如是,毕竟也是看窟窿著楔。山僧即不然,一尺绢捣练,一杯酒上楼,是则是孤穷,且要自张声势。忽有人问:'教中道,阿逸多不断烦恼、不修禅定,佛记此人成佛无疑。未审此理如何?'只向他道:大底还他肌骨好,不涂红粉自风流。'未审意旨如何?'更向他道:驴事未去,马事到来。"②

简堂行机对阿逸多成佛事的评述是因为他本来美貌肌骨好,不涂红粉自风流,对周禅师之语的讲述是艰难起家,到老吝啬。

据《虚堂和尚语录》卷五:

> 收放随时虽有准,出门入户恐难论。长安路子君须到,

---

① 《大正藏》第51册,第407页上。

② 《卍新纂续藏经》第79册,第458页中下。

莫向深村草里蹲。①

又据《月江正印禅师语录》卷一：

颂云：行看山兮坐看山，春风花鸟自关关。善财别后无人到，楼阁门开尽日闲。②

这是虚堂智愚和月江正印的偈颂，都是解释这一公案的。大慧宗杲称为“洗脚上船”。不断不修且置，怎奈无福无慧、盐尽炭无何！还是洗脚上船、努力前行稳妥，不然深村落草、长安不到，悔之不及。

据《正法眼藏》卷二：

襄州广德周和尚示众云：“适来钟鼓未鸣时，诸上座便合知时，何用上来握节当胷？实为沉屈诸上座。既然如是，撒沙向诸人眼里去也。三世诸佛在诸上座鼻孔上转大法轮，看！看！”良久云：“冬行春令。”③

周和尚的意思是开堂之前，便应知时散去，上来礼拜，实为自屈，即使有所说法，也是眼中撒沙。最后讲冬行春令，是自嘲亦不知时，于末法中空说正法，无人得闻。

据《古尊宿语录》卷二十三《汝州叶县广教省禅师语录》：

师后到襄州广德。广德垂示云：“禅德，直须是个师子儿始得。诸人总具个师子儿。”师便出问：“承和尚有言，诸人总具个师子儿，如何是和尚师子？”广德便作师子吼。师云：“这个犹是野干鸣，还我师子来！”随后便喝，抚一掌。德云：“真师子儿！”师云：“是何语话？”德云：“好好问兄弟。”师云：“也不得放过。”④

---

① 《大正藏》第47册，第1023页上。

② 《卍新纂续藏经》第71册，第120页中。

③ 《卍新纂续藏经》第67册，第589页上。

④ 《卍新纂续藏经》第68册，第155页下。

叶县归省（约 948—约 1020）为首山省念（926—993）门人，大概于太平兴国元年（976）参首山，后参广德时当在五年（980）左右。此广德当然是第三世周禅师。

汾阳善昭和神鼎洪諲应当也参过广德周禅师。

据《汾阳无德禅师语录》卷一：

师因举，先广德和尚并实道者，各有王子话。僧请师下语，问："王子未登朝时如何？"师云："六宫歌雪韵，八国听萧韶。""正登朝时如何？"师云："玉玺不彰文，万邦皆稽首。""登朝后如何？"师云："素服问田翁，遍界无相识。"颂曰：三朝王子贵兼尊，今古相传孰可分。八国六宫朝化美，汾阳印的莫纭纭。①

此实道者，可能是石霜系云盖景门人幽州潭柘寺从实。三朝王子之说最早出自华严休静，后来广德周和从实等都有所发挥。汾阳善昭和石门蕴聪（965—1032）学过曹洞禅法，也有三朝王子颂。

汾阳善昭参见广德周当在太平兴国八年（983）前，此时应当是广德周的末年。

据《天圣广灯录》卷二十四：

荆门军上泉院古（《目录》作"吉"）禅师

因看《华严经》，一日掷卷在地，云："黄面老汉得恁么多口？"从兹晓悟。

后参广德，乃为印可。

师开堂日，有僧问云："师唱谁家曲，宗风嗣阿谁？"师云："万同一点子，普润遍婆娑。"

问："如何是大道之源？"师云："帘内有君当正位，殿前四相尽朝仪。"进云："恁么即一滴不离毗卢界，万派朝宗不二门？"师云："四塞罢戈齐拱手，十方共贺大平年。"

问："如何是祖师西来意？"师云："梁王殿上不来往，魏国终归

① 《大正藏》第 47 册，第 605 页上。

只履西。”①

古禅师住荆门上泉寺，据《大清一统志》卷二百一十六：上泉寺，在荆门州北三十里。一名灵鹫寺，又名广济庵，晋建。

古禅师自称“万同（铜）一点子，普润遍娑娑”，说明确为广德传人。他以君臣为喻以说明禅法，有师虔法王遗风。

第三节　石门献蕴与石门法系

在师虔门人中，石门献蕴最为著名。有关献蕴的资料，有《景德传灯录》卷二十、《天圣广灯录》卷二十四、《联灯会要》卷二十五、《五灯会元》卷十三等，以《五灯会元》最为完备。

献蕴为京兆人，其初参青林，当在其住洞山时，即乾宁元年（894）至天祐元年（904）间，契悟之后，更不他游。师虔顺寂时，召其付嘱。如此他的生年应当在咸通十一年（870）至广明元年（880）间。天祐元年（904）师虔示灭，他建塔守制后，便到南岳兰若，宴坐岩室。后楚王马氏请其迁夹山。《天圣广灯录》、《联灯会要》称“马大王从青林请师过夹山”，此说可能有问题，一则青林在随州，不在楚王的管辖范围内，二则从青林到夹山，不会路过潭州。楚王远到边界迎接，不大可信。《景德传灯录》道当时夹山和尚归寂，此夹山和尚当为第二世或三世，因为夹山善会中和元年（881）就入灭了。其始住夹山时间不详。

据《释氏通鉴》卷十二：

> 乙亥（真明元）（十二）（五）
>
> 石门蕴禅师，自得旨于青林虔，初住黄（当作“南”）岳兰若，未几迁夹山。②

据此当为贞明元年（915）。此说应当是有道理的，其自南岳往夹山，路过潭州时被延入天策府供养，而据《通鉴纪事本末》卷四十上，开平

① 《卍新纂续藏经》第78册，第541页上中。

② 《卍新纂续藏经》第76册，第128页中。

四年（910）夏六月，楚王殷求为天策上将，诏加天策上将军。殷始开天策府，以弟賨为左相，存为右相。因此其迁夹山肯定在开平四年（910）之后。

献蕴在夹山住持多年，后迁襄州石门。《五灯会元》称其以蛮夷作乱，遂离夹山。据《旧五代史》卷七十八，天福四年（939）十月丙辰，溪州刺史彭士愁以锦、蒋之兵与蛮部万人掠辰、澧二境，湖南节度使马希范遣牙兵拒之而退。《资治通鉴》卷二百八十二系之同年八月。如此献蕴离开夹山到石门当在天福四年（939），其住持夹山达二十五年。

献蕴到襄州创石门山寺，为第一世，并终老于此。据《方舆胜览》三十二，凤山，在襄阳东南，梁韦叡立寺。此凤山，当为凤凰山，又号称石门。据《大清一统志》，凤凰山，在襄阳县东南十里，一名凤林山。《隋书地理志》，襄阳有凤林山。宋杜绾《云林石谱》，凤凰山地中出石，巉岩险怪，如大山势，色青黑，叩之有声。又南漳县西北五里亦有凤凰山。据《湖广通志》卷十《南漳县》，笋石，县北五十里石门寺内，石上生成玉兔望月，又生笋纹数茎。清凉河，县东十二里，源出西溪洞，与蛮河合。襄阳东南即南漳县北，寺旁有清凉河，这与禅宗史料的说法一致。

献蕴在石门寺住持时间不知多长，但应当有五六年，或许乾祐三年（950）是他卒年的下限，此时上距青林入灭已经四十多年了，他若活到此时，应当年过七十。

献蕴是一个非常有个性的大宗师，而且幽默风趣、境界超群，下语非常，诸方赞叹，对后世影响很大。

他初见青林，便问如何用心，得齐于诸圣，初发心便非同凡响，青林仰面良久不语，然后道会么，他道不会，青林道无子用心处，他便契悟礼拜。即心是佛，无心是道，若有所用心，则不可齐于诸圣。他作园头种菜，青林道遍界是佛身，何处下种，他道金锄不动土、灵苗在处生，不动土，即无功之功，若是灵苗，何处不生。他与青林关于无影树是否受栽的一段问答，他道只为枝叶不曾见，所以此树不受栽，若是受栽，即非无影树，因为无影树无根无枝，无相无形，如何受栽！青林临终时，他道雪满金檀树、灵枝万古春，表达了将青林禅法传承下去的决心。青林问其金针线囊事，当即代表从上宗承，他道若遇同参，不敢造次，另外的意思的是若不遇剑客，也不会客气，表达了他超人的自信。

他秉承师虔家风，颇有法王气度。如见楚王，便道“御驾六龙千古秀，玉街排仗出金门”，令之大喜。又如“天垂宝盖重重异，地涌金莲叶叶新”、“无弦琴韵流沙界，清和普应大千机”、“遍界黄金无异色，往来游子罢追寻”、“张三李四出金门，遍握乾坤石人在”、“三公九卿排班位，看取金鸡竖也无”、“玉玺不离天子手，金箱岂许外人知”、“骑骏马，骤高楼，铁鞭指尽胡人路”等，大有君临天下的雍容富贵气度，这是其他人无法相比的。

他虽然气度不凡，而又自然风趣，说法常道“好大哥”，故被称为“大哥和尚”。如僧问月生云际时如何，他答道“三个童儿抱华鼓，好大哥，莫来拦我毬门路”，是通过打球的游戏来说明禅理。

据《五灯会元》卷十四：

> 越州云门山灵运宝印禅师
>
> 上堂：“夜来云雨散长空，月在森罗万象中。万象灵光无内外，当明一句若为通。不见僧问大哥和尚云‘月生云际时如何?’大哥曰：‘三个孩儿抱花皷，莫来拦我毬门路。’月生云际，是明什么边事？三个孩儿抱花皷，拟思即隔。莫来拦我毬门路，须有出身处始得。若无出身处，也似黑牛卧死水。出身一句作么生道？不劳久立。”①

灵运宝印为大阳警玄门人，他的评述自然有权威性。月生云际，自然光影不能透脱。三个孩儿抱着花鼓在旁边观看踢球，却在无意中跑到场内，挡住了进球的路线。表面看来，似乎与月生云际毫无关系，其实已经作出了回答。拟思即隔，念生即云，进球即是出身，必须冲破障碍，冲破三毒烦恼乌云，自然灵光独耀。这一回答，生动有趣，曲折婉转，因事显理，借境明心，是曹洞宗回互禅风的典范。

有僧问不落机关、请师便道，他先是答这一机关迅疾无比，如湛月高悬，不知曾问几人。此僧不知痛痒，不明进退，又道即今问和尚。献蕴不再客气，道是云绽月明，狐狸尾巴早就露出来了，狐死首丘，你还是快点回去吧。如此问答，有扬有抑，能杀能活，禅机峭拔而意趣盎然。

能熔两种相反的风格于一炉，可见他超越凡圣，平等一如，游戏神

---

①《卍新纂续藏经》第80册，第291页上。

通，已至化境。

据《古尊宿语录》卷二十四《潭州神鼎山第一代諲禅师语录》：

> 马王请石门蕴和尚住夹山，銮驾出接，自问："如何是西来大道？"蕴云："御驾六龙千古秀，玉街排杖出金门。"师云："一等是只对王臣，太哥三昧宽廓，何也？恁祇只对，又不辜负西来大意，又善能回互，其中事理纵然。若有问神鼎如何是西来大道，对云：'行'。且道与古人是同是别？久参禅客，于神鼎语中有个见处；没量大人，只怕往往蹉过。"僧问大哥和尚："千钧之弩，不为鼷鼠而发机。忽遇大杀活底人来时如何？"哥云："汉王才入鸿门会，项庄舞剑始知难。"又云："单雄解弄枣木槊，尉迟随后唱番歌。"师云："如有问'千钧之弩，不为鼷鼠而发机，忽遇大杀活底人来时如何'，神鼎即向他道：'千钧之弩，不为鼷鼠而发机。'"①

神鼎洪諲称赞献蕴三昧宽廓、善能回互，并且增补了其一则机缘。千钧之弩，只射虎豹，必不滥发，即使大杀活底人，若不放过，也是有来无回。

据《天圣广灯录》卷十四《汝州西院思明禅师》：

> 问："如何是临济一喝？"师云："千钧之弩，不为鼷鼠发机。"进云："忽遇大杀活人来时如何？"师便打。②

西院思明为宝寿沼门人，与献蕴基本同时。问话学僧有可能两边都参过，或先参西院被打，后来又去问献蕴。两家一则动口，一则动手，看来宗风刚柔不同。

献蕴有许多机缘语句为后世所传诵，影响深远。

据《天圣广灯录》卷二十四：

> 问："如何是道？"师云："好大哥，物外独骑千里象，万年松下

① 《卍新纂续藏经》第68册，第160页中。
② 《卍新纂续藏经》第78册，第484页上。

击全钟。”①

《天圣广灯录》现行版本文字错误不少，“全钟”，实为金钟。同安常察有“梦手击金钟，觉来空把拳”，可能受其影响。金钟之典可能出自《祇洹图经》。

据《中天竺舍卫国祇洹寺图经》卷二：

戒坛院内有大钟台高四百尺，上有圣钟，重十万斤，形如须弥。盃上立千轮王像，轮王千子，各各具足四面，各有一大摩尼宝珠，大如三升，陷于钟腹。足有九龙相盘之像，龙口吐水，具八功德。至受戒时，将欲受者至钟，四面九龙吐水灌诸僧，如顶生王受转轮王位金钟灌顶之像。今令受戒人新受佛戒，如佛法王受法王位，不徒设也。又梵王摩尼珠放光照受戒人，光触身时清凉乐，将使戒珠明净，如摩尼宝珠尘不染。前之大钟，劫初时轮王所造。圣人受戒，令得通者击之，声振三千，一切圣人闻皆证果，悉趣闻者皆识宿命智。②

后世曹洞宗对此句十分重视，丹霞子淳有颂，天童正觉、净慈慧晖等都曾引用。

云门宗五祖师戒对此有所发挥，道“大迦叶击金钟于须弥顶上，普震大千；阿难集总持于毕钵岩前，曲垂奥旨”③，又称“五凤楼前听玉漏，须弥顶上击金钟”。

后世模仿献蕴风格、特别是道“好大哥”的亦不计其数，能真正能够得其三昧者难得其人。

献蕴两处开法三十多年，门人无数。然而后世所知者，唯石门慧彻一人。有关慧彻的资料，有《景德传灯录》卷二十三、《天圣广灯录》卷二十四、《五灯会元》卷十四等，以《天圣广灯录》最为完备。

慧彻生卒及开法时间均不详，也不知何时从学于献蕴。作为唯一知名后世的传法弟子，他应当较早跟随献蕴，有学人问“夹岭峰前句，请师

① 《卍新纂续藏经》第78册，第542页中。
② 《大正藏》第45册，第891页下。
③ 《卍新纂续藏经》第78册，第526页上。

为举扬”，可能暗示他曾在夹山参学。如此他生于唐末或光化三年（900）前后的可能性较大。

据《古尊宿语录》卷三十八《襄州洞山第二代初禅师语录》：

> 问：“石门迁化向什么处去?”师云：“麝香不合药。”①

如此可以判定慧彻迁化在洞山守初（910—990）之前，洞山守初卒于淳化元年（990）。

无论如何，淳化年间（990—994）应当是慧彻卒年的下限。

据《古尊宿语录》卷八：

> 初住汝州首山，为第一世也。石门遣使驰开堂书至，师乃集众于法堂上。使才近前人事，师约住云：“是洞上宗乘，是雪岭家风?”使云：“书中已载。”师云：“一不成，二不是。”使无语。师云：“且坐吃茶。”②

这表明首山省念（926—993）在世之时，石门有过一次前后更替，新住持上任开堂，并派专使到首山。这次更替肯定是由于慧彻谢世而三世接任。在表示中土宗派时，雪岭一般代表雪峰一系，当时在襄州一带，云门宗是雪峰系的主要代表。或许三世曾经参过云门宗的洞山守初，因此首山特意问其究竟是传洞上宗乘还是雪峰家风。

首山的许多门人都参过慧彻，如汾阳善昭、神鼎洪諲、石门蕴聪等。

据《云卧纪谭》卷一：

> 慈照禅师聪公，住襄州石门。请待制查公为撰《僧堂记》，曰：干明寺者，去郡百里，古曰石门，因敕易之。高山峻谷，虎豹所伏；岐路硗确，人烟敻绝。非志于道者，罔能栖其心也。游官之徒，羁束利名，虽观其胜绝而罕能陟其境。道守郡日，知有学者，法字守荣，自雍熙三年参寻而至。后安禅之堂卑隘堕坏，于是发心重构，克坚其

---

① 《卍新纂续藏经》第68册，第247页下。

② 同上书，第51页上。

> 志。聚落求化，多历年所，召良工，市美材，迄景德三年始告成，凡五间十一架。春有学徒慧果，携锡至京，请余识之，将刊于石。乃书曰：自佛法广被，……荣公，生凤翔虢邑，出家于雍州鄠县白云山净居禅院。大中祥符二年四月八日。①

这是查道应蕴聪之请为石门乾明寺写的《僧堂记》，其中主要人物是“守荣”，生于凤翔虢邑，出家于雍州白云山净居禅院，都在长安一带，其于雍熙三年（986）参寻而至，应当是参慧彻。后见僧堂败坏，便发心重建，经过多年努力，终于在景德三年（1006）建成。此记总觉有所不足，《云卧纪谈》亦认为“恐尚有首尾耳”，因为对乾明寺的历史、甚至方丈都没有提及。其中学徒慧果，应当是唐州大乘山慧果，后归入广教归省门下。

守荣不见僧传，《天圣广灯录》卷二十四载有慧彻门人兴元府广教院绍荣禅师，或许就是守荣。守荣没当过石门寺方丈，从他参学经历来看，雍熙三年（986）慧彻尚在。

如此慧彻卒年，应当在雍熙三年（986）至淳化四年（993）间。

慧彻机缘语句，存世很多，其中以《天圣广灯录》最为完备。

据《天圣广灯录》卷二十四：

> 问：“如何是和尚家风？”师云：“解接无根树，能桃（挑）海底灯。”学云：“学人不会桃（挑）灯意，请师方便接无根。”师云：“贾岛笔头挑古韵，下手之时谁为分？”问：“如何是石门境？”师云：“猿啼山谷韵，木马正当轩。”问：“如何是境中人？”师云：“通身非影像，常日闹喧喧。”②

这是他初开堂时的问答。解接无根树，能挑海底灯，这是慧彻家风。

据《天圣广灯录》卷二十四：

> 永康军景德院真禅师

---

① 《卍新纂续藏经》第86册，第661页下。

② 《卍新纂续藏经》第78册，第542页下。

有僧问："师唱谁家曲，宗风嗣阿谁？"师云："无根树下亲付嘱，井底挑证更是谁？"①

真禅师为其门人，可见这一家风传承不绝。无根树，夹山善会称"石上无根树，山含不动云"，疏山匡仁临终道"世有无根树，黄叶风送还"，也是曹洞宗常用之物。会接无根树，不算稀奇，能于海底挑灯，实是稀有。然须弥起波，海底扬尘，水中火发，火里莲开，在禅客看来，也是平常。

境中之人，通身非影像，是用青林"通身无影像"典故。通身非影像，当体是空；常日闹喧喧，日用不绝。

慧彻继承了乃师家风，亦常用君王龙凤喻禅理，自有一种雍容华贵的气度。

据《天圣广灯录》卷二十四：

问："如何是和尚深深处？"师云："龙巢生凤卵，端的勿人知。"进云："如何是龙巢生凤卵？"师云："帝里穿靴异。"进云："如何是端的勿人知？"师云："千圣不能测。"②

深深之处，如龙巢凤卵，帝里深宫，千圣不测，外人何知。

又如"三公九卿排班位，真珠帘下鼻撩天"，"龙楼无宿客，衔（御）辇百花新"，"龙楼金凤子，根卧不裁衣"，"遍地一轮孤，万象齐来看"，都显得气度不凡。

据《天圣广灯录》卷二十四：

问："国土晏清，谁人为主？"师云："摆手乾坤动。"学云："王道又如何？"师云："嘉禾合穗，野老讴歌。"学云："向上还更有明会处也无？"师云："有。"进云："如何是向上事？"师云："尧舜不持林下诏，洗耳江边饮牧牛。"③

---

① 《卍新纂续藏经》第78册，第546页上。

② 同上书，第542页下。

③ 同上书，第545页中。

有王有霸，有惠有威，此是轮王之事；而洗耳江边，不知有君，此乃法王之事。虽然未入帝里，素王山中，但慧彻一代法王的气象无人可比。

慧彻强调，“禅非意想，道绝功勋”，前句是用洞山意旨，反对以心意学禅宗，无你用心处，后者是强调无功之功，无你下手处，虽然其宗旨与前贤无异，却是经过慧彻总结，流行禅门。最早引用者为洞山第二代初，称为“心非意想，道绝功勋”，其后引者无数，如法昌倚遇、五祖法演、云峰文悦、圆悟克勤、瞎堂慧远、净居妙道等。

据《汾阳无德禅师语录》卷一：

> 上堂，举先石门和尚初开堂，僧问：“知师久酝葡萄酒，今日为谁开？”石云：“琼桨（浆）一滴异，普济万机迷。”①

又据《汾阳无德禅师语录》卷一：

> 小参，云：“老僧昔日参见石门彻和尚，上堂云：‘一切众生，本源佛性，譬如朗月当空，只为浮云翳障，不得显现，为明为照，为道为路，为舟为檝，为依为止。一切众生，本源佛性，亦复如是。只为烦恼重云之所掩蔽，不得显现鉴照分明。’当时便问：‘善昭咨和尚，朗月海云遮不住，舒光直透水精宫时如何？’门云：‘石壁山河非障碍，阎浮界外任升腾。’‘恁么则千圣共传无底钵，时人皆唱太平歌。’门云：‘太平曲子作么生唱？’‘不堕五音，非关六律。’门云：‘还有人和得也无？’‘请和尚不悋慈悲。’门云：‘仁者善自保任。’”②

这是善昭所记慧彻两则机缘，前者其初开堂时，后者是本人亲历。以酝酿葡萄酒说明禅机，相当少见，说明当时襄州一带可能有酿制葡萄酒的行业。慧彻上堂语句，是说佛性如日月而为烦恼重云所障，这正是马祖一系所重的佛性如来藏思想。善昭对曹洞宗旨十分熟悉，并得慧彻印可。

据《古尊宿语录》卷二十四《神鼎语录》：

---

① 《大正藏》第47册，第600页上。

② 同上书，第602页中。

举，石门示众云："家山好，家山好，家山内有无根草。澄源异草竞芬芳，春雷一震金仙道。"师云："作么生是春雷，与大众说破得么？"喝一喝，下座。①

又据《古尊宿语录》卷二十四：

僧问石门："如何是和尚家风？"门云："解接无根树，能挑海底灯。"后其僧入室问："学人不解挑灯意，请师方便接无根。"门云："贾岛笔头挑古韵，下笔之处阿谁分？"又云："难遇知音。"神鼎当初问："如何是知音？"门云："逢迎直言三岁子，唱起巴歌异路行。"又《颂》：无形无相大威神，为接群生展手频。鸟道不遮圆鉴体，金乌常出海东门。师云："石门恁么道，恁么颂，还会石门家风么？"良久，云："金乌常出海东门。珍重！"②

和善昭一样，神鼎洪諲也是亲参石门的，因此颇知其典故。澄源湛水，瑞草无根，春雷一震，灵苗自生。古韵难和，笔头谁分；异路而行，莫非知音。太阳门下，展手频频，为接众生，暂露半身。石壁山河非障碍，金乌常出海东门。

据《古尊宿语录》卷九《慈照蕴聪语录》：

举，僧问石门彻和尚："实际理地，如何进步？"彻云："鸟道无前。"僧进语，云："幽谷白云藏白雀，拟心棲处隔山迷。"师别云："栖心不住栖心地，物外纵横任法闲。"举，彻和尚离谷隐，有僧问："师住襄阳去，尽襄阳男女各置一问，问问各别，和尚如何支遣？"彻云："一音剖出尘沙句，豁达虚空应万机。"师别云："头头上活，物物上具。"③

① 《卍新纂续藏经》第68册，第159页下。
② 同上书，第160页下、161页上。
③ 同上书，第56页中。

蕴聪久住石门，应当也参过慧彻。白云藏白雀，金汤镀瓦砾，灯背夜明帘，一色分不分？圆音一演应万机，众生随类各得解。一物不违头头具，各适其性物物明。

据《宏智禅师广录》卷三：

> 举僧问广德："如何是剑利底人？"德云："维摩不离方丈室，文殊未到早先知。"又问："如何是剑利底人？"德云："垢腻汗衫皂角洗。"又问："如何是剑利底人？"德云："古墓毒蛇头戴角。"师云："一句子把定要关，一句子不存轨则，一句子体用双照。若人会得，许你剑利。还端的么？枯龟妙在孙宾手，一灼爻分十字文。"①

正觉将这三句归入广德名下，然慧彻却讲过"古墓毒蛇"一句，《五灯会元》、万松行秀也将此归到慧彻名下。未到先知，把定牢关；皂角洗衣，不存规则；毒蛇戴角，体用双照，都是伶俐，不妨奇特。"毒蛇戴角"一句，佛鉴惠勤、正堂明辩（1085—1157）等引之。

慧彻对于上代著述汲引颇多，特别是洞山著作。他常用无根树、无影树、木马、瑞草、夜明帘、琉璃殿、青山、白云、长天月、碧潭、青霄等洞山著作中经常出现的意象，以及展手、一色、无语中有语、有语中无语、转身等曹洞家法。

据《大慧普觉禅师语录》卷七：

> 示众，举招庆问罗山："有人问岩头：'尘中如何辨主？'头云：'铜沙锣里满盛油。'意作么生？"山召大师，庆应诺。山云："猕猴入道场。"山却问明招，或有人问尔作么生，招云："箭穿红日影。"师云："还会么？猕猴入道场，箭穿红日影。两个老古锥，担雪共填井。"喝一喝。②

如此慧彻还引用这一机缘。沙罗满盛油，不堪用；箭穿红日影，不为中；猕猴入道场，假修行；担雪共填井，无用功。

① 《大正藏》第48册，第731页中。

② 《大正藏》第47册，第839页下。

慧彻有许多机缘语句流传后世，脍炙人口。如“东村王老夜烧钱”、“三更不借夜明帘”、“陋巷不骑金色马”等。

有僧问如何是三乘教外别传一句，慧彻答东村王老夜烧钱，后来洞山晓聪、地藏恩、上方益、道吾真、宝叶源、退耕宁等都有偈颂。

据《偃溪广闻禅师语录》卷一：

> 复举，石门聪和尚，因僧问：“年穷岁尽时如何？”门云：“东村王老夜烧钱。”又僧问洞山初和尚：“生死以何为津梁？”山云：“年尽不烧钱。”①

这是后人的引申和发挥，影响更大，圆悟克勤惟说石门，没讲哪个石门，偃溪广闻指出为石门蕴聪，《五灯会元》则道是石门慧彻。年末之时，王老夜里烧钱，以祭祖先鬼神。后来每到岁末，禅师说法便引此句。此一句，超三乘，判生死，直是格外之谈，而又平常无华，耐人寻味。

慧彻指出，“威音室里元无灯，三更不借夜明帘”，沙门行履，“三更不点烛，手后不然灯”。宏智正觉初见丹霞子淳，便以“井底虾蟆吞却月，三更不借夜明帘”相呈，得其启发而悟道。雪岩祖钦对此一句也非常重视，将其作为曹洞宗宗旨的代表。

据《天圣广灯录》卷二十四：

> 问：“云光作牛，意旨如何？”师云：“陋巷不骑金色马，过来却着破襕衫。”②

云光法师不事戒律，志公劝之不听，道是不斋而斋，食而非食，后招报作牛，拽车泥中，志公见之，道何不言不拽而拽，牛号啕而逝。不过慧彻及多数禅师的解释，不在讥其不守戒律，自招因果，而是讲觉悟之后，行菩萨道，向异类中行，应世化物，和光同尘，脱珍御服，著弊垢衣。后世浮山法远、死心悟新、法昌倚遇、丹霞子淳、圆悟克勤、佛眼清远等引之。

① 《卍新纂续藏经》第 69 册，第 731 页中。

② 《卍新纂续藏经》第 78 册，第 544 页下。

据《天圣广灯录》卷一：

> 襄州石门山惠彻禅师法嗣（一十二人见录）
> 襄州广德山智端禅师潭州北禅寺显禅师
> 滋州桃园山云屿禅师潭州北禅寺怀感禅师
> 舒州四面山宝津禅师襄州广德山重智禅师
> 凤翔府青峰山义诚禅师
> 永康军景德院真禅师
> 兴元府广教院绍荣禅师
> 嘉州承天院义勤禅师同州饶益寺法华禅师
> 襄州石门山师筠首座①

慧彻门人很多，不止于此，还有最重要的两个门人石门（后住谷隐）绍远、玉泉守珍，可能因为已见于《景德传灯录》，故未重录。由于其门人得法传禅都在宋代，故不再细述。

石门寺（后改名乾明寺）是曹洞宗在襄州的重要寺院，慧彻继献蕴为第二世，然而《景德传灯录》时道其为二世，时说其为三世，其弟子绍远则为第四世，石门蕴聪为第五世，蕴聪门人了同为第六世。这表明慧彻之后有第三世，此人很可能是灵泉归仁人石门寺遵和尚。

据《天圣广灯录》卷二十四：

> 襄州石门山遵禅师
>
> 上堂，僧问："古人道大悲院里有斋，意旨如何？"师云："石人满面血，山草运无根。"
>
> 问："如何是石门境？"师云："石朵山前无异路，清凉河深彻底看。"进云："如何是境中人？"师云："乐界鼓声连夜响，牧牛童子唱巴歌。"
>
> 问："如何是佛？"师云："王宫降诞人皆仰，四八端严为后时。"进云："恁么则灵山非的意，雪岭有知音？"师云："鸟道玄玄无草

① 《卍新纂续藏经》第78册，第423页中下。

碍，一轮明月正当轩。”①

如此遵和尚也住持过石门，他和慧彻为同辈，应当在慧彻前后住持。他有可能参过雪峰一系，故学人言是否“灵山非的意，雪岭有知音”，但他回答“鸟道玄玄”，表明还是归属于曹洞宗。前此首山省念问石门之使是洞上宗旨，还是雪岭家风，可能当时对他究竟承嗣何家有疑问，不过他最终选择的还是曹洞。

当然雪岭与灵山相对，更有可能是指释迦佛雪山六年苦行，雪岭成道，灵山说法，本无高下，只是王宫降诞，只是诞生王子、身份世荣，雪岭修行，才能端严成道，真正为三界之尊。若非雪岭苦行，何来灵山说法？故行鸟道玄路，才能有所成就，如明月当空，一轮捧出，自然万众仰望。

他与慧彻禅风相近，故能植无根草，亦知唱巴歌。山前无异路，高高山顶立；河水彻底深，深深海底行。大悲院里有斋，是普化故事。普化常于街上摇铃，道明头来、明头打，暗头来、暗头打，临济令人来问云，不明不暗时（一说总不来时）如何，普化道来日大悲院里有斋。临济闻报，道我从来疑著这汉。普化四两拨千斤，也是避重就轻，故临济疑著。石人出血，尚知痛痒；山草无根，空灵自在。无（情）而有（情），有（叶）而无（根），识得其妙，斋饭自足。

遵和尚住持石门时间不长，当时他已至晚年，后由绍远接任，为第四世。绍远之后，蕴聪接任，石门转为临济宗。

五代后期，曹洞宗北渐，移向襄、郢一带。石门慧彻之时，襄州是曹洞宗最重要的根基，主要寺院，属于青林师虔系的有凤凰山石门寺、万铜山广德寺、凤山延庆寺，属于曹山系的有鹿门山、谷隐山（虎溪），属于龙牙居遁系的有含珠山。由于师虔本人长期在郢州青林传法，因此在洞山各派中，只有师虔系的主要力量集中在襄州一带。

五代至宋初，襄州一带禅宗极为活跃，曹洞宗、云门宗、临济宗、法眼宗、德山系（白兆派）五家共聚此地，相互切磋，共相激扬。就襄州而言，寺院林立，大者有石门（乾明）寺、广德寺、延庆寺、鹿门（华严）寺、洞山（普乐）寺、白马寺、谷隐（太平兴国）寺、兴化寺（鹫

① 《卍新纂续藏经》第 78 册，第 541 页上。

岭）等。其中白马寺主要属于德山系，洞山前期属于曹洞，后来属于云门，延庆亦然。襄州延庆前后住持者为通性大师（师虔门人）、归晓慧广大师（含珠山审哲门人）宗本禅师（龙居明教宽门人）、子荣（光祚门人）、法珠（子荣门人）。

总的来说，五代时期，襄州曹洞宗势力最大。曹洞宗在传统的势力范围如江西等地受到法眼宗和云门宗的挤压，洞山、曹山、云居等最重要的寺院逐渐落入他宗之手，其于襄州、郢州等地的兴盛维持了一宗的地位。

第十一章　曹洞宗与其他宗派的关系及其改宗原因

第一节　曹洞宗与百丈系的关系

曹洞宗自药山始，便与百丈系有十分密切的关系，这种关系一直延续下来。

如前所述，药山惟俨与百丈怀海法缘深厚，二人同师西山慧照，又同师马祖道一，同在南岳受具，一共有长达二十多年的同学关系，这在同门中也是不多见的，由此奠定了两系关系的基础。

曹洞宗中早期的大师大多与百丈系有关。云岩在百丈门下二十年，道吾为百丈门下涅槃和尚弟子，二人都是从百丈转到药山门下。百丈之后，沩山灵祐成为南方禅宗领袖，风起于大沩，天下望风披靡，作为最早建立的南禅宗派，沩仰宗风行一时，最为兴盛。沩仰宗的兴盛并未成为曹洞宗创建的障碍，相反，沩仰宗事实上成为曹洞宗的母体，毫不夸张地说，曹洞宗正是在沩仰宗的基础上形成的。

云岩和道吾二人在药山入灭后曾去投奔沩山灵祐，得到他的指点和照顾。而药山系第三代，也是曹洞宗理论和宗派创始者，都与沩仰宗有不解之缘。洞山良价自南泉罢参后，曾到大沩，受灵祐启发，前去追随云岩，成为云岩门下及曹洞宗最重要的创始人。石霜庆诸受戒之后，先参沩山，灵祐同样指点其来参云岩，他又从云岩转道吾门下，成为道吾的传人，石霜系以君臣父子配合五位，并创造了王子五位，同样是曹洞宗的创建者之一。夹山善会先是在沩山参究，并开法度人，后来受道吾启发，转投船子德诚门下，成为船子唯一的弟子。夹山系武库丰富，能杀能活，尤其以“活人剑”著称于世，也为曹洞宗理论建设作出了贡献。

曹山本寂曾参西院大安。疏山匡仁也曾参西院大安、香严智闲，因问答失旨，香严记其倒屙三十年，这也成为两宗交往的一段佳话。

在药山系及曹洞宗早期，几乎沩仰宗为输出者，曹洞宗只是接受者，但在后来，曹洞宗对沩仰宗也有回馈。如大安门人大随法真（834—919）也曾先参药山二世、道吾、云岩二世、洞山，然后转入大安门下。他“于洞山会中做柴头三年”[①]，可见在洞山门下时间较长，对洞上宗旨相当熟悉。

据《古尊宿语录》卷三十五：

> 问：“六国未宁时如何？”师云：“臣灰功。”进云：“直得君臣道合时如何？”师云：“不见有君臣。”[②]

六国代表六根，六国未宁，六门未净，表明大臣无功，喻修行用功不够。君臣道合，指君臣五位中的最后一位，与兼带（兼中到）相同，代表最高境界。君臣道合，则“混然无内外，和融天下平”，故不见有君臣。

又据《古尊宿语录》卷三十五：

> 问：“如何是玄旨？”师云：“直须玄去。”进云：“如何是玄中玄？”师云：“不返去。”[③]

玄旨也是曹洞宗经常讨论的问题。玄中玄，丹霞天然《弄珠吟》谓“非自心，非因缘，妙中之妙玄中玄”，法真称“不返去”，即不要执著于还乡，暗用洞山“还乡曲”之意。

曹洞宗与临济宗基本上同时创宗，但一在南方，一在北方，最初来往并不很多。黄檗侍者曾到云岩参访，因此两家早有联系。云岩门人涿州杏山鉴洪是曹洞宗中最早到北方弘法的高僧，临济义玄曾经到访，问露地白牛，最后似是临济赢了，杏山休去。因为三圣慧然在石室善道处失机，杏山又亲到石室，有打抱不平之意，似乎三圣和他有些关系，但经过两次交锋，他也失对。

---

① 《卍新纂续藏经》第68册，第232页上。

② 同上书，第229页上。

③ 同上书，第230页上。

早期两家关系中比较引人注目的是洛浦元安从临济宗转入曹洞宗夹山系，成为夹山最重要的传人。这是曹洞宗值得骄傲的成就，也是临济宗的隐痛，其中不仅仅是一个杰出人物的改宗所带来的此消彼长，而是两宗高下评判的一个指标。临济宗对此事实无法否认，只好说洛浦在临济门下并未彻底悟道。

临济宗中南下的并非洛浦一人，兴化存奖也曾游历南方，并与云居道膺结缘，二人交锋的结果据说是兴化赢了，三度举话头，道膺都无言以对。

兴化到南方参访，回来后道是南行一回，拄杖头未曾拨着个会佛法底人，受到大觉批评。

三圣慧然似乎长期在南方，到过道吾，并与洞山有交。洞山曾令侍者持沙门行语问三圣，三圣于侍者手上掐一掐，洞山肯之。三圣所到之处，皆未失机，并得诸方认可，看来非年轻的兴化所能比。

鄂州灌溪志闲（？—895）是临济门下少有的在南方开法的禅师之一，他会下曾有一僧到石霜，石霜云“我北山住不如他南山住”，其僧无对，师闻云“但道修涅槃堂了也”。

涿州克符道者，又号纸衣和尚，他曾参过曹山，并在曹山示寂，他还有偏正五位颂。

临济宗第三代开始南下进入汝州，其中主要人物为南院慧颙（860—930）和西院思明。汝州与襄州很近，门下当有往还，但缺乏他们与曹洞宗交往的直接资料。

鹿门处真曾参兴化，兴化侍者守廓又长期寓居鹿门，并终老于此。后来风穴延沼（896—973）来参，于此为维那，并参守廓，后受守廓启发，于同光三年（925）往参南院。延沼说法，明显受到曹洞宗的影响。

据《景德传灯录》卷十三：

> 问：“归乡无路时如何？”师曰：“平窥红烂处，畅杀子平生。”①

这显然是引用药山回答学人归乡一则机缘。此外，他还道枯木生花、述诞生王子，引用洞山、石霜之说，对曹洞宗旨非常熟悉。

延沼门人首山省念（926—993）之时，双方关系更加密切。省念的

---

① 《大正藏》第51册，第303页上。

许多重要门人如汾阳善昭、神鼎洪諲、石门蕴聪等都参过石门慧彻，熟知曹洞宗旨。

第二节　洞山与德山二支关系

德山宣鉴（782—865）与洞山良价是同时代的两个著名的禅宗大师，虽然后世认为二人均出于青原一系，但在禅风上各有特色，差别很大。二人并无直接交往的记载，然门下弟子多有往还，两支关系相当密切。

德山法继龙潭，上接道悟，兼承石头一系，故以自性般若为宗，强调“无心于事，无事于心”，心境双忘，情念俱泯，虚极生灵，不废灵智；空至而妙，无妨妙用。在应机接引方面，强调棒喝机锋，要令直下通彻，不容拟议，故痛下针砭，刚劲有力，痛快淋漓，如疾风闪电，飞箭流星。洞山道传云岩，上承药山、马祖一派，故以自性涅槃为宗，强调“只这个是”，宾主历然，偏正不同，义求兼带，语涉回互，不触不背，不取不舍，在弘法示徒方面，则敲唱双行，正按旁提，曲折回互，宛转绵密。

其时游方参学之风甚盛，学者多往来于诸方，求食求道。德山门下最为著名的两大弟子岩头全奯和雪峰义存就是先到洞山、后归德山的，龙牙则相反，先参德山而后嗣洞山。值得注意的是，虽然后世公认德山与洞山同出青原，但在当时却看不出其同根相生的证据，其门下渲染的却是二师门风的迥别。

岩头、雪峰与钦山文邃同乡为友，三个结伴同行，四处参访，始参临济，后参洞山，再参德山，岩头、雪峰认嗣德山，钦山则机缘不契，终归洞山门下，得悟成道。三人同道而殊归，一方面表明秉性不同，另一方面也表明二师门风确实有异，近则易契，差则难继。

三人同行参访，相互切磋之处必多。史载两则因缘，一据《祖堂集》卷八《钦山和尚》：

> 师与卧龙（岩头）、雪峰煎茶次，见明月彻垸水，师曰：“水清则月现。”卧龙曰：“无水清则月不现。”雪峰便放却垸水了云：“水月在什么处？”①

---

①《祖堂集校注》，第221页。

这则因缘《传灯录》亦载，只是与此颇有差别，一是去掉了“无水清则月不现”的“无”字，二是将雪峰与岩头的位置颠倒了一下，好像岩头的境界更胜一筹。无论如何，钦山最是老实，水清则月现，大概是寂而能照，从定发慧之意，这与洞山强调修证、清除污染的门风一致，后世之“默照禅”并非偶然。不论是“无水清则月不现”还是“水清则月不现”，都表明了水月俱隐、心境双亡的风格，与德山一门一法不立的门风相同，不论是放下水埦还是踢倒水埦，都是无水无月之意，更是这一精神的凸显。

第二则因缘见《五灯会元》卷十三《钦山文邃禅师》：

> 师与岩头、雪峰过江西，到一茶店吃茶次，师曰：“不会转身通气者，不得茶吃。”头曰：“若恁么我定不得茶吃。”峰曰：“某甲亦然。”师曰：“这两个老汉，话头也不识？”头曰：“甚处去也？”师曰：“布袋里老鸦，虽活如死。”头退后曰：“看！看！”师曰：“奯公且置，存公作么生？”峰以手画一圆相，师曰：“不得不问。”头呵呵曰：“太远生。”师曰：“有口不得茶吃者多。”①

钦山所谓“转身通气”，是指有气息者，即有体有用、运转自如之人，非滞于死寂、落入顽空之辈，也许其间包含着对石头一系的批评，故岩头与雪峰立场一致，针锋相对，表示自己就是要固守宗风，不愿“转身通气”，钦山怪二人不识话头，岩头反唇相讥，问话头向什么处去了，却说不识，钦山则继前话，责二人如布袋里的老鸦，但知枯守本体，不解作用，虽然苟活，却无生气，不能外显。故虽活如死，虽有同无。岩头退后几步，言道“看，看”，是说看我显示神通妙用，莫有眼不识，自盲怪日。钦山至此休战，再勘雪峰，雪峰手画圆相，也是示其作用，然钦山不肯，言“不得不问”，是说果然问出了问题，岩头呵呵大笑，道是离题万里，差得太远了，这一方面是说雪峰，一方面是怪钦山，钦山则道莫怪我多口，有口吃不得茶、不会转身通气者不在少数。

先不说三人境界如何，交锋胜败，然钦山与岩头、雪峰的见解有别、

① 《卍新纂续藏经》第80册，第273页中。

立场不同还是十分显著的，其中也暗示了二宗门风迥然不同。

雪峰是德山法嗣中对后世影响最大的一个，他先在洞山门下不契，然后才转归德山，是故他在洞山留下的几乎全是失败的故事。《瑞州洞山良价禅师语录》集录了与雪峰有关的七则机缘，雪峰初至洞山，洞山问其何处来，答曰天台来，再问其见智者否，答曰义存吃铁棒有分，这一机缘表现了雪峰的机智，始问是平常语，故雪峰作实答话，次问则语带机锋，天台为智者道场，若谓不见智者，到天台何益，若谓见智者，亦是有过，阴界见还是天界见，何生见相，因此不能正面回答。雪峰答语，意为若有见与不见，则某甲定吃铁棒。

雪峰初露锋芒，意气大展，然此后就不那么顺利了。据《语录》：

> 雪峰上问讯。师云："入门来须有语，不得道早个入了也。"雪峰云："某甲无口。"师云："无口且置，还我眼来。"雪峰无语。①

佛家不立两边，有句则滞，无句则乖，故雪峰答无口，既非无语，又非有语，欲免二过。洞山却不放过，一句"还我眼来"，是说你是有眼不见，不是有口不答，自性不明，弄什么乖巧，自是无眼，在三寸上作文章，怕是弄巧成拙，明眼人笑尔。雪峰失对。

《语录》又载：

> 雪峰搬柴次，乃于师前抛下一束，师云："重多少？"雪峰云："尽大地人提不起。"师云："争得到这里？"雪峰无语。②

雪峰故意在洞山面前抛下一束，是想显示力量，弄个手段，洞山将计就计，问其重多少，雪峰答道尽大地人都提不起，谁能知其轻重，这一答语显然是他在抛柴前设计好的，其中暗用了大庾岭头提不起的故事，自以为得计，然洞山一语中的，既是提不起的，如何到老僧这里，雪峰顿时失措，再次败下阵来。

再据《语录》：

---

① 《大正藏》第47册，第521页中。

② 同上书，第521页下。

> 师于扇上书“佛”字，云岩见，却书“不”字，师又改作“非”字。雪峰见，乃一时除却。[①]

洞山书“佛”，或是“即心即佛”之意，云岩恐其执著，故云“不是心，不是佛，不是物”，洞山改作“非”字，是说“非心非佛”，雪峰一时除却，表明他喜欢的是一法不立的精神，与洞山一门难有交涉，故后世白杨顺云：我若作洞山，只向雪峰道：尔非吾眷属。江山易改，禀性难移，雪峰与洞山门风不合，其离开洞山只是早晚的事。

《语录》又云：

> 雪峰作饭头，淘米次，师曰：“淘沙去米，淘米去沙？”雪峰云：“沙米一时去。”师云：“大众吃个什么？”雪峰遂覆却米盆。师云：“据子因缘，合在德山。”[②]

洞山一宗有宾有主，有偏有正，故学人有阶可升，有路可行，并非一味地强调无有分别。沙与米不可不择，不能主奴不辨，清浊不分。雪峰虽多受熏陶，却不改其性，依然是不拣不择，二俱不立，甚至以覆却米盆来示己志，这种境界高则高矣，却不实际，日日如此，大众真要饿死了。洞山虽知雪峰是法器，不愿轻舍，至此也知强留无益，为他指出一条明路，令其往参德山，因为雪峰秉性，与德山门风相类，而与洞山难合。

雪峰虽久不能悟，却非一无所得，故虽经洞山点拨，亦未立即辞去。据《语录》：

> 师一日问雪峰：“作什么来？”雪峰云：“斫槽来。”师云：“几斧斫成？”雪峰云：“一斧斫成。”师云：“犹是这边事，那边事作么生？”雪峰云：“直得无下手处。”师云：“犹是这边事，那边事作么生？”雪峰休去。[③]

---

① 《大正藏》第47册，第521页下。

② 同上。

③ 同上。

一斧斫成，犹是有为，与无为出世之彼岸无涉。直言无下手处，亦未到那边，这边事汝又如何下手？不事雕琢，方知曹山好手，无刃之剑，岂是萃炼而成！雪峰问这边则涉有为，问那边又落空寂，心中未明，故所言皆滞。任是洞山老婆心切，为个后生不惜断舌，却也无济于事。

《语录》又载最后机缘：

雪峰辞师，师云："子什处去？"雪峰云："归岭中去。"师云："当时从什么路出？"雪峰云："从飞猿岭出。"师云："今时向什么路去？"雪峰云："从飞猿岭去。"师云："有一人不从飞猿岭去，子还识么？"雪峰云："不识。"师云："为什么不识？"雪峰云："他无面目。"师云："子既不识，怎知无面目？"雪峰无对。①

雪峰久不能契，不得不辞，洞山再投一杖，欲救盲龟。从飞猿岭出入者，是这边人，不从飞猿岭出入者，是那边人。雪峰答言不识，亦是预设机关，拟思而得，欲以无面目塞洞山口。不料洞山一句既然不识，怎知无面目，立即让雪峰张口结舌，无言以对。灵智一开，则能出入因果，逆顺自在，雪峰只知因为无面目，所以不识，不知因为不识，所以无面目。无面目，所以不识，是心随境转，境与心为因；只为不识，所以无面目，是境随心转，心与境为主。不识无过，只是雪峰不识。只为不识，故无面目，佛眼也瞧不见，不为凡圣所拘，毫厘系念，则头角生也。只为不识，故无向背，无取舍，无去来，无出入，不变易处去，去亦不变易，任性逍遥，随缘放旷。雪峰终究未识那边事，只是带着遗憾与洞山分手。不是雪峰根器不利，求道不力，不是洞山悟道未彻，教徒无方，只能说是性自有异，故总不投机。

雪峰在洞山久不能悟，一到德山，却很快得悟。据《祖堂集》卷七《雪峰和尚》：

才见德山，如逢宿契，便问："从上宗乘事，学人还有分也无？"德山起来打之，云："道什么？"师于言下顿承旨要，对云："学人罪

① 《大正藏》第47册，第521页下。

过。”德山云：“担负己身，询他轻重？”师礼谢而退。[①]

德山一棒一喝，便令雪峰疑情顿息，不是德山有何手段过于洞山，只能以“如逢宿契”解释。洞山心慈手软，千叮万嘱，不如德山痛下一棒，顿令雪峰识得痛痒，方知从上宗乘，就在自身，从前不明，犹自东问西询，南觅北求。然此功亦未可记在德山一人账上，洞山琢磨提举之力，亦不能抹杀。

雪峰如此，钦山则相反，虽然他也曾同雪峰、岩头一起参见德山，但终因机缘不契，却归洞山门下得悟。据《五灯会元》卷十三《钦山文邃禅师》：

师虽屡激扬，而终然凝滞。一日问德山曰：“天皇也恁么道，龙潭也恁么道，未审和尚作么生道？”山曰：“汝试举天皇龙潭道底看。”师拟进语，山便打。师被打归延寿堂，曰：“是则是，打我太煞。”岩头曰：“汝恁么道，他后不得道见德山来。”[②]

德山门下，纤毫不容，佛来也打，祖来也打，钦山自知不敌，却想狐假虎威，欲挟天皇龙潭令箭号令德山，德山一阵痛打，直令钦山丢盔卸甲，躲到延寿堂养伤，却犹不识好歹，还道“打我太煞”。钦山自取其祸，德山白费心机，可惜了一条白棒。虽然德山良药苦口，只奈钦山不解其味，是故岩头打抱不平，令钦山日后不得道曾到德山来，因为他认醍醐为毒酒，辜负了德山一片苦心。同理，钦山终归洞山，也不是表示洞山胜过了德山，只是物以类聚，人以群分，年牙相似，方得无阻。

龙牙居遁也是先参德山，后归洞山。据《祖堂集》卷五《德山和尚》：

龙牙问：“学人仗镆铘之剑拟取师头时如何？”云：“你作么生下手？”龙牙曰：“与么则师头落也。”师不答。龙牙后到洞山，具陈上

① 《祖堂集校注》，第203页。

② 《卍新纂续藏经》第80册，第273页上。

事，洞山云："把将德山落底头来。"龙牙无对。①

龙牙自以为德山头落，到洞山具陈前事，洞山问德山道什么，龙牙答德山无语，洞山则云莫道无语，且将德山落底头呈上来，龙牙方省己过。据说德山后闻此事，便道洞山老人不识好恶，这汉死来多少时也，救得有什么用处。龙牙自恃其勇，要取德山之头，不料德山下手更狠，暗使手段，借刀杀人，却令自己丧身失命，可笑龙牙犹自不知，头落多时，反洋洋自得，以为取得德山头颅。经洞山提醒，方知已遭德山暗算。龙牙头落，在于欲取他人头颅，若不生心动念，贪食人家苗稼，怎会遭遇此事？洞山老人菩萨心肠，生死肉骨，救得龙牙，故龙牙得为其弟子。前因慈心，不肯施棒，致令雪峰别投；今因慈心，收得龙牙，可见成也萧何，败也萧何。

龙牙问洞山：如何是祖师西来意？洞山曰：待洞水逆流，即向汝道。龙牙于此始悟玄旨，服稔八年而得道。龙牙历参诸方长老，问祖师意，于翠微处遭禅板打，于临济处被蒲团打，后又受德山一顿棒，终未得悟。诸方拳棒，不过是令其稍知痛痒，但知身无欠少，不得外觅之意，龙牙虽知诸师老婆心切，却是不肯其旨。洞山之言，颇似马祖答庞居士语，意为不辞向汝道，只是开口不得。不是不知，不是不道，只是时节未到。诸师打之，只是截断众流，令其回光返照，有杀人刀，无活人剑，洞山则循循善诱，一则去其外求之心，二则开其自性灵源，有敲有唱，有按有提，使龙牙悟到道可道，非常道，若是道得，即非祖师意，即便诸方道得，也是他人之宝，与汝何干？

值得注意的是，龙牙秉承了洞山家风，有僧问：如何是祖师西来意？龙牙曰：待石乌龟解语，即向汝道。曰：石乌龟语也。龙牙曰：向汝道什么？石龟解语与洞水逆流一样，都是一个不可能出现的前提，还是表明祖师意道不得，此僧却是乖觉，偏偏掂出一个"石乌龟解语"，想难住龙牙，然此时龙牙已经得道，出语无滞，一句石龟既然解语，它向你道什么，顿令此僧塞口。

二大师门下往还既多，自然少不了对二宗门风的评价。据《五灯会元》卷七《岩头全奯禅师》：

① 《祖堂集校注》，第162、163页。

一日参德山，方跨门便问："是凡是圣?"山便喝。师礼拜。有人举似洞山，山曰："若不是奯公，大难承当。"师曰："洞山老人不识好恶，错下名言。我当时一手抬，一手搦。"①

德山一喝，凡圣俱消，故岩头礼拜。洞山一句"若不是奯公，大难承当"颇费思量，其意或谓德山虽然高峻，却只能接得上机利根，棒下难荐中下之辈，未若己宗春风化雨，普润天下，潺潺之流，历久不绝，是故扬中有抑，赞中有讥。岩头识得其意，故道洞山错下名言，我当时并非全肯德山，而是一手上抬，一手下搦（按压），一边肯定，一边否定，这表明岩头也是赞同洞山的看法的。德山批评洞山不分根机，死汉也救，洞山则反唇相讥，言其只能接得上根，这表明了两家宗风的根本差异。

又据上书《岩头全奯禅师》：

德山一日谓师曰："我这里有两僧入山，住庵多时，汝去看他怎生。"师遂将一把斧去。见两人在庵内坐，师乃掂起斧曰："道得也一下斧，道不得也一下斧。"二人殊不顾。师掷下斧曰："作家！作家！"归，举似德山，山曰："汝道他如何?"师曰："洞山门下不道全无，若是德山门下，未梦见在。"②

庵居坐禅本是洞山一系的门风，石霜有枯木众，后世倡默照禅，岂是虚然！德山令岩头评价二人，岩头言道，若是洞山门下，不能说全无可取，若是德山门下，则尚未梦见，差得很远。岩头不是说二人境界不及，而是怪他们投错了地方，若是在洞山门下，定力深厚，堪称作家，而在德山门下，如此枯坐，驴年难悟！因为洞山门下有修有证，坐禅便是功夫，德山门下无修无证，一法不立，宴坐便是执著。岩头在这里并非有意贬低洞山，而是表明二宗门风不同。

然而岩头对洞山本人也有评价，据《祖堂集》卷七《岩头和尚》：

---

① 《卍新纂续藏经》第 80 册，第 143 页下。

② 同上书，第 144 页下。

罗山问："和尚岂不是三十年在洞山又不肯洞山？"师云："是也。"罗山云："和尚岂不是法嗣德山又不肯德山？"师云："是也。"罗山云："不肯德山则不问，只如洞山有何亏阙？"师良久云："洞山好个佛，只是无光奴。"①

岩头此说，并非无据，据《五灯会元》卷四《薯山慧超禅师》：

吉州薯山慧超禅师，洞山来礼拜次，师曰："汝已住一方，又来这里作么？"曰："良价无奈疑何，特来见和尚。"师召良价，价应诺。师曰："是什么？"价无语。师曰："好个佛，只是无光焰。"②

薯山慧超为东寺如会法嗣，算是洞山的长辈，唤人名字而问"是什么"，是马祖一门惯用的手段，洞山无语，是不会其意，慧超谓其好佛，只是无光，大概说其有体无用，尚未透彻。岩头为洞山后辈，却也肆意恣评，其意如何？夹山谓石霜有杀人刀，无活人剑，岩头有杀人刀，又有活人剑，难道是说洞山亦然，尚欠活人剑在？不过岩头平生独超物外，于其诸师皆不肯，并非单独毁谤洞山。

德山门下如此，洞山门下并未有非议德山语，与德山的门徒岩头、雪峰及其弟子则交涉不少。据《五灯会元》卷十三《云居道膺禅师》：

师问雪峰："门外雪消也未？"曰："一片也无，消个什么？"师曰："消也。"③

禅者发言，多语带双机。云居问雪消没有，一是问雪，更重要的是问雪峰是否已消，雪峰答言针锋相对，是说我本无相，如何得消，云居说果然已消，是说雪峰已然失机败战。雪峰离洞山而继德山，秉德山家风，以自性般若为宗，故强调一法不立，一物不存，洞山门下对此不赞成，云居认为雪峰的"一片也无"落入顽空，不合正理，所谓我见易除，空见难

① 《祖堂集校注》，第198页。

② 《卍新纂续藏经》第80册，第99页中。

③ 同上书，第267页中。

消，心生空病，佛祖莫救。另外，雪峰言“一片也无”，是想以此为因，说明无物可消，不料正中云居下怀，云居却以此为果，“一片也无”，正好表明尽消无余，一片也没剩下。因此这一交锋是以雪峰的完败为结局的。这一故事是实有其事，还是曹洞宗人的编造，不得而知，但至少表明了其对德山一系的不满。

据同书《疏山匡仁禅师》：

问僧：“什处来？”曰：“雪峰来。”师曰：“我已前到时，事事不足，如今足也未？”曰：“如今足也。”师曰：“粥足饭足？”僧无对。[①]

疏山谓雪峰法席事事不足，恐怕指的不是粥饭外缘，而是对其法门的批评，这位雪峰门下的禅客倒是糊涂得可以，一句如今足也，无意中认可了疏山的批评，承认过去不足，疏山再问一句粥足饭足，他又无言以对，看来雪峰法席如今足的果然只是粥饭，佛法依然不足。

又据《白水本仁禅师》：

长生然和尚问：“如何是祖师西来意？”师曰：“还见庭前杉檄树否？”曰：“恁么则和尚今日因学人致得是非。”师曰：“多口座主。”然去后，师方知是雪峰禅客，乃曰：“盗法之人，终不成器。”[②]

祖师西来意，开口道不得，强自指桑骂槐，已然招惹是非。洞山一宗强调不触不背，不背则不得无言，不触则不得有语，如臣称君，直言则犯讳，不说则失敬，故言必回互，有句中无句，无句中有句。长生皎然卖弄智巧，直言其事，犯讳成触，故白水怪其多口。皎然为雪峰弟子，却不言来处，故白水又称其为盗法之人，难成大器。

再据《钦山文邃禅师》：

德山侍者来参，才礼拜，师把住曰：“还肯钦山与么也无？”者

---

① 《卍新纂续藏经》第80册，第269页上。

② 同上书，第270页上中。

曰："某甲却悔久住德山，今日无言可对。"师乃放手曰："一任祗对。"者拨开胸曰："且听某通气一上。"师曰："德山门下即得，这里一点也用不着。"者曰："久闻钦山不通人情。"师曰："累他德山眼目。参堂去。"①

自为德山侍者，时常亲近，却不会德山之道，竟然甘承德山不如洞山，后悔久住德山，自误其身，虽然这并不能说明洞山果然压倒了德山，至少也表明了德山眼目不明。

雪峰系的云门宗与曹洞宗关系密切。云门文偃参过洞山多个门人，如乾峰、疏山、曹山、龙牙等。文偃门人洞山守初曾参龙牙系的报慈藏屿、延庆归晓等。洞山守初到襄州后，长期与在此地的曹洞宗大师来往。云门宗有多支在五代末进入襄汉地区这一曹洞宗势力较盛的地方，自然免不了相互激励。

属于玄沙系的法眼宗传统上也被视为雪峰系的一支。清凉大法眼与同门数人进入江西，他任曹山崇寿寺住持多年，对曹洞宗旨相当熟悉。法眼门人天台德韶参过龙牙居遁和疏山匡仁。法眼宗受到南唐王朝的大力支持，曹洞宗在江西的重要寺院如洞山、曹山、云居等渐渐成为法眼宗的下属寺院。

德山系下分数枝，除了岩头、雪峰派外，洪州大宁感潭资国系也是非常重要的一支。岩头、雪峰曾经参访多家，特别是与洞山关系密切，资国则是纯正的德山法系，未闻旁参他人。资国下传安州白兆山竺乾院志圆，志圆下传白兆山怀楚等十三人，在湖北形成白兆系，影响相当大，并且一直传到宋初。

白兆怀楚可能参过鹿门处真。属于白兆系的行冲为郢州大阳山第三世，同门清皎为第二世，第三世则是曹洞宗的大阳坚，第四世为大阳警玄。白兆系在襄、郢等地与曹洞宗相互来往，关系密切。

德山与洞山二支虽有相互批评，却是往来憧憧，关系相当密切，总的来说，虽然宗风不同，却无大的矛盾。二支的相互激励与相互切磋，促进了后世所划分的青原一系的发展，对于禅宗的兴盛功莫大焉。

除了德山一系外，同样被后世划到青原一派的丹霞系也与曹洞宗互有

① 《卍新纂续藏经》第80册，第273页中。

来往。云居道膺、龙牙居遁曾参翠微无学。疏山匡仁门下姜头曾参投子大同（819—914）。

洞山一系对投子大同亦有影响。

据《古尊宿语录》卷三十六《投子和尚语录》：

> 问：“木枯里还有龙吟也无？”师云：“我道你髑髅里有师子吼。”①

又据《景德传灯录》卷十七《曹山本寂禅师》：

> 僧举，有人问香严：“如何是道？”答曰：“枯木里龙吟。”学云：“不会。”曰：“髑髅里眼睛。”后问石霜：“如何是枯木里龙吟？”石霜云：“犹带喜在。”又问：“如何是髑髅里眼睛？”石霜云：“犹带识在。”师因而颂曰。
>
> 枯木龙吟真见道，髑髅无识眼初明。
> 喜识尽时消息尽，当人那辨浊中清？
>
> 其僧复问师：“如何是枯木里龙吟？”师曰：“血脉不断。”曰：“如何是髑髅里眼睛？”师曰：“干不尽。”曰：“未审还有得闻者无？”师曰：“尽大地未有一个不闻。”曰：“未审龙吟是何章句？”师曰：“也不知是何章句，闻者皆丧。”②

枯木里龙吟，本来是香严提出的一则机缘，后来却成为曹洞宗热衷讨论的一大公案。洞山《玄中铭》道“龙吟枯骨，异响难闻”，与此相应。投子虽然比曹山年长，但他却较之晚卒十几年，重提此则，也是表达了自己的理解。

据《古尊宿语录》卷三十六：

> 问：“还乡曲子，什么人唱得？”师抚掌。③

---

① 《卍新纂续藏经》第 68 册，第 233 页下。

② 《大正藏》第 51 册，第 336 页下、337 页上。

③ 《卍新纂续藏经》第 68 册，第 234 页上。

还乡曲，在禅门始见于洞山《新丰吟》，其后投子大同、同安常察、百丈道常（？—991）等引之。

还乡曲、金锁玄路、露地白牛等，虽然诸方皆言，但曹洞宗用得最多，将这些合在一起，就有明显的曹洞色彩。投子“露地白牛”一句，汾阳善昭归之德山。

据《古尊宿语录》卷三十六：

> 问：“如何是一色？”师云：“不似银盘里盛白玉。”①

又据《古尊宿语录》卷三十六：

> 问：“雪覆芦花时如何？”师云：“明白无边际。”②

银盘盛玉，雪覆芦花，这是曹洞宗非常重视的一色后还分不分的问题，投子的说法和九峰道虔等一致，明显是受曹洞影响。

据《云门匡真禅师广录》卷二：

> 举，僧问投子：“如何是此经？”子云：“《维摩》《法华》。”又问：“尘中不染丈夫儿时如何？”子云：“不著。”师云：“不唤作法身，不唤作第一义。亦为说法，亦为说真空。”③

又据《云门匡真禅师广录》卷二：

> 举，洞山云：“尘中不染丈夫儿。”师云：“拄杖但唤作拄杖，一切但唤作一切。”④

如此投子门下对洞山语句经常引用，自然对其理论十分重视。

据《景德传灯录》卷十五《大同禅师》：

---

① 《卍新纂续藏经》第68册，第236页上。

② 同上书，第237页中。

③ 《大正藏》第47册，第558页中下。

④ 同上书，第558页上。

问："如何是火焰里藏身？"师曰："有什么掩处？"曰："如何是炭堆里藏身？"师曰："我道汝黑似漆。"①

炭堆里藏身，即是"折合还归炭里坐"，出于《洞山五位颂》。

这些足以表明投子对曹洞宗旨的熟悉程度，体现了曹洞洞对丹霞系的影响。

第三节　曹洞宗归宗青原一系的原因探析

曹洞宗属于药山一支，本为南岳系，后来却被划归石头，成为青原一系的正传，其间是非恩怨，曲折幽微，年代久远，难以明辨，然此事非小，不应无言，目的是澄源引流，知其变迁，解其原委。

杜继文先生认为，石头宗系传承上的种种问题，皆与"晚唐、五代间刮起的一股贬道一、抬石头的风潮有关，而以《祖堂集》反映得最为集中"，"严格说，石头系兴起，实应从《祖堂集》为石头大造舆论开始"②。石头系的兴起，也是以药山一支的曹洞宗的加盟为重要标志的。舆论的作用与现实的力量相配合，使得原来人所罕言的石头宗系成为堪与洪州宗并肩的一大派系。

据现有资料，曹洞宗至曹山本寂、云居道膺止，对于上代宗承只追述到药山，并未明言自己的归属，而到云居道膺下一代，皆称己宗为石头传人，可见宗门之改换始于此时。据崔彦㧑撰《高丽国弥智山菩提寺故教谥大镜大师元机之塔碑铭并序》，"曹溪门下，首出其门者，曰让，曰思。思之嗣迁，迁之嗣彻（当作'俨'），彻之嗣晟，晟之嗣价，价之嗣膺，膺之嗣大师"，"大师法讳丽严，俗姓金氏"。此碑立于清泰四年（937），最早明确地抬出让与思并列的两大法系，并将曹洞宗归入青原一系。此说不孤，又据《有唐高丽国海州须弥山广照寺故教谥真澈禅师宝月乘空之塔碑铭》，曹溪门下，"秀出者唯二，曰让，曰思。实繁有徒，繁衍无极。承其让者大寂，嗣其思者石头。石头传于药山，药山传于云岩，云岩传于

① 《大正藏》第51册，第319页中。

② 杜继文等：《中国禅宗通史》，江苏古籍出版社1993年版，第280页。

洞山，洞山传于云居，云居传于大师。……大师法讳利严”，是碑立于天福四年（939）。云居门下高丽僧人有丽严（862—930）、利严（870—936）、庆猷、迥微，号称海东四无畏大士，他们有两家承认自己是青原一系，这是云居一派已然改宗青原的明证。

然而云居派改宗并未得到一致响应。据前引，石霜门人行寂号为两朝国师，在他的碑文及碑铭后记中根本未提到石霜系的上代宗承。又据《忠湛塔铭》，作为石霜法孙的忠湛便未曾明言上代宗承，只说“传十八（三）代祖宗”，未言属于哪一系。同样为石霜法孙的静真大师兢让（878—956）也只说“仰石霜诸，承谷山缘”，未明言上代宗承。这表明在高丽国，石霜系并未曾跟从云居派改宗。

改换宗系不是一件小事，若非绝大因缘，不会轻易为之。首先，药山或许有从石头参学的经历。冲虚大概只看重乃师的主要经历及马祖一门的鼎盛，故对药山参学石头之事未曾道及，但碑文明言“南岳有迁”，表明对于石头一派也是很尊重的，这在当时马祖门下实不多见，若非药山有此经历，何以将当时影响甚微的石头一系与马祖、北宗并列？

一个重大事件的发生，总是与当时的社会环境有关。中华民族是一个统一的整体，但在文化及体质方面，南北差异都是一个长期存在的不争的事实，现代甚至用基因分析方法表明南北族群之间确实存在明显的差别。可以说，道儒之争就是南北文化不同的体现，南方重清虚自然，故有老庄之说；北方尚刚健有为，故有孔墨之道。君子仁者之风有别，乐山乐水之道不同，由来已久矣。而东晋以来持续将三百年的政治上的南北对立又加剧了南北文化的差异。佛教传入中国之后，也不可避免地受到中国本土文化的影响，使佛教也产生了南宗与北宗之别。荆溪湛然在《法华玄义释谶》卷十九将佛教分为南北二宗，认为“南宗初弘成实，后尚三论”，并称“今时言北宗者，谓俱舍、唯识”①。北山神清亦于《北山录》中谓“南宗焉，以空假中为三观；北宗焉，以遍计依他圆成为三性也”②。是以南宗重性空之说，故专弘般若空宗，《成实》、三论俱说空也。北宗尚性有之论，故专重唯识、如来藏有宗，《俱舍》、唯识俱说有也。具体到禅宗，则北宗以佛性如来藏之说为主，重视《楞伽》，南宗特重般若性空之

① 《大正藏》第33册，第951页上。

② 《大正藏》第52册，第581页上。

说，偏重《金刚》。六祖惠能将两系学说融贯为一体，立自性是佛之义，以自性通贯二说，然他本人悟道的经历和弘法的方式又颇带有南人的色彩，如闻《金刚经》悟道，大讲摩诃般若，授无相戒等，这表明他在南方传教，必须尊重南方佛教的传统。

六祖之后，其诸大弟子各自承袭并发展了其学说的一个方面，南岳怀让重视如来藏之说，强调自性涅槃，青原行思与荷泽神会则重视其般若之说，强调自性菩提。怀让弟子马祖道一再次强调《楞伽经》在禅门的地位，以对抗神会《金刚经》传宗之说。行思弟子石头希迁则继承了南方佛教重视般若的传统，强调自性灵智。马祖为不世出的大宗师，其门下又人才辈出，故能逆风而行，抗俗独立，使得南方风气几为之变，即心即佛，言满天下。牛头石头，皆不能顾视其肩。然而逆水行舟，力小莫为；顶风疾步，莫能持久。马祖虽然天下独步，其后世却未能在南方独领风骚，沩仰宗昙花一现，临济宗大行北方，并非偶然。

药山惟俨往来于二大师之间，虽然他从马祖学法时间较长，其弟子冲虚等以其为马祖嫡传，但他于石头宗旨也非毫无汲取。石头一宗虽然在初期根本无法与洪州宗相比，却符合南方的佛教传统，具有持续发展的潜力。曹洞宗虽以马祖宗旨为主流，却又吸收了石头的思想理论。随着马祖系主流力量的北移，客观上被压制已久的石头一支开始抬头，本来就包含着石头法乳的曹洞宗改宗就变成依时顺世的自然而然的行为了。不光曹洞宗如此，就连早已被明确宣布为马祖弟子的道悟后世都急着宣称自己是石头的后人，这不能不说是风气使然，环境使然。

也许还有一个曹洞宗人不愿道及的原因，即药山在两系的地位问题影响了曹洞宗的选择。马祖门下龙象辈出，且诸大弟子早有定评，就连后世名声显赫的百丈怀海、南泉普愿都无法挤入大弟子的行列，何况入门在百丈之后的药山呢？因此，虽然有唐伸的举扬，冲虚的尊礼，药山在马祖门下如孔门之洙泗的地位根本得不到时人的承认。而在石头门下则完全不同，石头本来门庭冷落，弟子无多，一转到石头门下，药山则顿时身价倍增，成为嫡传大弟子。这是因为药山的后人创立了曹洞宗，在南方成为继沩仰宗之后的影响最大的宗派，而天皇道悟由于被公认为是马祖的弟子，传承上存在争议，且其传人德山的弟子雪峰义存又先从洞山受学，不好抹杀洞山的祖师的影响，故使药山成为石头门下第一人，压倒了名声显赫的道悟和天然。

原来兼学两家、而且更应视作马祖传人的道悟、天然、药山三大家均被后人宣布为石头的传人，马祖一门好像并未反击，而是予以默许，这也是比较奇怪的事。崔彦㧑《有晋高丽中原府故开天山净土寺教谥法镜大师慈镫之塔碑铭并序》在言及禅宗传承时也称“能其后分而为二，其一曰让，其一曰思，其下昭昭，此则何述焉”，承认思与让分立的地位，虽然未曾明言，似乎也等于默认了药山等三家的改宗，若非如此，思与石头下无传人，何以与南岳并肩！这位法镜大师法名玄晖（879—941），为麻谷曾孙，属于江西一派，又曾从学九峰道虔。或许马祖一派人才太多，不在乎有几个人改换门墙。或许马祖后人乐得他们改换门庭，以免与自己争正统。但这些似乎都是靠不住的理由。向来一派之兴盛，既要有实力为基础，又须有舆论之举扬，而舆论文字之作用，愈是后世，愈得以显现，因为实力要受一定社会历史条件的局限，未必能长期保持，而一旦形成文字资料，就会发生长久的影响，这是不立文字的禅宗热衷于修宗史、作灯录的原因之一。与洪州宗的兴盛相应，南岳一系的智炬作《宝林传》，为之大加鼓吹，使之成为曹溪的正传。智炬特意借上代祖师之口，作了不少谶语，以预示后来南岳系的正统地位，其中借二十七祖般若多罗之口作一谶语：震旦虽阔无别路，要假侄孙脚下行。金鸡解衔一粒粟，供养十方罗汉僧。以金鸡喻怀让出生地金州，以十方喻道一出生地汉州什邡，表明怀让一系才是六祖正传。然般若多罗又有一谶语说菩提达么：路行跨水又逢羊，独自栖栖暗渡江。日下可怜双象马，两株嫩桂久昌昌。其中“日下”《祖堂集》释为京都，“双象马”释为宝志和傅大士，“两株嫩桂”释为“少林”。但这种解释不能说是唯一的，“日下”也可以释为“日后”，“双象马”也可释为后世的两大传人，同样，“两株嫩桂久昌昌”也可释为后世两大支派并行不悖，长久昌盛。

在智炬作《宝林传》的时代，既有南宗与北宗的相互抗衡，在南宗内部，又有洪州系与荷泽系的并立。故“双象马”初期可能喻指惠能与神秀，后来北宗渐衰，也可以此喻指南宗门下的怀让与神会，故“两株嫩桂”可能先是喻指南宗与北宗，后来又指南岳派与荷泽派。但在会昌法难之后，形势大变，不仅北宗势力衰微，就连靠攻击北宗起家的神会一系也法系不明、难以为继了，只有南岳一系仍旧保持着繁荣兴盛的势头，这就和祖师所预言的“两株嫩桂久昌昌”不符了。

虽然智炬可能是拉大旗作虎皮，但他打的是祖师的旗号，后世虽然知道他不过是假传圣旨，也不得不加以承认，如今祖师的预言有落空的危险，这是一件不得不赶紧解决的大事。《宝林传》（后为《祖堂集》袭用）借那连耶舍之口所预言的六祖弟子只有四人，一是怀让，二是神会，三是印宗，四是慧忠，没有行思的影子，却有石头希迁，这可能是因为智炬住锡南岳，对希迁有所了解。说印宗大概是因为他与六祖有大因缘，言慧忠是因为他被尊为国师，对当时禅宗影响颇巨。然至后世，四大弟子中只有怀让一支独盛，其他三人传承不继，无法承担与南岳并传的重任，在曹溪门下，也找不到另外一支。数来数去，只有希迁的名字在那连耶舍的预言中出现过，并且也算得上是有些影响的一家，宗密《禅源诸诠集都序》中述禅门十家时提到过他，虽然宗密将之列为第二等，认为其不足以代表曹溪，但在南宗门下，算是江西、荷泽之外的第三家，既然荷泽宗已然衰落，就只有让石头一支补缺了。

只是让石头一支补缺，还不能解决问题。因为石头门下有影响的弟子太少，虽然其弟子道铣和刘轲有意抬举，道是“自江西主大寂、湖南主石头，往来憧憧，不见二大士为无知焉”，好像石头处于与马祖并列的地位，门下皆相互参访，但真正属于石头的却寥寥无几，其中毫无争议且为时所重的更是屈指可数，除潮州大颠有些影响外，再难觅其人。而后世影响较大的江陵道悟、丹霞天然、药山惟俨三大家，全是与马祖关系密切、或者说被认为是属于马祖一系的。在这种情况下，只有将此三家转入石头一支，才能从根本上解决问题，使之力量大大增强，成为与南岳系并列的一大门派。因此。三家的后世不约而同地宣称自己是行思的后人，而马祖一派也加以默认。

改宗事件正好发生在会昌法难及荷泽宗衰落之后，并非偶然。然三家后人的意见也不是完全统一的，道悟一支以雪峰义存为代表，可能已然明确宣布自己属于青原系，药山一支则不太明了，这一方面是由于已经有唐伸碑文的存在，对于改宗是一个不小的障碍，另一方面，洞山之后谁代表药山一支的问题也未解决，石霜庆诸影响不小，传说洞山卒后学徒云聚石霜山，而庆诸却避入深山，而洞山门下也有云居道膺和曹山本寂两大家，嫡庶难分。从洞山的意旨、当时宗门的影响和理论上的创建来看，曹山无疑应当是洞山的嫡传，曹洞宗之名自有来历。但从法系的延续、后世的地位及当时的社会作用来看，云居无疑占有更为突出的位置。

两位大师的对峙对于改宗也有一定的影响。曹山全承洞山，不仅接续云岩法系，对于南泉的思想也汲取甚多，从其禅法理论中看到的更多是南岳的法乳，故其本人及弟子可能还是自认为是南岳的传人。云居道膺先从丹霞天然弟子翠微无学三年，后于洞山得旨，实续两家之学，虽然从其本的语录看不出他有多少倾向于青原系的因素，但其弟子有两家，都称自己属于青原一派，或许其中有他的影响。云居弟子大概受到曹山一派宗承南岳的激励，宣称自己是青原的传人，以表明只有自己一派才是洞山正传。

由于史料的缺乏，难于悉知是否从云居时便已明确改宗，但云居弟子辈已自称属于青原已有碑文为证。为了强化这一观点，《祖堂集》大作文章，不仅完全抹去了药山在马祖门下近二十年的参学经历，还让药山弟子道吾充当了攻击马祖、抬高石头的急先锋，让道吾宣扬什么“石头是真金铺，江西是杂货铺”，并且还让百丈怀海表示承认，言“灼然是生我者父母，成我者朋友”，又一再地抬高道吾，贬低云岩，这不过是说明云岩在百丈门下二十年，杂学“堕根”，故不如道吾纯正，从侧面暗示马祖弟子百丈不如石头弟子药山。这些显然都是毫无根据的编造，目的是给人一种药山门下带头攻击江西的印象，以掩饰雪峰义存不顾江陵道悟早被视为马祖弟子的事实，有意抹杀这段历史，反过来攻击马祖的行为。不过“杂货铺”与“真金铺”之喻倒是煞费苦心，江西门下人才鼎盛，石头一支无论如何是比不了的，只好宣称自己是真金，重在质量，不求数量，对方是杂货，多而无益。如果药山门下真认为江西是杂货铺，为什么从药山到洞山，直至曹山，都多与江西门下往来，不见与石头一支结交，看起来真是真金难觅，杂货易寻，药山一派只好退而求其次了。

对于改宗的时间，贾晋华提出了新的观点，认为可能早在洞山时便已开始，其主要依据便是“基于卢简求所撰碑文的《宋高僧传》曹山本寂传”①。

据《宋高僧传》卷十三：

> 咸通之初禅宗兴盛，风起于大沩也。至如石头、药山，其名寝顿。会洞山悯物，高其石头，往来请益，学同洙泗。②

---

① 《古典禅研究》，第263页。

② 《大正藏》第50册，第786页中。

这段文字杨曾文先生曾经引述，也是贾晋华特别重视的，但其来源究竟是什么，是先有出处还是赞宁自撰，须加细考。此段似乎唯见于僧传，在《祖堂集》、《景德传灯录》等早期史料中都没有，也未见后人赞同引用，看来属于赞宁自撰的可能性更大。

单凭这段出自宋代的说法就认定洞山是曹洞宗改宗的始作俑者，未免过于冒险。

无论改宗的动机及原因如何，这次改宗还是给禅门注入了一股新气息，导致了两大门派相互激励、相互促进的千年盛况。禅宗自五祖之后，便形成了诸师并传、特别是南北对峙的局面，促进了各个流派的自由竞争与各自发展。会昌灭佛改变了这种百花齐放的形势，使天下禅门万马齐喑，唯江西一支独盛，这在客观上是不利于佛教的发展的，因为没有对立、没有矛盾、没有竞争也就没有协调、没有激励，形不成发展的动力。三家的改宗使原本衰落的石头一支异军突起，骤然成为堪与江西比肩的一大支（也许抬高石头、贬低江西是不得已的，不如此就不能形成两家对峙的局面），不仅丰富了禅门理论，也使禅宗内部形成了以协调为主、以对立为辅的良好局面，促进了禅宗的长期繁荣。

禅宗后来在两派的基础上形成五家七宗，使禅宗越来越兴旺。事实证明，宗派的出现有利于宗门的发展，只有百家争鸣，才能百花齐放，一个主义必然造成万马齐喑。从这一意义上说，曹洞宗的改换门庭也是一件好事，虽然这对于南岳一系从表面和暂时利益上看并不公平，但对其长期发展及整个禅宗的兴盛是有利的。

第十二章　曹洞宗的宗风与理论特色

第一节　曹洞宗风

曹洞宗是禅门五宗中很有特色的一家，对于曹洞宗风，诸家多有评论。最早论及诸家宗风者，当为清凉文益。

据《宗门十规论》卷一：

> 对答不观时节兼无宗眼第四
>
> 论曰：凡为宗师，先辨邪正。邪正既辨，更要时节分明。又须语带宗眼，机锋酬对，各不相辜。然虽句里无私，亦假言中辨的。曹洞则敲唱为用，临济则互换为机，韶阳则函盖截流，沩仰则方圆默契。①

文益是最早提出“曹洞”宗这一名称者。他指出，曹洞宗眼是“敲唱为用”。

据性统《五家宗旨纂要》卷二《洞宗三纲要》：

> 一、敲唱俱行。敲，击也，一齐截断，属理也。唱，举也，一并用出，属事也。敲唱俱行，事理兼备也。谓之偏正俱行，即济宗之照用同时也。②

诸家对于“敲唱”一词用者很多，但只有清代的性统才有具体的解释，将其与理事相联系。

---

① 《卍新纂续藏经》第 63 册，第 37 页下。

② 《卍新纂续藏经》第 65 册，第 272 页中。

又据灵椉《地藏本愿经科注》卷六：

> 此见宾主击扬之妙契，师弟敲唱之相应。世尊所以对众而结叹，意启观音乘赞而蹑问。故佛说是语时，观音即起白佛，啐啄同时，斯之谓矣。[①]

这里对于敲唱又有别的解释，强调师弟敲唱，与宾主击扬相对应。临济宗以宾主互换为机，曹洞以师徒敲唱为用。敲唱与啐啄相近，通过相互启发、激励合作来解悟禅机。徒敲师唱，节拍成就；子啐母啄，应缘不错。

禅宗本来强调活句，敲唱本身就有多种解释，可以灵活运用，并行不悖。

曹洞“三种纲要”，第一便是敲唱双行，可见确以此为宗眼。然而并非所有的人都赞同这一说法。

据《圆悟佛果禅师语录》卷五：

> 进云：“趯倒净瓶不留活计，两口无舌正是吾宗。如何是沩仰宗？”师云：“天下人跳他圆相不出。”进云：“三回吃棒犹若蒿枝，末后瞎驴人天正眼。如何是临济宗？”师云：“敲唱俱行。”进云：“休去歇去古庙香炉，枯木生华祖佛心要。如何是曹洞宗？”师云：“两两不成双。”进云：“对机糊饼本自天然，一镞辽空三句可辨。如何是云门宗？”师云：“当面蹉过。”进云：“色空明暗触处光辉，刹刹尘尘头头显露。如何是法眼宗？”师云：“点。”[②]

这是圆悟克勤与门下对五家宗风的点评，其中克勤强调临济宗的宗风是“敲唱俱行”，这表明后世并不认为这是属于曹洞宗的专利。

据《古尊宿语录》卷十一《石霜楚圆语录》：

> 示众云：“上来也，步步登高；下去也，通身无碍。所以道，有

① 《卍新纂续藏经》第21册，第754页上。

② 《大正藏》第47册，第733页下。

时先敲后唱，有时先唱后敲，有时敲唱同时，有时敲唱不同时。所以王登宝殿，野老讴歌。如今还有讴歌者么?”良久，云：“木人虽举手，石女不抬头。”喝一喝。①

这是临济宗同样重视敲唱的又一例证，此处之敲唱，与照用意义相近。

又据《宗门十规论》卷一：

理事相违不分触净第五

论曰：大凡祖佛之宗，具理具事。事依理立，理假事明。理事相资，还同目足。若有事而无理，则滞泥不通；若有理而无事，则汗漫无归。欲其不二，贵在圆融。且如曹洞家风，则有偏有正，有明有暗。临济有主有宾，有体有用。然建化之不类，且血脉而相通。无一不该，举动皆集。又如《法界观》，具谈理事，断自色空。海性无边，摄在一毫之上；须弥至大，藏归一芥之中。故非圣量使然，真猷合尔，又非神通变现，诞生推称。不著它求，尽由心造，佛及众生，具平等故。苟或不知其旨，妄有谈论，致令触净不分，谎讹不辨，偏正滞于迴互，体用混于自然。谓之一法不明，纤尘翳目。自病未能剿绝，他疾安可医治？大须审详，固非小事。②

这是强调禅宗各家都是“具理具事”、理事回互，只是建化门庭施设不同，而理事又同归一心，平等一如，皆由心造。曹洞宗风是有偏有正，有明有暗，通过偏正明暗来说明理事关系，临济宗则是通过体用宾主。如果不明宗风，就会走偏，导致染净不分、黑白不辨。过于强调体用，就可能会混同于自然；只是重视偏正，也可能会滞于回互。滞于回互，即是在回互中模糊了理事的分际，圆融变成了是非不分。

据《宗镜录》卷十五：

大凡理事二门，非一非异。如《大智度论》云，有二种门，一

① 《卍新纂续藏经》第68册，第110页上。

② 《卍新纂续藏经》第63册，第37页下、38页上。

毕竟空门，二分别好恶门。今依分别门中，则理是所依为本，事是能依为末，又理妙难知为胜，事粗易见为劣。如今秖可从胜，不可徇劣，但得理本，本立而道生，事则自然成矣。又理实应缘，无碍事之理；事因理立，无失理之事。如今不入圆信之者，皆自鄙下凡，远推极圣，斯乃不唯失事，理亦全无。但悟一心无碍自在之宗，自然理事融通，真俗交彻。若执事而迷理，永劫沈沦；或悟理而遗事，此非圆证。何者？理事不出自心，性相宁乖一旨！若入宗镜，顿悟真心，尚无非理非事之文，岂有若理若事之执！但得本之后，亦不废圆修。如有学人问本净和尚云："师还修行也无?"对云："我修行与汝别，汝先修而后悟，我先悟而后修。"是以若先修而后悟，斯则有功之功，功归生灭；若先悟而后修，此乃无功之功，功不虚弃。所以融大师《信心铭》云："欲得心净，无心用功。"①

这是永明延寿对理事关系的阐述，其基本观点和文益一致，强调理事融通、真俗交彻，并将理事、本末、性相、真俗、悟修、能所等结合在一起。

对于曹洞宗风有多种说法，其中最有影响的一种是"绵密"。

据《希叟绍昙禅师广录》卷五：

举，僧问曹山："抱璞投师，乞师雕琢。"曹云："不雕琢。"僧云："因甚不雕琢?"曹云："须信曹山好手。"

拈："黄阁帘垂，难传信息；紫罗帐合，暗撒真珠。曹洞家风，可谓绵密。子细看来，犹欠大人相在。山僧即不然，忽有问'抱璞投师，乞师雕琢'，即向道'侍者寮吃茶去'，忽然瞥地，鹞子已过新罗国。"②

又据《了堂惟一禅师语录》卷四：

石窗和尚语录，宝都管重刊印施求语

① 《大正藏》第48册，第496页中。

② 《卍新纂续藏经》第70册，第458页下。

曹洞家风尚绵密，末学那窥万中一。夜明帘外击金钟，珊瑚枝头升杲日。石窗端可恢先宗，真俗二谛尤圆融。荷众处已洁冰雪，升堂开室挥天龙。①

这里略举二例，表明曹洞宗风确实崇尚绵密。绵密，即是细密，所谓金针玉线，密密而缝，环环相扣，丝丝相连，故天衣无缝，密不透风，故其说理圆满，行履坚实，头头皆现，物物不违，到此地步，进不得前，退而无后，佛祖不能窥，贤圣哪得知。

绵，即绵绵不断，前后相连，重在时间上的连续；密，则细入无间，内外周遍，重在空间上的遍布。因此，曹洞功夫稳密，必须长期行持，久而有功，不可速成，然一旦成就，则理事融通，内外交彻，不易退失。

崇尚回互，也是曹洞家风。回互，本来是指相互涉入，但曹洞宗是非常灵活地运用，使之有了更多的含义，其主要意义变成了不直言其事，而是用宛转曲折的方式来表达，即是不触讳。回互不触讳，即言而非言，不言而言，由此形成了绕路说禅的风格，对整个禅风影响很大，后世临济宗的“触背关”即由此而来。

杨亿《汾阳无德禅师语录序》称“洞山之建立五位，回互以彰”②。汾阳述洞山宗派，亦有“施设随根巧回互，不触当今是本宗”之句。

又据《宏智禅师广录》卷五：

僧问：“门庭建立，各是一家。五派宗风，还许学人一一请问也无?”师云：“尔试问看。”僧云：“如何是云门宗?”师云：“开口见胆，莫乱商量。”僧云：“如何是临际宗?”师云：“痛处亲遭黄檗棒，省时还领大愚拳。”僧云：“如何是曹洞宗?”师云：“暗里分回互，明中却转身。”僧云：“如何是法眼宗?”师云：“一言尽十方，丝毫未举扬。”僧云：“如何是沩仰宗?”师云：“棬挛明一点，父子却同条。”③

如此后世宗门内外都将回互作为曹洞宗的主要宗风之一，表明回互不

① 《卍新纂续藏经》第71册，第480页下。

② 《大正藏》第47册，第595页中。

③ 《大正藏》第48册，第68页中。

触讳确实是曹洞宗的特色。

古人论及诸派宗风，自清凉文益以下，大多五家并举，以示异同。据《天如惟则禅师语录》卷九《宗乘要义》：

> 达磨所传，单单只是以心印心之一法耳。后来流布既广，支为五宗，而宗各有旨。究其指归，则不离乎一法。所以古德云："万派千流皆渤澥，七金五岳总须弥。"若以正眼看来，一法犹是假名，五宗复何本据。大概是师家垂手处，不得已放开一路，曲顺机宜，既涉乎语言作用，则未免各立门庭，不别而别矣。前辈尊宿多曾辨来，谓临济宗棒喝交驰，雷奔电激，夺人夺境，照用并行，或于一喝之中自具三玄三要、二主二宾，妙在打破罗笼，搂空窠窟，被人唤作白拈贼、杀人不眨眼者，此也。沩仰宗父慈子孝，上令下从，暗合机轮，混融境致，大约忘机得体，举缘明用，如撼茶树，推木枕，插锹立，举锹行之类，是也。曹洞宗就语接人，随机应物，示以偏正五位，功勋五位，五臣五位，王子五位，辨明体用，扫荡情尘，使其物我双忘、人法俱泯而已。法眼宗闻声悟道，见色明心，句里藏锋，言中有响，往往随顺器根，调停化法，亦犹相体裁衣、对病施药者耳。云门宗格外纵擒，言前定夺，称提三句关键，拈掇一字机锋，截断众流，圣凡无路，人咸谓其孤危耸峻，难乎凑泊，非上根利器不足以窥其仿佛。故曰临济痛快、沩仰谨严、曹洞细密、法眼详明而云门高古也。①

天如惟则虽然属于元代之人，其说却最为详备，对于各家宗眼家风说得十分清楚。其中言曹洞宗旨，与《人天眼目》大同，而曰临济痛快、沩仰谨严、曹洞细密、法眼详明、云门高古，尤为后世所重。

在五家宗风中，临济与曹洞经常并列对比，这不光是因为在后世只有两家存在，还是由于两家宗风确实有可比性。自百丈黄檗以下，临济宗风走向刚猛一路，棒喝交驰，大刀阔斧，直出直入，直往直来，虽师徒切磋，也是真刀真枪，毫不留情，而曹洞宗则反之，自药山以下，都是和风细雨，不施拳棒，不用粗语，两家一刚一柔，一顿一渐，一粗一细，一直一曲，一慧一定，对比非常鲜明。

---

① 《卍新纂续藏经》第70册，第833页中下。

譬如在教化学人时，曹洞宗是敲唱双行、啐啄同时，主张师徒的相互配合，有敲有唱，有唱有和，启发诱导，老婆心切，正按旁提，旁敲侧击，让学生循序渐进，久而有成。临济宗则是有照有用，宾主激扬，实战训练，棒棒出血，刀刀见肉，迅猛快捷，如疾风闪电，狭路相逢，毫不避让，正面相见，单刀直入，言下定生死，一招分胜负。

虽然诸宗特别是临济与曹洞长期相互渗透，相互补充，但各自的宗风依然保持。丛林相传，有云门天子、临济将军、曹洞土民之说，曹洞宗朴实谦和、厚重深密，机关不露，锋芒若失，大巧若拙，深藏若虚，是故绵绵不绝，宗风久住。

第二节　曹洞宗理论的渊源与形成过程

曹洞宗在诸家之中，以理论严密而著称，这在强调随机说法、不大重视理论构建的禅宗中，可谓独树一帜。

曹洞宗理论，可谓发源于药山、创建于洞山、成熟于曹山。药山谓“穷本绝外”，这是药山系及曹洞宗禅法根本。穷本，即是穷尽本源，即是归乡；绝外，即是体绝外相，即是功勋。穷本绝外，即是五位中的兼带，又称兼中到，为最高境界。本，即正、君、体、空、理；外，即偏、臣、用、色、事。药山道“我今为汝说遮个语，显无语底他那个本来无耳目等貌”，这显然是“有语中无语”，对于五位说的建立亦有启发之功。药山提出“绝渗漏”，为后世三种渗漏之滥觞。在药山之时，已经有了曹洞宗理论的雏形。此外，药山重视经典、力行俭朴、热爱劳动，这些都为后世所继承，成为曹洞家风。

洞山良价是曹洞宗理论的主要创建者，与之同时的石霜和夹山也有辅助之功。曹洞宗理论以五位说为核心，五位应当始于洞山。五位有偏正五位、君臣五位、功勋五位、王子五位等，其中前三者出于洞山，后一者出于石霜。

五位之中，以偏正五位为本，此五位肯定是洞山首创。对于五位说的渊源，杨曾文提出了一种说法：

> 上述曹洞宗的五位君臣说从内容上看，与华严宗的四法界颇为相似，也许即是受华严宗法界学说的影响而提出的。即：正（君）、偏

> （臣）二位，相当于华严宗的理法界与事法界；偏中至（臣向君）与正中来（君视臣），综合起来相当华严宗的理事无碍法界；最后的兼带，相当华严宗的事事无碍法界。
>
> 首先，从观察世界的程序和思考问题的方法来说，世界万有，包括一切物质的现象和精神现象在内，从大的方面来分，可用代表本质的“理”与代表现象的“事”这两大范畴加以概括。所谓“理”，空寂无象，是在不同意义上称谓的佛性、心、自性、本性、法身以及空、体、本、道、理、实相等等，而所谓“事”是万有现象，在不同场合是指五蕴、十八界、四大、六道、三界、十二因缘、有、色、用、末、事、幻（有），甚至也包括大小乘佛法在内。此即是上述的正位—君位和偏位—臣位。依据真如（或心性）缘起的理论，世界万有无不是真如之体的显现，真如随缘（条件）而生成为世界万有，借用唐代天台宗湛然《金刚錍》的来说就是：“万法是真如，由不变故；真如是万法，由随缘故。”前者是从万有到真如，是所谓“舍事入理”，是“偏中至”或“偏中正”，是“臣向君”；后者从真如到万有，是所谓“背理就事”，即“正中来”或“正中偏”，是“君视臣”。如果进一步将这两位综合起来考察，就会认识到理、事之间，真如本体与世界万有之间是彼此交会，互相融通的，色空相即，理事无间，达到相即不二的中道的至高认识境界。此即所谓“冥应众缘，不随诸有，非染非净，非正非偏，故曰虚玄大道，无著真宗”，是“兼带”或“君臣道合”。①

这一说法很有启发，正位相当于理法界、偏位相当于事法界，兼带相当于事事无碍法界，容易理解，而言正中来、偏中至是从理事无碍法界转化而来，还需要解释。另外，从现有资料之中，找不到洞山或石霜从华严宗四法界中得到启发的明确证据。

此说有可能是受大慧宗杲启发。

据《正法眼藏》卷三：

> 功功时作么生，谓法与境皆空，谓之无功用大解脱，故曰“不共”，

① 杨曾文：《唐五代禅宗史》，第520、521页。

> 乃无法可共。不共之义全归功勋边，如法界事事无碍是也。你面前无我，我面前无你，所以夹山道“此间无老僧，目前无阇梨”是也。①

这里以功勋五位中最高一位“功功”与事事无碍法界匹配，功功亦与偏正五位中的“兼带”（兼中到）相应，代表最高境界。

五位亦有可能与《起信论》的体相用三大有关。正中偏、偏中正，相当于相，属应化身；正中来、偏中至，相当于用，属报身；兼中到（兼带）相当于体，属法身。正中偏、偏中正，是讲理事互具，理主事从，事主理从，从静态讲；正中来、偏中至，是讲理事互动，背理就事，舍事入理，从动态讲。兼中到，非动非静，非染非净，非理非事，非正非偏，绝言绝虑，最妙最玄。

据《（重编）曹洞五位显诀》卷一：

> 补曰：正位之名，非局于洞上，元自乘教。如《维摩经》云：若声听人未入正位，食此饭者，得入正位然后乃消。已入正位，食此饭者，得心解脱然后乃消。《华严离世间品》云：菩萨摩诃萨以一切空为所住处，善巧观察故；以无相为所住处，不出正位故（云云）。《起信论》云：此体用熏习有二种（云云）。《释论》云：一者未入正位，二者已入正位。②

这是元代晦然对《洞山五位旨诀》的解释，表明“正位”一词并非洞山首创，而是借用经教，其中也包括解释《起信论》的《释摩诃衍论》，因此或受《起信论》启发。

洞山偏正五位，核心是通过语言来悟道传道，是故正中偏，是无语中有语，偏中正，是有语中无语，正中来，是无语中有语，偏中至，是有语中无语，兼带，则不落有无，不说有语无语语。这显然与药山的“说这个语，显无语底”有关。无语的，即是没有耳目的本来面目，即是正位，是常道；有语的，即是偏位，是可道之道。

偏正五位，有多种形式。依《洞山五位旨诀》，即正位却偏（正中

---

① 《卍新纂续藏经》第67册，第632页中下。

② 《卍新纂续藏经》第63册，第198页下。

偏），偏位虽偏亦圆（偏中正），正位中来（正中来），偏位中来（偏中至），相兼带来（兼中到）。因此，在洞山之时，五位有了基本的用法，但还不太确定。依慧霞序，则为一者正位为之主，二者偏位为之宾，三者正中却偏，四者偏位却正，五者相兼带来。依广辉之释，一正位，二偏位，三偏中正，四正中偏，五相兼带来。完整的正中偏、偏中正、正中来、偏中至、兼中到，应当始见于曹山五位颂，这是曹山对洞山五位的总结，但此说出现之后，慧霞、广辉所述五位依然流传下来。依《禅林僧宝传》，曹山述君臣五位时名称顺序与广辉所述完全一致，这表明在曹山之时，本来就存在两种表述方式，虽然名称不同，但意义一样。

从偏正五位派生出君臣五位和功勋五位。君臣五位在洞山之时是否有完整的形式值得探讨。

据《祖堂集》卷六：

> 问："六国不宁时如何？"师曰："臣无功。"僧曰："臣有功时如何？"师云："国界安清。"僧曰："安清后如何？"师曰："君臣道合。"僧云："臣传身后如何？"师曰："不知有君。"①

又据《古尊宿语录》卷三十五：

> 问："六国未宁时如何？"师云："臣灰功。"进云："直得君臣道合时如何？"师云："不见有君臣。"②

如此洞山及其门人大随法真、雪峰义存都提到"君臣道合"，这或许是君臣五位说的萌芽。然无论如何，曹山之时君臣五位已经建立了。

功勋五位何时出现，需要讨论。

据《祖堂集》卷六：

> 问："一切处不乖时如何？"师曰："此犹是功勋边事，有无功之功，子何不问？"僧曰："无功之功，莫是那边人也无？"师曰："已

① 《祖堂集校注》，第180页。

② 《卍新纂续藏经》第68册，第229页上。

后有眼人笑阇梨与么道。”①

如此洞山已经论及功勋及代表最高一位的无功之功，即功功、不共，还说过“若有一道不通，便是不奉于君”，强调对君（正位）趣向承奉。

又据《五灯会元》卷十三《踈山匡仁》：

> 出问：“未有之言，请师示诲。”山曰：“不诺无人肯。”师曰：“还可功也无？”山曰：“你即今还功得么？”师曰：“功不得即无讳处。”山他日上堂曰：“欲知此事，直须如枯木生花，方与他合。”师问：“一切处不乖时如何？”山曰：“阇黎，此是功勋边事，幸有无功之功，子何不问？”师曰：“无功之功，岂不是那边人？”山曰：“大有人笑子恁么问。”师曰：“恁么则迢然去也。”山曰：“迢然非迢然，非不迢然。”师曰：“如何是迢然？”山曰：“唤作那边人，即不得。”师曰：“如何是非迢然？”山曰：“无辨处。”山问师：“空劫无人家，是甚么人住处？”师曰：“不识。”山曰：“人还有意旨也无？”师曰：“和尚何不问他？”山曰：“现问次。”师曰：“是何意旨？”山不对。②

这一段问答是疏山与洞山有关功勋的讨论，重点还是功功。《祖堂集》中亦有类似的记载。其中“枯木生花”与讲功的“枯木花开劫外春”一致，“无讳处”与讲功功的“混然无讳处”相应，迢然及空劫一句与“迢迢空劫无人识”完全一致。如果这一记载无误，那么很可能在洞山之时就已经有了功勋五位，只是现存资料不足而已。

据《祖堂集》卷九《九峰和尚》：

> 问：“法雨普润，枯木为什摩无花？”师云：“不见道：高原陆地？”曰：“毕竟还有生花时也无？”师云：“若生花，则不名枯木。”曰：“古人为什摩道枯木上生一朵花？”师云：“你道一人不言、一人恶［哑］，阿那个无舌？”③

---

① 《祖堂集校注》，第185页。

② 《卍新纂续藏经》第80册，第268页中。

③ 《祖堂集校注》，第257页。

其中所说的“古人”正是洞山。九峰引洞山“拟将心意学玄宗，状似西行却向东”一句，便谓“古人道”。可知洞山确实讲过“枯木生花”。曹山也说过，师子儿全身归父之后，祖父亦尽，如“王子能成一国事，枯木上更采些子华”①，这表明枯木生花已成为曹洞宗当时关注的热点问题。

据《景德传灯录》卷十三《汝州风穴延沼禅师》：

问：“正当恁么时如何？”师曰：“盲龟值木虽优稳，枯木生华物外春。”②

延沼“枯木”一句，显然是从洞山“枯木花开劫外春”一句化来。

同上，有问“语默涉离微，如何通不犯？”师曰：“常忆江南三月里，鹧鸪啼处野华香（《天圣广灯录》卷十五作‘百花开’，《古尊宿语录》卷七作‘百花香’）。”③ 这显然与洞山“鹧鸪啼处百花新”有关。这表明后唐之时延沼已经在引用洞山功勋五位颂了。

大阳警玄在注释同安常察《十玄谈》中“问君心印作何颜”时道“不得色”，与洞山对共功的解释一样，又道三贤十地亦是“向功”，或说功勋五位最初一位。这表明宋初功勋五位仍在流行。

《禅林僧宝传》卷二十道广慧元琏门人华严道隆早年曾参石门慧彻，慧彻明确告之功勋五位，但此事唯见于《僧宝传》，真伪存疑。

王子五位出于石霜庆诸，但可能受到洞山五位的启发，其中言君臣父子，是对五位说的重要补充。

一色，也是曹洞宗的核心理念，意思是平等无分别，万法一如，与“一味”、“一相”、“一行”等相应。曹洞宗三家都讲一色，创始者应当是洞山。曹山举洞山有“一色处有分不分之理”，青林师虔也有同样的说法，这都出自《祖堂集》，青林还记述了有人问“正当一色时还有向上事也无”、洞山道“无”，其人不明，挑动五百人集体散去、不久又复归请罪的故事。洞山解释共功“不得色”。这些都表明洞山对一色之理特别是

① 《大正藏》第 51 册，第 336 页下。
② 同上书，第 303 页上。
③ 同上书，第 303 页中。

分与不分之说都有明确的解释。洞山门下曹山、青林对一色义也有发挥。

夹山系洛浦元安、永安善静言“鹭倚雪巢犹可辨，乌投漆立事难分”、“易分雪里粉，难辨墨中煤”，都是说白与白易分、黑中黑难辨，深化了同中之异的辨析。

石霜系对一色讨论更多。相传在石霜入灭之后，由于对“一条白练去”理解不同，九峰道虔问杀首座，由于对一色理解有别而“出了人命”，可见此门对这一问题的重视程度。九峰一系特别重视一色中分的问题，认为“鹭鸶立雪非同色，明月芦花不似佗”，同安常察还把“一色”作为《十玄谈》之本。

石霜系还把一色与内绍王种、诞生王子结合起来，以为“须见无承当底的人、无担荷底人，始和同一色。同一色了，所以借为诞生，是为王种”。一色与王种同义，可以相互借用，谓之借句；而应机利生，谓之挟带，即是妙挟。石霜一派多论内绍外绍、臣种王种、借句挟带，而一色为其关键。

曹洞宗后世对一色理论又有发展，如《人天眼目》卷三载“正位一色、大功一色、今时一色”三种功勋，不知始自何时，天童正觉已然言之。

一色的意象，往往与白色有关，如明月、芦花、鹭鸶、白鹤、白雪、白练、白玉、银笼、银盘等，其中白雪最为重要，千里一色，正是雪后风光，当然明月也很常用，月下风光，清辉遍地，同样有遍满清白之义。白色有纯洁、清净、光明之义，符合曹洞宗的宗旨。

曹洞宗之外，投子大同、云门门人巴陵颢鉴等也关注到一色问题，表明其影响已经扩展到其他宗派，成为禅宗共同关注的话题。

四宾主出于洞山，五位、四宾主、三路、二法（君臣、父子、宾主、偏正等）、一色构成了洞山禅法及曹洞宗理论的核心体系，后来曹山又补充了四异类、三渗漏等，使曹洞宗理论趋于成熟。曹山之后，其门下慧霞、匡辉对曹洞宗理论进行了整理阐释，石霜系的九峰道虔、同安常察，洞山青林系的石门献蕴、石门慧彻等成为曹洞宗比较重要的理论家，特别是同安常察，有多种著作，石门慧彻则对扩展曹洞宗的影响有重要贡献。

附录

一　大事记

天宝四年	745 年	药山惟严生于南康信丰。
上元二年	761 年	药山十七岁，南度大庾岭，到潮州师从西山慧照禅师，从学八年，其间百丈怀海亦至，二人同学数年。
大历三年	768 年	百丈怀海禅师受具于衡山法朝律师。
大历四年	769 年	药山受具于衡岳希操律师，继而从学于马祖近二十年。
大历十年	775 年	船子德诚出生。
大历十三年	778 年	赵州从谂出生。
建中元年	780 年	云岩出生。
贞元初年	785 年	药山离开洪州，开始游历，先后到广东罗浮山、江西青原山、九江，以及长江三峡等地。
贞元三年	787 年	药山到湖南澧阳药山，结庵居止。前后开法超过四十年。
贞元四年	788 年	马祖道一入灭。
贞元五年	789 年	道吾圆智出生。
贞元六年	790 年	石头希迁入灭。
贞元九年	793 年	大安出生。
贞元十五年	799 年	昙晟受具。
贞元十六年	800 年	石室高沙弥出生。
永贞元年	805 年	夹山善会出生。
元和二年	807 年	石霜庆诸出生。
元和二年	807 年	洞山良价出生。

续表

元和二年	807 年	仰山慧寂出生。
元和三年	808 年	道吾圆智受具。
元和八年	813 年	善会九岁，出家于潭州龙牙山。
元和九年	814 年	百丈去世。其门下多人，如云岩昙晟等，转到药山。此时药山开法已三十余年，影响扩大，和南泉普愿、盐官齐安成为南方丛林的三大代表。
元和十一年至十四年	816—819 年	李建任澧州刺史。
元和十四年至十五年	819—820 年	崔群任潭州刺史、湖南观察史，归心于东寺如会，又参药山。
元和十四年	819 年	庆诸十三岁，于洪州西山出家，师从绍銮禅师。
元和十四年	819 年	投子大同出生。
元和十五年	820 年	茗溪道行入灭。
长庆元年至三年	821—823 年	温造仕朗州刺史。
长庆二年	822 年	雪峰义存出生。
长庆三年	823 年	丹霞天然入灭。
长庆四年	824 年	夹山善会受具。
宝历二年	826 年	岩头全豁出生。
大和元年	827 年	洞山到嵩山受具。
大和元年	827 年	云居道膺出生。
大和二年	828 年	惟俨于十二月六日去世，寿八十四，僧腊六十。后二十日，弟子冲虚带领众师弟为其迁座建塔。
大和三年	829 年	船子德诚、云岩昙晟、道吾圆智三人议定隐于深山，后来道吾反悔，三人分开。船子德诚苏州华亭、朱泾泛舟二十余年。云岩到大沩追随灵祐。道吾随云岩来到沩山，不久离开，到湘东弘法。
大和三年	829 年	石霜庆诸于嵩山受具。
约大和四年	约 830 年	青林师虔出生。
大和四年	830 年	兴化存奖出生。

续表

大和四年	830 年	云岩昙晟在攸县云岩寺开法。
大和六年	832 年	新罗行寂出生。
大和八年	834 年	南泉入灭。
大和八年	834 年	乐普元安出生。
大和八年	834 年	雪窦常通出生。
大和八年	834 年	大随法真出生。
大和九年	835 年	洞山转投大沩灵祐。
大和九年	835 年	龙牙居遁出生。
大和九年	835 年	石霜庆诸到云岩山参礼。
大和九年	835 年	玄沙师备出生。
约开成元年	约 836 年	洞山良价到云岩寺。
开成二年	837 年	大光居诲出生。
开成四年	839 年	大梅法常入灭。世寿八十八，法腊六十九。
会昌元年	841 年	云岩昙晟入灭。
会昌元年	841 年	庆诸居石霜山。
会昌二年	842 年	盐官齐安入灭。
会昌三年	843 年	新罗通晓大师梵日先经江西参盐官，殷勤六年，此年到湖南参药山二世冲虚。
会昌三年	843 年	疏山匡仁出生。
会昌年间	841—846 年	武宗沙汰，药山寺受到一定程度损坏。
会昌六年	846 年	通晓归国。
会昌六年	846 年	曹山本寂出生。
大中年间	847—854 年	冲虚重建药山寺，使其规模大为扩展。
大中四年	850 年	夹山善会先后开法于天门、京口。道吾前去京口教化夹山，并指点其前往华亭；夹山参船子得悟。
大中四年	850 年	船子德诚入灭。
大中五年	851 年	云居于幽州延寿寺受具。
大中五年	851 年	洞山正式开法。

续表

大中五年	851 年	兴化存奖受具。
约大中六年	852 年	石霜开法。
大中七年	853 年	乐普元安受具。
大中七年	853 年	云居到达洞山，更不他游；同年住三峰庵。
大中七年	853 年	沩山灵祐入灭。
大中八年	854 年	冲虚入灭。
大中八年	854 年	黄山月轮出生。
大中九年	855 年	道吾圆智入灭。
大中十年	856 年	居遁于嵩山会善寺受具。
大中十一年	857 年	云居开法于云居山。
大中十一年	857 年	赵州住观音院。
大中十二年	858 年	曹山出家。
大中十二年	858 年	永安善静出生。
大中十二年至咸通五年	858—864 年	曹山在闽中参学。
约大中十三年	约 859 年	九峰道虔出生。
咸通三年	862 年	兴化存奖见道膺于三峰。
咸通三年	862 年	新罗丽严出生。
咸通三年	863 年	鼓山神晏出生。
咸通五年	864 年	云门文偃出生。
咸通五年	864 年	新罗迥微出生。
咸通六年	865 年	德山宣鉴入灭，世寿八十四，僧腊六十五。
约咸通七年	约 866 年	曹山参洞山。
咸通七年	866 年	临济义玄入灭。
咸通七年	866 年	大光居诲受具。
咸通七年	866 年	地藏桂琛出生。
咸通九年	868 年	黄山月轮十五岁，投黄檗山观禅师出家。
咸通十年	869 年	洞山入灭。

续表

咸通十年	869 年	新罗庆甫出生。
咸通十年	869 年	新罗忠湛出生。
咸通十一年	870 年	新罗行寂来华，受懿宗接见。
咸通十一年	870 年	新罗利严出生。
咸通十二年	871 年	智朗出生。
咸通十二年	871 年	新罗庆猷出生。
咸通十四年	873 年	黄山月轮受具。
乾符五年	878 年	乐普元安到达夹山，于善会处得道。
乾符五年	878 年	曹山本寂开法于江西抚州曹山。
乾符五年	878 年	元安到夹山。
乾符五年	878 年	高丽兢让出生。
乾符六年	879 年	高丽玄晖出生。
广明元年	880 年	匡仁正式传法。
广明元年	880 年	黄山月轮居抚州龙济山。
广明元年	880 年	新罗丽严受具。
中和元年	881 年	夹山善会入灭，其早期门人上蓝令超居止洪州护国院。
中和二年	882 年	道全住洞山。
中和二年	882 年	新罗迥微受具。
中和三年	883 年	仰山慧寂入灭。
中和三年	883 年	大安入灭。
中和五年	885 年	新罗行寂归国。
光启元年	885 年	居遁开法。
光启元年	885 年	清凉文益出生。
光启元年	885 年	岩头全豁入灭。
中和五年至天祐六年	885—909 年	危全讽占据抚州二十余载，他对洞山一门曹山、疏山都非常支持，对于曹洞宗在江西的发展贡献很大。
光启四年	888 年	石霜入灭。

续表

光启四年	888 年	兴化存奖入灭。
光启四年	888 年	新罗庆猷受具。
龙纪元年	889 年	新罗利严受具。
大顺元年	890 年	匡仁始住疏山。
大顺元年	890 年	令超入灭，谥“元真大师”、“本空之塔”。
大顺二年	891 年	禾山无殷出生。
大顺二年	891 年	新罗迥微来华。
大顺二年	891 年	天台德韶出生。
景福元年	892 年	新罗庆甫来华。
景福二年	893 年	道全避乱到分宁，制置使戴某迎居龙安院。
乾宁元年	894 年	道全于龙安坐化，归葬于洞山寺之东。
乾宁元年起	894 年	马殷占据湖南三十多年，号楚王，湖南发展相对稳定。马殷对龙牙居遁长期支持，曹洞宗在湖南逐步发展。
乾宁元年	894 年	石门献蕴出生。
乾宁元年	894 年	青林师虔应钟传之请到洞山住持。
乾宁元年	894 年	永安善静至终南山丰德寺，从广度禅师出家。
约乾宁元年至天祐元年间	约 894—904 年	献蕴初参青林，契悟之后，更不他游。
乾宁三年	896 年	永安善静受具。
乾宁三年	896 年	新罗利严来华。
乾宁三年	896 年	风穴延沼出生。
乾宁四年	897 年	高丽兢让受具。
乾宁五年	898 年	高丽玄晖受具。
光化元年	898 年	乐普元安入灭。
光化元年	898 年	赵州入灭。
光化三年	900 年	兢让来华。

续表

天复元年	901 年	慧霞继曹山住持，号称“中曹山”，为曹山第二世。
天复二年	902 年	云居道膺入灭。
天复二年	902 年	同安威入灭。
约天复二年前	约 902 年	同安常察出生，其大约卒于 963—972 年之间。
天复三年	903 年	大光居诲入灭。
天祐元年	904 年	师虔入灭。
天祐元年	904 年	石门献蕴入灭。
天祐元年	904 年	大光居让入灭
天祐二年	905 年	雪窦常通入灭。
天祐二年	905 年	新罗迥微归国。
天祐三年	906 年	高丽玄晖来华。
天祐四年	907 年	曹山入灭。
后梁		
开平二年	908 年	雪峰义存入灭。
开平二年	908 年	玄沙师备入灭。
开平二年	908 年	香林澄远出生。
天祐六年	909 年	新罗丽严归国。
开平四年	910 年	同安常察受具。
开平四年	910 年	禾山无殷受具。
吴天祐八年	911 年	新罗利严归国。
乾化三年	913 年	黄山月轮归临川，住黄山。
乾化四年	914 年	投子大同入灭。
贞明初年	915 年或 916 年	居遁赐紫袈裟，敕号“证空大师”。
贞明二年	916 年	新罗行寂入灭。
贞明三年	917 年	新罗迥微入灭。
贞明年间	915—920 年	从彦遇龙牙居遁。
贞明五年	919 年	大随法真入灭。

续表

约吴武义二年	约920年	匡仁入灭。
武义二年	920年	道延来洞山。
龙德元年	921年	道虔入灭。
龙德元年	921年	新罗庆猷入灭。
龙德元年	921年	新罗庆甫归国。
吴顺义二年	922年	禾山无殷中兴大智禅院。
顺义二年	922年	道延入灭，谥“洪果大师”、“惠光之塔”。
龙德三年	923年	居遁入灭。
后唐		
同光元年	923年	归晓惠广出生。
同光二年	924年	高丽兢让归国。
同光二年	924年	高丽玄晖归国。
同光二年至三年间	924—925年	华严休静应后唐庄宗召，入京传法。
同光三年	925年	黄山月轮入灭。
天成元年	926年	首山省念出生。
天成二年至五年间	927—930年	楚王马殷奉表为潭州报慈请紫衣师号。
天成三年	928年	罗汉桂琛入灭。
天成五年	930年	全宰入径山镇国禅院住持。
长兴元年	930年	新罗丽严入灭。
长兴三年	932年	长庆慧稜入灭。
长兴三年	932年	新罗利严建灵峰广照寺，为新罗禅宗九山之一。
吴大和四年	932年	延茂住宝峰。
清泰三年	936年	从彦辞别居遁，还游嵩少，后于宋开宝二年（969）入灭。
清泰三年	936年	新罗利严入灭。
后晋		
天福四年	939年	鼓山神宴入灭。

续表

天福四年	939 年	献蕴从夹山到石门。
天福五年	940 年	新罗忠湛入灭。
天福六年	941 年	归晓惠广于邢州开元寺受具。
天福六年	941 年	高丽玄晖入灭。
天福八年	943 年	大阳警玄出生。
南唐保大元年至四年	943—946 年	李建勋任昭武节度使、镇抚州，请疏山证住山，为疏山第二世。
后汉		
天福十二年	947 年	汾阳善昭出生。
天福十二年	947 年	智朗入灭。
天福十二年	948 年	新罗庆甫入灭。
南唐保大六年	948 年	惠敏入灭。
南汉乾和七年	949 年	云门文偃入灭。
南唐保大九年	951 年	禾山无殷住洪州护国寺，号“澄源禅师”，后于 960 年入灭。
保大九年	951 年	匡慧蒙诏赐号为“玄悟禅师”。
保大九年	951 年	匡悟住持宝峰。
保大九年	951 年	光睦于奉诏入京，赐号“慧观禅师”。
后周		
显德五年	958 年	清凉文益入灭。
显德七年	960 年	通性大师入灭。
显德七年	960 年	禾山无殷入灭。

二　传法世系

药山惟俨和尚（法嗣九人）	药山二世冲虚禅师	
	潭州道吾圆智禅师	潭州石霜庆诸禅师
	潭州云岩昙晟禅师	袁州洞山良价禅师
	华亭船子德诚禅师	澧州夹山善会禅师
	宣州椑树慧省禅师	
	药山高沙弥	
	郢州泾源山光虙禅师	
	药山夔禅师	
	宣州落霞和尚	
	遵布衲	
	全禅客	
	赵州从谂（兼传）	

参考文献

《文殊师利所说么诃般若波罗蜜经》,《大正藏》第 8 册。

《妙法莲华经》,《大正藏》第 9 册。

《大般涅槃经》,《大正藏》第 12 册。

《楞严经》,《大正藏》第 19 册。

《千手千眼观世音菩萨大悲心陀罗尼》,《大正藏》第 20 册。

《中天竺舍卫国只洹寺图经》,《大正藏》第 45 册。

《六祖坛经》,中州古籍出版社 2008 年版。

《摄大乘论释》,《大正藏》第 31 册。

《法华玄义释谶》,荆溪湛然著,《大正藏》第 33 册。

《新华严经论》李通玄著,《大正藏》第 36 册。

《集诸经礼忏仪》,智升著,《大正藏》第 47 册。

《云门匡真禅师广录》,《大正藏》第 47 册。

《抚州曹山元证禅师语录》,《大正藏》第 47 册。

《抚州曹山本寂禅师语录》,《大正藏》第 47 册。

《虚堂和尚语录》,《大正藏》第 47 册。

《明觉禅师语录》,《大正藏》第 47 册。

《潭州沩山灵佑禅师语录》,《大正藏》第 47 册。

《云门匡真禅师广录》,《大正藏》第 47 册。

《筠州洞山悟本禅师语录》,《大正藏》第 47 册。

《黄龙慧南语录》,《大正藏》第 47 册。

《明觉禅师语录》,《大正藏》第 47 册。

《圆悟佛果禅师语录》,《大正藏》第 47 册。

《汾阳无德禅师语录》,《大正藏》第 47 册。

《万松老人评唱天童觉和尚颂古从容庵录》卷三,《大正藏》第 48 册。

《黄檗山断际禅师传心法要》,《大正藏》第 48 册。
《宗镜录》,《大正藏》第 48 册。
《人天眼目》,《大正藏》第 48 册。
《佛果圆悟禅师碧岩录》,《大正藏》第 48 册。
《天童山景德寺如净禅师续语录》,《大正藏》第 48 册。
《宏智禅师广录》,《大正藏》第 48 册。
《佛祖统纪》,《大正藏》第 49 册。
《释氏稽古略》,《大正藏》第 49 册。
《宋高僧传》卷十一,《大正藏》第 50 册。
《续高僧传》,《大正藏》第 50 册。
《传法正宗记》,《大正藏》第 51 册。
《景德传灯录》,《大正藏》第 51 册。
《历代法宝记》,《大正藏》第 51 册。
《庐山记》,《大正藏》第 51 册。
《北山录》,《大正藏》第 52 册。
《镡津文集》,《大正藏》第 52 册。
《南海寄归内法传》,《大正藏》第 54 册。
《楞伽师资记》,《大正藏》第 85 册。
《地藏本愿经科注》,《卍新纂续藏经》第 21 册。
《报恩论》,《卍新纂续藏经》第 62 册。
《宗门十规论》,《卍新纂续藏经》第 63 册。
《智证传》,《卍新纂续藏经》第 63 册。
《重编曹洞五位显诀》,《卍新纂续藏经》第 63 册。
《祖庭事苑》,《卍新纂续藏经》第 64 册。
《丛林公论》,《卍新纂续藏经》第 64 册。
性统《五家宗旨纂要》,《卍新纂续藏经》第 65 册。
《禅宗颂古联珠通集》,《卍新纂续藏经》第 65 册。
《禅门诸祖师偈颂》,《卍新纂续藏经》第 66 册。
《正法眼藏》,《卍新纂续藏经》第 67 册。
《佛果击节录》,《卍新纂续藏经》第 67 册。
《万松老人评唱天童觉和尚拈古请益录》,《卍新纂续藏经》第 67 册。
《林泉老人评唱丹霞淳禅师颂古虚堂集》,《卍新纂续藏经》第 67 册。

《古尊宿语录》,《卍新纂续藏经》第 68 册。
《马祖道一禅师广录(四家语录卷一)》卷一《卍新纂续藏经》第 69 册。
《超宗慧方禅师语录(黄龙四家录第四)》《卍新纂续藏经》第 69 册。
《雪峰义存禅师语录(真觉禅师语录)》《卍新纂续藏经》第 69 册。
《庞居士语录》,《卍新纂续藏经》第 69 册。
《偃溪广闻禅师语录》,《卍新纂续藏经》第 69 册。
《虎丘绍隆禅师语录》,《卍新纂续藏经》第 69 册。
《雪岩祖钦禅师语录》,《卍新纂续藏经》第 70 册。
《天如惟则禅师语录》,《卍新纂续藏经》第 70 册。
《希叟绍昙禅师广录》,《卍新纂续藏经》第 70 册。
《月江正印禅师语录》,《卍新纂续藏经》第 71 册。
《了堂惟一禅师语录》,《卍新纂续藏经》第 71 册。
《丹霞子淳禅师语录》,《卍新纂续藏经》第 71 册。
《投子义青禅师语录》,《卍新纂续藏经》第 71 册。
《真歇清了禅师语录》,《卍新纂续藏经》第 71 册。
《永觉元贤禅师广录》,《卍新纂续藏经》第 72 册。
《净慈慧晖禅师语录》,《卍新纂续藏经》第 72 册。
《玄沙师备禅师语录》,《卍新纂续藏经》第 73 册。
《玄沙师备禅师广录》,《卍新纂续藏经》第 73 册。
《荐福承古禅师语录》,《卍新纂续藏经》第 73 册。
《紫柏尊者全集》,《卍新纂续藏经》第 73 册。
《慈受怀深禅师广录》,《卍新纂续藏经》第 73 册。
《法昌倚遇禅师语录》,《卍新纂续藏经》第 73 册。
《释氏通鉴》,《卍新纂续藏经》第 76 册。
《天圣广灯录》,《卍新纂续藏经》第 78 册。
《建中靖国续灯录》,《卍新纂续藏经》第 78 册。
《五家正宗赞》,《卍新纂续藏经》第 78 册。
《嘉泰普灯录》,《卍新纂续藏经》第 79 册。
《普庵印肃禅师语录》,《卍新纂续藏经》第 79 册。
《禅林僧宝传》,《卍新纂续藏经》第 79 册。
《嘉泰普灯录》,《卍新纂续藏经》第 79 册。

《联灯会要》,《卍新纂续藏经》第 79 册。

《五灯会元》,《卍新纂续藏经》第 80 册。

《罗湖野录》,《卍新纂续藏经》第 83 册。

《续灯正统》,《卍新纂续藏经》第 84 册。

《佛祖纲目》,《卍新纂续藏经》第 85 册。

《云卧纪谭》,《卍新纂续藏经》第 86 册。

《法门锄宄》,《卍新纂续藏经》第 86 册。

《林间录》,《卍新纂续藏经》第 87 册。

《石门文字禅》,《嘉兴藏》第 23 册。

陈垣:《释氏疑年录》,中华书局 1964 年版。

吕澂:《中国佛学源流略讲》,中华书局 1979 年版。

印顺:《中国禅宗史》,上海书店出版社 1992 年版。

杜继文、魏道儒:《中国禅宗通史》,江苏古籍出版社 1993 年版。

黄有福、陈景富:《中朝佛教文化交流史》,中国社会科学出版社 1993 年版。

杨曾文:《唐五代禅宗史》,中国社会科学出版社 1999 年版。

赖永海:《中国佛教通史》,江苏人民出版社 2010 年版。

贾晋华:《古典禅研究》,牛津大学出版社 2010 年版。

义净:《南海寄归内法传校注》,王邦维校注,中华书局 1995 年版。

孔凡礼:《苏轼年谱》,中华书局 1998 年版。

项楚:《寒山诗注》,中华书局 2000 年版。

郁贤皓:《唐刺史考全编》,安徽大学出版社 2000 年版。

《镇州临济慧照禅师语录》,杨曾文编校,中州古籍出版社 2001 年版。

李智冠《校勘译注历代高僧碑文高丽篇 1》,伽山佛教文化研究院 2003 年版。

王荣国:《中国佛教史论》,宗教文化出版社 2008 年版。

《祖堂集校注》,张美兰校注,商务印书馆 2009 年版。

释大愿:《重走江湖》,大乘佛刊杂志社 2011 年版。

(后晋)刘昫等撰:《旧唐书》,中华书局 1975 年版。

(宋)欧阳修、宋祁等撰:《新唐书》,中华书局 1975 年版。

(宋)薛居正等撰:《旧五代史》,中华书局 1976 年版。

（宋）欧阳修撰：《新五代史》，中华书局 1974 年版。
（宋）司马光编著：《资治通鉴》，中华书局 1956 年版。
（清）董诰等编：《全唐文》，上海古籍出版社 1990 年版。

后　记

经过大半年的努力，这本书终于结稿了。按照我个人的习惯，书必须有一个《后记》，以说明其中原委，假如没有了这个尾巴，总觉得缺了点什么，人类进化的一大失败便是失去了可以作为第三只手的尾巴，使得背后搔痒、驱赶蚊虫成了大问题。到动物园看一看我们的近亲，就知道进化不一定是好事了。因此，虽然已然精疲力竭，我还是鼓起余勇，努力留下一个漂亮的尾巴。

写作本书的任务原是前年末接下的，当时“九八五”的光辉忽然拐了个弯，让我也有缘沾点雨露了，因此十分感激，就报了一个自以为比较熟悉的“唐宋曹洞宗研究”。本来去年春天就该动笔，可我当时正热衷于宋代临济宗的研究，难以割舍，另外确有轻敌的因素，觉得反正已经有了十几篇相关的论文作底子，完成起来难度不会太大，因此事实上直到七月份才真正动手。

开始写作之后，我才发现难度比事先想象的大很多，一是原来的论文虽是曹洞宗系列，但不够系统，必须大幅度修改，甚至完全重写，没有办法借用；二是经过系统深入地研究，要写的内容比原来设想的多很多。为此，我决定改为“唐五代曹洞宗研究”，减少跨度，增加深度。

本书写作的难度完全出乎我的预料，几乎需要用呕心沥血来形容了。去年佛教会议特别多，需要写的论文当然也很多，就连我这个在江湖上号称“快子手”的人都有些招架不住了，光是会议论文就有十几篇，还得前去宣读，时间当然用了很多。

为了赶进度，有一两个月我每天早上三四点起床，工作十几个小时，效率相当高，当时并没觉得累，还以为又发明了满负荷工作法，把人生的价值提高到了极限呢。

我一向对自己的身体十分自信，又自以为是“健康佛教”的倡导者和实行者。没有想到的是，这么好的身体竟然也经不住过多的消耗，写完二十多万字的初稿后，我就病了，而且一连病了一个月。我从小似乎就爱得湿疹，最近连着几年没犯病，便以为已经彻底好了，没想到十一月初从江苏回来后，便开始发作，最严重的时候全身都是，可谓头上长疮，脚底流脓，坏透了。

一个多月不能干活，对我来说比疾病之苦还难受，或许是佛菩萨觉得我对人生的体验太差，让我再充分认识一下人生的本质吧。这一场病对我来说也是好事，使我充分认识到无论什么时候都要讲中道，绝不能做过分过头的事，人的身体再好也是有极限的，绝对不能过度使用。

人都有自己的死穴，我最大的贪欲便是对研究佛法的执著，所谓"趣向真如亦是邪"，天下病唯佛病最难医，对此不加警觉，有可能出现大问题，非但成佛作祖成为空想，就连这一期色身也难以保全了。对此必须看破、放下，佛魔俱斩，才有可能得到自在。

我本来就是小乘，只是自度，心中实无众生，这段时间更是万缘放下，对于很多朋友的问候都置之不理，于我虽然无动于衷，但就世法而言，确实是不近人情。我有时候一周多都见不到女儿，每天只是和电脑相亲。

据说现在流行穿越，我经常穿越一千多年的时空，来到唐朝，来到兵荒马乱的五代，来到江西湖南，走遍曹洞宗流行的每一个角落。我看到药山大师在化导李翱，洞山大师正走在四处参访的路上，曹山大师在寒风萧瑟中注释寒山诗，同安常察把自己的《十玄谈》郑重地交付大阳警玄。

曹洞宗的理论非常复杂细密，虽然经过无数次的思考，还是有不少地方未能参透。很多机缘语句，非但禅意难明，即使表面的文字意思，也由于时过境迁，难于弄懂了。有时为了弄懂一个词的意思，也要反复琢磨，来回检索，虽然两眼昏花，头昏脑涨，依然不得其解。有时亦有峰回路转、柳暗花明之感。其中甘苦，难于尽言。

禅宗公案解析是重点，也是难点。按说只有开悟的人，才能一了百了，无所不解，然而太上忘言，知者不言，我这个凡夫只好硬着头皮强作解人。其中误解、曲解，自然在所难免，即便偶有一句半句触到祖师脚跟，也是隔靴搔痒。另外曹洞宗主张"不说破"，便有所得，也不可直言，以免妨他觉路，我也只好闭却唇吻道将来，欲言又止，有句中无句，有语中无语，即便明得七分，也只说三分话。另外我也是以佛解佛，以禅说禅，用公案讲公案，拾古人牙慧，搔后人痒处，与时下流行的学术语言和风格全不相类，可能增加了读者的困难。

这本书是纯粹的学术著作，我在写作时不考虑是否能卖出去，也根本没有考虑读者是否容易懂。说实话，我不是为读者写的，当然不会管别人的评价，这并非意味着不愿接受同行的意见，我自己知道其中有很多问题，希望得到指点和批评。和通俗著作不同，我是只管发挥自己的思想和理解，不管有没有人愿意读，其难度在我现有的著作中可能是最高的。这本书只面向对禅宗史和禅学话语体系非常熟悉的专家，因此有些引文只要我自己懂了，我就认为读者也明白了，不再做更多的解释。我的解释有些时候可能非常晦涩，而且暗用了很多禅师的语句，但是并未标明，因为我觉得读者会明白的，过多的注释是对读者的不尊重。由于本书并非专门的文献整理之作，因此为了方便读者，有些异体字作了调整，但并未全改，特别是《祖堂集》保留不少，因为这可能是原书的风格。

虽然已付出了很大的努力，这本书还是存在不少问题。由于我的研究风格是主要面向原典，对于其他同行的成果借鉴不足；我的语言能力较差，对于海外同行的大作没有办法学习，因此或许有些方面无意中重复了前人的劳动，或者多走了弯路。另外由于我力求一网打尽，书中涉及的人物很多，难免挂一漏万，没有办法对每个人物都精雕细刻。

虽然问题不少，我还是非常珍视这部著作。严格来说，这是我的第二部学术专著，是我这些年研究风格的集中展现，体现了理论探讨与历史考证相结合的思路。书中的人物都是生活在特定的时空背景下的，是活灵活现的，他们行走在崎岖的玄路上游方访道，遨游在空灵的鸟道中寻佛觅祖，杀人刀毫不留情，活人剑慈悲众生，父子敲唱，君臣道合，有语无语，偏正回互。这是一个求道者的群体，是向真理与智慧的顶峰发起挑战的勇士团队，是充满爱心和艺术精神的仁者，是代表生命终极意义与最高价值的觉者。

本书采用了我有关曹洞宗的十几篇文章，如《洞山良价与曹洞宗源》，(《浙江学刊》2000 年第 3 期)，《药山惟俨的宗系和禅风》，载《世纪之交的探索》（北京师范大学哲学系成立 20 周年纪念文集，北京师范大学出版社 2000 年 5 月），《德山与洞山二支关系初探》，《北京大学学报》2001 年第 2 期，《曹洞宗归宗青原一系的原因初析》，《普门学报》2001 年第 2 期（主要内容后收入《中土前期禅学思想史》一书），《曹洞宗禾山一支归宗南岳之一证》，《宗教学研究》2001 年第 1 期，《曹山本寂禅师的禅法思想》，《世界宗教研究》2001 年第 2 期，《洞山良价与曹洞宗风》，《普门学报》2002 年第 2 期，《疏山匡仁大师略考》，《洞山良价大师的伦理思想》等，对所有发表前述文章的杂志社、出版社及相关人士我都表示深切真挚的感谢。这次并非全部照搬，而是大拆大改，有些已是面目全非，但是使用了旧作，必须说明。

法归因缘，此书也是善法之聚。祖师吕澂先生、前辈学者杜继文、杨曾文先生的禅学著作一直是我研究禅宗的最重要的指南。业师楼宇烈先生对禅学境界的体味深不可测，特别是其做本分事、持平常心、成自在人的三句语，是我努力参究的话头。澳门大学的贾晋华教授是我禅学研究的同路人，我们不少学术观点是一致的。清华大学的张美兰教授给了我最需要的帮助，在我为《祖堂集》的引用录入感到苦恼时，她允许我借用其大作《祖堂集校注》的电子版，我还得对她说抱歉，由于体例不便，我在引用时删去了其注文，这正是其精华，希望有兴趣的读者读其原著。

感谢“九八五”三期项目的资助，让我不用再去为出版经费的事化缘了。

2011 年下学期，我在上研究生的宗教史课时讲了本书部分章节，和同学们一起探讨，他们也给了我具体的帮助。我的学生为帮助本书完稿付出了劳动，博士生王喆帮我作了《曹洞宗大事记》初稿，南开大学的张敬川进行了很多补充，使之完善。博士生耿静波、硕士生杨凯作了《曹洞宗传承图》初稿，硕士生刘田田对书稿进行了校对。对他们的辛劳表示感谢。

由于硕士是在社科院读的，我在那里一直有很多朋友，和中国社会科学出版社的冯春凤老师也是相识多年，她对我非常照顾，给了我很多的修改时间，体现了佛法的慈悲，当然，这也是她的智慧，因为这部著作不仅代表我个人的学术水平，也体现了责编的心血和功力，不能马虎。

我努力给这本书画上一个尽可能圆的句号，也想有一个好看的尾巴，不想孔雀开屏，只要能够遮丑，不露出马脚就行。

徐文明

2012 年 9 月 4 日